内蒙古自治区生态环境常用法规、政策丛书

水领域

法律法规、政策汇编

内蒙古自治区生态环境督察技术支持中心　编

中国环境出版集团 · 北京

图书在版编目（CIP）数据

水领域法律法规、政策汇编 / 内蒙古自治区生态环境督察技术支持中心编. -- 北京 : 中国环境出版集团, 2025.5. --(内蒙古自治区生态环境常用法规、政策丛书). -- ISBN 978-7-5111-6241-0

Ⅰ. D927.260.266.9

中国国家版本馆 CIP 数据核字第 2025Y48N83 号

责任编辑 易　萌
封面设计 彭　杉

出版发行 中国环境出版集团
（100062　北京市东城区广渠门内大街 16 号）
网　　址：http：//www.cesp.com.cn
电子邮箱：bjgl@cesp.com.cn
联系电话：010-67112765（编辑管理部）
发行热线：010-67125803，010-67113405（传真）
印　　刷 北京建宏印刷有限公司
经　　销 各地新华书店
版　　次 2025 年 5 月第 1 版
印　　次 2025 年 5 月第 1 次印刷
开　　本 787×1092　1/16
印　　张 29.5
字　　数 615 千字
定　　价 120.00 元

编 委 会

主　　编：陈　宇　王良建　王文龙

副 主 编：胡日查　马　婷　史艳平　刘晓婷

参编人员：张　朝　刁海涛　姜质艳　陈晓涵　萨日娜

殷　婷　雷　剑　张　婧　何　兴　锡林塔娜

郝永萍　杜　慧

前　言

法律是治国之重器，法治是国家治理体系和治理能力的重要依托。生态文明制度体系是中国特色社会主义制度和国家治理体系中的重要组成部分。习近平总书记指出：“保护生态环境必须依靠制度、依靠法治。”只有实行最严格的制度、最严密的法治，才能为生态文明建设提供可靠保障。把生态文明建设纳入制度化、法治化轨道，才能不断推进生态环境治理体系和治理能力现代化。

本书贯彻落实山水林田湖草沙一体化保护和系统治理的理念，围绕统筹水资源、水环境、水生态治理收集国家现行相关法律法规和政策文件，并结合内蒙古工作实际，收集自治区相关条例和政策文件，梳理汇总为两篇：一是水污染防治篇，包括流域生态保护、排污口监督管理、污水治理等方面内容，共收录法律法规 10 部，常用政策文件 16 部；二是水资源管理篇，包括水资源保护和管理、水资源节约集约利用等方面内容，共收录法律法规 9 部，常用政策文件 14 部。

本书是深入学习贯彻习近平生态文明思想的具体实践。通过学习宣传法律法规政策内容，引导广大干部群众牢固树立绿水青山就是金山银山理念。由于篇幅所限，我们并未追求全口径收录，而是立足生态环境保护工作实际，选取实务工作中常用的法律法规和政策文件。书中难免存在不足之处，敬请各位读者批评指正。

前言

目　录

水污染防治篇

水资源管理篇

水污染防治篇

第一章　法律法规

第一节 国家相关法律法规

中华人民共和国水污染防治法

（1984年5月11日第六届全国人民代表大会常务委员会第五次会议通过 根据1996年5月15日第八届全国人民代表大会常务委员会第十九次会议《关于修改〈中华人民共和国水污染防治法〉的决定》第一次修正 2008年2月28日第十届全国人民代表大会常务委员会第三十二次会议修订 根据2017年6月27日第十二届全国人民代表大会常务委员会第二十八次会议《关于修改〈中华人民共和国水污染防治法〉的决定》第二次修正）

第一章 总 则

第一条 为了保护和改善环境，防治水污染，保护水生态，保障饮用水安全，维护公众健康，推进生态文明建设，促进经济社会可持续发展，制定本法。

第二条 本法适用于中华人民共和国领域内的江河、湖泊、运河、渠道、水库等地表水体以及地下水体的污染防治。

海洋污染防治适用《中华人民共和国海洋环境保护法》。

第三条 水污染防治应当坚持预防为主、防治结合、综合治理的原则，优先保护饮用水水源，严格控制工业污染、城镇生活污染，防治农业面源污染，积极推进生态治理工程建设，预防、控制和减少水环境污染和生态破坏。

第四条 县级以上人民政府应当将水环境保护工作纳入国民经济和社会发展规划。

地方各级人民政府对本行政区域的水环境质量负责，应当及时采取措施防治水污染。

第五条 省、市、县、乡建立河长制，分级分段组织领导本行政区域内江河、湖泊的水资源保护、水域岸线管理、水污染防治、水环境治理等工作。

第六条 国家实行水环境保护目标责任制和考核评价制度，将水环境保护目标完成情况作为对地方人民政府及其负责人考核评价的内容。

第七条 国家鼓励、支持水污染防治的科学技术研究和先进适用技术的推广应用，加强水环境保护的宣传教育。

第八条 国家通过财政转移支付等方式，建立健全对位于饮用水水源保护区区域和江河、湖泊、水库上游地区的水环境生态保护补偿机制。

第九条 县级以上人民政府环境保护主管部门对水污染防治实施统一监督管理。

交通主管部门的海事管理机构对船舶污染水域的防治实施监督管理。

县级以上人民政府水行政、国土资源、卫生、建设、农业、渔业等部门以及重要江河、湖泊的流域水资源保护机构，在各自的职责范围内，对有关水污染防治实施监督管理。

第十条 排放水污染物，不得超过国家或者地方规定的水污染物排放标准和重点水污染物排放总量控制指标。

第十一条 任何单位和个人都有义务保护水环境，并有权对污染损害水环境的行为进行检举。

县级以上人民政府及其有关主管部门对在水污染防治工作中做出显著成绩的单位和个人给予表彰和奖励。

第二章 水污染防治的标准和规划

第十二条 国务院环境保护主管部门制定国家水环境质量标准。

省、自治区、直辖市人民政府可以对国家水环境质量标准中未作规定的项目，制定地方标准，并报国务院环境保护主管部门备案。

第十三条 国务院环境保护主管部门会同国务院水行政主管部门和有关省、自治区、直辖市人民政府，可以根据国家确定的重要江河、湖泊流域水体的使用功能以及有关地区的经济、技术条件，确定该重要江河、湖泊流域的省界水体适用的水环境质量标准，报国务院批准后施行。

第十四条 国务院环境保护主管部门根据国家水环境质量标准和国家经济、技术条件，制定国家水污染物排放标准。

省、自治区、直辖市人民政府对国家水污染物排放标准中未作规定的项目，可以制定地方水污染物排放标准；对国家水污染物排放标准中已作规定的项目，可以制定严于国家水污染物排放标准的地方水污染物排放标准。地方水污染物排放标准须报国务院环境保护主管部门备案。

向已有地方水污染物排放标准的水体排放污染物的，应当执行地方水污染物排放标准。

第十五条 国务院环境保护主管部门和省、自治区、直辖市人民政府，应当根据水污染防治的要求和国家或者地方的经济、技术条件，适时修订水环境质量标准和水污染物排放标准。

第十六条 防治水污染应当按流域或者按区域进行统一规划。国家确定的重要江河、湖泊的流域水污染防治规划，由国务院环境保护主管部门会同国务院经济综合宏观调控、水行政等部门和有关省、自治区、直辖市人民政府编制，报国务院批准。

前款规定外的其他跨省、自治区、直辖市江河、湖泊的流域水污染防治规划，根据国家确定的重要江河、湖泊的流域水污染防治规划和本地实际情况，由有关省、自治区、直辖市人民政府环境保护主管部门会同同级水行政等部门和有关市、县人民政府编制，经有关省、自治区、直辖市人民政府审核，报国务院批准。

省、自治区、直辖市内跨县江河、湖泊的流域水污染防治规划，根据国家确定的重要江河、湖泊的流域水污染防治规划和本地实际情况，由省、自治区、直辖市人民政府环境保护主管部门会同同级水行政等部门编制，报省、自治区、直辖市人民政府批准，并报国务院备案。

经批准的水污染防治规划是防治水污染的基本依据，规划的修订须经原批准机关批准。

县级以上地方人民政府应当根据依法批准的江河、湖泊的流域水污染防治规划，组织制定本行政区域的水污染防治规划。

第十七条 有关市、县级人民政府应当按照水污染防治规划确定的水环境质量改善目标的要求，制定限期达标规划，采取措施按期达标。

有关市、县级人民政府应当将限期达标规划报上一级人民政府备案，并向社会公开。

第十八条 市、县级人民政府每年在向本级人民代表大会或者其常务委员会报告环境状况和环境保护目标完成情况时，应当报告水环境质量限期达标规划执行情况，并向社会公开。

第三章 水污染防治的监督管理

第十九条 新建、改建、扩建直接或者间接向水体排放污染物的建设项目和其他水上设施，应当依法进行环境影响评价。

建设单位在江河、湖泊新建、改建、扩建排污口的，应当取得水行政主管部门或者流域管理机构同意；涉及通航、渔业水域的，环境保护主管部门在审批环境影响评价文件时，应当征求交通、渔业主管部门的意见。

建设项目的水污染防治设施，应当与主体工程同时设计、同时施工、同时投入使用。水污染防治设施应当符合经批准或者备案的环境影响评价文件的要求。

第二十条 国家对重点水污染物排放实施总量控制制度。

重点水污染物排放总量控制指标，由国务院环境保护主管部门在征求国务院有关部门和各省、自治区、直辖市人民政府意见后，会同国务院经济综合宏观调控部门报国务院批准并下达实施。

省、自治区、直辖市人民政府应当按照国务院的规定削减和控制本行政区域的重点水污染物排放总量。具体办法由国务院环境保护主管部门会同国务院有关部门规定。

省、自治区、直辖市人民政府可以根据本行政区域水环境质量状况和水污染防治工作的需要，对国家重点水污染物之外的其他水污染物排放实行总量控制。

对超过重点水污染物排放总量控制指标或者未完成水环境质量改善目标的地区，省级以上人民政府环境保护主管部门应当会同有关部门约谈该地区人民政府的主要负责人，并暂停审批新增重点水污染物排放总量的建设项目的环境影响评价文件。约谈情况应当向社会公开。

第二十一条　直接或者间接向水体排放工业废水和医疗污水以及其他按照规定应当取得排污许可证方可排放的废水、污水的企业事业单位和其他生产经营者，应当取得排污许可证；城镇污水集中处理设施的运营单位，也应当取得排污许可证。排污许可证应当明确排放水污染物的种类、浓度、总量和排放去向等要求。排污许可的具体办法由国务院规定。

禁止企业事业单位和其他生产经营者无排污许可证或者违反排污许可证的规定向水体排放前款规定的废水、污水。

第二十二条　向水体排放污染物的企业事业单位和其他生产经营者，应当按照法律、行政法规和国务院环境保护主管部门的规定设置排污口；在江河、湖泊设置排污口的，还应当遵守国务院水行政主管部门的规定。

第二十三条　实行排污许可管理的企业事业单位和其他生产经营者应当按照国家有关规定和监测规范，对所排放的水污染物自行监测，并保存原始监测记录。重点排污单位还应当安装水污染物排放自动监测设备，与环境保护主管部门的监控设备联网，并保证监测设备正常运行。具体办法由国务院环境保护主管部门规定。

应当安装水污染物排放自动监测设备的重点排污单位名录，由设区的市级以上地方人民政府环境保护主管部门根据本行政区域的环境容量、重点水污染物排放总量控制指标的要求以及排污单位排放水污染物的种类、数量和浓度等因素，商同级有关部门确定。

第二十四条　实行排污许可管理的企业事业单位和其他生产经营者应当对监测数据的真实性和准确性负责。

环境保护主管部门发现重点排污单位的水污染物排放自动监测设备传输数据异常，应当及时进行调查。

第二十五条　国家建立水环境质量监测和水污染物排放监测制度。国务院环境保护主管部门负责制定水环境监测规范，统一发布国家水环境状况信息，会同国务院水行政等部门组织监测网络，统一规划国家水环境质量监测站（点）的设置，建立监测数据共享机制，加强对水环境监测的管理。

第二十六条 国家确定的重要江河、湖泊流域的水资源保护工作机构负责监测其所在流域的省界水体的水环境质量状况，并将监测结果及时报国务院环境保护主管部门和国务院水行政主管部门；有经国务院批准成立的流域水资源保护领导机构的，应当将监测结果及时报告流域水资源保护领导机构。

第二十七条 国务院有关部门和县级以上地方人民政府开发、利用和调节、调度水资源时，应当统筹兼顾，维持江河的合理流量和湖泊、水库以及地下水体的合理水位，保障基本生态用水，维护水体的生态功能。

第二十八条 国务院环境保护主管部门应当会同国务院水行政等部门和有关省、自治区、直辖市人民政府，建立重要江河、湖泊的流域水环境保护联合协调机制，实行统一规划、统一标准、统一监测、统一的防治措施。

第二十九条 国务院环境保护主管部门和省、自治区、直辖市人民政府环境保护主管部门应当会同同级有关部门根据流域生态环境功能需要，明确流域生态环境保护要求，组织开展流域环境资源承载能力监测、评价，实施流域环境资源承载能力预警。

县级以上地方人民政府应当根据流域生态环境功能需要，组织开展江河、湖泊、湿地保护与修复，因地制宜建设人工湿地、水源涵养林、沿河沿湖植被缓冲带和隔离带等生态环境治理与保护工程，整治黑臭水体，提高流域环境资源承载能力。

从事开发建设活动，应当采取有效措施，维护流域生态环境功能，严守生态保护红线。

第三十条 环境保护主管部门和其他依照本法规定行使监督管理权的部门，有权对管辖范围内的排污单位进行现场检查，被检查的单位应当如实反映情况，提供必要的资料。检查机关有义务为被检查的单位保守在检查中获取的商业秘密。

第三十一条 跨行政区域的水污染纠纷，由有关地方人民政府协商解决，或者由其共同的上级人民政府协调解决。

第四章 水污染防治措施

第一节 一般规定

第三十二条 国务院环境保护主管部门应当会同国务院卫生主管部门，根据对公众健康和生态环境的危害和影响程度，公布有毒有害水污染物名录，实行风险管理。

排放前款规定名录中所列有毒有害水污染物的企业事业单位和其他生产经营者，应当对排污口和周边环境进行监测，评估环境风险，排查环境安全隐患，并公开有毒有害水污染物信息，采取有效措施防范环境风险。

第三十三条 禁止向水体排放油类、酸液、碱液或者剧毒废液。

禁止在水体清洗装贮过油类或者有毒污染物的车辆和容器。

第三十四条 禁止向水体排放、倾倒放射性固体废物或者含有高放射性和中放射性物质的废水。

向水体排放含低放射性物质的废水，应当符合国家有关放射性污染防治的规定和标准。

第三十五条 向水体排放含热废水，应当采取措施，保证水体的水温符合水环境质量标准。

第三十六条 含病原体的污水应当经过消毒处理；符合国家有关标准后，方可排放。

第三十七条 禁止向水体排放、倾倒工业废渣、城镇垃圾和其他废弃物。

禁止将含有汞、镉、砷、铬、铅、氰化物、黄磷等的可溶性剧毒废渣向水体排放、倾倒或者直接埋入地下。

存放可溶性剧毒废渣的场所，应当采取防水、防渗漏、防流失的措施。

第三十八条 禁止在江河、湖泊、运河、渠道、水库最高水位线以下的滩地和岸坡堆放、存贮固体废弃物和其他污染物。

第三十九条 禁止利用渗井、渗坑、裂隙、溶洞，私设暗管，篡改、伪造监测数据，或者不正常运行水污染防治设施等逃避监管的方式排放水污染物。

第四十条 化学品生产企业以及工业集聚区、矿山开采区、尾矿库、危险废物处置场、垃圾填埋场等的运营、管理单位，应当采取防渗漏等措施，并建设地下水水质监测井进行监测，防止地下水污染。

加油站等的地下油罐应当使用双层罐或者采取建造防渗池等其他有效措施，并进行防渗漏监测，防止地下水污染。

禁止利用无防渗漏措施的沟渠、坑塘等输送或者存贮含有毒污染物的废水、含病原体的污水和其他废弃物。

第四十一条 多层地下水的含水层水质差异大的，应当分层开采；对已受污染的潜水和承压水，不得混合开采。

第四十二条 兴建地下工程设施或者进行地下勘探、采矿等活动，应当采取防护性措施，防止地下水污染。

报废矿井、钻井或者取水井等，应当实施封井或者回填。

第四十三条 人工回灌补给地下水，不得恶化地下水质。

第二节 工业水污染防治

第四十四条 国务院有关部门和县级以上地方人民政府应当合理规划工业布局，要求造成水污染的企业进行技术改造，采取综合防治措施，提高水的重复利用率，减少废水和污染物排放量。

第四十五条 排放工业废水的企业应当采取有效措施，收集和处理产生的全部废水，防止污染环境。含有毒有害水污染物的工业废水应当分类收集和处理，不得稀释排放。

工业集聚区应当配套建设相应的污水集中处理设施，安装自动监测设备，与环境保护主管部门的监控设备联网，并保证监测设备正常运行。

向污水集中处理设施排放工业废水的，应当按照国家有关规定进行预处理，达到集中处理设施处理工艺要求后方可排放。

第四十六条 国家对严重污染水环境的落后工艺和设备实行淘汰制度。

国务院经济综合宏观调控部门会同国务院有关部门，公布限期禁止采用的严重污染水环境的工艺名录和限期禁止生产、销售、进口、使用的严重污染水环境的设备名录。

生产者、销售者、进口者或者使用者应当在规定的期限内停止生产、销售、进口或者使用列入前款规定的设备名录中的设备。工艺的采用者应当在规定的期限内停止采用列入前款规定的工艺名录中的工艺。

依照本条第二款、第三款规定被淘汰的设备，不得转让给他人使用。

第四十七条 国家禁止新建不符合国家产业政策的小型造纸、制革、印染、染料、炼焦、炼硫、炼砷、炼汞、炼油、电镀、农药、石棉、水泥、玻璃、钢铁、火电以及其他严重污染水环境的生产项目。

第四十八条 企业应当采用原材料利用效率高、污染物排放量少的清洁工艺，并加强管理，减少水污染物的产生。

第三节 城镇水污染防治

第四十九条 城镇污水应当集中处理。

县级以上地方人民政府应当通过财政预算和其他渠道筹集资金，统筹安排建设城镇污水集中处理设施及配套管网，提高本行政区域城镇污水的收集率和处理率。

国务院建设主管部门应当会同国务院经济综合宏观调控、环境保护主管部门，根据城乡规划和水污染防治规划，组织编制全国城镇污水处理设施建设规划。县级以上地方人民政府组织建设、经济综合宏观调控、环境保护、水行政等部门编制本行政区域的城镇污水处理设施建设规划。县级以上地方人民政府建设主管部门应当按照城镇污水处理设施建设规划，组织建设城镇污水集中处理设施及配套管网，并加强对城镇污水集中处理设施运营的监督管理。

城镇污水集中处理设施的运营单位按照国家规定向排污者提供污水处理的有偿服务，收取污水处理费用，保证污水集中处理设施的正常运行。收取的污水处理费用应当用于城镇污水集中处理设施的建设运行和污泥处理处置，不得挪作他用。

城镇污水集中处理设施的污水处理收费、管理以及使用的具体办法，由国务院规定。

第五十条 向城镇污水集中处理设施排放水污染物，应当符合国家或者地方规定的水污染物排放标准。

城镇污水集中处理设施的运营单位，应当对城镇污水集中处理设施的出水水质负责。

环境保护主管部门应当对城镇污水集中处理设施的出水水质和水量进行监督检查。

第五十一条 城镇污水集中处理设施的运营单位或者污泥处理处置单位应当安全处理处置污泥，保证处理处置后的污泥符合国家标准，并对污泥的去向等进行记录。

第四节 农业和农村水污染防治

第五十二条 国家支持农村污水、垃圾处理设施的建设，推进农村污水、垃圾集中处理。

地方各级人民政府应当统筹规划建设农村污水、垃圾处理设施，并保障其正常运行。

第五十三条 制定化肥、农药等产品的质量标准和使用标准，应当适应水环境保护要求。

第五十四条 使用农药，应当符合国家有关农药安全使用的规定和标准。

运输、存贮农药和处置过期失效农药，应当加强管理，防止造成水污染。

第五十五条 县级以上地方人民政府农业主管部门和其他有关部门，应当采取措施，指导农业生产者科学、合理地施用化肥和农药，推广测土配方施肥技术和高效低毒低残留农药，控制化肥和农药的过量使用，防止造成水污染。

第五十六条 国家支持畜禽养殖场、养殖小区建设畜禽粪便、废水的综合利用或者无害化处理设施。

畜禽养殖场、养殖小区应当保证其畜禽粪便、废水的综合利用或者无害化处理设施正常运转，保证污水达标排放，防止污染水环境。

畜禽散养密集区所在地县、乡级人民政府应当组织对畜禽粪便污水进行分户收集、集中处理利用。

第五十七条 从事水产养殖应当保护水域生态环境，科学确定养殖密度，合理投饵和使用药物，防止污染水环境。

第五十八条 农田灌溉用水应当符合相应的水质标准，防止污染土壤、地下水和农产品。

禁止向农田灌溉渠道排放工业废水或者医疗污水。向农田灌溉渠道排放城镇污水以及未综合利用的畜禽养殖废水、农产品加工废水的，应当保证其下游最近的灌溉取水点的水质符合农田灌溉水质标准。

第五节　船舶水污染防治

第五十九条　船舶排放含油污水、生活污水，应当符合船舶污染物排放标准。从事海洋航运的船舶进入内河和港口的，应当遵守内河的船舶污染物排放标准。

船舶的残油、废油应当回收，禁止排入水体。

禁止向水体倾倒船舶垃圾。

船舶装载运输油类或者有毒货物，应当采取防止溢流和渗漏的措施，防止货物落水造成水污染。

进入中华人民共和国内河的国际航线船舶排放压载水的，应当采用压载水处理装置或者采取其他等效措施，对压载水进行灭活等处理。禁止排放不符合规定的船舶压载水。

第六十条　船舶应当按照国家有关规定配置相应的防污设备和器材，并持有合法有效的防止水域环境污染的证书与文书。

船舶进行涉及污染物排放的作业，应当严格遵守操作规程，并在相应的记录簿上如实记载。

第六十一条　港口、码头、装卸站和船舶修造厂所在地市、县级人民政府应当统筹规划建设船舶污染物、废弃物的接收、转运及处理处置设施。

港口、码头、装卸站和船舶修造厂应当备有足够的船舶污染物、废弃物的接收设施。从事船舶污染物、废弃物接收作业，或者从事装载油类、污染危害性货物船舱清洗作业的单位，应当具备与其运营规模相适应的接收处理能力。

第六十二条　船舶及有关作业单位从事有污染风险的作业活动，应当按照有关法律法规和标准，采取有效措施，防止造成水污染。海事管理机构、渔业主管部门应当加强对船舶及有关作业活动的监督管理。

船舶进行散装液体污染危害性货物的过驳作业，应当编制作业方案，采取有效的安全和污染防治措施，并报作业地海事管理机构批准。

禁止采取冲滩方式进行船舶拆解作业。

第五章　饮用水水源和其他特殊水体保护

第六十三条　国家建立饮用水水源保护区制度。饮用水水源保护区分为一级保护区和二级保护区；必要时，可以在饮用水水源保护区外围划定一定的区域作为准保护区。

饮用水水源保护区的划定，由有关市、县人民政府提出划定方案，报省、自治区、直辖市人民政府批准；跨市、县饮用水水源保护区的划定，由有关市、县人民政府协商提出划定方案，报省、自治区、直辖市人民政府批准；协商不成的，由省、自治区、直辖市人民政府环境保护主管部门会同同级水行政、国土资源、卫生、建设等部门提出划定方案，征求同级有关部门的意见后，报省、自治区、直辖市人民政府批准。

跨省、自治区、直辖市的饮用水水源保护区，由有关省、自治区、直辖市人民政府商有关流域管理机构划定；协商不成的，由国务院环境保护主管部门会同同级水行政、国土资源、卫生、建设等部门提出划定方案，征求国务院有关部门的意见后，报国务院批准。

国务院和省、自治区、直辖市人民政府可以根据保护饮用水水源的实际需要，调整饮用水水源保护区的范围，确保饮用水安全。有关地方人民政府应当在饮用水水源保护区的边界设立明确的地理界标和明显的警示标志。

第六十四条 在饮用水水源保护区内，禁止设置排污口。

第六十五条 禁止在饮用水水源一级保护区内新建、改建、扩建与供水设施和保护水源无关的建设项目；已建成的与供水设施和保护水源无关的建设项目，由县级以上人民政府责令拆除或者关闭。

禁止在饮用水水源一级保护区内从事网箱养殖、旅游、游泳、垂钓或者其他可能污染饮用水水体的活动。

第六十六条 禁止在饮用水水源二级保护区内新建、改建、扩建排放污染物的建设项目；已建成的排放污染物的建设项目，由县级以上人民政府责令拆除或者关闭。

在饮用水水源二级保护区内从事网箱养殖、旅游等活动的，应当按照规定采取措施，防止污染饮用水水体。

第六十七条 禁止在饮用水水源准保护区内新建、扩建对水体污染严重的建设项目；改建建设项目，不得增加排污量。

第六十八条 县级以上地方人民政府应当根据保护饮用水水源的实际需要，在准保护区内采取工程措施或者建造湿地、水源涵养林等生态保护措施，防止水污染物直接排入饮用水水体，确保饮用水安全。

第六十九条 县级以上地方人民政府应当组织环境保护等部门，对饮用水水源保护区、地下水型饮用水源的补给区及供水单位周边区域的环境状况和污染风险进行调查评估，筛查可能存在的污染风险因素，并采取相应的风险防范措施。

饮用水水源受到污染可能威胁供水安全的，环境保护主管部门应当责令有关企业事业单位和其他生产经营者采取停止排放水污染物等措施，并通报饮用水供水单位和供水、卫生、水行政等部门；跨行政区域的，还应当通报相关地方人民政府。

第七十条 单一水源供水城市的人民政府应当建设应急水源或者备用水源，有条件的地区可以开展区域联网供水。

县级以上地方人民政府应当合理安排、布局农村饮用水水源，有条件的地区可以采取城镇供水管网延伸或者建设跨村、跨乡镇联片集中供水工程等方式，发展规模集中供水。

第七十一条 饮用水供水单位应当做好取水口和出水口的水质检测工作。发现取水口水质不符合饮用水水源水质标准或者出水口水质不符合饮用水卫生标准的，应当及时采取相应措施，并向所在地市、县级人民政府供水主管部门报告。供水主管部门接到报告后，应当通报环境保护、卫生、水行政等部门。

饮用水供水单位应当对供水水质负责，确保供水设施安全可靠运行，保证供水水质符合国家有关标准。

第七十二条 县级以上地方人民政府应当组织有关部门监测、评估本行政区域内饮用水水源、供水单位供水和用户水龙头出水的水质等饮用水安全状况。

县级以上地方人民政府有关部门应当至少每季度向社会公开一次饮用水安全状况信息。

第七十三条 国务院和省、自治区、直辖市人民政府根据水环境保护的需要，可以规定在饮用水水源保护区内，采取禁止或者限制使用含磷洗涤剂、化肥、农药以及限制种植养殖等措施。

第七十四条 县级以上人民政府可以对风景名胜区水体、重要渔业水体和其他具有特殊经济文化价值的水体划定保护区，并采取措施，保证保护区的水质符合规定用途的水环境质量标准。

第七十五条 在风景名胜区水体、重要渔业水体和其他具有特殊经济文化价值的水体的保护区内，不得新建排污口。在保护区附近新建排污口，应当保证保护区水体不受污染。

第六章 水污染事故处置

第七十六条 各级人民政府及其有关部门，可能发生水污染事故的企业事业单位，应当依照《中华人民共和国突发事件应对法》的规定，做好突发水污染事故的应急准备、应急处置和事后恢复等工作。

第七十七条 可能发生水污染事故的企业事业单位，应当制定有关水污染事故的应急方案，做好应急准备，并定期进行演练。

生产、储存危险化学品的企业事业单位，应当采取措施，防止在处理安全生产事故过程中产生的可能严重污染水体的消防废水、废液直接排入水体。

第七十八条 企业事业单位发生事故或者其他突发性事件，造成或者可能造成水污染事故的，应当立即启动本单位的应急方案，采取隔离等应急措施，防止水污染物进入水体，并向事故发生地的县级以上地方人民政府或者环境保护主管部门报告。环境保护主管部门接到报告后，应当及时向本级人民政府报告，并抄送有关部门。

造成渔业污染事故或者渔业船舶造成水污染事故的，应当向事故发生地的渔业主管部门报告，接受调查处理。其他船舶造成水污染事故的，应当向事故发生地的海事管理机构报告，接受调查处理；给渔业造成损害的，海事管理机构应当通知渔业主管部门参与调查处理。

第七十九条 市、县级人民政府应当组织编制饮用水安全突发事件应急预案。

饮用水供水单位应当根据所在地饮用水安全突发事件应急预案，制定相应的突发事件应急方案，报所在地市、县级人民政府备案，并定期进行演练。

饮用水水源发生水污染事故，或者发生其他可能影响饮用水安全的突发性事件，饮用水供水单位应当采取应急处理措施，向所在地市、县级人民政府报告，并向社会公开。有关人民政府应当根据情况及时启动应急预案，采取有效措施，保障供水安全。

第七章 法律责任

第八十条 环境保护主管部门或者其他依照本法规定行使监督管理权的部门，不依法作出行政许可或者办理批准文件的，发现违法行为或者接到对违法行为的举报后不予查处的，或者有其他未依照本法规定履行职责的行为的，对直接负责的主管人员和其他直接责任人员依法给予处分。

第八十一条 以拖延、围堵、滞留执法人员等方式拒绝、阻挠环境保护主管部门或者其他依照本法规定行使监督管理权的部门的监督检查，或者在接受监督检查时弄虚作假的，由县级以上人民政府环境保护主管部门或者其他依照本法规定行使监督管理权的部门责令改正，处二万元以上二十万元以下的罚款。

第八十二条 违反本法规定，有下列行为之一的，由县级以上人民政府环境保护主管部门责令限期改正，处二万元以上二十万元以下的罚款；逾期不改正的，责令停产整治：

（一）未按照规定对所排放的水污染物自行监测，或者未保存原始监测记录的；

（二）未按照规定安装水污染物排放自动监测设备，未按照规定与环境保护主管部门的监控设备联网，或者未保证监测设备正常运行的；

（三）未按照规定对有毒有害水污染物的排污口和周边环境进行监测，或者未公开有毒有害水污染物信息的。

第八十三条 违反本法规定，有下列行为之一的，由县级以上人民政府环境保护主管部门责令改正或者责令限制生产、停产整治，并处十万元以上一百万元以下的罚款；

情节严重的，报经有批准权的人民政府批准，责令停业、关闭：

（一）未依法取得排污许可证排放水污染物的；

（二）超过水污染物排放标准或者超过重点水污染物排放总量控制指标排放水污染物的；

（三）利用渗井、渗坑、裂隙、溶洞，私设暗管，篡改、伪造监测数据，或者不正常运行水污染防治设施等逃避监管的方式排放水污染物的；

（四）未按照规定进行预处理，向污水集中处理设施排放不符合处理工艺要求的工业废水的。

第八十四条 在饮用水水源保护区内设置排污口的，由县级以上地方人民政府责令限期拆除，处十万元以上五十万元以下的罚款；逾期不拆除的，强制拆除，所需费用由违法者承担，处五十万元以上一百万元以下的罚款，并可以责令停产整治。

除前款规定外，违反法律、行政法规和国务院环境保护主管部门的规定设置排污口的，由县级以上地方人民政府环境保护主管部门责令限期拆除，处二万元以上十万元以下的罚款；逾期不拆除的，强制拆除，所需费用由违法者承担，处十万元以上五十万元以下的罚款；情节严重的，可以责令停产整治。

未经水行政主管部门或者流域管理机构同意，在江河、湖泊新建、改建、扩建排污口的，由县级以上人民政府水行政主管部门或者流域管理机构依据职权，依照前款规定采取措施、给予处罚。

第八十五条 有下列行为之一的，由县级以上地方人民政府环境保护主管部门责令停止违法行为，限期采取治理措施，消除污染，处以罚款；逾期不采取治理措施的，环境保护主管部门可以指定有治理能力的单位代为治理，所需费用由违法者承担：

（一）向水体排放油类、酸液、碱液的；

（二）向水体排放剧毒废液，或者将含有汞、镉、砷、铬、铅、氰化物、黄磷等的可溶性剧毒废渣向水体排放、倾倒或者直接埋入地下的；

（三）在水体清洗装贮过油类、有毒污染物的车辆或者容器的；

（四）向水体排放、倾倒工业废渣、城镇垃圾或者其他废弃物，或者在江河、湖泊、运河、渠道、水库最高水位线以下的滩地、岸坡堆放、存贮固体废弃物或者其他污染物的；

（五）向水体排放、倾倒放射性固体废物或者含有高放射性、中放射性物质的废水的；

（六）违反国家有关规定或者标准，向水体排放含低放射性物质的废水、热废水或者含病原体的污水的；

（七）未采取防渗漏等措施，或者未建设地下水水质监测井进行监测的；

（八）加油站等的地下油罐未使用双层罐或者采取建造防渗池等其他有效措施，或者未进行防渗漏监测的；

（九）未按照规定采取防护性措施，或者利用无防渗漏措施的沟渠、坑塘等输送或者存贮含有毒污染物的废水、含病原体的污水或者其他废弃物的。

有前款第三项、第四项、第六项、第七项、第八项行为之一的，处二万元以上二十万元以下的罚款。有前款第一项、第二项、第五项、第九项行为之一的，处十万元以上一百万元以下的罚款；情节严重的，报经有批准权的人民政府批准，责令停业、关闭。

第八十六条 违反本法规定，生产、销售、进口或者使用列入禁止生产、销售、进口、使用的严重污染水环境的设备名录中的设备，或者采用列入禁止采用的严重污染水环境的工艺名录中的工艺的，由县级以上人民政府经济综合宏观调控部门责令改正，处五万元以上二十万元以下的罚款；情节严重的，由县级以上人民政府经济综合宏观调控部门提出意见，报请本级人民政府责令停业、关闭。

第八十七条 违反本法规定，建设不符合国家产业政策的小型造纸、制革、印染、染料、炼焦、炼硫、炼砷、炼汞、炼油、电镀、农药、石棉、水泥、玻璃、钢铁、火电以及其他严重污染水环境的生产项目的，由所在地的市、县人民政府责令关闭。

第八十八条 城镇污水集中处理设施的运营单位或者污泥处理处置单位，处理处置后的污泥不符合国家标准，或者对污泥去向等未进行记录的，由城镇排水主管部门责令限期采取治理措施，给予警告；造成严重后果的，处十万元以上二十万元以下的罚款；逾期不采取治理措施的，城镇排水主管部门可以指定有治理能力的单位代为治理，所需费用由违法者承担。

第八十九条 船舶未配置相应的防污染设备和器材，或者未持有合法有效的防止水域环境污染的证书与文书的，由海事管理机构、渔业主管部门按照职责分工责令限期改正，处二千元以上二万元以下的罚款；逾期不改正的，责令船舶临时停航。

船舶进行涉及污染物排放的作业，未遵守操作规程或者未在相应的记录簿上如实记载的，由海事管理机构、渔业主管部门按照职责分工责令改正，处二千元以上二万元以下的罚款。

第九十条 违反本法规定，有下列行为之一的，由海事管理机构、渔业主管部门按照职责分工责令停止违法行为，处一万元以上十万元以下的罚款；造成水污染的，责令限期采取治理措施，消除污染，处二万元以上二十万元以下的罚款；逾期不采取治理措施的，海事管理机构、渔业主管部门按照职责分工可以指定有治理能力的单位代为治理，所需费用由船舶承担：

（一）向水体倾倒船舶垃圾或者排放船舶的残油、废油的；

（二）未经作业地海事管理机构批准，船舶进行散装液体污染危害性货物的过驳作业的；

（三）船舶及有关作业单位从事有污染风险的作业活动，未按照规定采取污染防治措施的；

（四）以冲滩方式进行船舶拆解的；

（五）进入中华人民共和国内河的国际航线船舶，排放不符合规定的船舶压载水的。

第九十一条 有下列行为之一的，由县级以上地方人民政府环境保护主管部门责令停止违法行为，处十万元以上五十万元以下的罚款；并报经有批准权的人民政府批准，责令拆除或者关闭：

（一）在饮用水水源一级保护区内新建、改建、扩建与供水设施和保护水源无关的建设项目的；

（二）在饮用水水源二级保护区内新建、改建、扩建排放污染物的建设项目的；

（三）在饮用水水源准保护区内新建、扩建对水体污染严重的建设项目，或者改建建设项目增加排污量的。

在饮用水水源一级保护区内从事网箱养殖或者组织进行旅游、垂钓或者其他可能污染饮用水水体的活动的，由县级以上地方人民政府环境保护主管部门责令停止违法行为，处二万元以上十万元以下的罚款。个人在饮用水水源一级保护区内游泳、垂钓或者从事其他可能污染饮用水水体的活动的，由县级以上地方人民政府环境保护主管部门责令停止违法行为，可以处五百元以下的罚款。

第九十二条 饮用水供水单位供水水质不符合国家规定标准的，由所在地市、县级人民政府供水主管部门责令改正，处二万元以上二十万元以下的罚款；情节严重的，报经有批准权的人民政府批准，可以责令停业整顿；对直接负责的主管人员和其他直接责任人员依法给予处分。

第九十三条 企业事业单位有下列行为之一的，由县级以上人民政府环境保护主管部门责令改正；情节严重的，处二万元以上十万元以下的罚款：

（一）不按照规定制定水污染事故的应急方案的；

（二）水污染事故发生后，未及时启动水污染事故的应急方案，采取有关应急措施的。

第九十四条 企业事业单位违反本法规定，造成水污染事故的，除依法承担赔偿责任外，由县级以上人民政府环境保护主管部门依照本条第二款的规定处以罚款，责令限期采取治理措施，消除污染；未按照要求采取治理措施或者不具备治理能力的，由环境保护主管部门指定有治理能力的单位代为治理，所需费用由违法者承担；对造成重大或者特大水污染事故的，还可以报经有批准权的人民政府批准，责令关闭；对直接负责的主管人员和其他直接责任人员可以处上一年度从本单位取得的收入百分之五十以下的罚款；有《中华人民共和国环境保护法》第六十三条规定的违法排放水污染物等行为之一，尚不构成犯罪的，由公安机关对直接负责的主管人员和其他直接责任人员处十日以上十五日以下的拘留；情节较轻的，处五日以上十日以下的拘留。

对造成一般或者较大水污染事故的，按照水污染事故造成的直接损失的百分之二十计算罚款；对造成重大或者特大水污染事故的，按照水污染事故造成的直接损失的百分之三十计算罚款。

造成渔业污染事故或者渔业船舶造成水污染事故的，由渔业主管部门进行处罚；其他船舶造成水污染事故的，由海事管理机构进行处罚。

第九十五条 企业事业单位和其他生产经营者违法排放水污染物，受到罚款处罚，被责令改正的，依法作出处罚决定的行政机关应当组织复查，发现其继续违法排放水污染物或者拒绝、阻挠复查的，依照《中华人民共和国环境保护法》的规定按日连续处罚。

第九十六条 因水污染受到损害的当事人，有权要求排污方排除危害和赔偿损失。

由于不可抗力造成水污染损害的，排污方不承担赔偿责任；法律另有规定的除外。

水污染损害是由受害人故意造成的，排污方不承担赔偿责任。水污染损害是由受害人重大过失造成的，可以减轻排污方的赔偿责任。

水污染损害是由第三人造成的，排污方承担赔偿责任后，有权向第三人追偿。

第九十七条 因水污染引起的损害赔偿责任和赔偿金额的纠纷，可以根据当事人的请求，由环境保护主管部门或者海事管理机构、渔业主管部门按照职责分工调解处理；调解不成的，当事人可以向人民法院提起诉讼。当事人也可以直接向人民法院提起诉讼。

第九十八条 因水污染引起的损害赔偿诉讼，由排污方就法律规定的免责事由及其行为与损害结果之间不存在因果关系承担举证责任。

第九十九条 因水污染受到损害的当事人人数众多的，可以依法由当事人推选代表人进行共同诉讼。

环境保护主管部门和有关社会团体可以依法支持因水污染受到损害的当事人向人民法院提起诉讼。

国家鼓励法律服务机构和律师为水污染损害诉讼中的受害人提供法律援助。

第一百条 因水污染引起的损害赔偿责任和赔偿金额的纠纷，当事人可以委托环境监测机构提供监测数据。环境监测机构应当接受委托，如实提供有关监测数据。

第一百零一条 违反本法规定，构成犯罪的，依法追究刑事责任。

第八章 附 则

第一百零二条 本法中下列用语的含义：

（一）水污染，是指水体因某种物质的介入，而导致其化学、物理、生物或者放射性等方面特性的改变，从而影响水的有效利用，危害人体健康或者破坏生态环境，造成水质恶化的现象。

（二）水污染物，是指直接或者间接向水体排放的，能导致水体污染的物质。

（三）有毒污染物，是指那些直接或者间接被生物摄入体内后，可能导致该生物或者其后代发病、行为反常、遗传异变、生理机能失常、机体变形或者死亡的污染物。

（四）污泥，是指污水处理过程中产生的半固态或者固态物质。

（五）渔业水体，是指划定的鱼虾类的产卵场、索饵场、越冬场、洄游通道和鱼虾贝藻类的养殖场的水体。

第一百零三条 本法自 2008 年 6 月 1 日起施行。

中华人民共和国黄河保护法

（2022年10月30日第十三届全国人民代表大会常务委员会第三十七次会议通过）

第一章 总 则

第一条 为了加强黄河流域生态环境保护，保障黄河安澜，推进水资源节约集约利用，推动高质量发展，保护传承弘扬黄河文化，实现人与自然和谐共生、中华民族永续发展，制定本法。

第二条 黄河流域生态保护和高质量发展各类活动，适用本法；本法未作规定的，适用其他有关法律的规定。

本法所称黄河流域，是指黄河干流、支流和湖泊的集水区域所涉及的青海省、四川省、甘肃省、宁夏回族自治区、内蒙古自治区、山西省、陕西省、河南省、山东省的相关县级行政区域。

第三条 黄河流域生态保护和高质量发展，坚持中国共产党的领导，落实重在保护、要在治理的要求，加强污染防治，贯彻生态优先、绿色发展，量水而行、节水为重，因地制宜、分类施策，统筹谋划、协同推进的原则。

第四条 国家建立黄河流域生态保护和高质量发展统筹协调机制（以下简称黄河流域统筹协调机制），全面指导、统筹协调黄河流域生态保护和高质量发展工作，审议黄河流域重大政策、重大规划、重大项目等，协调跨地区跨部门重大事项，督促检查相关重要工作的落实情况。

黄河流域省、自治区可以根据需要，建立省级协调机制，组织、协调推进本行政区域黄河流域生态保护和高质量发展工作。

第五条 国务院有关部门按照职责分工，负责黄河流域生态保护和高质量发展相关工作。

国务院水行政主管部门黄河水利委员会（以下简称黄河流域管理机构）及其所属管理机构，依法行使流域水行政监督管理职责，为黄河流域统筹协调机制相关工作提供支撑保障。

国务院生态环境主管部门黄河流域生态环境监督管理机构（以下简称黄河流域生态环境监督管理机构）依法开展流域生态环境监督管理相关工作。

第六条 黄河流域县级以上地方人民政府负责本行政区域黄河流域生态保护和高质

量发展工作。

黄河流域县级以上地方人民政府有关部门按照职责分工，负责本行政区域黄河流域生态保护和高质量发展相关工作。

黄河流域相关地方根据需要在地方性法规和地方政府规章制定、规划编制、监督执法等方面加强协作，协同推进黄河流域生态保护和高质量发展。

黄河流域建立省际河湖长联席会议制度。各级河湖长负责河道、湖泊管理和保护相关工作。

第七条 国务院水行政、生态环境、自然资源、住房和城乡建设、农业农村、发展改革、应急管理、林业和草原、文化和旅游、标准化等主管部门按照职责分工，建立健全黄河流域水资源节约集约利用、水沙调控、防汛抗旱、水土保持、水文、水环境质量和污染物排放、生态保护与修复、自然资源调查监测评价、生物多样性保护、文化遗产保护等标准体系。

第八条 国家在黄河流域实行水资源刚性约束制度，坚持以水定城、以水定地、以水定人、以水定产，优化国土空间开发保护格局，促进人口和城市科学合理布局，构建与水资源承载能力相适应的现代产业体系。

黄河流域县级以上地方人民政府按照国家有关规定，在本行政区域组织实施水资源刚性约束制度。

第九条 国家在黄河流域强化农业节水增效、工业节水减排和城镇节水降损措施，鼓励、推广使用先进节水技术，加快形成节水型生产、生活方式，有效实现水资源节约集约利用，推进节水型社会建设。

第十条 国家统筹黄河干支流防洪体系建设，加强流域及流域间防洪体系协同，推进黄河上中下游防汛抗旱、防凌联动，构建科学高效的综合性防洪减灾体系，并适时组织评估，有效提升黄河流域防治洪涝等灾害的能力。

第十一条 国务院自然资源主管部门应当会同国务院有关部门定期组织开展黄河流域土地、矿产、水流、森林、草原、湿地等自然资源状况调查，建立资源基础数据库，开展资源环境承载能力评价，并向社会公布黄河流域自然资源状况。

国务院野生动物保护主管部门应当定期组织开展黄河流域野生动物及其栖息地状况普查，或者根据需要组织开展专项调查，建立野生动物资源档案，并向社会公布黄河流域野生动物资源状况。

国务院生态环境主管部门应当定期组织开展黄河流域生态状况评估，并向社会公布黄河流域生态状况。

国务院林业和草原主管部门应当会同国务院有关部门组织开展黄河流域土地荒漠化、沙化调查监测，并定期向社会公布调查监测结果。

国务院水行政主管部门应当组织开展黄河流域水土流失调查监测，并定期向社会公布调查监测结果。

第十二条 黄河流域统筹协调机制统筹协调国务院有关部门和黄河流域省级人民政府，在已经建立的台站和监测项目基础上，健全黄河流域生态环境、自然资源、水文、泥沙、荒漠化和沙化、水土保持、自然灾害、气象等监测网络体系。

国务院有关部门和黄河流域县级以上地方人民政府及其有关部门按照职责分工，健全完善生态环境风险报告和预警机制。

第十三条 国家加强黄河流域自然灾害的预防与应急准备、监测与预警、应急处置与救援、事后恢复与重建体系建设，维护相关工程和设施安全，控制、减轻和消除自然灾害引起的危害。

国务院生态环境主管部门应当会同国务院有关部门和黄河流域省级人民政府，建立健全黄河流域突发生态环境事件应急联动工作机制，与国家突发事件应急体系相衔接，加强对黄河流域突发生态环境事件的应对管理。

出现严重干旱、省际或者重要控制断面流量降至预警流量、水库运行故障、重大水污染事故等情形，可能造成供水危机、黄河断流时，黄河流域管理机构应当组织实施应急调度。

第十四条 黄河流域统筹协调机制设立黄河流域生态保护和高质量发展专家咨询委员会，对黄河流域重大政策、重大规划、重大项目和重大科技问题等提供专业咨询。

国务院有关部门和黄河流域省级人民政府及其有关部门按照职责分工，组织开展黄河流域建设项目、重要基础设施和产业布局相关规划等对黄河流域生态系统影响的第三方评估、分析、论证等工作。

第十五条 黄河流域统筹协调机制统筹协调国务院有关部门和黄河流域省级人民政府，建立健全黄河流域信息共享系统，组织建立智慧黄河信息共享平台，提高科学化水平。国务院有关部门和黄河流域省级人民政府及其有关部门应当按照国家有关规定，共享黄河流域生态环境、自然资源、水土保持、防洪安全以及管理执法等信息。

第十六条 国家鼓励、支持开展黄河流域生态保护与修复、水资源节约集约利用、水沙运动与调控、防沙治沙、泥沙综合利用、河流动力与河床演变、水土保持、水文、气候、污染防治等方面的重大科技问题研究，加强协同创新，推动关键性技术研究，推广应用先进适用技术，提升科技创新支撑能力。

第十七条 国家加强黄河文化保护传承弘扬，系统保护黄河文化遗产，研究黄河文化发展脉络，阐发黄河文化精神内涵和时代价值，铸牢中华民族共同体意识。

第十八条 国务院有关部门和黄河流域县级以上地方人民政府及其有关部门应当加强黄河流域生态保护和高质量发展的宣传教育。

新闻媒体应当采取多种形式开展黄河流域生态保护和高质量发展的宣传报道，并依法对违法行为进行舆论监督。

第十九条 国家鼓励、支持单位和个人参与黄河流域生态保护和高质量发展相关活动。

对在黄河流域生态保护和高质量发展工作中做出突出贡献的单位和个人，按照国家有关规定予以表彰和奖励。

第二章 规划与管控

第二十条 国家建立以国家发展规划为统领，以空间规划为基础，以专项规划、区域规划为支撑的黄河流域规划体系，发挥规划对推进黄河流域生态保护和高质量发展的引领、指导和约束作用。

第二十一条 国务院和黄河流域县级以上地方人民政府应当将黄河流域生态保护和高质量发展工作纳入国民经济和社会发展规划。

国务院发展改革部门应当会同国务院有关部门编制黄河流域生态保护和高质量发展规划，报国务院批准后实施。

第二十二条 国务院自然资源主管部门应当会同国务院有关部门组织编制黄河流域国土空间规划，科学有序统筹安排黄河流域农业、生态、城镇等功能空间，划定永久基本农田、生态保护红线、城镇开发边界，优化国土空间结构和布局，统领黄河流域国土空间利用任务，报国务院批准后实施。涉及黄河流域国土空间利用的专项规划应当与黄河流域国土空间规划相衔接。

黄河流域县级以上地方人民政府组织编制本行政区域的国土空间规划，按照规定的程序报经批准后实施。

第二十三条 国务院水行政主管部门应当会同国务院有关部门和黄河流域省级人民政府，按照统一规划、统一管理、统一调度的原则，依法编制黄河流域综合规划、水资源规划、防洪规划等，对节约、保护、开发、利用水资源和防治水害作出部署。

黄河流域生态环境保护等规划依照有关法律、行政法规的规定编制。

第二十四条 国民经济和社会发展规划、国土空间总体规划的编制以及重大产业政策的制定，应当与黄河流域水资源条件和防洪要求相适应，并进行科学论证。

黄河流域工业、农业、畜牧业、林草业、能源、交通运输、旅游、自然资源开发等专项规划和开发区、新区规划等，涉及水资源开发利用的，应当进行规划水资源论证。未经论证或者经论证不符合水资源强制性约束控制指标的，规划审批机关不得批准该规划。

第二十五条 国家对黄河流域国土空间严格实行用途管制。黄河流域县级以上地方人民政府自然资源主管部门依据国土空间规划，对本行政区域黄河流域国土空间实行分区、分类用途管制。

黄河流域国土空间开发利用活动应当符合国土空间用途管制要求，并依法取得规划许可。

禁止违反国家有关规定、未经国务院批准，占用永久基本农田。禁止擅自占用耕地进行非农业建设，严格控制耕地转为林地、草地、园地等其他农用地。

黄河流域县级以上地方人民政府应当严格控制黄河流域以人工湖、人工湿地等形式新建人造水景观，黄河流域统筹协调机制应当组织有关部门加强监督管理。

第二十六条 黄河流域省级人民政府根据本行政区域的生态环境和资源利用状况，按照生态保护红线、环境质量底线、资源利用上线的要求，制定生态环境分区管控方案和生态环境准入清单，报国务院生态环境主管部门备案后实施。生态环境分区管控方案和生态环境准入清单应当与国土空间规划相衔接。

禁止在黄河干支流岸线管控范围内新建、扩建化工园区和化工项目。禁止在黄河干流岸线和重要支流岸线的管控范围内新建、改建、扩建尾矿库；但是以提升安全水平、生态环境保护水平为目的的改建除外。

干支流目录、岸线管控范围由国务院水行政、自然资源、生态环境主管部门按照职责分工，会同黄河流域省级人民政府确定并公布。

第二十七条 黄河流域水电开发，应当进行科学论证，符合国家发展规划、流域综合规划和生态保护要求。对黄河流域已建小水电工程，不符合生态保护要求的，县级以上地方人民政府应当组织分类整改或者采取措施逐步退出。

第二十八条 黄河流域管理机构统筹防洪减淤、城乡供水、生态保护、灌溉用水、水力发电等目标，建立水资源、水沙、防洪防凌综合调度体系，实施黄河干支流控制性水工程统一调度，保障流域水安全，发挥水资源综合效益。

第三章 生态保护与修复

第二十九条 国家加强黄河流域生态保护与修复，坚持山水林田湖草沙一体化保护与修复，实行自然恢复为主、自然恢复与人工修复相结合的系统治理。

国务院自然资源主管部门应当会同国务院有关部门编制黄河流域国土空间生态修复规划，组织实施重大生态修复工程，统筹推进黄河流域生态保护与修复工作。

第三十条 国家加强对黄河水源涵养区的保护，加大对黄河干流和支流源头、水源涵养区的雪山冰川、高原冻土、高寒草甸、草原、湿地、荒漠、泉域等的保护力度。

禁止在黄河上游约古宗列曲、扎陵湖、鄂陵湖、玛多河湖群等河道、湖泊管理范围内从事采矿、采砂、渔猎等活动，维持河道、湖泊天然状态。

第三十一条 国务院和黄河流域省级人民政府应当依法在重要生态功能区域、生态脆弱区域划定公益林，实施严格管护；需要补充灌溉的，在水资源承载能力范围内合理安排灌溉用水。

国务院林业和草原主管部门应当会同国务院有关部门、黄河流域省级人民政府，加强对黄河流域重要生态功能区域天然林、湿地、草原保护与修复和荒漠化、沙化土地治理工作的指导。

黄河流域县级以上地方人民政府应当采取防护林建设、禁牧封育、锁边防风固沙工程、沙化土地封禁保护、鼠害防治等措施，加强黄河流域重要生态功能区域天然林、湿地、草原保护与修复，开展规模化防沙治沙，科学治理荒漠化、沙化土地，在河套平原区、内蒙古高原湖泊萎缩退化区、黄土高原土地沙化区、汾渭平原区等重点区域实施生态修复工程。

第三十二条 国家加强对黄河流域子午岭—六盘山、秦岭北麓、贺兰山、白于山、陇中等水土流失重点预防区、治理区和渭河、洮河、汾河、伊洛河等重要支流源头区的水土流失防治。水土流失防治应当根据实际情况，科学采取生物措施和工程措施。

禁止在二十五度以上陡坡地开垦种植农作物。黄河流域省级人民政府根据本行政区域的实际情况，可以规定小于二十五度的禁止开垦坡度。禁止开垦的陡坡地范围由所在地县级人民政府划定并公布。

第三十三条 国务院水行政主管部门应当会同国务院有关部门加强黄河流域砒砂岩区、多沙粗沙区、水蚀风蚀交错区和沙漠入河区等生态脆弱区域保护和治理，开展土壤侵蚀和水土流失状况评估，实施重点防治工程。

黄河流域县级以上地方人民政府应当组织推进小流域综合治理、坡耕地综合整治、黄土高原塬面治理保护、适地植被建设等水土保持重点工程，采取塬面、沟头、沟坡、沟道防护等措施，加强多沙粗沙区治理，开展生态清洁流域建设。

国家支持在黄河流域上中游开展整沟治理。整沟治理应当坚持规划先行、系统修复、整体保护、因地制宜、综合治理、一体推进。

第三十四条 国务院水行政主管部门应当会同国务院有关部门制定淤地坝建设、养护标准或者技术规范，健全淤地坝建设、管理、安全运行制度。

黄河流域县级以上地方人民政府应当因地制宜组织开展淤地坝建设，加快病险淤地坝除险加固和老旧淤地坝提升改造，建设安全监测和预警设施，将淤地坝工程防汛纳入地方防汛责任体系，落实管护责任，提高养护水平，减少下游河道淤积。

禁止损坏、擅自占用淤地坝。

第三十五条 禁止在黄河流域水土流失严重、生态脆弱区域开展可能造成水土流失的生产建设活动。确因国家发展战略和国计民生需要建设的，应当进行科学论证，并依法办理审批手续。

生产建设单位应当依法编制并严格执行经批准的水土保持方案。

从事生产建设活动造成水土流失的，应当按照国家规定的水土流失防治相关标准进行治理。

第三十六条 国务院水行政主管部门应当会同国务院有关部门和山东省人民政府，编制并实施黄河入海河口整治规划，合理布局黄河入海流路，加强河口治理，保障入海河道畅通和河口防洪防凌安全，实施清水沟、刁口河生态补水，维护河口生态功能。

国务院自然资源、林业和草原主管部门应当会同国务院有关部门和山东省人民政府，组织开展黄河三角洲湿地生态保护与修复，有序推进退塘还河、退耕还湿、退田还滩，加强外来入侵物种防治，减少油气开采、围垦养殖、港口航运等活动对河口生态系统的影响。

禁止侵占刁口河等黄河备用入海流路。

第三十七条 国务院水行政主管部门确定黄河干流、重要支流控制断面生态流量和重要湖泊生态水位的管控指标，应当征求并研究国务院生态环境、自然资源等主管部门的意见。黄河流域省级人民政府水行政主管部门确定其他河流生态流量和其他湖泊生态水位的管控指标，应当征求并研究同级人民政府生态环境、自然资源等主管部门的意见，报黄河流域管理机构、黄河流域生态环境监督管理机构备案。确定生态流量和生态水位的管控指标，应当进行科学论证，综合考虑水资源条件、气候状况、生态环境保护要求、生活生产用水状况等因素。

黄河流域管理机构和黄河流域省级人民政府水行政主管部门按照职责分工，组织编制和实施生态流量和生态水位保障实施方案。

黄河干流、重要支流水工程应当将生态用水调度纳入日常运行调度规程。

第三十八条 国家统筹黄河流域自然保护地体系建设。国务院和黄河流域省级人民政府在黄河流域重要典型生态系统的完整分布区、生态环境敏感区以及珍贵濒危野生动植物天然集中分布区和重要栖息地、重要自然遗迹分布区等区域，依法设立国家公园、自然保护区、自然公园等自然保护地。

自然保护地建设、管理涉及河道、湖泊管理范围的，应当统筹考虑河道、湖泊保护需要，满足防洪要求，并保障防洪工程建设和管理活动的开展。

第三十九条 国务院林业和草原、农业农村主管部门应当会同国务院有关部门和黄河流域省级人民政府按照职责分工，对黄河流域数量急剧下降或者极度濒危的野生动植物和受到严重破坏的栖息地、天然集中分布区、破碎化的典型生态系统开展保护与修复，修建迁地保护设施，建立野生动植物遗传资源基因库，进行抢救性修复。

国务院生态环境主管部门和黄河流域县级以上地方人民政府组织开展黄河流域生物

多样性保护管理，定期评估生物受威胁状况以及生物多样性恢复成效。

第四十条 国务院农业农村主管部门应当会同国务院有关部门和黄河流域省级人民政府，建立黄河流域水生生物完整性指数评价体系，组织开展黄河流域水生生物完整性评价，并将评价结果作为评估黄河流域生态系统总体状况的重要依据。黄河流域水生生物完整性指数应当与黄河流域水环境质量标准相衔接。

第四十一条 国家保护黄河流域水产种质资源和珍贵濒危物种，支持开展水产种质资源保护区、国家重点保护野生动物人工繁育基地建设。

禁止在黄河流域开放水域养殖、投放外来物种和其他非本地物种种质资源。

第四十二条 国家加强黄河流域水生生物产卵场、索饵场、越冬场、洄游通道等重要栖息地的生态保护与修复。对鱼类等水生生物洄游产生阻隔的涉水工程应当结合实际采取建设过鱼设施、河湖连通、增殖放流、人工繁育等多种措施，满足水生生物的生态需求。

国家实行黄河流域重点水域禁渔期制度，禁渔期内禁止在黄河流域重点水域从事天然渔业资源生产性捕捞，具体办法由国务院农业农村主管部门制定。黄河流域县级以上地方人民政府应当按照国家有关规定做好禁渔期渔民的生活保障工作。

禁止电鱼、毒鱼、炸鱼等破坏渔业资源和水域生态的捕捞行为。

第四十三条 国务院水行政主管部门应当会同国务院自然资源主管部门组织划定并公布黄河流域地下水超采区。

黄河流域省级人民政府水行政主管部门应当会同本级人民政府有关部门编制本行政区域地下水超采综合治理方案，经省级人民政府批准后，报国务院水行政主管部门备案。

第四十四条 黄河流域县级以上地方人民政府应当组织开展退化农用地生态修复，实施农田综合整治。

黄河流域生产建设活动损毁的土地，由生产建设者负责复垦。因历史原因无法确定土地复垦义务人以及因自然灾害损毁的土地，由黄河流域县级以上地方人民政府负责组织复垦。

黄河流域县级以上地方人民政府应当加强对矿山的监督管理，督促采矿权人履行矿山污染防治和生态修复责任，并因地制宜采取消除地质灾害隐患、土地复垦、恢复植被、防治污染等措施，组织开展历史遗留矿山生态修复工作。

第四章 水资源节约集约利用

第四十五条 黄河流域水资源利用，应当坚持节水优先、统筹兼顾、集约使用、精打细算，优先满足城乡居民生活用水，保障基本生态用水，统筹生产用水。

第四十六条 国家对黄河水量实行统一配置。制定和调整黄河水量分配方案，应当充分考虑黄河流域水资源条件、生态环境状况、区域用水状况、节水水平、洪水资源化利用等，统筹当地水和外调水、常规水和非常规水，科学确定水资源可利用总量和河道输沙入海水量，分配区域地表水取用水总量。

黄河流域管理机构商黄河流域省级人民政府制定和调整黄河水量分配方案和跨省支流水量分配方案。黄河水量分配方案经国务院发展改革部门、水行政主管部门审查后，报国务院批准。跨省支流水量分配方案报国务院授权的部门批准。

黄河流域省级人民政府水行政主管部门根据黄河水量分配方案和跨省支流水量分配方案，制定和调整本行政区域水量分配方案，经省级人民政府批准后，报黄河流域管理机构备案。

第四十七条 国家对黄河流域水资源实行统一调度，遵循总量控制、断面流量控制、分级管理、分级负责的原则，根据水情变化进行动态调整。

国务院水行政主管部门依法组织黄河流域水资源统一调度的实施和监督管理。

第四十八条 国务院水行政主管部门应当会同国务院自然资源主管部门制定黄河流域省级行政区域地下水取水总量控制指标。

黄河流域省级人民政府水行政主管部门应当会同本级人民政府有关部门，根据本行政区域地下水取水总量控制指标，制定设区的市、县级行政区域地下水取水总量控制指标和地下水水位控制指标，经省级人民政府批准后，报国务院水行政主管部门或者黄河流域管理机构备案。

第四十九条 黄河流域县级以上行政区域的地表水取用水总量不得超过水量分配方案确定的控制指标，并符合生态流量和生态水位的管控指标要求；地下水取水总量不得超过本行政区域地下水取水总量控制指标，并符合地下水水位控制指标要求。

黄河流域县级以上地方人民政府应当根据本行政区域取用水总量控制指标，统筹考虑经济社会发展用水需求、节水标准和产业政策，制定本行政区域农业、工业、生活及河道外生态等用水量控制指标。

第五十条 在黄河流域取用水资源，应当依法取得取水许可。

黄河干流取水，以及跨省重要支流指定河段限额以上取水，由黄河流域管理机构负责审批取水申请，审批时应当研究取水口所在地的省级人民政府水行政主管部门的意见；其他取水由黄河流域县级以上地方人民政府水行政主管部门负责审批取水申请。指定河段和限额标准由国务院水行政主管部门确定公布、适时调整。

第五十一条 国家在黄河流域实行水资源差别化管理。国务院水行政主管部门应当会同国务院自然资源主管部门定期组织开展黄河流域水资源评价和承载能力调查评估。评估结果作为划定水资源超载地区、临界超载地区、不超载地区的依据。

水资源超载地区县级以上地方人民政府应当制定水资源超载治理方案，采取产业结构调整、强化节水等措施，实施综合治理。水资源临界超载地区县级以上地方人民政府应当采取限制性措施，防止水资源超载。

除生活用水等民生保障用水外，黄河流域水资源超载地区不得新增取水许可；水资源临界超载地区应当严格限制新增取水许可。

第五十二条 国家在黄河流域实行强制性用水定额管理制度。国务院水行政、标准化主管部门应当会同国务院发展改革部门组织制定黄河流域高耗水工业和服务业强制性用水定额。制定强制性用水定额应当征求国务院有关部门、黄河流域省级人民政府、企业事业单位和社会公众等方面的意见，并依照《中华人民共和国标准化法》的有关规定执行。

黄河流域省级人民政府按照深度节水控水要求，可以制定严于国家用水定额的地方用水定额；国家用水定额未作规定的，可以补充制定地方用水定额。

黄河流域以及黄河流经省、自治区其他黄河供水区相关县级行政区域的用水单位，应当严格执行强制性用水定额；超过强制性用水定额的，应当限期实施节水技术改造。

第五十三条 黄河流域以及黄河流经省、自治区其他黄河供水区相关县级行政区域的县级以上地方人民政府水行政主管部门和黄河流域管理机构核定取水单位的取水量，应当符合用水定额的要求。

黄河流域以及黄河流经省、自治区其他黄河供水区相关县级行政区域取水量达到取水规模以上的单位，应当安装合格的在线计量设施，保证设施正常运行，并将计量数据传输至有管理权限的水行政主管部门或者黄河流域管理机构。取水规模标准由国务院水行政主管部门制定。

第五十四条 国家在黄河流域实行高耗水产业准入负面清单和淘汰类高耗水产业目录制度。列入高耗水产业准入负面清单和淘汰类高耗水产业目录的建设项目，取水申请不予批准。高耗水产业准入负面清单和淘汰类高耗水产业目录由国务院发展改革部门会同国务院水行政主管部门制定并发布。

严格限制从黄河流域向外流域扩大供水量，严格限制新增引黄灌溉用水量。因实施国家重大战略确需新增用水量的，应当严格进行水资源论证，并取得黄河流域管理机构批准的取水许可。

第五十五条 黄河流域县级以上地方人民政府应当组织发展高效节水农业，加强农业节水设施和农业用水计量设施建设，选育推广低耗水、高耐旱农作物，降低农业耗水量。禁止取用深层地下水用于农业灌溉。

黄河流域工业企业应当优先使用国家鼓励的节水工艺、技术和装备。国家鼓励的工业节水工艺、技术和装备目录由国务院工业和信息化主管部门会同国务院有关部门制定并发布。

黄河流域县级以上地方人民政府应当组织推广应用先进适用的节水工艺、技术、装备、产品和材料，推进工业废水资源化利用，支持企业用水计量和节水技术改造，支持工业园区企业发展串联用水系统和循环用水系统，促进能源、化工、建材等高耗水产业节水。高耗水工业企业应当实施用水计量和节水技术改造。

黄河流域县级以上地方人民政府应当组织实施城乡老旧供水设施和管网改造，推广普及节水型器具，开展公共机构节水技术改造，控制高耗水服务业用水，完善农村集中供水和节水配套设施。

黄河流域县级以上地方人民政府及其有关部门应当加强节水宣传教育和科学普及，提高公众节水意识，营造良好节水氛围。

第五十六条 国家在黄河流域建立促进节约用水的水价体系。城镇居民生活用水和具备条件的农村居民生活用水实行阶梯水价，高耗水工业和服务业水价实行高额累进加价，非居民用水水价实行超定额累进加价，推进农业水价综合改革。

国家在黄河流域对节水潜力大、使用面广的用水产品实行水效标识管理，限期淘汰水效等级较低的用水产品，培育合同节水等节水市场。

第五十七条 国务院水行政主管部门应当会同国务院有关部门制定黄河流域重要饮用水水源地名录。黄河流域省级人民政府水行政主管部门应当会同本级人民政府有关部门制定本行政区域的其他饮用水水源地名录。

黄河流域省级人民政府组织划定饮用水水源保护区，加强饮用水水源保护，保障饮用水安全。黄河流域县级以上地方人民政府及其有关部门应当合理布局饮用水水源取水口，加强饮用水应急水源、备用水源建设。

第五十八条 国家综合考虑黄河流域水资源条件、经济社会发展需要和生态环境保护要求，统筹调出区和调入区供水安全和生态安全，科学论证、规划和建设跨流域调水和重大水源工程，加快构建国家水网，优化水资源配置，提高水资源承载能力。

黄河流域县级以上地方人民政府应当组织实施区域水资源配置工程建设，提高城乡供水保障程度。

第五十九条 黄河流域县级以上地方人民政府应当推进污水资源化利用，国家对相关设施建设予以支持。

黄河流域县级以上地方人民政府应当将再生水、雨水、苦咸水、矿井水等非常规水纳入水资源统一配置，提高非常规水利用比例。景观绿化、工业生产、建筑施工等用水，应当优先使用符合要求的再生水。

第五章　水沙调控与防洪安全

第六十条 国家依据黄河流域综合规划、防洪规划，在黄河流域组织建设水沙调控和防洪减灾工程体系，完善水沙调控和防洪防凌调度机制，加强水文和气象监测预报预警、水沙观测和河势调查，实施重点水库和河段清淤疏浚、滩区放淤，提高河道行洪输沙能力，塑造河道主槽，维持河势稳定，保障防洪安全。

第六十一条 国家完善以骨干水库等重大水工程为主的水沙调控体系，采取联合调水调沙、泥沙综合处理利用等措施，提高拦沙输沙能力。纳入水沙调控体系的工程名录由国务院水行政主管部门制定。

国务院有关部门和黄河流域省级人民政府应当加强黄河干支流控制性水工程、标准化堤防、控制引导河水流向工程等防洪工程体系建设和管理，实施病险水库除险加固和山洪、泥石流灾害防治。

黄河流域管理机构及其所属管理机构和黄河流域县级以上地方人民政府应当加强防洪工程的运行管护，保障工程安全稳定运行。

第六十二条 国家实行黄河流域水沙统一调度制度。黄河流域管理机构应当组织实施黄河干支流水库群统一调度，编制水沙调控方案，确定重点水库水沙调控运用指标、运用方式、调控起止时间，下达调度指令。水沙调控应当采取措施尽量减少对水生生物及其栖息地的影响。

黄河流域县级以上地方人民政府、水库主管部门和管理单位应当执行黄河流域管理机构的调度指令。

第六十三条 国务院水行政主管部门组织编制黄河防御洪水方案，经国家防汛抗旱指挥机构审核后，报国务院批准。

黄河流域管理机构应当会同黄河流域省级人民政府根据批准的黄河防御洪水方案，编制黄河干流和重要支流、重要水工程的洪水调度方案，报国务院水行政主管部门批准并抄送国家防汛抗旱指挥机构和国务院应急管理部门，按照职责组织实施。

黄河流域县级以上地方人民政府组织编制和实施黄河其他支流、水工程的洪水调度方案，并报上一级人民政府防汛抗旱指挥机构和有关主管部门备案。

第六十四条 黄河流域管理机构制定年度防凌调度方案，报国务院水行政主管部门备案，按照职责组织实施。

黄河流域有防凌任务的县级以上地方人民政府应当把防御凌汛纳入本行政区域的防洪规划。

第六十五条 黄河防汛抗旱指挥机构负责指挥黄河流域防汛抗旱工作，其办事机构设在黄河流域管理机构，承担黄河防汛抗旱指挥机构的日常工作。

第六十六条 黄河流域管理机构应当会同黄河流域省级人民政府依据黄河流域防洪规划，制定黄河滩区名录，报国务院水行政主管部门批准。黄河流域省级人民政府应当有序安排滩区居民迁建，严格控制向滩区迁入常住人口，实施滩区综合提升治理工程。

黄河滩区土地利用、基础设施建设和生态保护与修复应当满足河道行洪需要，发挥滩区滞洪、沉沙功能。

在黄河滩区内，不得新规划城镇建设用地、设立新的村镇，已经规划和设立的，不得扩大范围；不得新划定永久基本农田，已经划定为永久基本农田、影响防洪安全的，应当逐步退出；不得新开垦荒地、新建生产堤，已建生产堤影响防洪安全的应当及时拆除，其他生产堤应当逐步拆除。

因黄河滩区自然行洪、蓄滞洪水等导致受淹造成损失的，按照国家有关规定予以补偿。

第六十七条 国家加强黄河流域河道、湖泊管理和保护。禁止在河道、湖泊管理范围内建设妨碍行洪的建筑物、构筑物以及从事影响河势稳定、危害河岸堤防安全和其他妨碍河道行洪的活动。禁止违法利用、占用河道、湖泊水域和岸线。河道、湖泊管理范围由黄河流域管理机构和有关县级以上地方人民政府依法科学划定并公布。

建设跨河、穿河、穿堤、临河的工程设施，应当符合防洪标准等要求，不得威胁堤防安全、影响河势稳定、擅自改变水域和滩地用途、降低行洪和调蓄能力、缩小水域面积；确实无法避免降低行洪和调蓄能力、缩小水域面积的，应当同时建设等效替代工程或者采取其他功能补救措施。

第六十八条 黄河流域河道治理，应当因地制宜采取河道清障、清淤疏浚、岸坡整治、堤防加固、水源涵养与水土保持、河湖管护等治理措施，加强悬河和游荡性河道整治，增强河道、湖泊、水库防御洪水能力。

国家支持黄河流域有关地方人民政府以稳定河势、规范流路、保障行洪能力为前提，统筹河道岸线保护修复、退耕还湿，建设集防洪、生态保护等功能于一体的绿色生态走廊。

第六十九条 国家实行黄河流域河道采砂规划和许可制度。黄河流域河道采砂应当依法取得采砂许可。

黄河流域管理机构和黄河流域县级以上地方人民政府依法划定禁采区，规定禁采期，并向社会公布。禁止在黄河流域禁采区和禁采期从事河道采砂活动。

第七十条 国务院有关部门应当会同黄河流域省级人民政府加强对龙羊峡、刘家峡、三门峡、小浪底、故县、陆浑、河口村等干支流骨干水库库区的管理，科学调控水库水位，加强库区水土保持、生态保护和地质灾害防治工作。

在三门峡、小浪底、故县、陆浑、河口村水库库区养殖，应当满足水沙调控和防洪要求，禁止采用网箱、围网和拦河拉网方式养殖。

第七十一条 黄河流域城市人民政府应当统筹城市防洪和排涝工作，加强城市防洪排涝设施建设和管理，完善城市洪涝灾害监测预警机制，健全城市防灾减灾体系，提升城市洪涝灾害防御和应对能力。

黄河流域城市人民政府及其有关部门应当加强洪涝灾害防御宣传教育和社会动员，定期组织开展应急演练，增强社会防范意识。

第六章 污染防治

第七十二条 国家加强黄河流域农业面源污染、工业污染、城乡生活污染等的综合治理、系统治理、源头治理，推进重点河湖环境综合整治。

第七十三条 国务院生态环境主管部门制定黄河流域水环境质量标准，对国家水环境质量标准中未作规定的项目，可以作出补充规定；对国家水环境质量标准中已经规定的项目，可以作出更加严格的规定。制定黄河流域水环境质量标准应当征求国务院有关部门和有关省级人民政府的意见。

黄河流域省级人民政府可以制定严于黄河流域水环境质量标准的地方水环境质量标准，报国务院生态环境主管部门备案。

第七十四条 对没有国家水污染物排放标准的特色产业、特有污染物，以及国家有明确要求的特定水污染源或者水污染物，黄河流域省级人民政府应当补充制定地方水污染物排放标准，报国务院生态环境主管部门备案。

有下列情形之一的，黄河流域省级人民政府应当制定严于国家水污染物排放标准的地方水污染物排放标准，报国务院生态环境主管部门备案：

（一）产业密集、水环境问题突出；

（二）现有水污染物排放标准不能满足黄河流域水环境质量要求；

（三）流域或者区域水环境形势复杂，无法适用统一的水污染物排放标准。

第七十五条 国务院生态环境主管部门根据水环境质量改善目标和水污染防治要求，确定黄河流域各省级行政区域重点水污染物排放总量控制指标。黄河流域水环境质量不达标的水功能区，省级人民政府生态环境主管部门应当实施更加严格的水污染物排放总量削减措施，限期实现水环境质量达标。排放水污染物的企业事业单位应当按照要求，采取水污染物排放总量控制措施。

黄河流域县级以上地方人民政府应当加强和统筹污水、固体废物收集处理处置等环境基础设施建设，保障设施正常运行，因地制宜推进农村厕所改造、生活垃圾处理和污水治理，消除黑臭水体。

第七十六条 在黄河流域河道、湖泊新设、改设或者扩大排污口，应当报经有管辖权的生态环境主管部门或者黄河流域生态环境监督管理机构批准。新设、改设或者扩大可能影响防洪、供水、堤防安全、河势稳定的排污口的，审批时应当征求县级以上地方人民政府水行政主管部门或者黄河流域管理机构的意见。

黄河流域水环境质量不达标的水功能区，除城乡污水集中处理设施等重要民生工程的排污口外，应当严格控制新设、改设或者扩大排污口。

黄河流域县级以上地方人民政府应当对本行政区域河道、湖泊的排污口组织开展排查整治，明确责任主体，实施分类管理。

第七十七条 黄河流域县级以上地方人民政府应当对沿河道、湖泊的垃圾填埋场、加油站、储油库、矿山、尾矿库、危险废物处置场、化工园区和化工项目等地下水重点污染源及周边地下水环境风险隐患组织开展调查评估，采取风险防范和整治措施。

黄河流域设区的市级以上地方人民政府生态环境主管部门商本级人民政府有关部门，制定并发布地下水污染防治重点排污单位名录。地下水污染防治重点排污单位应当依法安装水污染物排放自动监测设备，与生态环境主管部门的监控设备联网，并保证监测设备正常运行。

第七十八条 黄河流域省级人民政府生态环境主管部门应当会同本级人民政府水行政、自然资源等主管部门，根据本行政区域地下水污染防治需要，划定地下水污染防治重点区，明确环境准入、隐患排查、风险管控等管理要求。

黄河流域县级以上地方人民政府应当加强油气开采区等地下水污染防治监督管理。在黄河流域开发煤层气、致密气等非常规天然气的，应当对其产生的压裂液、采出水进行处理处置，不得污染土壤和地下水。

第七十九条 黄河流域县级以上地方人民政府应当加强黄河流域土壤生态环境保护，防止新增土壤污染，因地制宜分类推进土壤污染风险管控与修复。

黄河流域县级以上地方人民政府应当加强黄河流域固体废物污染环境防治，组织开展固体废物非法转移和倾倒的联防联控。

第八十条 国务院生态环境主管部门应当在黄河流域定期组织开展大气、水体、土壤、生物中有毒有害化学物质调查监测，并会同国务院卫生健康等主管部门开展黄河流域有毒有害化学物质环境风险评估与管控。

国务院生态环境等主管部门和黄河流域县级以上地方人民政府及其有关部门应当加强对持久性有机污染物等新污染物的管控、治理。

第八十一条 黄河流域县级以上地方人民政府及其有关部门应当加强农药、化肥等农业投入品使用总量控制、使用指导和技术服务，推广病虫害绿色防控等先进适用技术，实施灌区农田退水循环利用，加强对农业污染源的监测预警。

黄河流域农业生产经营者应当科学合理使用农药、化肥、兽药等农业投入品，科学处理、处置农业投入品包装废弃物、农用薄膜等农业废弃物，综合利用农作物秸秆，加强畜禽、水产养殖污染防治。

第七章　促进高质量发展

第八十二条　促进黄河流域高质量发展应当坚持新发展理念，加快发展方式绿色转型，以生态保护为前提优化调整区域经济和生产力布局。

第八十三条　国务院有关部门和黄河流域县级以上地方人民政府及其有关部门应当协同推进黄河流域生态保护和高质量发展战略与乡村振兴战略、新型城镇化战略和中部崛起、西部大开发等区域协调发展战略的实施，统筹城乡基础设施建设和产业发展，改善城乡人居环境，健全基本公共服务体系，促进城乡融合发展。

第八十四条　国务院有关部门和黄河流域县级以上地方人民政府应当强化生态环境、水资源等约束和城镇开发边界管控，严格控制黄河流域上中游地区新建各类开发区，推进节水型城市、海绵城市建设，提升城市综合承载能力和公共服务能力。

第八十五条　国务院有关部门和黄河流域县级以上地方人民政府应当科学规划乡村布局，统筹生态保护与乡村发展，加强农村基础设施建设，推进农村产业融合发展，鼓励使用绿色低碳能源，加快推进农房和村庄建设现代化，塑造乡村风貌，建设生态宜居美丽乡村。

第八十六条　黄河流域产业结构和布局应当与黄河流域生态系统和资源环境承载能力相适应。严格限制在黄河流域布局高耗水、高污染或者高耗能项目。

黄河流域煤炭、火电、钢铁、焦化、化工、有色金属等行业应当开展清洁生产，依法实施强制性清洁生产审核。

黄河流域县级以上地方人民政府应当采取措施，推动企业实施清洁化改造，组织推广应用工业节能、资源综合利用等先进适用的技术装备，完善绿色制造体系。

第八十七条　国家鼓励黄河流域开展新型基础设施建设，完善交通运输、水利、能源、防灾减灾等基础设施网络。

黄河流域县级以上地方人民政府应当推动制造业高质量发展和资源型产业转型，因地制宜发展特色优势现代产业和清洁低碳能源，推动产业结构、能源结构、交通运输结构等优化调整，推进碳达峰碳中和工作。

第八十八条　国家鼓励、支持黄河流域建设高标准农田、现代畜牧业生产基地以及种质资源和制种基地，因地制宜开展盐碱地农业技术研究、开发和应用，支持地方品种申请地理标志产品保护，发展现代农业服务业。

国务院有关部门和黄河流域县级以上地方人民政府应当组织调整农业产业结构，优化农业产业布局，发展区域优势农业产业，服务国家粮食安全战略。

第八十九条　国务院有关部门和黄河流域县级以上地方人民政府应当鼓励、支持黄河流域科技创新，引导社会资金参与科技成果开发和推广应用，提升黄河流域科技创新能力。

国家支持社会资金设立黄河流域科技成果转化基金，完善科技投融资体系，综合运用政府采购、技术标准、激励机制等促进科技成果转化。

第九十条 黄河流域县级以上地方人民政府及其有关部门应当采取有效措施，提高城乡居民对本行政区域生态环境、资源禀赋的认识，支持、引导居民形成绿色低碳的生活方式。

第八章 黄河文化保护传承弘扬

第九十一条 国务院文化和旅游主管部门应当会同国务院有关部门编制并实施黄河文化保护传承弘扬规划，加强统筹协调，推动黄河文化体系建设。

黄河流域县级以上地方人民政府及其文化和旅游等主管部门应当加强黄河文化保护传承弘扬，提供优质公共文化服务，丰富城乡居民精神文化生活。

第九十二条 国务院文化和旅游主管部门应当会同国务院有关部门和黄河流域省级人民政府，组织开展黄河文化和治河历史研究，推动黄河文化创造性转化和创新性发展。

第九十三条 国务院文化和旅游主管部门应当会同国务院有关部门组织指导黄河文化资源调查和认定，对文物古迹、非物质文化遗产、古籍文献等重要文化遗产进行记录、建档，建立黄河文化资源基础数据库，推动黄河文化资源整合利用和公共数据开放共享。

第九十四条 国家加强黄河流域历史文化名城名镇名村、历史文化街区、文物、历史建筑、传统村落、少数民族特色村寨和古河道、古堤防、古灌溉工程等水文化遗产以及农耕文化遗产、地名文化遗产等的保护。国务院住房和城乡建设、文化和旅游、文物等主管部门和黄河流域县级以上地方人民政府有关部门按照职责分工和分级保护、分类实施的原则，加强监督管理。

国家加强黄河流域非物质文化遗产保护。国务院文化和旅游等主管部门和黄河流域县级以上地方人民政府有关部门应当完善黄河流域非物质文化遗产代表性项目名录体系，推进传承体验设施建设，加强代表性项目保护传承。

第九十五条 国家加强黄河流域具有革命纪念意义的文物和遗迹保护，建设革命传统教育、爱国主义教育基地，传承弘扬黄河红色文化。

第九十六条 国家建设黄河国家文化公园，统筹利用文化遗产地以及博物馆、纪念馆、展览馆、教育基地、水工程等资源，综合运用信息化手段，系统展示黄河文化。

国务院发展改革部门、文化和旅游主管部门组织开展黄河国家文化公园建设。

第九十七条 国家采取政府购买服务等措施，支持单位和个人参与提供反映黄河流域特色、体现黄河文化精神、适宜普及推广的公共文化服务。

黄河流域县级以上地方人民政府及其有关部门应当组织将黄河文化融入城乡建设和

水利工程等基础设施建设。

第九十八条 黄河流域县级以上地方人民政府应当以保护传承弘扬黄河文化为重点，推动文化产业发展，促进文化产业与农业、水利、制造业、交通运输业、服务业等深度融合。

国务院文化和旅游主管部门应当会同国务院有关部门统筹黄河文化、流域水景观和水工程等资源，建设黄河文化旅游带。黄河流域县级以上地方人民政府文化和旅游主管部门应当结合当地实际，推动本行政区域旅游业发展，展示和弘扬黄河文化。

黄河流域旅游活动应当符合黄河防洪和河道、湖泊管理要求，避免破坏生态环境和文化遗产。

第九十九条 国家鼓励开展黄河题材文艺作品创作。黄河流域县级以上地方人民政府应当加强对黄河题材文艺作品创作的支持和保护。

国家加强黄河文化宣传，促进黄河文化国际传播，鼓励、支持举办黄河文化交流、合作等活动，提高黄河文化影响力。

第九章 保障与监督

第一百条 国务院和黄河流域县级以上地方人民政府应当加大对黄河流域生态保护和高质量发展的财政投入。

国务院和黄河流域省级人民政府按照中央与地方财政事权和支出责任划分原则，安排资金用于黄河流域生态保护和高质量发展。

国家支持设立黄河流域生态保护和高质量发展基金，专项用于黄河流域生态保护与修复、资源能源节约集约利用、战略性新兴产业培育、黄河文化保护传承弘扬等。

第一百零一条 国家实行有利于节水、节能、生态环境保护和资源综合利用的税收政策，鼓励发展绿色信贷、绿色债券、绿色保险等金融产品，为黄河流域生态保护和高质量发展提供支持。

国家在黄河流域建立有利于水、电、气等资源性产品节约集约利用的价格机制，对资源高消耗行业中的限制类项目，实行限制性价格政策。

第一百零二条 国家建立健全黄河流域生态保护补偿制度。

国家加大财政转移支付力度，对黄河流域生态功能重要区域予以补偿。具体办法由国务院财政部门会同国务院有关部门制定。

国家加强对黄河流域行政区域间生态保护补偿的统筹指导、协调，引导和支持黄河流域上下游、左右岸、干支流地方人民政府之间通过协商或者按照市场规则，采用资金补偿、产业扶持等多种形式开展横向生态保护补偿。

国家鼓励社会资金设立市场化运作的黄河流域生态保护补偿基金。国家支持在黄河流域开展用水权市场化交易。

第一百零三条 国家实行黄河流域生态保护和高质量发展责任制和考核评价制度。上级人民政府应当对下级人民政府水资源、水土保持强制性约束控制指标落实情况等生态保护和高质量发展目标完成情况进行考核。

第一百零四条 国务院有关部门、黄河流域县级以上地方人民政府有关部门、黄河流域管理机构及其所属管理机构、黄河流域生态环境监督管理机构按照职责分工，对黄河流域各类生产生活、开发建设等活动进行监督检查，依法查处违法行为，公开黄河保护工作相关信息，完善公众参与程序，为单位和个人参与和监督黄河保护工作提供便利。

单位和个人有权依法获取黄河保护工作相关信息，举报和控告违法行为。

第一百零五条 国务院有关部门、黄河流域县级以上地方人民政府及其有关部门、黄河流域管理机构及其所属管理机构、黄河流域生态环境监督管理机构应当加强黄河保护监督管理能力建设，提高科技化、信息化水平，建立执法协调机制，对跨行政区域、生态敏感区域以及重大违法案件，依法开展联合执法。

国家加强黄河流域司法保障建设，组织开展黄河流域司法协作，推进行政执法机关与司法机关协同配合，鼓励有关单位为黄河流域生态环境保护提供法律服务。

第一百零六条 国务院有关部门和黄河流域省级人民政府对黄河保护不力、问题突出、群众反映集中的地区，可以约谈该地区县级以上地方人民政府及其有关部门主要负责人，要求其采取措施及时整改。约谈和整改情况应当向社会公布。

第一百零七条 国务院应当定期向全国人民代表大会常务委员会报告黄河流域生态保护和高质量发展工作情况。

黄河流域县级以上地方人民政府应当定期向本级人民代表大会或者其常务委员会报告本级人民政府黄河流域生态保护和高质量发展工作情况。

第十章 法律责任

第一百零八条 国务院有关部门、黄河流域县级以上地方人民政府及其有关部门、黄河流域管理机构及其所属管理机构、黄河流域生态环境监督管理机构违反本法规定，有下列行为之一的，对直接负责的主管人员和其他直接责任人员依法给予警告、记过、记大过或者降级处分；造成严重后果的，给予撤职或者开除处分，其主要负责人应当引咎辞职：

（一）不符合行政许可条件准予行政许可；

（二）依法应当作出责令停业、关闭等决定而未作出；

（三）发现违法行为或者接到举报不依法查处；

（四）有其他玩忽职守、滥用职权、徇私舞弊行为。

第一百零九条 违反本法规定，有下列行为之一的，由地方人民政府生态环境、自然资源等主管部门按照职责分工，责令停止违法行为，限期拆除或者恢复原状，处五十万元以上五百万元以下罚款，对直接负责的主管人员和其他直接责任人员处五万元以上十万元以下罚款；逾期不拆除或者不恢复原状的，强制拆除或者代为恢复原状，所需费用由违法者承担；情节严重的，报经有批准权的人民政府批准，责令关闭：

（一）在黄河干支流岸线管控范围内新建、扩建化工园区或者化工项目；

（二）在黄河干流岸线或者重要支流岸线的管控范围内新建、改建、扩建尾矿库；

（三）违反生态环境准入清单规定进行生产建设活动。

第一百一十条 违反本法规定，在黄河流域禁止开垦坡度以上陡坡地开垦种植农作物的，由县级以上地方人民政府水行政主管部门或者黄河流域管理机构及其所属管理机构责令停止违法行为，采取退耕、恢复植被等补救措施；按照开垦面积，可以对单位处每平方米一百元以下罚款、对个人处每平方米二十元以下罚款。

违反本法规定，在黄河流域损坏、擅自占用淤地坝的，由县级以上地方人民政府水行政主管部门或者黄河流域管理机构及其所属管理机构责令停止违法行为，限期治理或者采取补救措施，处十万元以上一百万元以下罚款；逾期不治理或者不采取补救措施的，代为治理或者采取补救措施，所需费用由违法者承担。

违反本法规定，在黄河流域从事生产建设活动造成水土流失未进行治理，或者治理不符合国家规定的相关标准的，由县级以上地方人民政府水行政主管部门或者黄河流域管理机构及其所属管理机构责令限期治理，对单位处二万元以上二十万元以下罚款，对个人可以处二万元以下罚款；逾期不治理的，代为治理，所需费用由违法者承担。

第一百一十一条 违反本法规定，黄河干流、重要支流水工程未将生态用水调度纳入日常运行调度规程的，由有关主管部门按照职责分工，责令改正，给予警告，并处一万元以上十万元以下罚款；情节严重的，并处十万元以上五十万元以下罚款。

第一百一十二条 违反本法规定，禁渔期内在黄河流域重点水域从事天然渔业资源生产性捕捞的，由县级以上地方人民政府农业农村主管部门没收渔获物、违法所得以及用于违法活动的渔船、渔具和其他工具，并处一万元以上五万元以下罚款；采用电鱼、毒鱼、炸鱼等方式捕捞，或者有其他严重情节的，并处五万元以上五十万元以下罚款。

违反本法规定，在黄河流域开放水域养殖、投放外来物种或者其他非本地物种种质资源的，由县级以上地方人民政府农业农村主管部门责令限期捕回，处十万元以下罚款；造成严重后果的，处十万元以上一百万元以下罚款；逾期不捕回的，代为捕回或者采取降低负面影响的措施，所需费用由违法者承担。

违反本法规定，在三门峡、小浪底、故县、陆浑、河口村水库库区采用网箱、围网或者拦河拉网方式养殖，妨碍水沙调控和防洪的，由县级以上地方人民政府农业农村主管部门责令停止违法行为，拆除网箱、围网或者拦河拉网，处十万元以下罚款；造成严重后果的，处十万元以上一百万元以下罚款。

第一百一十三条 违反本法规定，未经批准擅自取水，或者未依照批准的取水许可规定条件取水的，由县级以上地方人民政府水行政主管部门或者黄河流域管理机构及其所属管理机构责令停止违法行为，限期采取补救措施，处五万元以上五十万元以下罚款；情节严重的，吊销取水许可证。

第一百一十四条 违反本法规定，黄河流域以及黄河流经省、自治区其他黄河供水区相关县级行政区域的用水单位用水超过强制性用水定额，未按照规定期限实施节水技术改造的，由县级以上地方人民政府水行政主管部门或者黄河流域管理机构及其所属管理机构责令限期整改，可以处十万元以下罚款；情节严重的，处十万元以上五十万元以下罚款，吊销取水许可证。

第一百一十五条 违反本法规定，黄河流域以及黄河流经省、自治区其他黄河供水区相关县级行政区域取水量达到取水规模以上的单位未安装在线计量设施的，由县级以上地方人民政府水行政主管部门或者黄河流域管理机构及其所属管理机构责令限期安装，并按照日最大取水能力计算的取水量计征相关费用，处二万元以上十万元以下罚款；情节严重的，处十万元以上五十万元以下罚款，吊销取水许可证。

违反本法规定，在线计量设施不合格或者运行不正常的，由县级以上地方人民政府水行政主管部门或者黄河流域管理机构及其所属管理机构责令限期更换或者修复；逾期不更换或者不修复的，按照日最大取水能力计算的取水量计征相关费用，处五万元以下罚款；情节严重的，吊销取水许可证。

第一百一十六条 违反本法规定，黄河流域农业灌溉取用深层地下水的，由县级以上地方人民政府水行政主管部门或者黄河流域管理机构及其所属管理机构责令限期整改，可以处十万元以下罚款；情节严重的，处十万元以上五十万元以下罚款，吊销取水许可证。

第一百一十七条 违反本法规定，黄河流域水库管理单位不执行黄河流域管理机构的水沙调度指令的，由黄河流域管理机构及其所属管理机构责令改正，给予警告，并处二万元以上十万元以下罚款；情节严重的，并处十万元以上五十万元以下罚款；对直接负责的主管人员和其他直接责任人员依法给予处分。

第一百一十八条 违反本法规定，有下列行为之一的，由县级以上地方人民政府水行政主管部门或者黄河流域管理机构及其所属管理机构责令停止违法行为，限期拆除违法建筑物、构筑物或者恢复原状，处五万元以上五十万元以下罚款；逾期不拆除或者不恢复原状的，强制拆除或者代为恢复原状，所需费用由违法者承担：

（一）在河道、湖泊管理范围内建设妨碍行洪的建筑物、构筑物或者从事影响河势稳定、危害河岸堤防安全和其他妨碍河道行洪的活动；

（二）违法利用、占用黄河流域河道、湖泊水域和岸线；

（三）建设跨河、穿河、穿堤、临河的工程设施，降低行洪和调蓄能力或者缩小水域面积，未建设等效替代工程或者采取其他功能补救措施；

（四）侵占黄河备用入海流路。

第一百一十九条 违反本法规定，在黄河流域破坏自然资源和生态、污染环境、妨碍防洪安全、破坏文化遗产等造成他人损害的，侵权人应当依法承担侵权责任。

违反本法规定，造成黄河流域生态环境损害的，国家规定的机关或者法律规定的组织有权请求侵权人承担修复责任、赔偿损失和相关费用。

第一百二十条 违反本法规定，构成犯罪的，依法追究刑事责任。

第十一章 附 则

第一百二十一条 本法下列用语的含义：

（一）黄河干流，是指黄河源头至黄河河口，流经青海省、四川省、甘肃省、宁夏回族自治区、内蒙古自治区、山西省、陕西省、河南省、山东省的黄河主河段（含入海流路）；

（二）黄河支流，是指直接或者间接流入黄河干流的河流，支流可以分为一级支流、二级支流等；

（三）黄河重要支流，是指湟水、洮河、祖厉河、清水河、大黑河、皇甫川、窟野河、无定河、汾河、渭河、伊洛河、沁河、大汶河等一级支流；

（四）黄河滩区，是指黄河流域河道管理范围内具有行洪、滞洪、沉沙功能，由于历史原因形成的有群众居住、耕种的滩地。

第一百二十二条 本法自2023年4月1日起施行。

中华人民共和国河道管理条例

（1988年6月10日中华人民共和国国务院令第3号发布　根据2011年1月8日《国务院关于废止和修改部分行政法规的决定》第一次修订　根据2017年3月1日《国务院关于修改和废止部分行政法规的决定》第二次修订　根据2017年10月7日《国务院关于修改部分行政法规的决定》第三次修订　根据2018年3月19日《国务院关于修改和废止部分行政法规的决定》第四次修订）

第一章　总　则

第一条　为加强河道管理，保障防洪安全，发挥江河湖泊的综合效益，根据《中华人民共和国水法》，制定本条例。

第二条　本条例适用于中华人民共和国领域内的河道（包括湖泊、人工水道、行洪区、蓄洪区、滞洪区）。

河道内的航道，同时适用《中华人民共和国航道管理条例》。

第三条　开发利用江河湖泊水资源和防治水害，应当全面规划、统筹兼顾、综合利用、讲求效益，服从防洪的总体安排，促进各项事业的发展。

第四条　国务院水利行政主管部门是全国河道的主管机关。

各省、自治区、直辖市的水利行政主管部门是该行政区域的河道主管机关。

第五条　国家对河道实行按水系统一管理和分级管理相结合的原则。

长江、黄河、淮河、海河、珠江、松花江、辽河等大江大河的主要河段，跨省、自治区、直辖市的重要河段，省、自治区、直辖市之间的边界河道以及国境边界河道，由国家授权的江河流域管理机构实施管理，或者由上述江河所在省、自治区、直辖市的河道主管机关根据流域统一规划实施管理。其他河道由省、自治区、直辖市或者市、县的河道主管机关实施管理。

第六条　河道划分等级。河道等级标准由国务院水利行政主管部门制定。

第七条　河道防汛和清障工作实行地方人民政府行政首长负责制。

第八条　各级人民政府河道主管机关以及河道监理人员，必须按照国家法律、法规，加强河道管理，执行供水计划和防洪调度命令，维护水工程和人民生命财产安全。

第九条　一切单位和个人都有保护河道堤防安全和参加防汛抢险的义务。

第二章 河道整治与建设

第十条 河道的整治与建设，应当服从流域综合规划，符合国家规定的防洪标准、通航标准和其他有关技术要求，维护堤防安全，保持河势稳定和行洪、航运通畅。

第十一条 修建开发水利、防治水害、整治河道的各类工程和跨河、穿河、穿堤、临河的桥梁、码头、道路、渡口、管道、缆线等建筑物及设施，建设单位必须按照河道管理权限，将工程建设方案报送河道主管机关审查同意。未经河道主管机关审查同意的，建设单位不得开工建设。

建设项目经批准后，建设单位应当将施工安排告知河道主管机关。

第十二条 修建桥梁、码头和其他设施，必须按照国家规定的防洪标准所确定的河宽进行，不得缩窄行洪通道。

桥梁和栈桥的梁底必须高于设计洪水位，并按照防洪和航运的要求，留有一定的超高。设计洪水位由河道主管机关根据防洪规划确定。

跨越河道的管道、线路的净空高度必须符合防洪和航运的要求。

第十三条 交通部门进行航道整治，应当符合防洪安全要求，并事先征求河道主管机关对有关设计和计划的意见。

水利部门进行河道整治，涉及航道的，应当兼顾航运的需要，并事先征求交通部门对有关设计和计划的意见。

在国家规定可以流放竹木的河流和重要的渔业水域进行河道、航道整治，建设单位应当兼顾竹木水运和渔业发展的需要，并事先将有关设计和计划送同级林业、渔业主管部门征求意见。

第十四条 堤防上已修建的涵闸、泵站和埋设的穿堤管道、缆线等建筑物及设施，河道主管机关应当定期检查，对不符合工程安全要求的，限期改建。

在堤防上新建前款所指建筑物及设施，应当服从河道主管机关的安全管理。

第十五条 确需利用堤顶或者戗台兼做公路的，须经县级以上地方人民政府河道主管机关批准。堤身和堤顶公路的管理和维护办法，由河道主管机关商交通部门制定。

第十六条 城镇建设和发展不得占用河道滩地。城镇规划的临河界限，由河道主管机关会同城镇规划等有关部门确定。沿河城镇在编制和审查城镇规划时，应当事先征求河道主管机关的意见。

第十七条 河道岸线的利用和建设，应当服从河道整治规划和航道整治规划。计划部门在审批利用河道岸线的建设项目时，应当事先征求河道主管机关的意见。

河道岸线的界限，由河道主管机关会同交通等有关部门报县级以上地方人民政府划定。

第十八条 河道清淤和加固堤防取土以及按照防洪规划进行河道整治需要占用的土

地，由当地人民政府调剂解决。

因修建水库、整治河道所增加的可利用土地，属于国家所有，可以由县级以上人民政府用于移民安置和河道整治工程。

第十九条 省、自治区、直辖市以河道为边界的，在河道两岸外侧各 10 公里之内，以及跨省、自治区、直辖市的河道，未经有关各方达成协议或者国务院水利行政主管部门批准，禁止单方面修建排水、阻水、引水、蓄水工程以及河道整治工程。

第三章 河道保护

第二十条 有堤防的河道，其管理范围为两岸堤防之间的水域、沙洲、滩地（包括可耕地）、行洪区，两岸堤防及护堤地。

无堤防的河道，其管理范围根据历史最高洪水位或者设计洪水位确定。

河道的具体管理范围，由县级以上地方人民政府负责划定。

第二十一条 在河道管理范围内，水域和土地的利用应当符合江河行洪、输水和航运的要求；滩地的利用，应当由河道主管机关会同土地管理等有关部门制定规划，报县级以上地方人民政府批准后实施。

第二十二条 禁止损毁堤防、护岸、闸坝等水工程建筑物和防汛设施、水文监测和测量设施、河岸地质监测设施以及通信照明等设施。

在防汛抢险期间，无关人员和车辆不得上堤。

因降雨雪等造成堤顶泥泞期间，禁止车辆通行，但防汛抢险车辆除外。

第二十三条 禁止非管理人员操作河道上的涵闸闸门，禁止任何组织和个人干扰河道管理单位的正常工作。

第二十四条 在河道管理范围内，禁止修建围堤、阻水渠道、阻水道路；种植高杆农作物、芦苇、杞柳、荻柴和树木（堤防防护林除外）；设置拦河渔具；弃置矿渣、石渣、煤灰、泥土、垃圾等。

在堤防和护堤地，禁止建房、放牧、开渠、打井、挖窖、葬坟、晒粮、存放物料、开采地下资源、进行考古发掘以及开展集市贸易活动。

第二十五条 在河道管理范围内进行下列活动，必须报经河道主管机关批准；涉及其他部门的，由河道主管机关会同有关部门批准：

（一）采砂、取土、淘金、弃置砂石或者淤泥；

（二）爆破、钻探、挖筑鱼塘；

（三）在河道滩地存放物料、修建厂房或者其他建筑设施；

（四）在河道滩地开采地下资源及进行考古发掘。

第二十六条 根据堤防的重要程度、堤基土质条件等，河道主管机关报经县级以上人民政府批准，可以在河道管理范围的相连地域划定堤防安全保护区。在堤防安全保护区内，禁止进行打井、钻探、爆破、挖筑鱼塘、采石、取土等危害堤防安全的活动。

第二十七条 禁止围湖造田。已经围垦的，应当按照国家规定的防洪标准进行治理，逐步退田还湖。湖泊的开发利用规划必须经河道主管机关审查同意。

禁止围垦河流，确需围垦的，必须经过科学论证，并经省级以上人民政府批准。

第二十八条 加强河道滩地、堤防和河岸的水土保持工作，防止水土流失、河道淤积。

第二十九条 江河的故道、旧堤、原有工程设施等，不得擅自填堵、占用或者拆毁。

第三十条 护堤护岸林木，由河道管理单位组织营造和管理，其他任何单位和个人不得侵占、砍伐或者破坏。

河道管理单位对护堤护岸林木进行抚育和更新性质的采伐及用于防汛抢险的采伐，根据国家有关规定免交育林基金。

第三十一条 在为保证堤岸安全需要限制航速的河段，河道主管机关应当会同交通部门设立限制航速的标志，通行的船舶不得超速行驶。

在汛期，船舶的行驶和停靠必须遵守防汛指挥部的规定。

第三十二条 山区河道有山体滑坡、崩岸、泥石流等自然灾害的河段，河道主管机关应当会同地质、交通等部门加强监测。在上述河段，禁止从事开山采石、采矿、开荒等危及山体稳定的活动。

第三十三条 在河道中流放竹木，不得影响行洪、航运和水工程安全，并服从当地河道主管机关的安全管理。

在汛期，河道主管机关有权对河道上的竹木和其他漂流物进行紧急处置。

第三十四条 向河道、湖泊排污的排污口的设置和扩大，排污单位在向环境保护部门申报之前，应当征得河道主管机关的同意。

第三十五条 在河道管理范围内，禁止堆放、倾倒、掩埋、排放污染水体的物体。禁止在河道内清洗装贮过油类或者有毒污染物的车辆、容器。

河道主管机关应当开展河道水质监测工作，协同环境保护部门对水污染防治实施监督管理。

第四章 河道清障

第三十六条 对河道管理范围内的阻水障碍物，按照“谁设障，谁清除”的原则，由河道主管机关提出清障计划和实施方案，由防汛指挥部责令设障者在规定的期限内清除。逾期不清除的，由防汛指挥部组织强行清除，并由设障者负担全部清障费用。

第三十七条 对壅水、阻水严重的桥梁、引道、码头和其他跨河工程设施，根据国家规定的防洪标准，由河道主管机关提出意见并报经人民政府批准，责成原建设单位在规定的期限内改建或者拆除。汛期影响防洪安全的，必须服从防汛指挥部的紧急处理决定。

第五章 经 费

第三十八条 河道堤防的防汛岁修费，按照分级管理的原则，分别由中央财政和地方财政负担，列入中央和地方年度财政预算。

第三十九条 受益范围明确的堤防、护岸、水闸、圩垸、海塘和排涝工程设施，河道主管机关可以向受益的工商企业等单位和农户收取河道工程修建维护管理费，其标准应当根据工程修建和维护管理费用确定。收费的具体标准和计收办法由省、自治区、直辖市人民政府制定。

第四十条 在河道管理范围内采砂、取土、淘金，必须按照经批准的范围和作业方式进行，并向河道主管机关缴纳管理费。收费的标准和计收办法由国务院水利行政主管部门会同国务院财政主管部门制定。

第四十一条 任何单位和个人，凡对堤防、护岸和其他水工程设施造成损坏或者造成河道淤积的，由责任者负责修复、清淤或者承担维修费用。

第四十二条 河道主管机关收取的各项费用，用于河道堤防工程的建设、管理、维修和设施的更新改造。结余资金可以连年结转使用，任何部门不得截取或者挪用。

第四十三条 河道两岸的城镇和农村，当地县级以上人民政府可以在汛期组织堤防保护区域内的单位和个人义务出工，对河道堤防工程进行维修和加固。

第六章 罚 则

第四十四条 违反本条例规定，有下列行为之一的，县级以上地方人民政府河道主管机关除责令其纠正违法行为、采取补救措施外，可以并处警告、罚款、没收非法所得；对有关责任人员，由其所在单位或者上级主管机关给予行政处分；构成犯罪的，依法追究刑事责任：

（一）在河道管理范围内弃置、堆放阻碍行洪物体的；种植阻碍行洪的林木或者高秆植物的；修建围堤、阻水渠道、阻水道路的；

（二）在堤防、护堤地建房、放牧、开渠、打井、挖窖、葬坟、晒粮、存放物料、开采地下资源、进行考古发掘以及开展集市贸易活动的；

（三）未经批准或者不按照国家规定的防洪标准、工程安全标准整治河道或者修建水工程建筑物和其他设施的；

（四）未经批准或者不按照河道主管机关的规定在河道管理范围内采砂、取土、淘金、弃置砂石或者淤泥、爆破、钻探、挖筑鱼塘的；

（五）未经批准在河道滩地存放物料、修建厂房或者其他建筑设施，以及开采地下资源或者进行考古发掘的；

（六）违反本条例第二十七条的规定，围垦湖泊、河流的；

（七）擅自砍伐护堤护岸林木的；

（八）汛期违反防汛指挥部的规定或者指令的。

第四十五条 违反本条例规定，有下列行为之一的，县级以上地方人民政府河道主管机关除责令其纠正违法行为、赔偿损失、采取补救措施外，可以并处警告、罚款；应当给予治安管理处罚的，按照《中华人民共和国治安管理处罚法》的规定处罚；构成犯罪的，依法追究刑事责任：

（一）损毁堤防、护岸、闸坝、水工程建筑物，损毁防汛设施、水文监测和测量设施、河岸地质监测设施以及通信照明等设施；

（二）在堤防安全保护区内进行打井、钻探、爆破、挖筑鱼塘、采石、取土等危害堤防安全的活动的；

（三）非管理人员操作河道上的涵闸闸门或者干扰河道管理单位正常工作的。

第四十六条 当事人对行政处罚决定不服的，可以在接到处罚通知之日起 15 日内，向作出处罚决定的机关的上一级机关申请复议，对复议决定不服的，可以在接到复议决定之日起 15 日内，向人民法院起诉。当事人也可以在接到处罚通知之日起 15 日内，直接向人民法院起诉。当事人逾期不申请复议或者不向人民法院起诉又不履行处罚决定的，由作出处罚决定的机关申请人民法院强制执行。对治安管理处罚不服的，按照《中华人民共和国治安管理处罚法》的规定办理。

第四十七条 对违反本条例规定，造成国家、集体、个人经济损失的，受害方可以请求县级以上河道主管机关处理。受害方也可以直接向人民法院起诉。

当事人对河道主管机关的处理决定不服的，可以在接到通知之日起，15 日内向人民法院起诉。

第四十八条 河道主管机关的工作人员以及河道监理人员玩忽职守、滥用职权、徇私舞弊的，由其所在单位或者上级主管机关给予行政处分；对公共财产、国家和人民利益造成重大损失的，依法追究刑事责任。

第七章 附 则

第四十九条 各省、自治区、直辖市人民政府，可以根据本条例的规定，结合本地区的实际情况，制定实施办法。

第五十条 本条例由国务院水利行政主管部门负责解释。

第五十一条 本条例自发布之日起施行。

城镇排水与污水处理条例

（2013 年 9 月 18 日国务院第 24 次常务会议通过　2013 年 10 月 2 日中华人民共和国国务院令第 641 号公布　自 2014 年 1 月 1 日起施行）

第一章　总　则

第一条　为了加强对城镇排水与污水处理的管理，保障城镇排水与污水处理设施安全运行，防治城镇水污染和内涝灾害，保障公民生命、财产安全和公共安全，保护环境，制定本条例。

第二条　城镇排水与污水处理的规划，城镇排水与污水处理设施的建设、维护与保护，向城镇排水设施排水与污水处理，以及城镇内涝防治，适用本条例。

第三条　县级以上人民政府应当加强对城镇排水与污水处理工作的领导，并将城镇排水与污水处理工作纳入国民经济和社会发展规划。

第四条　城镇排水与污水处理应当遵循尊重自然、统筹规划、配套建设、保障安全、综合利用的原则。

第五条　国务院住房城乡建设主管部门指导监督全国城镇排水与污水处理工作。

县级以上地方人民政府城镇排水与污水处理主管部门（以下称城镇排水主管部门）负责本行政区域内城镇排水与污水处理的监督管理工作。

县级以上人民政府其他有关部门依照本条例和其他有关法律、法规的规定，在各自的职责范围内负责城镇排水与污水处理监督管理的相关工作。

第六条　国家鼓励采取特许经营、政府购买服务等多种形式，吸引社会资金参与投资、建设和运营城镇排水与污水处理设施。

县级以上人民政府鼓励、支持城镇排水与污水处理科学技术研究，推广应用先进适用的技术、工艺、设备和材料，促进污水的再生利用和污泥、雨水的资源化利用，提高城镇排水与污水处理能力。

第二章　规划与建设

第七条　国务院住房城乡建设主管部门会同国务院有关部门，编制全国的城镇排水与污水处理规划，明确全国城镇排水与污水处理的中长期发展目标、发展战略、布局、任务以及保障措施等。

城镇排水主管部门会同有关部门，根据当地经济社会发展水平以及地理、气候特征，编制本行政区域的城镇排水与污水处理规划，明确排水与污水处理目标与标准，排水量与排水模式，污水处理与再生利用、污泥处理处置要求，排涝措施，城镇排水与污水处理设施的规模、布局、建设时序和建设用地以及保障措施等；易发生内涝的城市、镇，还应当编制城镇内涝防治专项规划，并纳入本行政区域的城镇排水与污水处理规划。

第八条 城镇排水与污水处理规划的编制，应当依据国民经济和社会发展规划、城乡规划、土地利用总体规划、水污染防治规划和防洪规划，并与城镇开发建设、道路、绿地、水系等专项规划相衔接。

城镇内涝防治专项规划的编制，应当根据城镇人口与规模、降雨规律、暴雨内涝风险等因素，合理确定内涝防治目标和要求，充分利用自然生态系统，提高雨水滞渗、调蓄和排放能力。

第九条 城镇排水主管部门应当将编制的城镇排水与污水处理规划报本级人民政府批准后组织实施，并报上一级人民政府城镇排水主管部门备案。

城镇排水与污水处理规划一经批准公布，应当严格执行；因经济社会发展确需修改的，应当按照原审批程序报送审批。

第十条 县级以上地方人民政府应当根据城镇排水与污水处理规划的要求，加大对城镇排水与污水处理设施建设和维护的投入。

第十一条 城乡规划和城镇排水与污水处理规划确定的城镇排水与污水处理设施建设用地，不得擅自改变用途。

第十二条 县级以上地方人民政府应当按照先规划后建设的原则，依据城镇排水与污水处理规划，合理确定城镇排水与污水处理设施建设标准，统筹安排管网、泵站、污水处理厂以及污泥处理处置、再生水利用、雨水调蓄和排放等排水与污水处理设施建设和改造。

城镇新区的开发和建设，应当按照城镇排水与污水处理规划确定的建设时序，优先安排排水与污水处理设施建设；未建或者已建但未达到国家有关标准的，应当按照年度改造计划进行改造，提高城镇排水与污水处理能力。

第十三条 县级以上地方人民政府应当按照城镇排涝要求，结合城镇用地性质和条件，加强雨水管网、泵站以及雨水调蓄、超标雨水径流排放等设施建设和改造。

新建、改建、扩建市政基础设施工程应当配套建设雨水收集利用设施，增加绿地、砂石地面、可渗透路面和自然地面对雨水的滞渗能力，利用建筑物、停车场、广场、道路等建设雨水收集利用设施，削减雨水径流，提高城镇内涝防治能力。

新区建设与旧城区改建，应当按照城镇排水与污水处理规划确定的雨水径流控制要求建设相关设施。

第十四条 城镇排水与污水处理规划范围内的城镇排水与污水处理设施建设项目以及需要与城镇排水与污水处理设施相连接的新建、改建、扩建建设工程，城乡规划主管部门在依法核发建设用地规划许可证时，应当征求城镇排水主管部门的意见。城镇排水主管部门应当就排水设计方案是否符合城镇排水与污水处理规划和相关标准提出意见。

建设单位应当按照排水设计方案建设连接管网等设施；未建设连接管网等设施的，不得投入使用。城镇排水主管部门或者其委托的专门机构应当加强指导和监督。

第十五条 城镇排水与污水处理设施建设工程竣工后，建设单位应当依法组织竣工验收。竣工验收合格的，方可交付使用，并自竣工验收合格之日起 15 日内，将竣工验收报告及相关资料报城镇排水主管部门备案。

第十六条 城镇排水与污水处理设施竣工验收合格后，由城镇排水主管部门通过招标投标、委托等方式确定符合条件的设施维护运营单位负责管理。特许经营合同、委托运营合同涉及污染物削减和污水处理运营服务费的，城镇排水主管部门应当征求环境保护主管部门、价格主管部门的意见。国家鼓励实施城镇污水处理特许经营制度。具体办法由国务院住房城乡建设主管部门会同国务院有关部门制定。

城镇排水与污水处理设施维护运营单位应当具备下列条件：

（一）有法人资格；

（二）有与从事城镇排水与污水处理设施维护运营活动相适应的资金和设备；

（三）有完善的运行管理和安全管理制度；

（四）技术负责人和关键岗位人员经专业培训并考核合格；

（五）有相应的良好业绩和维护运营经验；

（六）法律、法规规定的其他条件。

第三章 排 水

第十七条 县级以上地方人民政府应当根据当地降雨规律和暴雨内涝风险情况，结合气象、水文资料，建立排水设施地理信息系统，加强雨水排放管理，提高城镇内涝防治水平。

县级以上地方人民政府应当组织有关部门、单位采取相应的预防治理措施，建立城镇内涝防治预警、会商、联动机制，发挥河道行洪能力和水库、洼淀、湖泊调蓄洪水的功能，加强对城镇排水设施的管理和河道防护、整治，因地制宜地采取定期清淤疏浚等措施，确保雨水排放畅通，共同做好城镇内涝防治工作。

第十八条 城镇排水主管部门应当按照城镇内涝防治专项规划的要求，确定雨水收集利用设施建设标准，明确雨水的排水分区和排水出路，合理控制雨水径流。

第十九条 除干旱地区外，新区建设应当实行雨水、污水分流；对实行雨水、污水合流的地区，应当按照城镇排水与污水处理规划要求，进行雨水、污水分流改造。雨水、污水分流改造可以结合旧城区改建和道路建设同时进行。

在雨水、污水分流地区，新区建设和旧城区改建不得将雨水管网、污水管网相互混接。

在有条件的地区，应当逐步推进初期雨水收集与处理，合理确定截流倍数，通过设置初期雨水贮存池、建设截流干管等方式，加强对初期雨水的排放调控和污染防治。

第二十条 城镇排水设施覆盖范围内的排水单位和个人，应当按照国家有关规定将污水排入城镇排水设施。

在雨水、污水分流地区，不得将污水排入雨水管网。

第二十一条 从事工业、建筑、餐饮、医疗等活动的企业事业单位、个体工商户（以下称排水户）向城镇排水设施排放污水的，应当向城镇排水主管部门申请领取污水排入排水管网许可证。城镇排水主管部门应当按照国家有关标准，重点对影响城镇排水与污水处理设施安全运行的事项进行审查。

排水户应当按照污水排入排水管网许可证的要求排放污水。

第二十二条 排水户申请领取污水排入排水管网许可证应当具备下列条件：

（一）排放口的设置符合城镇排水与污水处理规划的要求；

（二）按照国家有关规定建设相应的预处理设施和水质、水量检测设施；

（三）排放的污水符合国家或者地方规定的有关排放标准；

（四）法律、法规规定的其他条件。

符合前款规定条件的，由城镇排水主管部门核发污水排入排水管网许可证；具体办法由国务院住房城乡建设主管部门制定。

第二十三条 城镇排水主管部门应当加强对排放口设置以及预处理设施和水质、水量检测设施建设的指导和监督；对不符合规划要求或者国家有关规定的，应当要求排水户采取措施，限期整改。

第二十四条 城镇排水主管部门委托的排水监测机构，应当对排水户排放污水的水质和水量进行监测，并建立排水监测档案。排水户应当接受监测，如实提供有关资料。

列入重点排污单位名录的排水户安装的水污染物排放自动监测设备，应当与环境保护主管部门的监控设备联网。环境保护主管部门应当将监测数据与城镇排水主管部门共享。

第二十五条 因城镇排水设施维护或者检修可能对排水造成影响的，城镇排水设施维护运营单位应当提前24小时通知相关排水户；可能对排水造成严重影响的，应当事先向城镇排水主管部门报告，采取应急处理措施，并向社会公告。

第二十六条 设置于机动车道路上的窨井，应当按照国家有关规定进行建设，保证其承载力和稳定性等符合相关要求。

排水管网窨井盖应当具备防坠落和防盗窃功能，满足结构强度要求。

第二十七条 城镇排水主管部门应当按照国家有关规定建立城镇排涝风险评估制度和灾害后评估制度，在汛前对城镇排水设施进行全面检查，对发现的问题，责成有关单位限期处理，并加强城镇广场、立交桥下、地下构筑物、棚户区等易涝点的治理，强化排涝措施，增加必要的强制排水设施和装备。

城镇排水设施维护运营单位应当按照防汛要求，对城镇排水设施进行全面检查、维护、清疏，确保设施安全运行。

在汛期，有管辖权的人民政府防汛指挥机构应当加强对易涝点的巡查，发现险情，立即采取措施。有关单位和个人在汛期应当服从有管辖权的人民政府防汛指挥机构的统一调度指挥或者监督。

第四章　污水处理

第二十八条 城镇排水主管部门应当与城镇污水处理设施维护运营单位签订维护运营合同，明确双方权利义务。

城镇污水处理设施维护运营单位应当依照法律、法规和有关规定以及维护运营合同进行维护运营，定期向社会公开有关维护运营信息，并接受相关部门和社会公众的监督。

第二十九条 城镇污水处理设施维护运营单位应当保证出水水质符合国家和地方规定的排放标准，不得排放不达标污水。

城镇污水处理设施维护运营单位应当按照国家有关规定检测进出水水质，向城镇排水主管部门、环境保护主管部门报送污水处理水质和水量、主要污染物削减量等信息，并按照有关规定和维护运营合同，向城镇排水主管部门报送生产运营成本等信息。

城镇污水处理设施维护运营单位应当按照国家有关规定向价格主管部门提交相关成本信息。

城镇排水主管部门核定城镇污水处理运营成本，应当考虑主要污染物削减情况。

第三十条 城镇污水处理设施维护运营单位或者污泥处理处置单位应当安全处理处置污泥，保证处理处置后的污泥符合国家有关标准，对产生的污泥以及处理处置后的污泥去向、用途、用量等进行跟踪、记录，并向城镇排水主管部门、环境保护主管部门报告。任何单位和个人不得擅自倾倒、堆放、丢弃、遗撒污泥。

第三十一条 城镇污水处理设施维护运营单位不得擅自停运城镇污水处理设施，因检修等原因需要停运或者部分停运城镇污水处理设施的，应当在 90 个工作日前向城镇排水主管部门、环境保护主管部门报告。

城镇污水处理设施维护运营单位在出现进水水质和水量发生重大变化可能导致出水

水质超标，或者发生影响城镇污水处理设施安全运行的突发情况时，应当立即采取应急处理措施，并向城镇排水主管部门、环境保护主管部门报告。

城镇排水主管部门或者环境保护主管部门接到报告后，应当及时核查处理。

第三十二条 排水单位和个人应当按照国家有关规定缴纳污水处理费。

向城镇污水处理设施排放污水、缴纳污水处理费的，不再缴纳排污费。

排水监测机构接受城镇排水主管部门委托从事有关监测活动，不得向城镇污水处理设施维护运营单位和排水户收取任何费用。

第三十三条 污水处理费应当纳入地方财政预算管理，专项用于城镇污水处理设施的建设、运行和污泥处理处置，不得挪作他用。污水处理费的收费标准不应低于城镇污水处理设施正常运营的成本。因特殊原因，收取的污水处理费不足以支付城镇污水处理设施正常运营的成本的，地方人民政府给予补贴。

污水处理费的收取、使用情况应当向社会公开。

第三十四条 县级以上地方人民政府环境保护主管部门应当依法对城镇污水处理设施的出水水质和水量进行监督检查。

城镇排水主管部门应当对城镇污水处理设施运营情况进行监督和考核，并将监督考核情况向社会公布。有关单位和个人应当予以配合。

城镇污水处理设施维护运营单位应当为进出水在线监测系统的安全运行提供保障条件。

第三十五条 城镇排水主管部门应当根据城镇污水处理设施维护运营单位履行维护运营合同的情况以及环境保护主管部门对城镇污水处理设施出水水质和水量的监督检查结果，核定城镇污水处理设施运营服务费。地方人民政府有关部门应当及时、足额拨付城镇污水处理设施运营服务费。

第三十六条 城镇排水主管部门在监督考核中，发现城镇污水处理设施维护运营单位存在未依照法律、法规和有关规定以及维护运营合同进行维护运营，擅自停运或者部分停运城镇污水处理设施，或者其他无法安全运行等情形的，应当要求城镇污水处理设施维护运营单位采取措施，限期整改；逾期不整改的，或者整改后仍无法安全运行的，城镇排水主管部门可以终止维护运营合同。

城镇排水主管部门终止与城镇污水处理设施维护运营单位签订的维护运营合同的，应当采取有效措施保障城镇污水处理设施的安全运行。

第三十七条 国家鼓励城镇污水处理再生利用，工业生产、城市绿化、道路清扫、车辆冲洗、建筑施工以及生态景观等，应当优先使用再生水。

县级以上地方人民政府应当根据当地水资源和水环境状况，合理确定再生水利用的规模，制定促进再生水利用的保障措施。

再生水纳入水资源统一配置，县级以上地方人民政府水行政主管部门应当依法加强指导。

第五章 设施维护与保护

第三十八条 城镇排水与污水处理设施维护运营单位应当建立健全安全生产管理制度，加强对窨井盖等城镇排水与污水处理设施的日常巡查、维修和养护，保障设施安全运行。

从事管网维护、应急排水、井下及有限空间作业的，设施维护运营单位应当安排专门人员进行现场安全管理，设置醒目警示标志，采取有效措施避免人员坠落、车辆陷落，并及时复原窨井盖，确保操作规程的遵守和安全措施的落实。相关特种作业人员，应当按照国家有关规定取得相应的资格证书。

第三十九条 县级以上地方人民政府应当根据实际情况，依法组织编制城镇排水与污水处理应急预案，统筹安排应对突发事件以及城镇排涝所必需的物资。

城镇排水与污水处理设施维护运营单位应当制定本单位的应急预案，配备必要的抢险装备、器材，并定期组织演练。

第四十条 排水户因发生事故或者其他突发事件，排放的污水可能危及城镇排水与污水处理设施安全运行的，应当立即采取措施消除危害，并及时向城镇排水主管部门和环境保护主管部门等有关部门报告。

城镇排水与污水处理安全事故或者突发事件发生后，设施维护运营单位应当立即启动本单位应急预案，采取防护措施、组织抢修，并及时向城镇排水主管部门和有关部门报告。

第四十一条 城镇排水主管部门应当会同有关部门，按照国家有关规定划定城镇排水与污水处理设施保护范围，并向社会公布。

在保护范围内，有关单位从事爆破、钻探、打桩、顶进、挖掘、取土等可能影响城镇排水与污水处理设施安全的活动的，应当与设施维护运营单位等共同制定设施保护方案，并采取相应的安全防护措施。

第四十二条 禁止从事下列危及城镇排水与污水处理设施安全的活动：

（一）损毁、盗窃城镇排水与污水处理设施；

（二）穿凿、堵塞城镇排水与污水处理设施；

（三）向城镇排水与污水处理设施排放、倾倒剧毒、易燃易爆、腐蚀性废液和废渣；

（四）向城镇排水与污水处理设施倾倒垃圾、渣土、施工泥浆等废弃物；

（五）建设占压城镇排水与污水处理设施的建筑物、构筑物或者其他设施；

（六）其他危及城镇排水与污水处理设施安全的活动。

第四十三条 新建、改建、扩建建设工程，不得影响城镇排水与污水处理设施安全。

建设工程开工前，建设单位应当查明工程建设范围内地下城镇排水与污水处理设施的相关情况。城镇排水主管部门及其他相关部门和单位应当及时提供相关资料。

建设工程施工范围内有排水管网等城镇排水与污水处理设施的，建设单位应当与施工单位、设施维护运营单位共同制定设施保护方案，并采取相应的安全保护措施。

因工程建设需要拆除、改动城镇排水与污水处理设施的，建设单位应当制定拆除、改动方案，报城镇排水主管部门审核，并承担重建、改建和采取临时措施的费用。

第四十四条 县级以上人民政府城镇排水主管部门应当会同有关部门，加强对城镇排水与污水处理设施运行维护和保护情况的监督检查，并将检查情况及结果向社会公开。实施监督检查时，有权采取下列措施：

（一）进入现场进行检查、监测；

（二）查阅、复制有关文件和资料；

（三）要求被监督检查的单位和个人就有关问题作出说明。

被监督检查的单位和个人应当予以配合，不得妨碍和阻挠依法进行的监督检查活动。

第四十五条 审计机关应当加强对城镇排水与污水处理设施建设、运营、维护和保护等资金筹集、管理和使用情况的监督，并公布审计结果。

第六章 法律责任

第四十六条 违反本条例规定，县级以上地方人民政府及其城镇排水主管部门和其他有关部门，不依法作出行政许可或者办理批准文件的，发现违法行为或者接到对违法行为的举报不予查处的，或者有其他未依照本条例履行职责的行为的，对直接负责的主管人员和其他直接责任人员依法给予处分；直接负责的主管人员和其他直接责任人员的行为构成犯罪的，依法追究刑事责任。

违反本条例规定，核发污水排入排水管网许可证、排污许可证后不实施监督检查的，对核发许可证的部门及其工作人员依照前款规定处理。

第四十七条 违反本条例规定，城镇排水主管部门对不符合法定条件的排水户核发污水排入排水管网许可证的，或者对符合法定条件的排水户不予核发污水排入排水管网许可证的，对直接负责的主管人员和其他直接责任人员依法给予处分；直接负责的主管人员和其他直接责任人员的行为构成犯罪的，依法追究刑事责任。

第四十八条 违反本条例规定，在雨水、污水分流地区，建设单位、施工单位将雨水管网、污水管网相互混接的，由城镇排水主管部门责令改正，处5万元以上10万元以下的罚款；造成损失的，依法承担赔偿责任。

第四十九条 违反本条例规定，城镇排水与污水处理设施覆盖范围内的排水单位和个人，未按照国家有关规定将污水排入城镇排水设施，或者在雨水、污水分流地区将污水排入雨水管网的，由城镇排水主管部门责令改正，给予警告；逾期不改正或者造成严重后果的，对单位处10万元以上20万元以下罚款，对个人处2万元以上10万元以下罚款；造成损失的，依法承担赔偿责任。

第五十条 违反本条例规定，排水户未取得污水排入排水管网许可证向城镇排水设施排放污水的，由城镇排水主管部门责令停止违法行为，限期采取治理措施，补办污水排入排水管网许可证，可以处50万元以下罚款；造成损失的，依法承担赔偿责任；构成犯罪的，依法追究刑事责任。

违反本条例规定，排水户不按照污水排入排水管网许可证的要求排放污水的，由城镇排水主管部门责令停止违法行为，限期改正，可以处5万元以下罚款；造成严重后果的，吊销污水排入排水管网许可证，并处5万元以上50万元以下罚款，可以向社会予以通报；造成损失的，依法承担赔偿责任；构成犯罪的，依法追究刑事责任。

第五十一条 违反本条例规定，因城镇排水设施维护或者检修可能对排水造成影响或者严重影响，城镇排水设施维护运营单位未提前通知相关排水户的，或者未事先向城镇排水主管部门报告，采取应急处理措施的，或者未按照防汛要求对城镇排水设施进行全面检查、维护、清疏，影响汛期排水畅通的，由城镇排水主管部门责令改正，给予警告；逾期不改正或者造成严重后果的，处10万元以上20万元以下罚款；造成损失的，依法承担赔偿责任。

第五十二条 违反本条例规定，城镇污水处理设施维护运营单位未按照国家有关规定检测进出水水质的，或者未报送污水处理水质和水量、主要污染物削减量等信息和生产运营成本等信息的，由城镇排水主管部门责令改正，可以处5万元以下罚款；造成损失的，依法承担赔偿责任。

违反本条例规定，城镇污水处理设施维护运营单位擅自停运城镇污水处理设施，未按照规定事先报告或者采取应急处理措施的，由城镇排水主管部门责令改正，给予警告；逾期不改正或者造成严重后果的，处10万元以上50万元以下罚款；造成损失的，依法承担赔偿责任。

第五十三条 违反本条例规定，城镇污水处理设施维护运营单位或者污泥处理处置单位对产生的污泥以及处理处置后的污泥的去向、用途、用量等未进行跟踪、记录的，或者处理处置后的污泥不符合国家有关标准的，由城镇排水主管部门责令限期采取治理措施，给予警告；造成严重后果的，处10万元以上20万元以下罚款；逾期不采取治理措施的，城镇排水主管部门可以指定有治理能力的单位代为治理，所需费用由当事人承担；造成损失的，依法承担赔偿责任。

违反本条例规定，擅自倾倒、堆放、丢弃、遗撒污泥的，由城镇排水主管部门责令停止违法行为，限期采取治理措施，给予警告；造成严重后果的，对单位处 10 万元以上 50 万元以下罚款，对个人处 2 万元以上 10 万元以下罚款；逾期不采取治理措施的，城镇排水主管部门可以指定有治理能力的单位代为治理，所需费用由当事人承担；造成损失的，依法承担赔偿责任。

第五十四条 违反本条例规定，排水单位或者个人不缴纳污水处理费的，由城镇排水主管部门责令限期缴纳，逾期拒不缴纳的，处应缴纳污水处理费数额 1 倍以上 3 倍以下罚款。

第五十五条 违反本条例规定，城镇排水与污水处理设施维护运营单位有下列情形之一的，由城镇排水主管部门责令改正，给予警告；逾期不改正或者造成严重后果的，处 10 万元以上 50 万元以下罚款；造成损失的，依法承担赔偿责任；构成犯罪的，依法追究刑事责任：

（一）未按照国家有关规定履行日常巡查、维修和养护责任，保障设施安全运行的；

（二）未及时采取防护措施、组织事故抢修的；

（三）因巡查、维护不到位，导致窨井盖丢失、损毁，造成人员伤亡和财产损失的。

第五十六条 违反本条例规定，从事危及城镇排水与污水处理设施安全的活动的，由城镇排水主管部门责令停止违法行为，限期恢复原状或者采取其他补救措施，给予警告；逾期不采取补救措施或者造成严重后果的，对单位处 10 万元以上 30 万元以下罚款，对个人处 2 万元以上 10 万元以下罚款；造成损失的，依法承担赔偿责任；构成犯罪的，依法追究刑事责任。

第五十七条 违反本条例规定，有关单位未与施工单位、设施维护运营单位等共同制定设施保护方案，并采取相应的安全防护措施的，由城镇排水主管部门责令改正，处 2 万元以上 5 万元以下罚款；造成严重后果的，处 5 万元以上 10 万元以下罚款；造成损失的，依法承担赔偿责任；构成犯罪的，依法追究刑事责任。

违反本条例规定，擅自拆除、改动城镇排水与污水处理设施的，由城镇排水主管部门责令改正，恢复原状或者采取其他补救措施，处 5 万元以上 10 万元以下罚款；造成严重后果的，处 10 万元以上 30 万元以下罚款；造成损失的，依法承担赔偿责任；构成犯罪的，依法追究刑事责任。

第七章 附 则

第五十八条 依照《中华人民共和国水污染防治法》的规定，排水户需要取得排污许可证的，由环境保护主管部门核发；违反《中华人民共和国水污染防治法》的规定排放污水的，由环境保护主管部门处罚。

第五十九条 本条例自 2014 年 1 月 1 日起施行。

第二节　内蒙古自治区相关规定

内蒙古自治区水污染防治条例

（2019 年 11 月 28 日内蒙古自治区第十三届人民代表大会常务委员会第十六次会议通过）

第一章　总　则

第一条　为了保护和改善环境，防治水污染，保护水生态，保障饮用水安全，维护公众健康，推进生态文明建设，促进经济社会可持续发展，根据《中华人民共和国环境保护法》《中华人民共和国水污染防治法》等国家有关法律、法规，结合自治区实际，制定本条例。

第二条　本条例适用于自治区行政区域内的江河、湖泊、渠道、湿地、水库等地表水体以及地下水体的污染防治。法律、行政法规已经作出规定的，从其规定。

第三条　水污染防治应当坚持统筹规划、预防为主、防治结合、综合治理、公众参与、损害担责的原则。

第四条　旗县级以上人民政府应当将水环境保护工作纳入国民经济和社会发展规划、国土空间规划、产业发展规划。

第五条　旗县级以上人民政府应当统筹生态保护红线、环境质量底线、资源利用上线的分区管控，建立完善水环境准入清单制度；按照水环境质量改善目标等要求，制定实施差别化区域环境准入政策，严格控制高污染物排放、产生有毒有害水污染物的建设项目。

第六条　自治区建立河长湖长目标责任制和考核评价机制。

河长湖长应当加强流域整体治理和河岸共同管理，分级分段做好河流、湖泊的保护、管理和污染防治等工作。

第七条　自治区人民政府应当建立水环境生态保护补偿、水环境承载能力监测预警、生态环境保护督察等水污染防治相关制度。

第八条 旗县级以上人民政府应当保证对水污染防治的财政投入，加强对水污染防治资金使用的监督管理。

鼓励和支持社会资本参与水污染防治，引导金融机构增加对水污染防治项目的信贷支持，推进水污染防治产业发展。

第九条 旗县级以上人民政府及其有关部门应当加强水环境保护的宣传教育，及时曝光水污染违法行为，增强全社会水污染防治意识，引导公众参与水环境保护工作。

任何单位和个人都有义务保护水环境，并有权对污染损害水环境的行为进行检举。接受检举的部门应当对检举人的相关信息予以保密。

第二章 水污染防治监督管理

第十条 旗县级以上人民政府生态环境主管部门对水污染防治实施统一监督管理。

旗县级以上人民政府财政、发展和改革、工业和信息化、住房和城乡建设、水行政、农牧、卫生健康等部门在各自的职责范围内对水污染防治实施监督管理。

第十一条 旗县级以上人民政府及其有关部门应当加强水污染防治信息化监督管理能力建设，建立水污染防治信息共享和公开制度，完善社会公众有序参与监督机制，定期公布本行政区域内水环境质量状况、黑臭水体治理和企业环境信用等信息。

第十二条 自治区人民政府可以根据本行政区域水环境质量状况和水污染防治工作的需要，对国家重点水污染物之外的其他水污染物排放实行总量控制。

旗县级以上人民政府应当根据上级人民政府批准的水污染物排放总量控制计划，制定实施本行政区域内的水污染物排放总量控制实施方案。

对超过重点水污染物排放总量控制指标或者未完成水环境质量改善目标的地区，按行政管辖权限，自治区人民政府、盟行政公署和设区的市人民政府生态环境主管部门应当会同有关部门约谈该地区人民政府的主要负责人，并暂停审批该地区新增重点水污染物排放总量的建设项目的环境影响评价文件。约谈情况应当向社会公开。

第十三条 实行排污许可管理制度。按照国家规定实行排污许可管理的企业事业单位和其他生产经营者，应当依法取得排污许可证，并按照排污许可证规定的污染物种类、浓度、排放去向和许可排放量等要求排放水污染物。

第十四条 排污单位是水污染治理的主体，应当建立并实施水污染防治和污染物排放管理责任制度，明确负责人和相关人员的责任，依法接受生态环境主管部门以及其他承担水环境保护监督管理职责部门的监督管理。

排污单位应当保持水污染防治设施正常运行，不得擅自拆除、闲置水污染防治设施或者违反规程使用水污染防治设施。

排污单位可以委托有治理能力的第三方，开展水污染治理和水环境修复、水污染防治设施建设与运营、水污染防治技术评估等业务。接受委托的第三方应当遵守生态环境保护法律法规和相关技术标准。

造成地下水污染的企业事业单位和其他生产经营者应当承担修复责任，并对修复效果的可持续性负责。

第三章　工业水污染防治

第十五条　旗县级以上人民政府应当在生态优先、绿色发展的前提下合理规划工业布局，促进企业实行清洁生产，减少废水和污染物排放。

第十六条　排放工业废水的企业应当采取有效措施，收集和处理产生的全部废水，应当达标排放。含有毒有害水污染物的工业废水应当分类收集和处理，禁止稀释排放。

第十七条　旗县级以上人民政府鼓励开发、利用城市再生水、疏干水等非常规水源。工业园区、高耗水工业企业应当优先配置利用非常规水源。

第十八条　工业企业应当采取循环用水、分质用水以及废水处理回用等措施，降低用水单耗，提高水的重复利用率，减少废水排放量。

工业企业的设备冷却水、空调冷却水、锅炉冷凝水应当循环使用或者回收利用，不得直接排放。

第十九条　旗县级以上人民政府应当科学规划建设工业园区，引导工业企业入驻工业园区，实现水污染集中治理。

第二十条　工业园区应当配套建设具备相应处理能力的污水集中处理设施及其管网，安装污染源自动监测设备，与生态环境主管部门的监控设备联网，并保证正常运行。工业园区外排废水未稳定达标的，不得新增水污染物排放建设项目。

工业园区的工业企业排放的废水应当按照国家有关规定进行预处理，未达到工业园区集中处理设施处理工艺要求的，不得排入工业园区污水集中处理设施。

第二十一条　工业园区经过处理的废水排入河流、湖泊等水体的，生态环境主管部门应当在入河排污口下游设置控制断面，加强水质监测。断面水质未稳定达标的，旗县级以上人民政府生态环境主管部门应当责令排污单位采取限制生产、停止生产等措施，减少水污染物排放。

第二十二条　石化、化工、冶炼等排污单位，应当对本企业范围内的初期雨水进行收集处理，未经处理达标不得直接排放。

第二十三条　排污单位应当建立健全高盐水污染防治设施运行管理制度，采用提盐、分盐等先进技术实现高盐水的减量化、无害化、资源化。

第二十四条　含重金属的排污单位，应当落实重金属安全防控措施，根据废水所含重金属的种类和数量进行分类处理，实现含重金属污泥的减量化、无害化、资源化。

第二十五条 化学品生产企业以及工业园区、矿山开采区、尾矿库、危险废物处置场、垃圾填埋场等的运营、管理单位，应当采取防渗漏等措施，并建设地下水水质监测井进行监测，防止地下水污染。

加油站等的地下油罐应当使用双层罐或者采取建造防渗池等其他有效措施，并进行防渗漏监测，防止地下水污染。

禁止利用无防渗漏措施的沟渠、坑塘等输送或者存贮含有毒污染物的废水、含病原体的污水和其他废弃物。

第四章 城镇水污染防治

第二十六条 旗县级以上人民政府应当根据城镇人口规模、污水产生量和经济社会发展水平，合理确定城镇排水与污水处理设施建设标准，统筹安排管网、泵站、污水处理、污泥处置、再生水利用等排水和污水处理设施建设与改造，提高城镇污水收集率和处理率。

第二十七条 新建城镇污水集中处理设施应当同步配套建设污泥处置设施和再生水利用设施。已建成的城镇污水集中处理设施应当进行污泥处置、再生水回用设施改造。未配套建设污泥处置设施或者不具备污泥处置能力的，应当委托具备相应能力的单位进行污泥处置。

第二十八条 污水处理单位应当遵守下列规定：

（一）对处理污水所产生污泥的贮存、运输、处理、处置全过程承担污染防治责任，保证处理处置后的污泥符合国家标准，并对处理处置后污泥的去向、用途、用量进行记录，防止造成二次污染；

（二）提高自身管网等设施的建设质量和维护管理水平，增设溢流调蓄设施，减少溢流污染；

（三）安装自动监测设备，与生态环境主管部门的监控设备联网并保证监控设备正常运行。

第二十九条 旗县级以上人民政府鼓励、支持污水处理单位进行出水深度处理，促进循环利用，提高再生水回用率。

第三十条 旗县级以上人民政府应当统筹建设公共再生水设施，逐步扩大再生水输配管网覆盖范围。鼓励城镇污水处理后循环使用，提高再生水用户规模，扩大再生水利用范围。

再生水设施运营单位应当加强设施维护管理，保证其正常运行，并对再生水水质负责。

第三十一条 再生水输配管网覆盖范围内的城市绿化、道路清扫、车辆冲洗、建筑施工等用水应当优先使用再生水。

具备使用再生水条件的钢铁、火电、化工、制浆造纸和印染等项目应当优先使用再生水，严格控制其新增取水许可。

第三十二条 新建、改建、扩建城乡基础设施、居住小区等建设项目，应当采取雨污分流等措施，有效收集和利用雨水。

老旧城区以及城中村、城乡接合部等尚未实现雨污分流的区域，应当进行污水截流、收集和雨污分流改造。

生活垃圾的收集、运输、处置设施应当采取防扬散、防流失、防渗漏或者其他符合水污染防治要求的措施。

任何单位和个人不得向雨水收集口、雨水管道排放或者倾倒污水、污物和垃圾等废弃物。

第三十三条 向城镇污水集中处理设施排放水污染物的，应当达到国家和自治区规定的标准。有下列情形之一的，应当按照要求进行预处理：

（一）医疗卫生等机构产生的含病原体的污水；

（二）含放射性物质的废水；

（三）含难以生物降解的有机污染物的废水；

（四）含重金属和不易生物降解有毒有害污染物的废水；

（五）超过或者不能稳定达到规定标准需要预处理的其他污水、废水。

第三十四条 城镇污水集中处理设施的运营单位应当保证污水处理设施正常运行，并对出水水质负责。

因设施检修、维护或者发生突发事件等原因需要临时停止污水处理设施运行的，应当按照规定向城镇排水主管部门、生态环境主管部门报告。可能对排水造成严重影响的，应当采取应急处理措施，保证检修期和突发事故状态下污水达标排放，并向社会公告。

因进水水质和水量发生重大变化，可能导致出水水质超标，或者发生影响城镇污水集中处理设施安全运行突发情况的，应当立即采取应急处理措施，并向城镇排水主管部门、生态环境主管部门报告。城镇排水主管部门、生态环境主管部门接到报告后，应当及时核查处理。

第三十五条 旗县级以上人民政府应当制定黑臭水体整治计划和实施方案，确定整治目标、责任主体和完成期限，采取控源截污、内源治理、垃圾清理、清淤疏浚、生态修复等措施，对黑臭水体进行治理。

对已有的纳污坑塘，有明确责任主体的，所在地旗县级人民政府应当监督其限期治理；没有明确责任主体的，所在地旗县级人民政府应当负责治理。

第三十六条 禁止餐饮、洗浴、洗涤、洗车经营者直接向雨水排放系统、河道等外环境排放污水。

餐饮业经营者应当设置隔油设施或者其他油污废水处理设施。

第五章 农牧业和农村牧区水污染防治

第三十七条 鼓励和支持农业生产者优先种植需肥需药需膜量低、环境效益突出的农作物，减少化肥、农药施用量，防止造成水污染。

第三十八条 旗县级以上人民政府应当根据农村牧区不同区位条件、人口集聚程度、污水产生规模等，科学确定苏木乡镇、嘎查村生活污水处理模式，推动城镇污水管网向周边嘎查村延伸覆盖。

第三十九条 旗县级以上人民政府应当采取以奖代补、先建后补等方式实施苏木乡镇、嘎查村厕所建设改造，加强公共卫生厕所日常管护和文明如厕的宣传教育。

第四十条 旗县级以上人民政府应当推动农村牧区环境连片治理，因地制宜推广生活垃圾处理模式，合理规划建设防流失、防扬散、防渗漏生活垃圾集中堆存场，不得将垃圾堆存于泄洪沟、沟渠、干涸河道，防止污染水环境。

第四十一条 畜禽养殖场、养殖小区应当配套建设粪便污水贮存、处理、利用设施，实施雨污分流和粪便污水资源化利用。

养殖专业户应当建设防雨、防渗漏、防外溢的粪便污水收集贮存设施，采用堆肥处理等措施实现粪便污水综合利用。

第四十二条 旗县级以上人民政府有关部门应当遵循不降低水环境质量的原则，合理规划、开发和利用水产资源，科学划定水产养殖禁养区和限养区，推广标准化水产养殖技术，预防和减少水产养殖污染水环境。

第六章 流域水污染防治

第四十三条 自治区人民政府水行政主管部门应当确定重点河段最低生态流量、重点湖泊最低生态水位。

旗县级以上人民政府水行政主管部门应当合理安排闸坝下泄水量和泄流时段，维持河湖基本生态用水需求，重点保障枯水期生态基流。

跨流域调配水资源的，应当统筹兼顾水资源利用、水生态环境和水污染防治的需要，防止对生态环境产生不利影响。

第四十四条 自治区人民政府生态环境主管部门应当会同水行政等部门统筹建设水环境监测网，统一规划设置地表水水质监测断面、地下水监测点位，实现重要断面水质实时监测。

自治区人民政府生态环境主管部门应当推进与周边省区跨界水质断面的监测，定期通报监测数据，共享监测信息，开展联合执法和水污染事故应急处理。

第四十五条 各级人民政府应当对山水林田湖草进行系统治理，加大江河源头区、水源涵养区、生态敏感区保护力度，将水体生态修复纳入流域综合整治规划，维护流域水生态功能，提高流域环境资源承载能力。

按照湖库内水生生物生长周期，实施生态保护性捕捞，保证生物链平衡，维护水生态环境。

第四十六条 自治区人民政府有关部门应当实施河岸共治，岸上监管与岸下治理同步进行，定期开展水环境达标状况评估。未达到水环境质量改善目标要求的，盟行政公署、设区的市人民政府以及旗县级人民政府应当制定实施限期达标规划，报上一级人民政府备案，并向社会公开。

第七章 饮用水水源保护

第四十七条 盟市、旗县饮用水水源保护区的划定，由有关盟行政公署、设区的市人民政府、旗县级人民政府提出划定方案，报自治区人民政府批准。

苏木乡镇、嘎查村饮用水水源保护区的划定，由有关旗县级人民政府提出划定方案，报其所在地的盟行政公署、设区的市人民政府批准，并报自治区人民政府备案。

除饮用水水源功能发生变化、水质水量不能满足饮用水要求、饮用水水源安全受到威胁等原因外，不得调整饮用水水源保护区；确需调整的，按照饮用水水源保护区划定程序办理。

第四十八条 旗县级以上人民政府应当加强农村牧区饮用水水源保护、治理和水质监测，支持农村牧区饮水安全工程建设，推进城镇供水管网向农村牧区延伸。

第四十九条 旗县级以上人民政府有关部门应当按照国家和自治区水质标准要求，至少每季度向社会公开一次饮用水安全状况信息。

第五十条 新建、改建、扩建公路、铁路、桥梁、输油输气管线等基础设施，不得穿越饮用水水源一级保护区。因工程条件和自然因素限制，确需穿越饮用水水源二级保护区或者准保护区的，应当对饮用水水源保护区环境影响进行专题评价，并纳入项目环境影响评价文件审批。

第八章 水污染事故预防与处置

第五十一条 旗县级以上人民政府应当制定和完善水污染事故应急预案，明确责任主体、预警预报与响应程序、应急处置及保障措施，并报上一级人民政府备案。

水环境受到污染，可能影响公众健康和水环境安全的，旗县级以上人民政府应当立即发布预警信息，启动应急预案，及时通知可能受到危害的单位和居民，并采取相应处置措施。

第五十二条 从事危险化学品生产、运输、贮存、处置的单位和个人，应当按照规定配备水污染事故应急设施。

第五十三条 流域上下游旗县级以上人民政府应当建立联防联治和水污染事故应急联动机制，统筹协调跨行政区域水污染防治工作。发生水污染事故的旗县级以上人民政府应当将事故情况、主要污染因素和可能造成的危害，及时通报下游人民政府，接到通报的下游人民政府应当及时采取应急处置措施。

第五十四条 突发水污染事故应急处置工作结束后，所在地旗县级以上人民政府应当立即组织有关部门开展突发水污染事故调查，评估事故造成的环境影响和损失，并及时将调查和评估结果向社会公布。

第九章 法律责任

第五十五条 旗县级以上人民政府生态环境主管部门和其他承担水环境保护监督管理职责的部门，不依法作出行政许可或者办理批准文件的，发现违法行为或者接到对违法行为的举报后不予查处以及有其他未依照本条例规定履行职责的，对直接负责的主管人员和其他直接责任人员依法给予处分。

第五十六条 违反本条例规定，需要进行初期雨水收集的石化、化工、冶炼等排污单位，未对本企业范围内的初期雨水进行收集处理或者未经处理达标直接排放的，由旗县级以上人民政府生态环境主管部门责令改正，处2万元以上20万元以下的罚款；逾期不改正的，责令停产整治。

第五十七条 违反本条例规定，有下列情形之一的，由旗县级以上人民政府生态环境主管部门责令改正或者责令限制生产、停产整治，并处20万元以上100万元以下的罚款；情节严重的，报经有批准权的人民政府批准，责令停业、关闭。

（一）含重金属的排污单位，未落实重金属安全防控措施对废水进行分类处理的；

（二）未按照规定进行预处理，向污水集中处理设施排放不符合要求的工业废水的；

（三）未按照规定采取防护性措施，或者利用无防渗漏措施的沟渠、坑塘等输送或者存贮含有毒污染物的废水、含病原体的污水或者其他废弃物的。

第五十八条 违反本条例规定，有下列情形之一的，由旗县级以上人民政府生态环境主管部门责令停止违法行为，限期采取治理措施，并处2万元以上20万元以下的罚款：

（一）未采取防渗漏等措施，或者未建设地下水水质监测井进行监测的；

（二）加油站等的地下油罐未使用双层罐或者采取建造防渗池等其他有效措施，或者未进行防渗漏监测的。

第五十九条 违反本条例规定，有下列情形之一的，由旗县级以上人民政府有关部门责令停止违法行为，对单位处2万元以上10万元以下的罚款，对个人处2000元以上1万元以下的罚款：

（一）向雨水收集口、雨水管道排放或者倾倒污水、污物和垃圾等废弃物的；

（二）餐饮、洗浴、洗涤、洗车经营者直接向雨水排放系统、河道等外环境排放污水的；

（三）餐饮业经营者未设置隔油设施或者其他油污废水处理设施的。

第六十条 城镇污水集中处理设施的运营单位发生突发情况未立即采取应急处理措施的，由旗县级以上人民政府生态环境主管部门责令改正；情节严重的，处2万元以上10万元以下的罚款。

第六十一条 违反本条例规定，从事危险化学品生产、运输、贮存、处置的单位和个人，未按照规定配备水污染事故应急设施的，由旗县级以上人民政府生态环境主管部门责令改正，处2万元以上10万元以下的罚款。

第十章　附　则

第六十二条 本条例自2020年1月1日起施行。

内蒙古自治区饮用水水源保护条例

（2017年9月29日内蒙古自治区第十二届人民代表大会常务委员会第三十五次会议通过）

第一章　总　则

第一条　为了加强饮用水水源保护，保障饮用水安全，维护公众身体健康，促进经济社会可持续发展，根据《中华人民共和国环境保护法》《中华人民共和国水法》《中华人民共和国水污染防治法》等国家有关法律、法规，结合自治区实际，制定本条例。

第二条　自治区行政区域内饮用水水源保护和管理活动，适用本条例。

本条例所称饮用水水源，是指用于城乡集中式供水的江河、湖泊、水库、地下水井等地表水水源和地下水水源。

前款所称的集中式供水，是指以公共供水系统向城乡居民提供生活饮用水的供水方式。

第三条　饮用水水源保护应当遵循预防为主、保护优先、综合治理、确保安全的原则。

第四条　旗县级以上人民政府负责本行政区域的饮用水水源保护工作，将饮用水水源保护纳入国民经济和社会发展规划，合理调整饮用水水源保护地区的产业结构和布局，促进经济建设和饮用水水源保护协调发展。

第五条　旗县级以上人民政府应当加大对饮用水水源保护的财政投入，保障饮用水水源水质安全工程建设、管理需要。

第六条　自治区实行饮用水水源保护工作目标责任制和考核评价制度。

旗县级以上人民政府应当将饮用水水源保护工作目标完成情况，纳入对本级人民政府负有饮用水水源保护监督管理职责的部门及其负责人和下级人民政府及其负责人的年度考核内容，作为对其考核评价的重要依据。考核结果应当向社会公开。

第七条　旗县级以上人民政府环境保护主管部门负责本行政区域内饮用水水源保护相关环境管理工作，对饮用水水源污染防治实施统一监督管理。

旗县级以上人民政府水行政主管部门负责本行政区域内饮用水水源规划、水量配置和调度以及取水许可管理等工作，对饮用水水资源实施统一监督管理。

旗县级以上人民政府发展和改革、财政、住房和城乡建设、卫生、国土资源、农牧业、林业、交通运输、公安等有关部门，应当按照各自职责做好饮用水水源保护相关工作。

第八条 苏木乡镇人民政府、街道办事处应当依法做好本辖区内的饮用水水源保护工作。嘎查村民委员会、居民委员会应当配合有关主管部门依法做好饮用水水源保护的相关工作。

第九条 各级人民政府及其环境保护、水行政等部门应当组织开展饮用水水源保护的宣传教育。报刊、广播、电视、网络等媒体应当开展饮用水水源保护的宣传，对污染和破坏饮用水水源行为进行舆论监督。

第十条 任何单位和个人都有义务保护饮用水水源，有权举报污染和破坏饮用水水源的行为。

第二章 饮用水水源保护区的划定

第十一条 自治区建立饮用水水源保护区制度。饮用水水源保护区分为一级保护区和二级保护区；必要时，可以在饮用水水源保护区外围划定一定区域作为准保护区。

饮用水水源保护区，是指为了保护集中供水的地表水水源和地下水水源安全而划定的予以特殊保护、防止污染和破坏的水域以及相关陆域。

第十二条 饮用水水源的确定应当与水功能区划、水环境功能区划相衔接，符合国家和自治区有关水质标准等要求。

已有的饮用水水源不符合国家有关水质标准等要求，并且不能保障供水安全的，应当重新确定饮用水水源。

第十三条 饮用水水源保护区的划定，由有关盟行政公署、设区的市人民政府、旗县级人民政府提出划定方案，报自治区人民政府批准。跨盟市、旗县（市、区）的饮用水水源保护区的划定，由有关盟行政公署、设区的市人民政府、旗县级人民政府协商提出划定方案，报自治区人民政府批准；协商不成的，由自治区人民政府环境保护主管部门会同同级水行政、国土资源、住房和城乡建设、卫生等部门提出划定方案，征求同级有关部门的意见后，报自治区人民政府批准。

经批准的饮用水水源保护区由所在地旗县级人民政府向社会公告。

饮用水水源保护区需要调整的，按照本条规定的饮用水水源保护区划定程序办理。

第十四条 因划定或者调整饮用水水源保护区，对饮用水水源保护区内的公民、法人或者其他组织的合法权益造成损害的，有关盟行政公署、设区的市人民政府、旗县级人民政府应当依法予以补偿。

第三章　饮用水水源保护

第十五条　旗县级以上人民政府水行政主管部门应当制定饮用水水源建设专项规划；环境保护主管部门应当制定饮用水水源保护专项规划；供水行业主管部门负责制定供水规划和实施方案。

第十六条　旗县级以上人民政府应当在饮用水水源保护区设立明确的地理界标，在显著位置设置警示标志。根据需要在一级保护区周边设置隔离防护设施，实行封闭式管理。

任何单位和个人不得擅自改变、破坏饮用水水源保护区地理界标、警示标志和隔离防护设施。

第十七条　在饮用水水源准保护区内，禁止下列行为：

（一）新建、扩建化工、生物发酵、电镀、皮革、冶炼、放射性、炼油、炼焦以及其他严重污染水体的建设项目，改建增加排污量的项目；

（二）进行可能严重影响饮用水水源水质和水量的矿产勘查、采选等活动；

（三）倾倒、堆放工业废渣、垃圾、粪便以及其他废弃物；

（四）破坏水源涵养林、护岸林以及水源保护相关植被的活动；

（五）法律、法规规定的其他可能污染饮用水水源的行为。

第十八条　在饮用水水源二级保护区内，除饮用水水源准保护区内禁止的行为外，还禁止下列行为：

（一）设置排污口；

（二）新建、改建、扩建排放污染物的建设项目或者其他设施；

（三）影响水源补给的活动以及与饮用水供水无关的勘查、开采活动；

（四）新建、扩建油库、加油站；

（五）建立火葬场、墓地；

（六）设置畜禽养殖场、养殖小区；

（七）利用未经净化处理达标的污水灌溉农田；

（八）超过标准使用农药、化肥、含磷洗涤剂；

（九）掩埋、弃置动物尸体；

（十）法律、法规规定的其他可能污染饮用水水源的行为。

第十九条　在饮用水水源一级保护区内，除饮用水水源准保护区、二级保护区内禁止的行为外，还禁止下列行为：

（一）新建、改建、扩建与供水设施和保护水源无关的建设项目；

（二）从事网箱养殖、旅游、游泳、垂钓或者其他可能污染饮用水水体的行为。

第二十条 新建公路、铁路、桥梁、输油输气管线等基础设施，不得穿越饮用水水源一级保护区；因工程条件和自然因素限制，确需穿越饮用水水源二级保护区或者准保护区的，应当就项目实施对饮用水水源保护区环境影响进行专题评价。

第二十一条 在饮用水水源一级保护区内已建成的与供水设施和保护水源无关的建设项目，由旗县级以上人民政府责令拆除或者关闭。

在饮用水水源二级保护区内已建成的排放污染物的建设项目，由旗县级以上人民政府责令拆除或者关闭。

第二十二条 自治区实行最严格水资源管理制度，健全取水用水总量控制指标体系。

旗县级以上人民政府水行政主管部门应当根据批准的水量分配方案，按照总量控制与定额管理的原则制定饮用水水源取水计划。

第二十三条 饮用水取水应当统筹安排地表水和地下水，保障优质水优先用于城乡居民饮用。依法应当申请许可而未经批准的和公共供水管网覆盖范围内的自备水井，一律予以关闭。

第二十四条 新建、改建、扩建饮用水水源工程应当符合水资源综合规划、水功能区划、供水专项规划，进行建设项目水资源论证，并依法办理取水许可审批手续。

饮用水水源保护工程应当与饮用水水源工程同时设计、同时施工、同时投入使用。

第二十五条 旗县级以上人民政府应当根据保护饮用水水源的实际需要，在饮用水水源准保护区内实施水源涵养林、护岸林等生态保护措施，维护水体的自净能力。

第二十六条 旗县级以上人民政府应当加强饮用水应急水源或者备用水源的建设与保护，发生水源污染等事件导致饮用水供应中断时，应当及时启用饮用水应急水源或者备用水源，保障城乡居民饮用水供应。

饮用水应急水源或者备用水源管理单位应当维护供水设施，发生突发事件时，保障饮用水应急水源或者备用水源正常启用。

第二十七条 跨行政区域饮用水水源保护管理按照行政管辖原则分别由所在地人民政府负责。

第四章 监督管理

第二十八条 旗县级以上人民政府应当建立饮用水水源保护补偿制度，落实饮用水水源保护补偿资金，确保其用于饮用水水源保护补偿。

第二十九条 旗县级以上人民政府发展和改革、环境保护、水行政、住房和城乡建设等有关部门应当优先安排饮用水水源保护区环境治理项目。

第三十条 旗县级以上人民政府应当组织协调环境保护、水行政等有关部门，整合饮用水水源水质监测资源，科学划分和确定监测范围、点位和项目，加强水质自动监测监控和预警能力建设，完善监测信息系统和共享机制。

第三十一条 旗县级以上人民政府有关部门应当按照国家和自治区水质标准要求，至少每季度向社会公开一次本行政区域的饮用水安全状况信息。

第三十二条 旗县级以上人民政府应当建立饮用水水源安全评估机制，开展饮用水水源安全保障建设。

旗县级以上人民政府环境保护、水行政主管部门应当按照各自职责定期开展对饮用水水源的水质、水量和饮用水水源保护情况的评估，并将评估结果报送本级人民政府。

第三十三条 盟行政公署、设区的市和旗县级人民政府应当制定饮用水安全突发事件应急预案，有关部门按照各自职责和应急预案，制定相应的饮用水安全突发事件应急专项预案。

第三十四条 饮用水供水单位应当根据所在地饮用水安全突发事件应急预案制定本单位具体实施方案，报所在地盟行政公署、设区的市和旗县级人民政府备案，并按照要求储备必需的应急物资，定期进行应急演练。

第三十五条 饮用水水源发生水污染事故或者发生其他可能影响饮用水安全的突发性事件，饮用水供水单位应当立即采取应急措施，并向所在地盟行政公署、设区的市和旗县级人民政府报告，同时向社会公开；有关企业事业单位和其他生产经营者应当立即采取应急处置措施，并向所在地人民政府以及环境保护和饮用水供水主管部门及时通报；饮用水供水主管部门应当通知有关取水单位和当地居民，避免污染水体进入用户；有关人民政府应当根据情况及时启动应急预案，采取有效措施，保障供水安全。

第三十六条 饮用水水源管理单位应当建立值班巡查制度，组织对饮用水水源保护区相关设施进行巡查，并做好巡查记录。对巡查中发现可能造成饮用水水源污染的行为应当及时制止，并向所在地旗县级人民政府环境保护主管部门报告。

第三十七条 旗县级以上人民政府环境保护、水行政等有关部门应当公开举报途径，及时受理公民、法人和其他组织对破坏、污染饮用水水源行为的举报，并依法查处违法行为；对于不属于本部门职责范围的，应当及时移送有关部门依法查处。

第五章 法律责任

第三十八条 违反本条例规定的行为，《中华人民共和国环境保护法》《中华人民共和国水法》《中华人民共和国水污染防治法》等国家有关法律、法规已经作出具体处罚规定的，从其规定。

第三十九条 违反本条例规定，在饮用水水源一级、二级保护区及准保护区内有下列行为之一的，由旗县级以上人民政府环境保护主管部门会同有关部门责令改正，没收违法所得，并处以罚款；构成犯罪的，依法追究刑事责任：

（一）进行可能严重影响饮用水水源水质和水量的矿产勘查、采选等活动的，处10万元以上50万元以下的罚款；

（二）倾倒、堆放工业废渣、垃圾的，处5万元以上20万元以下的罚款；倾倒、堆放粪便的，处500元以上5000元以下的罚款；

（三）破坏水源涵养林、护岸林以及水源保护相关植被的，处1万元以上5万元以下的罚款；

（四）擅自改变、破坏饮用水水源保护区地理界标、警示标志和隔离防护设施的，处1000元以上5000元以下的罚款。

第四十条 违反本条例规定，在饮用水水源一级、二级保护区内有下列行为之一的，由旗县级以上人民政府环境保护主管部门会同有关部门责令改正，没收违法所得，并处以罚款；构成犯罪的，依法追究刑事责任：

（一）影响水源补给的活动以及进行与饮用水供水无关的勘查、开采活动的，处10万元以上50万元以下的罚款；

（二）新建、扩建油库、加油站或者建立火葬场、墓地的，处5万元以上20万元以下的罚款；

（三）设置畜禽养殖场、养殖小区的，处10万元以上50万元以下的罚款；

（四）利用未经净化处理达标的污水灌溉农田或者超过标准使用农药、化肥、含磷洗涤剂的，处2万元以上10万元以下的罚款；

（五）掩埋、弃置动物尸体的，处1000元以上1万元以下的罚款。

第四十一条 企业事业单位和其他生产经营者在饮用水水源保护区违法排放水污染物，受到罚款处罚，被责令改正的，依法作出处罚决定的行政机关应当组织复查，发现其继续违法排放水污染物或者拒绝、阻挠复查的，依照《中华人民共和国环境保护法》的规定按日连续处罚。

第四十二条 旗县级以上人民政府环境保护主管部门或者其他有关部门及其工作人员违反本条例规定，有下列行为之一的，对直接负责的主管人员和其他直接责任人员依法给予行政处分；构成犯罪的，依法追究刑事责任：

（一）未依法对饮用水水源进行水质、水量监测的；

（二）发现破坏、污染饮用水水源的违法行为，或者接到违法行为的检举后不及时查处的；

（三）接到饮用水水源污染事故或者隐患的报告，未及时采取应对措施的；

（四）不依法作出行政许可或者办理批准文件的；

（五）其他滥用职权、玩忽职守、徇私舞弊的行为。

第六章 附 则

第四十三条 本条例自2018年1月1日起施行。

内蒙古自治区河湖保护和管理条例

（2022年11月23日内蒙古自治区第十三届人民代表大会常务委员会
第三十八次会议通过）

第一条 为了加强河湖保护和管理，改善河湖生态环境，发挥河湖综合功能，推进生态文明建设，根据《中华人民共和国水法》《中华人民共和国河道管理条例》等国家有关法律、法规，结合自治区实际，制定本条例。

第二条 自治区行政区域内河湖的保护、管理及其相关活动，适用本条例。

本条例所称河湖包括河流、湖泊、水库以及连通河湖的人工水道工程设施及其水体。

第三条 河湖保护和管理应当遵循生态优先、统筹规划、系统治理、合理利用的原则。

第四条 旗县级以上人民政府应当加强对河湖保护和管理工作的组织领导，将河湖保护和管理纳入本级国民经济和社会发展规划，建立健全河湖生态保护补偿机制，河湖保护和管理所需经费列入本级财政预算。

苏木乡镇人民政府、街道办事处应当做好本辖区内河湖保护和管理相关工作。

第五条 旗县级以上人民政府水行政主管部门负责本行政区域内河湖的统一保护和管理工作；河湖管理机构按照管理权限，承担河湖的日常保护和管理工作。

旗县级以上人民政府发展改革、工业和信息化、公安机关、财政、自然资源、生态环境、住房和城乡建设、交通运输、农牧、文化和旅游、应急管理、林业和草原等有关部门按照各自职责分工，负责本行政区域内河湖保护和管理相关工作。

国家公园、自然保护区、自然公园等涉及河湖管理的，其保护管理机构应当按照各自职责做好河湖保护和管理相关工作。

第六条 旗县级以上人民政府及其有关部门应当组织开展河湖保护宣传教育，增强全社会河湖保护意识，营造保护河湖的良好氛围。

广播、电视、报刊、网络等媒体应当采取多种形式开展河湖保护和治理法律法规及相关知识的宣传，并依法对违法行为进行舆论监督。

第七条 任何组织和个人都有保护河湖的义务，对损害河湖的行为有权向水行政主管部门或者有关部门投诉、举报。水行政主管部门和有关部门应当向社会公开投诉、举报的受理渠道，并依法及时处理。

第八条 鼓励、支持社会力量以出资、捐资、科学研究、志愿服务等方式参与河湖保护和治理。

第九条 自治区行政区域内黄河、嫩江、西辽河等河湖保护和管理规划，由自治区人民政府水行政主管部门依据国家确定的重要江河、湖泊流域综合规划组织编制，报自治区人民政府批准后实施。

额尔古纳河、黑河、呼伦湖、乌梁素海、达里诺尔湖、岱海、东居延海、哈素海等河湖的保护和管理规划，由有关盟行政公署、设区的市人民政府组织编制，报自治区人民政府批准后实施。

其他河湖的保护和管理规划编制工作，由盟行政公署、设区的市人民政府按照管理权限确定。保护和管理规划报本级人民政府批准，并报上一级水行政主管部门备案。

第十条 旗县级以上人民政府应当按照河湖保护和管理规划要求，实行河湖保护名录制度，依法划定河湖管理范围，并向社会公布，作为河湖保护和管理的基础依据。

第十一条 在河湖管理范围内，禁止下列行为：

（一）新建、改建、扩建围堤、阻水渠道、阻水道路；

（二）在堤防和护堤地建房、放牧、开渠、打井、挖窖、葬坟、晒粮、存放物料以及开展集市贸易活动；

（三）擅自在河道滩地开采地下资源、进行考古发掘；

（四）种植阻碍行洪的林木及高秆作物；

（五）围湖造地；

（六）违法取用水资源；

（七）在饮用水水源保护区设置排污口；

（八）弃置、倾倒、堆放、掩埋固体废物；

（九）向河湖排放、倾倒、处置油类、酸液、碱液或者剧毒废液污染物等；

（十）未经批准，擅自引进外来物种；

（十一）法律、法规禁止的其他行为。

第十二条 禁止围垦河道。确需围垦的，应当经过科学论证，经自治区人民政府水行政主管部门同意后，报自治区人民政府批准；需要国家批准的，依照规定的程序报批。

第十三条 在河湖管理范围内建设工程设施，应当符合防洪要求、河湖保护和管理规划以及相关技术标准、技术规范，不得妨碍河道行洪输水、航运畅通，不得威胁堤防安全、影响河势稳定。

经批准的工程设施的性质、规模、地点、用途、主体不得擅自变更；确需变更的，建设单位或者个人应当向水行政主管部门重新办理审批手续。

第十四条 光伏电站、风力发电等项目不得在河道、湖泊、水库内建设。在湖泊周边、水库库汊建设光伏、风电项目的，应当经过科学论证，严格管控，不得布设在具有防洪、供水功能和水生态、水环境保护需求的区域。

第十五条 自治区实行滩地利用分区分类管理，具体管理措施由旗县级以上人民政府组织制定并实施。

河湖管理范围内的滩地利用，应当符合行洪、输水以及岸线分区保护和管理要求。

主河槽区内不得新增农作物种植面积，已经种植的应当逐步退出。

耕地占补平衡用地和耕地后备资源不得在河湖管理范围内补充，影响行洪安全和供水安全的耕地应当逐步退出。

第十六条 自治区实行河湖水域岸线分区管理。

旗县级以上人民政府应当按照国土空间规划和防洪规划等，科学划分河湖水域岸线保护区、保留区、控制利用区、开发利用区，明确分区保护和管理措施。

第十七条 建设跨河、穿河、穿堤、临河的桥梁、码头、道路、渡口、管道、缆线、取水、排水等建筑物及设施，建设单位应当按照管理权限，将工程建设方案报送水行政主管部门审查同意；未经审查同意的，建设单位不得开工建设。具体审查规定由自治区人民政府另行制定。

利用河湖水域岸线空间依法从事旅游、文体娱乐、科学实验、景观建设等活动，应当符合河湖保护和管理相关要求。

第十八条 旗县级以上人民政府水行政主管部门应当根据管理权限，会同自然资源、生态环境、林业和草原、文物等有关部门，组织编制河道采砂规划，经上一级水行政主管部门审查后报本级人民政府批准实施。

河道采砂应当由旗县级以上人民政府水行政主管部门按照管理权限审批。未经批准，任何组织或者个人不得从事河道采砂活动。

旗县级以上人民政府水行政主管部门应当根据管理权限依法划定禁采区，规定禁采期，并予以公告。

第十九条 旗县级以上人民政府应当根据本级水资源控制指标，统筹经济社会发展布局和规模，严格控制用水总量和强度，保障河湖断面生态流量（水量）。

旗县级以上人民政府水行政主管部门应当根据上一级确定的水资源指标组织制定下一级取用水总量、生态流量（水量）和强制性用水定额等水资源控制指标。

水库、水电站、水利枢纽等水工程管理单位，应当按照经批准的调度运行方案，保障河湖合理生态流量（水量）。

第二十条 自治区实行河流跨行政区域断面交接制度。

自治区人民政府应当合理设定河流交接断面水质水量等指标，完善河流跨行政区域断面监测设施，建立交接断面水质水量超标预警、超标排放补偿机制。

第二十一条 自治区人民政府水行政、生态环境等部门应当按照各自职责，统筹建设河湖监测站网，合理布局河湖水资源、水环境监测站点，加强河湖保护和管理信息化建设，充分运用遥感、大数据等先进技术对河湖水量、水质、水生态、排污口、采砂以及河湖岸线等进行动态监测和预警，建立河湖监测信息和数据共享机制，提高河湖保护监测能力。

第二十二条 旗县级以上人民政府应当按照河湖保护和管理规划，组织开展生物多样性保护管理，加强外来入侵物种防治，实施河湖生态保护和修复工程，防治水土流失。

第二十三条 旗县级以上人民政府应当统筹河湖水上、岸上污染治理，根据河湖来水情况、水质目标、纳污能力等，确定入河湖污染物排放控制量。

排放水污染物，不得超过国家或者自治区规定的水污染物排放标准和重点水污染物排放总量控制指标。

第二十四条 旗县级以上人民政府应当组织有关部门查处河湖管理范围内擅自设障、养殖、采砂、采矿、围垦以及侵占河湖水域岸线建设建筑物、构筑物等违法行为。

旗县级以上人民政府应当建立河湖保洁常态化巡查制度，鼓励通过设立巡河员、护河员或者委托第三方等方式进行河湖保洁。

对历史遗留的河湖乱占、乱建、乱采、乱堆问题，旗县级以上人民政府应当组织有关部门制定整改方案。整改方案报经有管理权限的水行政主管部门或者流域管理机构批准后实施。

第二十五条 对河湖管理范围内的阻水障碍物按照谁设障、谁清除的原则，由防汛指挥机构责令设障者在规定的期限内清除。逾期不清除的，由防汛指挥机构组织强行清除，并由设障者负担全部清障费用。

因地质灾害等不可抗力形成阻碍河道行洪的障碍物，旗县级以上人民政府应当及时组织清除。

对壅水、阻水严重的桥梁、引道、码头和其他跨河工程设施，由旗县级以上人民政府水行政主管部门按照国家规定的防洪标准提出处理意见，报经本级人民政府批准后，责令原建设单位在规定的期限内改建或者拆除。汛期影响防洪安全的，应当服从防汛指挥机构的紧急处理决定。

第二十六条 建立自治区、盟和设区的市、旗县、苏木乡镇四级河湖长组织体系，苏木乡镇以上设立总河湖长，各河湖所在盟市、旗县、苏木乡镇均分级分段设立河湖长。嘎查村民委员会、居民委员会根据实际需要设立村级河湖长。

第二十七条 旗县级以上人民政府应当设置河湖长制办公室，根据需要确定河湖长制办公室成员，按照职责分工，负责组织实施具体工作，落实河湖长确定的事项。

苏木乡镇人民政府、街道办事处根据实际需要明确负责河湖长制工作的机构。

第二十八条 各级总河湖长是本行政区域内河湖长制工作第一责任人，负责河湖长制工作的组织领导、决策部署和监督检查，统筹解决河湖长制工作任务落实中的重大问题。

各级河湖长应当分级分段对本行政区域内河湖的水资源保护、水域岸线管理、水污染防治、水环境治理、水生态修复等工作实行网格化管理，协调和督促有关部门和单位以及下一级河湖长履行职责。

河湖长制成员单位按照分工履行职责，落实河湖长制有关工作。

第二十九条 总河湖长可以对未履行职责或者履行职责不力的本级河湖长及河湖长制成员单位责任人、下一级总河湖长进行约谈，提出限期整改要求。

河湖长可以对未履行职责或者履行职责不力的本级河湖长制成员单位责任人、下一级河湖长进行约谈，提出限期整改要求。

第三十条 旗县级以上河湖长按照日常考核与年度考核相结合的方式，负责组织对下一级河湖长制落实情况和下一级河湖长履职情况进行考核，考核结果作为党政领导干部综合考核评价的重要依据。

第三十一条 旗县级以上人民政府应当建立健全公安机关、自然资源、生态环境、住房和城乡建设、交通运输、水行政、农牧、应急管理、林业和草原等部门联合执法机制，建立健全部门会商、信息共享、案件移交以及行政执法与刑事司法衔接等工作机制，加大河湖保护监管力度。

第三十二条 违反本条例规定的行为，《中华人民共和国水法》等国家有关法律、法规已经作出具体处罚规定的，从其规定。

第三十三条 违反本条例第十四条规定，光伏发电站、风力发电设施布设在具有防洪、供水功能和水生态、水环境保护需求区域的，由旗县级以上人民政府水行政主管部门责令停止违法行为，处1万元以上10万元以下罚款。

第三十四条 违反本条例第十八条规定，未经批准从事河道采砂活动的，由旗县级以上人民政府水行政主管部门责令停止违法行为，限期采取修复补救措施，没收违法所得，处违法开采的砂石货值金额二倍以上二十倍以下罚款；货值金额不足10万元的，处20万元以上200万元以下罚款；构成犯罪的，依法追究刑事责任。

第三十五条 违反本条例第十九条规定，水库、水电站、水利枢纽等水工程管理单位，未按照批准的调度运行方案，保障河湖合理生态流量（水量）的，由旗县级以上人民政府水行政主管部门责令限期改正；逾期未改正的，处1万元以上10万元以下罚款。

第三十六条 旗县级以上人民政府及有关部门及其工作人员玩忽职守、滥用职权、徇私舞弊的，对直接负责的主管人员和其他直接责任人员依法给予处分；构成犯罪的，依法追究刑事责任。

第三十七条 本条例自2023年1月1日起施行。

内蒙古自治区呼伦湖国家级自然保护区条例

（2016 年 7 月 29 日内蒙古自治区第十二届人民代表大会常务委员会第二十四次会议通过　根据2018 年7 月 26 日内蒙古自治区第十三届人民代表大会常务委员会第六次会议《关于修改〈内蒙古自治区农牧业机械化促进条例〉等 7 件地方性法规的决定》第一次修正　根据2021 年 5 月 27 日内蒙古自治区第十三届人民代表大会常务委员会第二十六次会议《关于修改〈内蒙古自治区实施《中华人民共和国野生动物保护法》办法〉等 4 件地方性法规的决定》第二次修正）

第一章　总　则

第一条　为了加强呼伦湖国家级自然保护区（以下简称保护区）的保护和管理，维护其生态功能和生物多样性，促进经济社会协调发展，根据《中华人民共和国环境保护法》《中华人民共和国自然保护区条例》和国家有关法律、法规，结合保护区实际，制定本条例。

第二条　保护区位于呼伦贝尔市新巴尔虎右旗、新巴尔虎左旗、满洲里市和扎赉诺尔区境内，属于野生动物类型、湿地生态系统类型、草原生态系统类型的综合型自然保护区。保护区面积、界线以国务院批准的面积、界线为准。

第三条　在保护区内从事规划、保护、建设、利用、管理等活动，应当遵守本条例。

第四条　保护区的管理应当坚持保护优先、科学规划、合理利用、永续发展的原则，妥善处理生态环境保护与当地经济社会发展以及居民生产生活的关系。

第五条　自治区人民政府、呼伦贝尔市人民政府以及保护区所在地旗县级人民政府应当将保护区的规划、建设和保护纳入国民经济和社会发展规划，建立保护投入和生态补偿的长效机制。保护区的建设、保护和管理所需经费，由保护区所在地旗县级以上人民政府安排。

第六条　自治区人民政府应当加强对保护区工作的领导，呼伦贝尔市人民政府负责保护区的保护和管理工作，协调解决保护区关于自然环境保护、生态建设、流域治理与经济社会发展等方面的重大事项。

第七条　呼伦贝尔市人民政府所属的保护区管理机构负责保护区保护和管理的具体工作。保护区管理机构的主要职责：

（一）贯彻执行国家和自治区有关法律、法规、规章和方针、政策；

（二）负责组织保护区总体规划和专项规划的编制、修订和实施工作，制定和实施各项管理制度；

（三）负责保护区内自然环境、自然资源的保护和管理工作；

（四）组织开展资源调查、生态保护建设、环境监测和野生动植物保护、人工繁育、疫源疫病监测防控工作；

（五）组织开展科学研究和宣传教育活动；

（六）在不影响保护区的自然环境和自然资源的前提下，按照保护区总体规划，组织开展参观、旅游等活动；

（七）组织开展保护区的国内、国际合作；

（八）依法统一查处保护区内涉及保护区的建设、保护和管理方面的违法行为；

（九）保护区的其他管理工作。

保护区所在地旗县级以上人民政府生态环境、林业草原、公安、水利、农牧业、旅游、自然资源、交通运输、住房和城乡建设等部门应当按照各自职责，做好保护区相关管理工作。

第八条 自治区鼓励社会力量投资或者以其他方式参与保护区的建设和保护。

第九条 任何单位和个人都有保护保护区自然环境和自然资源的义务，并有权对破坏、侵占自然环境、自然资源的行为进行举报。

第十条 保护区所在地旗县级以上人民政府对在保护区建设、保护和管理以及科学研究中做出显著成绩的单位和个人，应当给予表彰和奖励。

第二章 规划与保护

第十一条 保护区管理机构应当会同同级人民政府有关部门编制保护区总体规划，按照国家规定的程序报批。

经批准的保护区总体规划应当严格执行，任何单位和个人不得擅自变更；确需变更的，应当按照原批准程序报批。

第十二条 保护区管理机构应当根据国务院批准的保护区的范围和界线，设置保护区区界标志和功能区区界标志，并向社会公布。

未经原审批机关批准，任何单位和个人不得改变保护区的性质以及区界范围。

任何单位和个人不得破坏或者擅自移动保护区的界标以及其他保护设施。

第十三条 保护区划分为核心区、缓冲区和实验区，其范围、界线以国务院批准的为准。

核心区为保存完好的天然状态的生态系统以及珍稀、濒危动植物的集中分布地，任何单位和个人不得擅自进入核心区。

核心区外围为缓冲区，只准进入从事科学研究观测活动，禁止开展旅游和生产经营活动。

缓冲区外围为实验区，可以进行科学试验、教学实习、参观考察、旅游以及保护、人工繁育珍稀、濒危野生动植物等活动。

第十四条 呼伦贝尔市人民政府以及保护区所在地旗县级人民政府应当制定本辖区保护区生态移民规划，核心区应当逐步实现无人居住，缓冲区和实验区应当逐步减少居住人口。

第十五条 保护区内禁止迁入新的住户。保护区内的单位、居民和经批准进入保护区的人员应当遵守保护区的有关规定，服从保护区管理机构的管理。

第十六条 禁止任何单位和个人在保护区内从事下列活动：

（一）砍伐、放牧、狩猎、捕捞、采药、开垦、烧荒、开矿、采石、挖沙、取土等活动，法律、行政法规另有规定的除外；

（二）建设工业固体废物集中贮存、处置设施、场所和生活垃圾填埋场以及其他污染环境、破坏自然资源或者景观的项目；

（三）向保护区水体倾倒排放固体、液体废弃物；

（四）在保护区水体清洗车辆、装贮过油类或者有毒污染物的容器和其他可能污染水体的物品；

（五）非法出售、收购国家和自治区重点保护野生动物及其制品；

（六）破坏鱼类等水生野生动物的洄游通道；

（七）捡拾鸟卵、捣毁鸟巢等破坏鸟类及其他野生动物繁殖区及其栖息地；

（八）开采地下水资源，经依法批准的饮水安全建设工程除外；

（九）破坏湖岸和河岸的芦苇、柳条、锦鸡儿等护岸固沙植被；

（十）挖沟筑坝，排放湿地水资源等；

（十一）法律、法规禁止的其他行为。

第十七条 船舶排放含油污水、生活污水，应当符合船舶污染物排放标准。船舶的残油、废油应当回收，不得排入水体。

第十八条 保护区严格控制引进外来物种。确有必要引入外来物种的，按照国家有关规定进行审批和实验。在试种、试养期，应当接受保护区管理机构和有关行政管理部门的监督管理。

第十九条 保护区管理机构应当建立鸟类以及其他野生动物救护机构，负责救护、放生工作。

任何单位和个人发现受伤、病弱、饥饿、受困、迷途的国家和自治区重点保护野生动物时，应当及时报告保护区管理机构，由其采取救护措施；也可以就近送至具备救护条件的单位救护。救护单位应当及时救护，并报告保护区管理机构。

第二十条 保护区所在地旗县级以上人民政府和保护区管理机构应当组织保护区与周边单位、居民建立防火联防机制，制定防火公约，监督检查保护区的防火工作。

第二十一条 保护区管理机构应当在科学论证的基础上，采取河道险工治理、河道清淤疏浚、河道湿地恢复和河道景观建设等措施，对保护区河道进行综合治理，有关部门应当按照各自职责予以配合。

第二十二条 保护区管理机构应当在科学论证的基础上，有计划地种植有利于净化水体的植物、放养有利于净化水体的底栖动物和鱼类，并对各类水生植物的残体进行清除。

第二十三条 保护区管理机构应当结合水文、水质、生态监测站点和断面，建立保护区生态环境指标体系和综合监控网络体系以及相应的信息数据库。

第二十四条 保护区管理机构应当在进出保护区的主要路口设置检查哨卡，对进出保护区的车辆、人员进行检查登记，有关人员应当配合。

第三章 利用与管理

第二十五条 在保护区依法从事有关建设、经营、利用等活动，应当符合保护区总体规划。

第二十六条 在核心区和缓冲区内，不得建设任何生产经营设施。

在实验区内不得建设污染环境、破坏资源或者影响景观的生产经营设施。经批准建设的其他项目，其污染物排放不得超过国家和自治区规定的排放标准。

第二十七条 保护区内未经批准的建设项目应当依法限期关闭。造成生态破坏的，相关责任人应当依法承担生态恢复治理责任。

第二十八条 因科学研究需要，必须进入核心区从事科学研究观测、调查活动的，应当于三十日前向保护区管理机构提交书面申请和活动计划，并按照国家有关规定办理审批手续。

第二十九条 因教学科研观测需要，进入缓冲区从事非破坏性的科学研究、教学实习和标本采集活动的，应当于三十日前向保护区管理机构提交书面申请和活动计划，经保护区管理机构批准后方可进入。

从事前款活动的单位和个人，应当向保护区管理机构提交活动成果副本。

第三十条 在实验区从事旅游、食宿、餐饮、娱乐业等经营活动的单位和个人，应当依法办理有关手续，在保护区管理机构指定地点或者范围从事经营活动，并设置垃圾、废水处理等设施，服从保护区管理机构的监督管理。

第三十一条 保护区内的建设项目和与保护区有关的规划应当依法进行环境影响

评价。

第三十二条 保护区内水域中的船舶，应当按照保护区总体规划实行总量控制。有关单位和个人应当将从事旅游经营等船舶的活动范围书面告知保护区管理机构，服从保护区管理机构的管理。

第三十三条 保护区所在地旗县级人民政府农牧业主管部门应当将保护区内草原承包、流转情况及时书面告知保护区管理机构。

第三十四条 经依法批准占用实验区自然资源的，应当实行资源有偿使用制度，具体办法由自治区人民政府制定。

第四章 法律责任

第三十五条 违反本条例规定的行为，《中华人民共和国环境保护法》《中华人民共和国自然保护区条例》等有关法律、法规已经作出具体处罚规定的，从其规定，由保护区管理机构依照职责进行处罚。

第三十六条 违反本条例第十六条规定，在保护区内有下列行为之一的，由保护区管理机构责令停止违法行为，并按照下列规定进行处罚：

（一）破坏鱼类等水生野生动物的洄游通道的，处以恢复原状所需费用的一倍以上三倍以下罚款；

（二）破坏鸟类及其他野生动物繁殖区及其栖息地的，处以恢复原状所需费用的一倍以上三倍以下罚款；

（三）破坏湖岸、河岸护岸固沙植被的，处以恢复原状所需费用的一倍以上三倍以下罚款。

第三十七条 保护区所在地人民政府及其有关部门和保护区管理机构违反本条例规定，有下列情形之一的，对直接负责的主管人员和其他直接责任人员依法给予行政处分；构成犯罪的，依法追究刑事责任：

（一）不执行或者擅自变更保护区总体规划的；

（二）超越权限批准进入保护区从事相关活动的；

（三）未依法履行监督管理职责或者发现违法行为不予查处，造成严重后果的；

（四）其他玩忽职守、滥用职权、徇私舞弊的行为。

第五章 附 则

第三十八条 本条例自 2016 年 10 月 1 日起施行。

乌兰察布市岱海、黄旗海保护条例

（2017年12月29日乌兰察布市第三届人民代表大会常务委员会第三十五次会议通过
2018年3月31日内蒙古自治区第十三届人民代表大会常务委员会第二次会议批准
根据2022年9月28日内蒙古自治区第十三届人民代表大会常务委员会第三十七次会议关于批准《乌兰察布市人民代表大会常务委员会关于修改〈乌兰察布市岱海黄旗海保护条例〉的决定》的决议修正）

第一章 总 则

第一条 为了加强岱海、黄旗海（以下简称两湖）保护和管理，防止两湖面积减少和水体污染，保护和改善两湖生态环境，根据《中华人民共和国环境保护法》《中华人民共和国水法》《中华人民共和国水污染防治法》等有关法律、法规，结合乌兰察布市实际，制定本条例。

第二条 两湖保护范围包括凉城县岱海湖泊湿地自然保护区和察右前旗黄旗海湿地自然保护区（以下简称两湖自然保护区）及其流域。

两湖自然保护区属于自治区级自然保护区，其面积、界线按照内蒙古自治区人民政府批准的为准。

两湖流域指岱海、黄旗海各自封闭的流域边界线内的集水区。岱海流域行政区划涉及凉城县、丰镇市和卓资县，总面积2312.75平方公里。黄旗海流域行政区划涉及察右前旗、集宁区、丰镇市、察右中旗、察右后旗、卓资县和兴和县，总面积4511.20平方公里。

第三条 在两湖自然保护区从事规划、保护、治理、利用和监督管理等活动，应当遵守国家和自治区的有关法律、法规。

在两湖自然保护区外流域从事前款活动，除遵守国家和自治区有关法律、法规外，还应当按照本条例的规定执行。

第四条 两湖保护应当遵循保护优先、科学规划、综合治理、依法管理和永续发展的原则。

第五条 市人民政府所属的两湖保护主管机构负责两湖保护和管理的具体工作，履行下列职责：

（一）贯彻执行国家、自治区和本市有关法律、法规、规章以及方针、政策；

（二）组织两湖保护总体规划和专项规划的编制、修订和实施工作，制定和实施两湖保护管理制度；

（三）指导协调两湖自然保护区管理机构做好两湖自然保护区的监督管理工作；协调市以及两湖流域所在地旗县级人民政府所属的水利、环境保护和国土资源等相关部门做好两湖流域的监督管理和行政执法工作；

（四）对两湖流域水体、湿地、草场状况等进行普查和信息发布；

（五）会同有关部门对水环境、水资源、水生态质量进行监测，经市人民政府同意后，将监测结果等信息及时向社会公布；

（六）会同有关部门对水污染进行监督检查和综合治理；

（七）水污染源的监督检查，点源、面源污染的防治；

（八）会同有关部门建设水源涵养林（草）工程；

（九）法律、法规规定的其他职责。

第六条 两湖自然保护区管理机构应当配合两湖保护主管机构依法履行两湖自然保护区的监督管理职责。

第七条 市以及两湖流域所在地旗县级人民政府所属的发展和改革、财政、环境保护、水利、交通运输、规划、国土资源、农牧业、林业、旅游等部门应当按照各自职责，配合两湖保护主管机构做好两湖的保护和管理工作。

第八条 市以及两湖流域所在地旗县级人民政府应当将两湖保护纳入国民经济和社会发展规划，将两湖保护所需经费列入财政预算。

两湖流域所在地苏木乡镇人民政府、街道办事处应当根据两湖保护的具体要求，做好相关工作。

两湖流域所在地嘎查村民委员会应当协助两湖保护主管机构开展湖泊保护工作，督促、引导村民依法履行两湖保护义务。

第九条 市以及两湖流域所在地旗县级人民政府应当建立两湖保护的举报和奖励制度。

第二章 规划与保护

第十条 两湖保护主管机构会同市人民政府有关部门和两湖流域所在地旗县级人民政府，负责编制两湖保护总体规划，总体规划应当与水污染防治规划、水资源综合利用规划、水土保持规划、生态清洁小流域规划、湿地自然保护区规划、土地利用总体规划、防洪规划、水功能区划、绿地系统规划以及补水规划等相衔接。

第十一条 两湖保护总体规划应当明确湿地、自然保护区等敏感区域的水生态保护目标任务、保障措施、禁止开发建设的区域、限制开发建设的区域以及保护、利用、修复方式等内容。

第十二条 在编制两湖保护总体规划时，应当通过论证会、听证会等形式，广泛征求有关单位、专家和公众的意见。

总体规划经乌兰察布市人民政府通过，并报请市人民代表大会常务委员会审议后按照相关程序报批，批准后应当向社会公布。

第十三条 经批准的两湖保护总体规划应当严格执行，任何单位和个人不得擅自变更；确需变更的，应当按照原批准程序报批。

第十四条 两湖保护主管机构应当会同市以及两湖流域所在地旗县级人民政府的水利、环境保护、林业、农牧业、国土资源等部门开展两湖流域生态环境调查，制定修复方案，报本级人民政府批准后实施。

第十五条 两湖保护主管机构应当会同两湖流域所在地旗县级人民政府有关部门，在市人民政府的组织下建立流域生态补水协调机制，保障流域生态用水需求。

第十六条 两湖保护主管机构应当会同流域所在地旗县级人民政府环境保护行政主管部门加强湖泊水质状况监测，监测结果及时报告当地人民政府，对发现的问题应当及时治理。

第十七条 市以及两湖流域所在地旗县级人民政府，应当加强对入湖水源的保护，除抢险、救灾、居民应急供水外，在两湖流域禁止拦截入湖水源或者擅自取水。

第十八条 在两湖流域禁止新建电镀、化工、制药、皮革等排放含氮、磷、重金属等污染物的企业以及高耗水、高污染项目。对已有的未达到国家环境质量标准的企业，市以及两湖流域所在地旗县级人民政府应当依法责令其限期整改、转产或者关闭。

第十九条 在两湖流域从事工程建设，占用农业灌溉水源、灌排工程设施，或者对原有灌溉用水、供水水源有不利影响的，建设单位应当采取相应的补救措施；造成损失的，依法给予补偿。

第二十条 两湖保护主管机构应当在两湖流域划定禁采区，经市人民政府批准后实施，在禁采区禁止采砂石、取土。

第二十一条 市以及两湖流域所在地旗县级人民政府应当实行最严格水资源管理制度，开展节水型社会建设，实施农业节水、工业用水置换措施，减少新水取用量，提升流域用水效率。

农业用水应当推行节水灌溉方式和节水技术，对农业蓄水、输水工程采取必要的防渗漏措施，提高农业用水效率，逐步实施退灌还水、退耕还湿（林、草），减少水资源消耗量。

工业用水应当采用先进技术、工艺和设备，增加循环用水次数，提高水的重复利用率，逐步淘汰落后的、耗水量高的工艺、设备和产品。

城市生活用水应当因地制宜采取有效措施，推广节水型生活用水器具，降低城市供水管网漏失率，提高生活用水效率，加强城市污水集中处理，鼓励使用再生水，提高污水再生利用率。

第二十二条 市以及两湖流域所在地旗县级人民政府应当统筹安排建设城乡垃圾收集、运输、处置设施，在嘎查村设置垃圾收集点，对化肥、农药、除草剂等包装物分类处理，提高垃圾处理的减量化、无害化和资源化水平。

第二十三条 两湖保护主管机构应当根据流域生态环境功能需要，组织有关部门开展河流、湖泊、湿地保护与修复，因地制宜建设人工湿地、水源涵养林、沿河沿湖植被缓冲带和隔离带等生态环境治理与保护工程，整治黑臭水体，提高流域环境资源承载能力。

两湖保护主管机构以及两湖流域所在地旗县级人民政府应当采取科学合理的措施，定期组织湖泊、入湖河道清淤，需要临时占用土地的，由流域所在地旗县级人民政府安排。

第二十四条 在两湖流域禁止使用高毒、高残留农药，推广使用有机肥和高效、低毒、低残留、易降解的农药，推行精确施肥、配方施肥等科学施肥技术，鼓励使用生物农药和采用病虫害综合防治技术，推行农业清洁生产和农村清洁工程，加强对流域耕地的化肥、农药使用总量监管，防止流域水体污染。

第二十五条 在两湖流域不得从事下列行为：

（一）擅自开采地下水；

（二）排放未经处理或者虽经处理尚未达标的工业废水、生活污水以及其他废液；

（三）向河流、湖泊倾倒、填埋废弃物；

（四）堆放、存储固体废弃物和其他污染物；

（五）填湖（河）造地、围湖造田、筑坝拦汊以及其他侵占和分割水面的行为；

（六）在所在地人民政府划定的禁牧区内放牧；

（七）在河流湖泊新建、改建、扩大排污口，私设暗管排放水污染物；

（八）其他污染水质、侵占水源、破坏水生态的行为。

第二十六条 两湖流域所在地旗县级人民政府应当组织水利、环境保护等行政主管部门编制湖泊水污染突发事件应急预案，定期开展应急演练，做好应急准备、应急处置和事后恢复等工作。

第三章 监督与管理

第二十七条 两湖保护主管机构应当加强两湖流域日常巡查，对违反本条例以及相关法律、法规的行为，及时制止并协调有关部门进行处理。

第二十八条 两湖保护主管机构应当每年向市人民政府报告两湖流域保护管理情

况，并向流域所在地旗县级人民政府通报。

第二十九条 各级人民政府应当按照国家规定设立河湖长，实行河湖长负责制，逐级落实两湖保护责任。

对于违反有关法律、法规、规章、政策和工作制度，不履行或者不正确履行职责，导致湖泊（河道）水环境整治不力或者反弹的河湖长，由有关部门采用口头效能告诫、通报批评、书面效能告诫、职务调整、政纪处分等方式追究责任。

第三十条 任何单位和个人都有权对损害两湖流域环境、资源、生态的行为进行检举和举报，两湖保护主管机构接到检举和举报后，应当及时核查、处理。

第三十一条 市以及两湖流域所在地旗县级人民代表大会常务委员会应当听取和审议本级人民政府关于两湖保护情况的专项工作报告，对本条例实施情况组织执法检查；对违反本条例相关规定的人民政府及其组成部门、组成人员依法启动询问、质询、特定问题调查和撤职等监督程序。

第四章 法律责任

第三十二条 违反本条例规定的行为，法律、法规已经作出具体处罚规定的，从其规定。

第三十三条 在两湖流域未经批准拦截入湖水源或者擅自取水的，由市以及两湖流域所在地旗县级人民政府水行政主管部门依据职权，责令其停止违法行为，限期采取补救措施，并处 5 万元以上 10 万元以下的罚款。

第三十四条 在两湖流域禁采区进行采砂石、取土等活动的单位和个人，构成犯罪的，依法追究刑事责任；尚不够刑事处罚，且防洪法未作规定的，由市以及两湖流域所在地旗县级水行政主管部门依据职权，责令停止违法行为，采取补救措施，并处 2 万元以上 5 万元以下的罚款。

第三十五条 在两湖流域使用高毒、高残留农药的，由市以及两湖流域所在地农业行政主管部门责令改正，农药使用者为农产品生产企业、食品和食用农产品仓储企业、专业化病虫害防治服务组织和从事农产品生产的农民专业合作社等单位的，处 8 万元以上 10 万元以下的罚款，农药使用者为个人的，处 500 元以上 5000 元以下的罚款；构成犯罪的，依法追究刑事责任。

第三十六条 在两湖流域未经批准或者未按批准的要求开采地下水资源的，由市以及两湖流域所在地旗县级人民政府水行政主管部门责令改正，并处 5 万元以上 10 万元以下的罚款。

第三十七条 在两湖流域排放未经处理或者处理未达标的工业废水，堆放、倾倒和掩埋废弃物以及其他污染物，由市以及两湖流域所在地旗县级人民政府环境保护行政主管部门责令停止违法行为，限期采取治理措施，消除污染，并处10万元以上20万元以下的罚款；逾期不采取治理措施的，环境保护行政主管部门可以指定有治理能力的单位代为治理，所需费用由违法行为人承担。

第三十八条 在两湖流域从事填湖造地、围湖造田、挖塘、开矿、筑坝拦汊以及其他侵占和分割水面行为的，由市以及两湖流域所在地旗县级人民政府水行政主管部门责令停止违法行为，限期拆除违法建筑、清除障碍或者采取其他补救措施，并处2万元以上5万元以下的罚款；逾期不拆除的，依法强制拆除。

第三十九条 在两湖流域禁牧区放牧的，由林业行政主管部门或者草原监督管理机构给予警告，并处每个羊单位30元的罚款。

第四十条 在两湖流域的河流湖泊新建、改建、扩建排污口的，由市以及两湖流域所在地旗县级人民政府水行政主管部门依据职权，责令停止违法行为，限期恢复原状，处8万元以上10万元以下的罚款，逾期不拆除的，依法强制拆除；私设暗管排放水污染物的，由市以及两湖流域所在地旗县级人民政府环境保护行政主管部门责令改正或者责令限制生产、停产整治，并处30万元以上100万元以下的罚款，情节严重的，报经有批准权的人民政府批准，责令停业、关闭。

第四十一条 市以及两湖流域所在地旗县级人民政府及其有关部门、两湖保护主管机构和两湖自然保护区管理机构有下列行为之一的，由上级人民政府或者有关主管机关依据职权责令改正，通报批评；对直接负责的主管人员和其他直接责任人员依法给予行政处分；构成犯罪的，依法追究刑事责任：

（一）未依法组织编制两湖保护总体规划和专项规划的；

（二）擅自变更两湖保护总体规划和专项规划的；

（三）违反两湖保护总体规划和专项规划，批准开发利用湖泊资源或者未按规划实施退耕（牧）还湖、还湿、还草、还林的；

（四）未依法履行监督管理职责或者因保护不力，造成严重后果的；

（五）有其他玩忽职守、滥用职权、徇私舞弊行为的。

第五章 附 则

第四十二条 本条例自2018年7月1日起施行。

巴彦淖尔市乌梁素海流域生态保护条例

（2023年8月25日巴彦淖尔市第五届人民代表大会常务委员会第八次会议通过
2023年9月27日内蒙古自治区第十四届人民代表大会常务委员会第六次会议批准）

第一章 总 则

第一条 为了加强乌梁素海流域的生态保护，保障生态安全，根据《中华人民共和国黄河保护法》《内蒙古自治区建设我国北方重要生态安全屏障促进条例》等有关法律、法规，结合本市实际，制定本条例。

第二条 本条例适用于本市乌梁素海流域生态保护的各类活动。

本条例所称乌梁素海流域（以下简称流域），是指本市行政区域内乌梁素海的补给渠道、排干沟、河流、季节性沟渠的集水区域，上述区域包括所涉及的临河区、杭锦后旗、五原县、磴口县、乌拉特前旗、乌拉特中旗、乌拉特后旗的相关行政区域，东至乌拉特前旗与包头固阳县行政界线处，北至狼山及查石太山山脊线（分水岭），西至乌兰布和沙漠东部沙峰分水岭，南至黄河防洪堤及乌拉山山脊线（分水岭）。

流域内自然保护区、自然公园、饮用水水源保护区、风景名胜区等重要区域和森林、草原、湿地等特殊区域的生态保护，有关法律、法规另有规定的，适用其规定。

第三条 流域生态保护应当遵循生态优先、绿色发展，统筹谋划、协同推进，量水而行、节水为重，因地制宜、分类施策的原则。

第四条 流域生态保护应当贯彻黄河流域生态保护和高质量发展战略，围绕推进黄河流域生态文明示范区、防沙治沙模范区、现代高效农业集聚区、产业绿色转型先行区、乡村振兴样板区建设，统筹产业优化升级、污染治理，协同推进降碳、减污、扩绿，形成护山、节水、造林、改田、保湖、增草、治沙协同推进的综合治理新格局。

第五条 市人民政府应当建立流域综合协调机制，统筹流域生态保护工作，协调跨地区跨部门重大事项；明确专门管理机构，负责组织实施流域生态保护治理规划和各类专项规划、协调调度相关重要工作、承担流域生态保护管理的具体工作。

本市各级河（湖）长、林（草）长等按照法律、法规及相关规定履行职责。

第六条 市、旗县区人民政府应当加强流域生态保护工作，制定本行政区域流域生态保护目标和年度计划，将生态保护工作经费列入同级财政预算。

流域内苏木乡镇人民政府、街道办事处应当依法做好流域生态保护工作。

流域内嘎查村（居）民委员会应当协助做好流域生态保护工作。

第七条 市、旗县区人民政府发展改革部门负责流域生态保护治理规划等相关规划的编制工作。

市、旗县区人民政府水行政主管部门负责流域水资源、河湖沟渠保护、水利工程建设和生态补水等监督管理工作，配合流域管理机构做好本行政区域内其他相关管理工作。

市、旗县区人民政府生态环境主管部门负责流域污染防治监督管理工作。

市、旗县区人民政府林业和草原主管部门负责流域森林、草原、湿地和陆生野生动植物资源保护等监督管理工作。

市、旗县区人民政府农牧主管部门负责流域农牧业投入品使用安全和农牧业废弃物处置利用、水生野生动植物资源保护等监督管理工作。

市、旗县区人民政府住房和城乡建设、自然资源、工业和信息化、文化和旅游、财政、交通运输、应急管理、市场监督管理、综合行政执法等有关部门按照各自职责，做好流域生态保护工作。

第八条 市、旗县区人民政府应当鼓励、支持开展流域污染底泥治理、盐碱地改良改造、高效节水控水等先进适用技术的研究、开发和推广应用，提升科技创新支撑能力。

第九条 市、旗县区人民政府及其有关部门应当加强流域生态保护的宣传教育和科学普及，引导公民、法人和其他组织践行生态文明理念，提高公众环境保护意识。

新闻媒体应当采取多种形式开展流域生态保护的宣传报道，并依法对违法行为进行舆论监督。

第十条 任何单位和个人都有保护流域生态环境的义务，有权对破坏流域生态环境的行为进行举报。

第十一条 市、旗县区人民政府应当鼓励、支持单位和个人参与流域生态保护相关活动；对在流域生态保护工作中做出突出贡献的单位和个人，按照国家有关规定给予表彰和奖励。

第二章 生态保护与修复

第十二条 市、旗县区人民政府应当坚持山水林田湖草沙一体化保护和系统治理，引导社会资金参与流域生态环境保护与修复，建立健全流域生态保护与修复长效机制，提高流域生态环境承载能力。

第十三条 市、旗县区人民政府应当采取防护林建设、禁牧封育、锁边防风固沙工程、沙化土地封禁保护、生物灾害防治等措施，加强流域重要生态功能区域天然林、湿地、草原保护与修复，推进“三北”等重点生态工程建设，增加林草植被，涵养水源，改善流域生态环境。

第十四条 市、旗县区人民政府应当科学推进防沙固沙治沙，因地制宜采取工程固沙、生物固沙等措施，加强乌兰布和沙漠、巴音温都尔沙漠、苏集沙地和阴山北麓风蚀沙化区等区域荒漠化、沙化土地的综合治理。

第十五条 市、旗县区人民政府应当组织开展湿地保护与修复，合理配置水资源，保障湿地基本生态用水需求，维护湿地生态功能。

第十六条 市、旗县区人民政府应当科学论证，对具备恢复条件的原有湿地、退化湿地、盐碱化湿地等，因地制宜采取措施，恢复湿地生态功能。

市、旗县区人民政府应当按照湿地保护规划，因地制宜采取水体治理、土地整治、植被恢复、动物保护等措施，增强湿地生态功能和碳汇功能。

禁止违法占用耕地等建设人工湿地。

第十七条 在乌梁素海湿地及其他以水鸟为保护对象的重要栖息地，禁止从事捕鱼、挖捕底栖生物、捡拾鸟蛋、破坏鸟巢等危及水鸟生存、繁衍的活动。开展观鸟、科学研究以及科普活动等应当保持安全距离，避免影响鸟类正常觅食和繁殖。

第十八条 流域内实行河湖水域岸线分区管理。

市、旗县区人民政府应当按照国土空间规划和防洪规划等，科学划分河湖水域岸线保护区、保留区、控制利用区、开发利用区，明确分区保护和管理措施。

第十九条 市人民政府水行政主管部门应当建立乌梁素海长效补水机制，推进专用通道建设，拓宽生态补水渠道，编制流域水资源调度应急预案，保障乌梁素海水域面积维持在合理区间，维护水体的生态功能。

第二十条 市人民政府专门管理机构应当会同有关部门制定乌梁素海藻类爆发预防治理方案，明确应急准备要求、应急处置措施和事后恢复等有关工作。

第二十一条 市、旗县区人民政府应当严格依法保护耕地，根据耕地条件和保障耕地功能的需要，组织开展退化农用地生态修复，实施农田综合整治，加强盐碱地改良改造。

第二十二条 市、旗县区人民政府应当严格执行新建矿山准入标准，加强对已建生产矿山的监督管理，督促采矿权人履行污染防治和生态修复责任，并因地制宜采取消除地质灾害隐患、土地复垦、恢复植被、防治污染等措施，组织开展历史遗留矿山生态修复工作。

第二十三条 市、旗县区人民政府应当制定流域水生生物多样性保护方案，采取合理配置水生动植物、微生物等综合措施，加强对国家和地方重点保护水生野生动物及其生存环境的保护管理，保护流域水生生物多样性。

第二十四条 市人民政府林业和草原主管部门应当建立流域鸟类及其他陆生野生动物科研监测和救护机制，及时受理有关救护报告并采取救护措施。

第二十五条 旗县区人民政府应当组织开展本行政区域内河湖、沟渠、水库清淤疏浚工作，并清理水面漂浮物、水生植物、死亡畜禽等，冰封期组织专人收割芦苇等挺水植物，可以有计划地保留一定面积的挺水植物，为候鸟保留巢区，清淤的底泥、收割的芦苇应当积极探索无害化处理与资源化利用。

苏木乡镇人民政府、街道办事处应当组织收集、处理并溯源本辖区内城市公共场所和乡村发现的死亡畜禽。河湖、沟渠、水库清理的死亡畜禽由所在地旗县区人民政府组织溯源。

第二十六条 市人民政府自然资源主管部门应当会同市人民政府林业和草原等有关主管部门定期组织开展流域土地、矿产、水流、森林、草原、湿地等自然资源状况调查，建立资源基础数据库，开展资源环境承载能力评价，并向社会公布流域自然资源状况。

第二十七条 各级人民政府应当建立森林、草原、湿地（芦苇）防火责任制，负责本行政区域的森林、草原、湿地（芦苇）防火工作。

市、旗县区人民政府应当划定森林、草原、湿地（芦苇）防火区，规定森林、草原、湿地（芦苇）防火期，制定森林、草原、湿地（芦苇）火灾应急预案，切实做好森林、草原、湿地（芦苇）火灾的预防、扑救和处置工作。

第三章 节水控水

第二十八条 流域水资源利用，坚持以水定绿、以水定地、以水定人、以水定产，合理规划人口、城市和产业发展，优先满足城乡居民生活用水，保障基本生态用水，统筹生产用水。

市人民政府水行政主管部门应当编制水中长期供求规划，合理保护和利用流域水资源，提升水旱灾害防御能力。

第二十九条 流域内实行水资源刚性约束制度，推动用水方式由粗放向节约集约转变，推进水资源可持续利用。

在流域取用水资源，应当依法取得取水许可。

第三十条 市、旗县区行政区域的地表水取用水总量不得超过水量分配方案确定的控制指标，并符合生态流量和生态水位的管控指标要求；地下水取水总量不得超过本行政区域地下水取水总量控制指标，并符合地下水水位控制指标要求。

市、旗县区人民政府应当采取措施，严格控制地下水超采地区开采地下水。

第三十一条 市、旗县区人民政府应当根据本行政区域取用水总量控制指标，统筹考虑经济社会发展用水需求、节水标准和产业政策，制定本行政区域农业、工业、生活及河道外生态等用水量控制指标。

市、旗县区人民政府水行政主管部门和黄河流域管理机构核定取水单位的取水量，应当符合用水定额的要求。

第三十二条 市、旗县区人民政府应当组织发展高效节水农业，加强农业节水设施和农业用水计量设施建设，选育推广低耗水、高耐旱农作物，降低农业耗水量。禁止取用深层地下水用于农业灌溉。

第三十三条 市、旗县区人民政府应当坚持水利节水措施与农艺节水措施相结合，加强农田水利基本建设，推行平整土地、深耕深松、少耕免耕、耙耱镇压、覆盖保墒、抗旱保水等农艺措施，提高农田灌溉水有效利用系数，严格控制农业用水总量和强度，全面提高农业节水效益。

第三十四条 市、旗县区人民政府应当组织推广应用先进适用的节水工艺、技术、装备、产品和材料，推进工业废水资源化利用，支持企业用水计量和节水技术改造，支持工业园区企业发展串联用水系统和循环用水系统，促进能源、化工、建材等高耗水产业节水。高耗水工业企业应当实施用水计量和节水技术改造。

流域内工业企业应当率先使用国家鼓励的节水工艺、技术和装备。

第三十五条 市、旗县区人民政府应当推进污水资源化利用，将再生水、雨水、矿井水、微咸水和苦咸水等非常规水纳入水资源统一配置，提高非常规水利用比例。

市、旗县区人民政府应当统筹建设公共再生水设施，逐步扩大再生水输配管网覆盖范围。鼓励城镇污水处理后循环使用，提高再生水用户规模，扩大再生水利用范围。景观绿化、工业生产、建筑施工等用水，应当优先使用符合要求的再生水。

第三十六条 市、旗县区人民政府应当组织实施城乡老旧供水设施和管网改造，推广普及节水型器具，开展公共机构节水技术改造，控制高耗水服务业用水，完善农村牧区集中供水和节水配套设施。

第三十七条 市人民政府水行政主管部门应当会同有关部门建立健全节水奖励机制，营造全社会节约用水的浓厚氛围。

第四章　污染防治

第三十八条 流域内实行重点污染物排放总量控制制度。除国家规定的重点污染物之外，对自治区人民政府规定的其他污染物排放实行总量控制。

第三十九条 流域内实行排污许可管理制度。排污口的设置应当符合水功能区划、水环境功能区划、水资源保护规划和防洪规划的要求。

禁止企业事业单位和其他生产经营者无排污许可证或者违反排污许可证的规定直接或者间接向水体排放废水、污水。

第四十条 流域内河湖、沟渠的水质应当符合水功能区划和水环境功能区划的要求。乌梁素海湖心断面水质应当达到国家规定的控制指标。

第四十一条 市、旗县区人民政府应当统筹协调城乡污水处理设施和配套管网的规划和建设，并保证其正常运行。

旗县区人民政府可以因地制宜建设小型污水处理设施及人工湿地、氧化塘等，就近处理和净化农村生活污水。有条件的地区，推进城镇污水处理设施和配套管网建设向近郊乡村地区延伸。

第四十二条 排放工业废水的企业应当采取有效措施，收集和处理产生的全部废水，防止污染环境。含有毒有害水污染物的工业废水应当分类收集和处理，不得稀释排放。

工业集聚区应当配套建设污水集中处理设施及配套管网，安装污染物排放自动监测设备，与生态环境主管部门监控设备联网并保证正常运行。新建工业集聚区应当同步规划、设计、建设污水集中处理设施及配套管网。

向污水集中处理设施排放工业废水的，应当按照国家有关规定进行预处理，达到污水集中处理设施处理工艺要求后方可排放。

第四十三条 市人民政府发展改革部门应当会同市人民政府自然资源、生态环境、水行政等主管部门，鼓励发展优势特色产业项目，严格限制布局高耗水、高污染或者高耗能项目，限期关停列入产业准入负面清单的淘汰类项目。

第四十四条 市、旗县区人民政府应当组织农牧、水行政、生态环境等主管部门开展农业面源污染综合防治，控制农业污染源。

市、旗县区人民政府农牧主管部门应当推广测土配方施肥、水肥一体化、病虫害绿色防控、统防统治等技术，推广使用有机肥、高效肥、生物可降解农膜，指导农业生产经营者科学合理使用农药、化肥、农膜等农业投入品，科学处理、回收处置、综合利用废旧农膜、秸秆等农业废弃物。

鼓励、支持单位和个人采用先进适用技术，进行秸秆、落叶等肥料化、饲料化、能源化、工业原料化、食用菌基料化等综合利用，形成布局合理、多元利用的产业化发展格局。

第四十五条 市、旗县区人民政府应当根据流域生态保护需要，依法科学划定和调整畜禽养殖禁养区，并向社会公布。

禁养区内禁止建设畜禽规模养殖场（小区），已建的畜禽规模养殖场（小区）确需关闭或者搬迁的，给予合理过渡期，致使畜禽养殖者遭受经济损失的，由所在地旗县区人民政府依法予以补偿。

现有的畜禽养殖场（小区）应当根据养殖规模和污染防治需要，配套建设污染防治设施，并保证正常运行，实现畜禽养殖废弃物资源化利用或者达标排放。

鼓励和引导散养密集区畜禽养殖户建设粪污收贮设施，科学堆沤畜禽粪污，就近就地还田利用。

第四十六条 市、旗县区人民政府及其有关部门应当建立流域大气污染联防联控联治机制，强化分区管控，实施精细化管理，提升流域大气环境质量监测和预警水平。

旗县区人民政府应当严格落实流域联合预警、预报会商、信息发布以及重污染天气应急管控措施。

第四十七条 市、旗县区人民政府应当加强乌梁素海流域水污染综合治理，因地制宜建设生态沟道、污水净塘、人工湿地等形式的高效生态拦截净化工程，减少农田退水、经处理达标排放的工业及生活污废水中的有机污染物和氮磷总量，防止富营养化。

第四十八条 流域内禁止从事下列行为：

（一）违法取用水资源；

（二）围湖造地；

（三）违法利用、占用河道、湖泊水域和岸线；

（四）在河湖、沟渠、水库内弃置、堆放阻碍行洪的物体和种植阻碍行洪的林木及高秆作物；

（五）开（围）垦、排干自然湿地，永久性截断自然湿地水源；

（六）擅自填埋自然湿地，擅自采砂、采矿、取土；

（七）破坏、侵占、毁损灌排渠（沟）道等灌区水利工程设施或者擅自移动和使用测流量水、水文水质监测、信息化等其他相关设施；

（八）在饮用水水源保护区内设置排污口；

（九）向水体排放油类、酸液、碱液或者剧毒废液；

（十）在水体清洗装贮过油类或者有毒污染物的车辆和容器；

（十一）向水体排放、倾倒工业废渣、城镇垃圾和其他废弃物；

（十二）将含有汞、镉、砷、铬、铅、氰化物、黄磷等的可溶性剧毒废渣向水体排放、倾倒或者直接埋入地下；

（十三）随意弃置病死动物、病害动物产品；

（十四）丢弃农药、农药包装废弃物或者在水体清洗施药器械；

（十五）法律、法规禁止的其他行为。

第五章　保障与监督

第四十九条 市、旗县区人民政府应当按照河湖保护和流域生态保护治理规划要求，依法划定流域河湖管理范围，并向社会公布。

第五十条 市人民政府根据生态保护需要建立健全流域生态保护补偿制度，支持流域内旗县区人民政府开展横向生态保护补偿。

第五十一条 市、旗县区、苏木乡镇人民政府应当建立执法协调机制，对影响和破环流域生态环境的违法行为依法开展联合执法。

第五十二条 流域生态保护工作应当实行领导责任制和目标责任考核制，纳入领导班子和领导干部绩效考核体系。

第五十三条 市、旗县区人民政府应当每年向本级人民代表大会或者其常务委员会报告乌梁素海流域生态环境状况和生态保护目标完成情况，对发生的重大生态环境事件及时向本级人民代表大会常务委员会报告，依法接受监督。

第五十四条 违反本条例规定的行为，《中华人民共和国黄河保护法》等有关法律、法规已经作出具体处罚规定的，从其规定。

第五十五条 市、旗县区人民政府以及负有流域生态保护监督管理职责的部门和机构及其工作人员在乌梁素海流域生态保护管理工作中玩忽职守、滥用职权、徇私舞弊的，对直接负责的主管人员和其他直接责任人员依法给予处分；构成犯罪的，依法追究刑事责任。

第六章 附 则

第五十六条 本条例自 2023 年 11 月 1 日起施行。

第二章　政策文件

第一节　国家相关政策文件

国务院关于印发水污染防治行动计划的通知

（国发〔2015〕17号）

各省、自治区、直辖市人民政府，国务院各部委、各直属机构：

现将《水污染防治行动计划》印发给你们，请认真贯彻执行。

国务院

2015年4月2日

（此件公开发布）

水污染防治行动计划

水环境保护事关人民群众切身利益，事关全面建成小康社会，事关实现中华民族伟大复兴中国梦。当前，我国一些地区水环境质量差、水生态受损重、环境隐患多等问题十分突出，影响和损害群众健康，不利于经济社会持续发展。为切实加大水污染防治力度，保障国家水安全，制定本行动计划。

总体要求：全面贯彻党的十八大和十八届二中、三中、四中全会精神，大力推进生态文明建设，以改善水环境质量为核心，按照“节水优先、空间均衡、系统治理、两手发力”原则，贯彻“安全、清洁、健康”方针，强化源头控制，水陆统筹、河海兼顾，对江河湖海实施分流域、分区域、分阶段科学治理，系统推进水污染防治、水生态保护和水资源管理。坚持政府市场协同，注重改革创新；坚持全面依法推进，实行最严格环保制度；坚持落实各方责任，严格考核问责；坚持全民参与，推动节水洁水人人有责，形成“政府统领、企业施治、市场驱动、公众参与”的水污染防治新机制，实现环境效益、经济效益与社会效益多赢，为建设“蓝天常在、青山常在、绿水常在”的美丽中国而奋斗。

工作目标：到 2020 年，全国水环境质量得到阶段性改善，污染严重水体较大幅度减少，饮用水安全保障水平持续提升，地下水超采得到严格控制，地下水污染加剧趋势得到初步遏制，近岸海域环境质量稳中趋好，京津冀、长三角、珠三角等区域水生态环境状况有所好转。到 2030 年，力争全国水环境质量总体改善，水生态系统功能初步恢复。到本世纪中叶，生态环境质量全面改善，生态系统实现良性循环。

主要指标：到 2020 年，长江、黄河、珠江、松花江、淮河、海河、辽河等七大重点流域水质优良（达到或优于Ⅲ类）比例总体达到 70%以上，地级及以上城市建成区黑臭水体均控制在 10%以内，地级及以上城市集中式饮用水水源水质达到或优于Ⅲ类比例总体高于 93%，全国地下水质量极差的比例控制在 15%左右，近岸海域水质优良（一、二类）比例达到 70%左右。京津冀区域丧失使用功能（劣于Ⅴ类）的水体断面比例下降 15 个百分点左右，长三角、珠三角区域力争消除丧失使用功能的水体。

到 2030 年，全国七大重点流域水质优良比例总体达到 75%以上，城市建成区黑臭水体总体得到消除，城市集中式饮用水水源水质达到或优于Ⅲ类比例总体为 95%左右。

一、全面控制污染物排放

（一）狠抓工业污染防治。取缔“十小”企业。全面排查装备水平低、环保设施差的小型工业企业。2016 年底前，按照水污染防治法律法规要求，全部取缔不符合国家产业政策的小型造纸、制革、印染、染料、炼焦、炼硫、炼砷、炼油、电镀、农药等严重污染水环境的生产项目。（环境保护部牵头，工业和信息化部、国土资源部、能源局等参与，地方各级人民政府负责落实。以下均需地方各级人民政府落实，不再列出）

专项整治十大重点行业。制定造纸、焦化、氮肥、有色金属、印染、农副食品加工、原料药制造、制革、农药、电镀等行业专项治理方案，实施清洁化改造。新建、改建、扩建上述行业建设项目实行主要污染物排放等量或减量置换。2017 年底前，造纸行业力争完成纸浆无元素氯漂白改造或采取其他低污染制浆技术，钢铁企业焦炉完成干熄焦技术改造，氮肥行业尿素生产完成工艺冷凝液水解解析技术改造，印染行业实施低排水染整工艺改造，制药（抗生素、维生素）行业实施绿色酶法生产技术改造，制革行业实施铬减量化和封闭循环利用技术改造。（环境保护部牵头，工业和信息化部等参与）

集中治理工业集聚区水污染。强化经济技术开发区、高新技术产业开发区、出口加工区等工业集聚区污染治理。集聚区内工业废水必须经预处理达到集中处理要求，方可进入污水集中处理设施。新建、升级工业集聚区应同步规划、建设污水、垃圾集中处理等污染治理设施。2017 年底前，工业集聚区应按规定建成污水集中处理设施，并安装自动在线监控装置，京津冀、长三角、珠三角等区域提前一年完成；逾期未完成的，一律暂停审批和核准其增加水污染物排放的建设项目，并依照有关规定撤销其园区资格。（环境保护部牵头，科技部、工业和信息化部、商务部等参与）

（二）强化城镇生活污染治理。加快城镇污水处理设施建设与改造。现有城镇污水处理设施，要因地制宜进行改造，2020 年底前达到相应排放标准或再生利用要求。敏感区域（重点湖泊、重点水库、近岸海域汇水区域）城镇污水处理设施应于 2017 年底前全面达到一级 A 排放标准。建成区水体水质达不到地表水Ⅳ类标准的城市，新建城镇污水处理设施要执行一级 A 排放标准。按照国家新型城镇化规划要求，到 2020 年，全国所有县城和重点镇具备污水收集处理能力，县城、城市污水处理率分别达到 85%、95%左右。京津冀、长三角、珠三角等区域提前一年完成。（住房城乡建设部牵头，发展改革委、环境保护部等参与）

全面加强配套管网建设。强化城中村、老旧城区和城乡接合部污水截流、收集。现有合流制排水系统应加快实施雨污分流改造，难以改造的，应采取截流、调蓄和治理等措施。新建污水处理设施的配套管网应同步设计、同步建设、同步投运。除干旱地区外，城镇新区建设均实行雨污分流，有条件的地区要推进初期雨水收集、处理和资源化利用。到 2017 年，直辖市、省会城市、计划单列市建成区污水基本实现全收集、全处理，其他地级城市建成区于 2020 年底前基本实现。（住房城乡建设部牵头，发展改革委、环境保护部等参与）

推进污泥处理处置。污水处理设施产生的污泥应进行稳定化、无害化和资源化处理处置，禁止处理处置不达标的污泥进入耕地。非法污泥堆放点一律予以取缔。现有污泥处理处置设施应于2017年底前基本完成达标改造，地级及以上城市污泥无害化处理处置率应于2020年底前达到90%以上。（住房城乡建设部牵头，发展改革委、工业和信息化部、环境保护部、农业部等参与）

（三）推进农业农村污染防治。防治畜禽养殖污染。科学划定畜禽养殖禁养区，2017年底前，依法关闭或搬迁禁养区内的畜禽养殖场（小区）和养殖专业户，京津冀、长三角、珠三角等区域提前一年完成。现有规模化畜禽养殖场（小区）要根据污染防治需要，配套建设粪便污水贮存、处理、利用设施。散养密集区要实行畜禽粪便污水分户收集、集中处理利用。自2016年起，新建、改建、扩建规模化畜禽养殖场（小区）要实施雨污分流、粪便污水资源化利用。（农业部牵头，环境保护部参与）

控制农业面源污染。制定实施全国农业面源污染综合防治方案。推广低毒、低残留农药使用补助试点经验，开展农作物病虫害绿色防控和统防统治。实行测土配方施肥，推广精准施肥技术和机具。完善高标准农田建设、土地开发整理等标准规范，明确环保要求，新建高标准农田要达到相关环保要求。敏感区域和大中型灌区，要利用现有沟、塘、窖等，配置水生植物群落、格栅和透水坝，建设生态沟渠、污水净化塘、地表径流集蓄池等设施，净化农田排水及地表径流。到2020年，测土配方施肥技术推广覆盖率达到90%以上，化肥利用率提高到40%以上，农作物病虫害统防统治覆盖率达到40%以上；京津冀、长三角、珠三角等区域提前一年完成。（农业部牵头，发展改革委、工业和信息化部、国土资源部、环境保护部、水利部、质检总局等参与）

调整种植业结构与布局。在缺水地区试行退地减水。地下水易受污染地区要优先种植需肥需药量低、环境效益突出的农作物。地表水过度开发和地下水超采问题较严重，且农业用水比重较大的甘肃、新疆（含新疆生产建设兵团）、河北、山东、河南等五省（区），要适当减少用水量较大的农作物种植面积，改种耐旱作物和经济林；2018年底前，对3300万亩灌溉面积实施综合治理，退减水量37亿立方米以上。（农业部、水利部牵头，发展改革委、国土资源部等参与）

加快农村环境综合整治。以县级行政区域为单元，实行农村污水处理统一规划、统一建设、统一管理，有条件的地区积极推进城镇污水处理设施和服务向农村延伸。深化"以奖促治"政策，实施农村清洁工程，开展河道清淤疏浚，推进农村环境连片整治。到2020年，新增完成环境综合整治的建制村13万个。（环境保护部牵头，住房城乡建设部、水利部、农业部等参与）

（四）加强船舶港口污染控制。积极治理船舶污染。依法强制报废超过使用年限的船舶。分类分级修订船舶及其设施、设备的相关环保标准。2018年起投入使用的沿海船舶、

2021年起投入使用的内河船舶执行新的标准；其他船舶于2020年底前完成改造，经改造仍不能达到要求的，限期予以淘汰。航行于我国水域的国际航线船舶，要实施压载水交换或安装压载水灭活处理系统。规范拆船行为，禁止冲滩拆解。（交通运输部牵头，工业和信息化部、环境保护部、农业部、质检总局等参与）

增强港口码头污染防治能力。编制实施全国港口、码头、装卸站污染防治方案。加快垃圾接收、转运及处理处置设施建设，提高含油污水、化学品洗舱水等接收处置能力及污染事故应急能力。位于沿海和内河的港口、码头、装卸站及船舶修造厂，分别于2017年底前和2020年底前达到建设要求。港口、码头、装卸站的经营人应制定防治船舶及其有关活动污染水环境的应急计划。（交通运输部牵头，工业和信息化部、住房城乡建设部、农业部等参与）

二、推动经济结构转型升级

（五）调整产业结构。依法淘汰落后产能。自2015年起，各地要依据部分工业行业淘汰落后生产工艺装备和产品指导目录、产业结构调整指导目录及相关行业污染物排放标准，结合水质改善要求及产业发展情况，制定并实施分年度的落后产能淘汰方案，报工业和信息化部、环境保护部备案。未完成淘汰任务的地区，暂停审批和核准其相关行业新建项目。（工业和信息化部牵头，发展改革委、环境保护部等参与）

严格环境准入。根据流域水质目标和主体功能区规划要求，明确区域环境准入条件，细化功能分区，实施差别化环境准入政策。建立水资源、水环境承载能力监测评价体系，实行承载能力监测预警，已超过承载能力的地区要实施水污染物削减方案，加快调整发展规划和产业结构。到2020年，组织完成市、县域水资源、水环境承载能力现状评价。（环境保护部牵头，住房城乡建设部、水利部、海洋局等参与）

（六）优化空间布局。合理确定发展布局、结构和规模。充分考虑水资源、水环境承载能力，以水定城、以水定地、以水定人、以水定产。重大项目原则上布局在优化开发区和重点开发区，并符合城乡规划和土地利用总体规划。鼓励发展节水高效现代农业、低耗水高新技术产业以及生态保护型旅游业，严格控制缺水地区、水污染严重地区和敏感区域高耗水、高污染行业发展，新建、改建、扩建重点行业建设项目实行主要污染物排放减量置换。七大重点流域干流沿岸，要严格控制石油加工、化学原料和化学制品制造、医药制造、化学纤维制造、有色金属冶炼、纺织印染等项目环境风险，合理布局生产装置及危险化学品仓储等设施。（发展改革委、工业和信息化部牵头，国土资源部、环境保护部、住房城乡建设部、水利部等参与）

推动污染企业退出。城市建成区内现有钢铁、有色金属、造纸、印染、原料药制造、化工等污染较重的企业应有序搬迁改造或依法关闭。（工业和信息化部牵头，环境保护

部等参与）

积极保护生态空间。严格城市规划蓝线管理，城市规划区范围内应保留一定比例的水域面积。新建项目一律不得违规占用水域。严格水域岸线用途管制，土地开发利用应按照有关法律法规和技术标准要求，留足河道、湖泊和滨海地带的管理和保护范围，非法挤占的应限期退出。（国土资源部、住房城乡建设部牵头，环境保护部、水利部、海洋局等参与）

（七）推进循环发展。加强工业水循环利用。推进矿井水综合利用，煤炭矿区的补充用水、周边地区生产和生态用水应优先使用矿井水，加强洗煤废水循环利用。鼓励钢铁、纺织印染、造纸、石油石化、化工、制革等高耗水企业废水深度处理回用。（发展改革委、工业和信息化部牵头，水利部、能源局等参与）

促进再生水利用。以缺水及水污染严重地区城市为重点，完善再生水利用设施，工业生产、城市绿化、道路清扫、车辆冲洗、建筑施工以及生态景观等用水，要优先使用再生水。推进高速公路服务区污水处理和利用。具备使用再生水条件但未充分利用的钢铁、火电、化工、制浆造纸、印染等项目，不得批准其新增取水许可。自 2018 年起，单体建筑面积超过 2 万平方米的新建公共建筑，北京市 2 万平方米、天津市 5 万平方米、河北省 10 万平方米以上集中新建的保障性住房，应安装建筑中水设施。积极推动其他新建住房安装建筑中水设施。到 2020 年，缺水城市再生水利用率达到 20%以上，京津冀区域达到 30%以上。（住房城乡建设部牵头，发展改革委、工业和信息化部、环境保护部、交通运输部、水利部等参与）

推动海水利用。在沿海地区电力、化工、石化等行业，推行直接利用海水作为循环冷却等工业用水。在有条件的城市，加快推进淡化海水作为生活用水补充水源。（发展改革委牵头，工业和信息化部、住房城乡建设部、水利部、海洋局等参与）

三、着力节约保护水资源

（八）控制用水总量。实施最严格水资源管理。健全取用水总量控制指标体系。加强相关规划和项目建设布局水资源论证工作，国民经济和社会发展规划以及城市总体规划的编制、重大建设项目的布局，应充分考虑当地水资源条件和防洪要求。对取用水总量已达到或超过控制指标的地区，暂停审批其建设项目新增取水许可。对纳入取水许可管理的单位和其他用水大户实行计划用水管理。新建、改建、扩建项目用水要达到行业先进水平，节水设施应与主体工程同时设计、同时施工、同时投运。建立重点监控用水单位名录。到 2020 年，全国用水总量控制在 6700 亿立方米以内。（水利部牵头，发展改革委、工业和信息化部、住房城乡建设部、农业部等参与）

严控地下水超采。在地面沉降、地裂缝、岩溶塌陷等地质灾害易发区开发利用地下水，应进行地质灾害危险性评估。严格控制开采深层承压水，地热水、矿泉水开发应严格实行取水许可和采矿许可。依法规范机井建设管理，排查登记已建机井，未经批准的和公共供水管网覆盖范围内的自备水井，一律予以关闭。编制地面沉降区、海水入侵区等区域地下水压采方案。开展华北地下水超采区综合治理，超采区内禁止工农业生产及服务业新增取用地下水。京津冀区域实施土地整治、农业开发、扶贫等农业基础设施项目，不得以配套打井为条件。2017 年底前，完成地下水禁采区、限采区和地面沉降控制区范围划定工作，京津冀、长三角、珠三角等区域提前一年完成。（水利部、国土资源部牵头，发展改革委、工业和信息化部、财政部、住房城乡建设部、农业部等参与）

（九）提高用水效率。建立万元国内生产总值水耗指标等用水效率评估体系，把节水目标任务完成情况纳入地方政府政绩考核。将再生水、雨水和微咸水等非常规水源纳入水资源统一配置。到 2020 年，全国万元国内生产总值用水量、万元工业增加值用水量比 2013 年分别下降 35%、30%以上。（水利部牵头，发展改革委、工业和信息化部、住房城乡建设部等参与）

抓好工业节水。制定国家鼓励和淘汰的用水技术、工艺、产品和设备目录，完善高耗水行业取用水定额标准。开展节水诊断、水平衡测试、用水效率评估，严格用水定额管理。到 2020 年，电力、钢铁、纺织、造纸、石油石化、化工、食品发酵等高耗水行业达到先进定额标准。（工业和信息化部、水利部牵头，发展改革委、住房城乡建设部、质检总局等参与）

加强城镇节水。禁止生产、销售不符合节水标准的产品、设备。公共建筑必须采用节水器具，限期淘汰公共建筑中不符合节水标准的水嘴、便器水箱等生活用水器具。鼓励居民家庭选用节水器具。对使用超过 50 年和材质落后的供水管网进行更新改造，到 2017 年，全国公共供水管网漏损率控制在 12%以内；到 2020 年，控制在 10%以内。积极推行低影响开发建设模式，建设滞、渗、蓄、用、排相结合的雨水收集利用设施。新建城区硬化地面，可渗透面积要达到 40%以上。到 2020 年，地级及以上缺水城市全部达到国家节水型城市标准要求，京津冀、长三角、珠三角等区域提前一年完成。（住房城乡建设部牵头，发展改革委、工业和信息化部、水利部、质检总局等参与）

发展农业节水。推广渠道防渗、管道输水、喷灌、微灌等节水灌溉技术，完善灌溉用水计量设施。在东北、西北、黄淮海等区域，推进规模化高效节水灌溉，推广农作物节水抗旱技术。到 2020 年，大型灌区、重点中型灌区续建配套和节水改造任务基本完成，全国节水灌溉工程面积达到 7 亿亩左右，农田灌溉水有效利用系数达到 0.55 以上。（水利部、农业部牵头，发展改革委、财政部等参与）

（十）科学保护水资源。完善水资源保护考核评价体系。加强水功能区监督管理，从严核定水域纳污能力。（水利部牵头，发展改革委、环境保护部等参与）

加强江河湖库水量调度管理。完善水量调度方案。采取闸坝联合调度、生态补水等措施，合理安排闸坝下泄水量和泄流时段，维持河湖基本生态用水需求，重点保障枯水期生态基流。加大水利工程建设力度，发挥好控制性水利工程在改善水质中的作用。（水利部牵头，环境保护部参与）

科学确定生态流量。在黄河、淮河等流域进行试点，分期分批确定生态流量（水位），作为流域水量调度的重要参考。（水利部牵头，环境保护部参与）

四、强化科技支撑

（十一）推广示范适用技术。加快技术成果推广应用，重点推广饮用水净化、节水、水污染治理及循环利用、城市雨水收集利用、再生水安全回用、水生态修复、畜禽养殖污染防治等适用技术。完善环保技术评价体系，加强国家环保科技成果共享平台建设，推动技术成果共享与转化。发挥企业的技术创新主体作用，推动水处理重点企业与科研院所、高等学校组建产学研技术创新战略联盟，示范推广控源减排和清洁生产先进技术。（科技部牵头，发展改革委、工业和信息化部、环境保护部、住房城乡建设部、水利部、农业部、海洋局等参与）

（十二）攻关研发前瞻技术。整合科技资源，通过相关国家科技计划（专项、基金）等，加快研发重点行业废水深度处理、生活污水低成本高标准处理、海水淡化和工业高盐废水脱盐、饮用水微量有毒污染物处理、地下水污染修复、危险化学品事故和水上溢油应急处置等技术。开展有机物和重金属等水环境基准、水污染对人体健康影响、新型污染物风险评价、水环境损害评估、高品质再生水补充饮用水水源等研究。加强水生态保护、农业面源污染防治、水环境监控预警、水处理工艺技术装备等领域的国际交流合作。（科技部牵头，发展改革委、工业和信息化部、国土资源部、环境保护部、住房城乡建设部、水利部、农业部、卫生计生委等参与）

（十三）大力发展环保产业。规范环保产业市场。对涉及环保市场准入、经营行为规范的法规、规章和规定进行全面梳理，废止妨碍形成全国统一环保市场和公平竞争的规定和做法。健全环保工程设计、建设、运营等领域招投标管理办法和技术标准。推进先进适用的节水、治污、修复技术和装备产业化发展。（发展改革委牵头，科技部、工业和信息化部、财政部、环境保护部、住房城乡建设部、水利部、海洋局等参与）

加快发展环保服务业。明确监管部门、排污企业和环保服务公司的责任和义务，完善风险分担、履约保障等机制。鼓励发展包括系统设计、设备成套、工程施工、调试运行、维护管理的环保服务总承包模式、政府和社会资本合作模式等。以污水、垃圾处理和工业园区为重点，推行环境污染第三方治理。（发展改革委、财政部牵头，科技部、工业和信息化部、环境保护部、住房城乡建设部等参与）

五、充分发挥市场机制作用

（十四）理顺价格税费。加快水价改革。县级及以上城市应于 2015 年底前全面实行居民阶梯水价制度，具备条件的建制镇也要积极推进。2020 年底前，全面实行非居民用水超定额、超计划累进加价制度。深入推进农业水价综合改革。（发展改革委牵头，财政部、住房城乡建设部、水利部、农业部等参与）

完善收费政策。修订城镇污水处理费、排污费、水资源费征收管理办法，合理提高征收标准，做到应收尽收。城镇污水处理收费标准不应低于污水处理和污泥处理处置成本。地下水水资源费征收标准应高于地表水，超采地区地下水水资源费征收标准应高于非超采地区。（发展改革委、财政部牵头，环境保护部、住房城乡建设部、水利部等参与）

健全税收政策。依法落实环境保护、节能节水、资源综合利用等方面税收优惠政策。对国内企业为生产国家支持发展的大型环保设备，必需进口的关键零部件及原材料，免征关税。加快推进环境保护税立法、资源税税费改革等工作。研究将部分高耗能、高污染产品纳入消费税征收范围。（财政部、税务总局牵头，发展改革委、工业和信息化部、商务部、海关总署、质检总局等参与）

（十五）促进多元融资。引导社会资本投入。积极推动设立融资担保基金，推进环保设备融资租赁业务发展。推广股权、项目收益权、特许经营权、排污权等质押融资担保。采取环境绩效合同服务、授予开发经营权益等方式，鼓励社会资本加大水环境保护投入。（人民银行、发展改革委、财政部牵头，环境保护部、住房城乡建设部、银监会、证监会、保监会等参与）

增加政府资金投入。中央财政加大对属于中央事权的水环境保护项目支持力度，合理承担部分属于中央和地方共同事权的水环境保护项目，向欠发达地区和重点地区倾斜；研究采取专项转移支付等方式，实施“以奖代补”。地方各级人民政府要重点支持污水处理、污泥处理处置、河道整治、饮用水水源保护、畜禽养殖污染防治、水生态修复、应急清污等项目和工作。对环境监管能力建设及运行费用分级予以必要保障。（财政部牵头，发展改革委、环境保护部等参与）

（十六）建立激励机制。健全节水环保“领跑者”制度。鼓励节能减排先进企业、工业集聚区用水效率、排污强度等达到更高标准，支持开展清洁生产、节约用水和污染治理等示范。（发展改革委牵头，工业和信息化部、财政部、环境保护部、住房城乡建设部、水利部等参与）

推行绿色信贷。积极发挥政策性银行等金融机构在水环境保护中的作用，重点支持循环经济、污水处理、水资源节约、水生态环境保护、清洁及可再生能源利用等领域。

严格限制环境违法企业贷款。加强环境信用体系建设，构建守信激励与失信惩戒机制，环保、银行、证券、保险等方面要加强协作联动，于2017年底前分级建立企业环境信用评价体系。鼓励涉重金属、石油化工、危险化学品运输等高环境风险行业投保环境污染责任保险。（人民银行牵头，工业和信息化部、环境保护部、水利部、银监会、证监会、保监会等参与）

实施跨界水环境补偿。探索采取横向资金补助、对口援助、产业转移等方式，建立跨界水环境补偿机制，开展补偿试点。深化排污权有偿使用和交易试点。（财政部牵头，发展改革委、环境保护部、水利部等参与）

六、严格环境执法监管

（十七）完善法规标准。健全法律法规。加快水污染防治、海洋环境保护、排污许可、化学品环境管理等法律法规制修订步伐，研究制定环境质量目标管理、环境功能区划、节水及循环利用、饮用水水源保护、污染责任保险、水功能区监督管理、地下水管理、环境监测、生态流量保障、船舶和陆源污染防治等法律法规。各地可结合实际，研究起草地方性水污染防治法规。（法制办牵头，发展改革委、工业和信息化部、国土资源部、环境保护部、住房城乡建设部、交通运输部、水利部、农业部、卫生计生委、保监会、海洋局等参与）

完善标准体系。制修订地下水、地表水和海洋等环境质量标准，城镇污水处理、污泥处理处置、农田退水等污染物排放标准。健全重点行业水污染物特别排放限值、污染防治技术政策和清洁生产评价指标体系。各地可制定严于国家标准的地方水污染物排放标准。（环境保护部牵头，发展改革委、工业和信息化部、国土资源部、住房城乡建设部、水利部、农业部、质检总局等参与）

（十八）加大执法力度。所有排污单位必须依法实现全面达标排放。逐一排查工业企业排污情况，达标企业应采取措施确保稳定达标；对超标和超总量的企业予以“黄牌”警示，一律限制生产或停产整治；对整治仍不能达到要求且情节严重的企业予以“红牌”处罚，一律停业、关闭。自2016年起，定期公布环保“黄牌”、“红牌”企业名单。定期抽查排污单位达标排放情况，结果向社会公布。（环境保护部负责）

完善国家督查、省级巡查、地市检查的环境监督执法机制，强化环保、公安、监察等部门和单位协作，健全行政执法与刑事司法衔接配合机制，完善案件移送、受理、立案、通报等规定。加强对地方人民政府和有关部门环保工作的监督，研究建立国家环境监察专员制度。（环境保护部牵头，工业和信息化部、公安部、中央编办等参与）

严厉打击环境违法行为。重点打击私设暗管或利用渗井、渗坑、溶洞排放、倾倒含有毒有害污染物废水、含病原体污水，监测数据弄虚作假，不正常使用水污染物处理设施，或者未经批准拆除、闲置水污染物处理设施等环境违法行为。对造成生态损害的责任者严格落实赔偿制度。严肃查处建设项目环境影响评价领域越权审批、未批先建、边批边建、久试不验等违法违规行为。对构成犯罪的，要依法追究刑事责任。（环境保护部牵头，公安部、住房城乡建设部等参与）

（十九）提升监管水平。完善流域协作机制。健全跨部门、区域、流域、海域水环境保护议事协调机制，发挥环境保护区域督查派出机构和流域水资源保护机构作用，探索建立陆海统筹的生态系统保护修复机制。流域上下游各级政府、各部门之间要加强协调配合、定期会商，实施联合监测、联合执法、应急联动、信息共享。京津冀、长三角、珠三角等区域要于2015年底前建立水污染防治联动协作机制。建立严格监管所有污染物排放的水环境保护管理制度。（环境保护部牵头，交通运输部、水利部、农业部、海洋局等参与）

完善水环境监测网络。统一规划设置监测断面（点位）。提升饮用水水源水质全指标监测、水生生物监测、地下水环境监测、化学物质监测及环境风险防控技术支撑能力。2017年底前，京津冀、长三角、珠三角等区域、海域建成统一的水环境监测网。（环境保护部牵头，发展改革委、国土资源部、住房城乡建设部、交通运输部、水利部、农业部、海洋局等参与）

提高环境监管能力。加强环境监测、环境监察、环境应急等专业技术培训，严格落实执法、监测等人员持证上岗制度，加强基层环保执法力量，具备条件的乡镇（街道）及工业园区要配备必要的环境监管力量。各市、县应自2016年起实行环境监管网格化管理。（环境保护部负责）

七、切实加强水环境管理

（二十）强化环境质量目标管理。明确各类水体水质保护目标，逐一排查达标状况。未达到水质目标要求的地区要制定达标方案，将治污任务逐一落实到汇水范围内的排污单位，明确防治措施及达标时限，方案报上一级人民政府备案，自2016年起，定期向社会公布。对水质不达标的区域实施挂牌督办，必要时采取区域限批等措施。（环境保护部牵头，水利部参与）

（二十一）深化污染物排放总量控制。完善污染物统计监测体系，将工业、城镇生活、农业、移动源等各类污染源纳入调查范围。选择对水环境质量有突出影响的总氮、总磷、重金属等污染物，研究纳入流域、区域污染物排放总量控制约束性指标体系。（环境保护部牵头，发展改革委、工业和信息化部、住房城乡建设部、水利部、农业部等参与）

（二十二）严格环境风险控制。防范环境风险。定期评估沿江河湖库工业企业、工业集聚区环境和健康风险，落实防控措施。评估现有化学物质环境和健康风险，2017年底前公布优先控制化学品名录，对高风险化学品生产、使用进行严格限制，并逐步淘汰替代。（环境保护部牵头，工业和信息化部、卫生计生委、安全监管总局等参与）

稳妥处置突发水环境污染事件。地方各级人民政府要制定和完善水污染事故处置应急预案，落实责任主体，明确预警预报与响应程序、应急处置及保障措施等内容，依法及时公布预警信息。（环境保护部牵头，住房城乡建设部、水利部、农业部、卫生计生委等参与）

（二十三）全面推行排污许可。依法核发排污许可证。2015 年底前，完成国控重点污染源及排污权有偿使用和交易试点地区污染源排污许可证的核发工作，其他污染源于 2017 年底前完成。（环境保护部负责）

加强许可证管理。以改善水质、防范环境风险为目标，将污染物排放种类、浓度、总量、排放去向等纳入许可证管理范围。禁止无证排污或不按许可证规定排污。强化海上排污监管，研究建立海上污染排放许可证制度。2017 年底前，完成全国排污许可证管理信息平台建设。（环境保护部牵头，海洋局参与）

八、全力保障水生态环境安全

（二十四）保障饮用水水源安全。从水源到水龙头全过程监管饮用水安全。地方各级人民政府及供水单位应定期监测、检测和评估本行政区域内饮用水水源、供水厂出水和用户水龙头水质等饮水安全状况，地级及以上城市自 2016 年起每季度向社会公开。自 2018 年起，所有县级及以上城市饮水安全状况信息都要向社会公开。（环境保护部牵头，发展改革委、财政部、住房城乡建设部、水利部、卫生计生委等参与）

强化饮用水水源环境保护。开展饮用水水源规范化建设，依法清理饮用水水源保护区内违法建筑和排污口。单一水源供水的地级及以上城市应于 2020 年底前基本完成备用水源或应急水源建设，有条件的地方可以适当提前。加强农村饮用水水源保护和水质检测。（环境保护部牵头，发展改革委、财政部、住房城乡建设部、水利部、卫生计生委等参与）

防治地下水污染。定期调查评估集中式地下水型饮用水水源补给区等区域环境状况。石化生产存贮销售企业和工业园区、矿山开采区、垃圾填埋场等区域应进行必要的防渗处理。加油站地下油罐应于 2017 年底前全部更新为双层罐或完成防渗池设置。报废矿井、钻井、取水井应实施封井回填。公布京津冀等区域内环境风险大、严重影响公众健康的地下水污染场地清单，开展修复试点。（环境保护部牵头，财政部、国土资源部、住房城乡建设部、水利部、商务部等参与）

（二十五）深化重点流域污染防治。编制实施七大重点流域水污染防治规划。研究建立流域水生态环境功能分区管理体系。对化学需氧量、氨氮、总磷、重金属及其他影响人体健康的污染物采取针对性措施，加大整治力度。汇入富营养化湖库的河流应实施总氮排放控制。到2020年，长江、珠江总体水质达到优良，松花江、黄河、淮河、辽河在轻度污染基础上进一步改善，海河污染程度得到缓解。三峡库区水质保持良好，南水北调、引滦入津等调水工程确保水质安全。太湖、巢湖、滇池富营养化水平有所好转。白洋淀、乌梁素海、呼伦湖、艾比湖等湖泊污染程度减轻。环境容量较小、生态环境脆弱，环境风险高的地区，应执行水污染物特别排放限值。各地可根据水环境质量改善需要，扩大特别排放限值实施范围。（环境保护部牵头，发展改革委、工业和信息化部、财政部、住房城乡建设部、水利部等参与）

加强良好水体保护。对江河源头及现状水质达到或优于Ⅲ类的江河湖库开展生态环境安全评估，制定实施生态环境保护方案。东江、滦河、千岛湖、南四湖等流域于2017年底前完成。浙闽片河流、西南诸河、西北诸河及跨界水体水质保持稳定。（环境保护部牵头，外交部、发展改革委、财政部、水利部、林业局等参与）

（二十六）加强近岸海域环境保护。实施近岸海域污染防治方案。重点整治黄河口、长江口、闽江口、珠江口、辽东湾、渤海湾、胶州湾、杭州湾、北部湾等河口海湾污染。沿海地级及以上城市实施总氮排放总量控制。研究建立重点海域排污总量控制制度。规范入海排污口设置，2017年底前全面清理非法或设置不合理的入海排污口。到2020年，沿海省（区、市）入海河流基本消除劣于Ⅴ类的水体。提高涉海项目准入门槛。（环境保护部、海洋局牵头，发展改革委、工业和信息化部、财政部、住房城乡建设部、交通运输部、农业部等参与）

推进生态健康养殖。在重点河湖及近岸海域划定限制养殖区。实施水产养殖池塘、近海养殖网箱标准化改造，鼓励有条件的渔业企业开展海洋离岸养殖和集约化养殖。积极推广人工配合饲料，逐步减少冰鲜杂鱼饲料使用。加强养殖投入品管理，依法规范、限制使用抗生素等化学药品，开展专项整治。到2015年，海水养殖面积控制在220万公顷左右。（农业部负责）

严格控制环境激素类化学品污染。2017年底前完成环境激素类化学品生产使用情况调查，监控评估水源地、农产品种植区及水产品集中养殖区风险，实施环境激素类化学品淘汰、限制、替代等措施。（环境保护部牵头，工业和信息化部、农业部等参与）

（二十七）整治城市黑臭水体。采取控源截污、垃圾清理、清淤疏浚、生态修复等措施，加大黑臭水体治理力度，每半年向社会公布治理情况。地级及以上城市建成区应于2015年底前完成水体排查，公布黑臭水体名称、责任人及达标期限；于2017年底前实现河面无大面积漂浮物，河岸无垃圾，无违法排污口；于2020年底前完成黑臭水体治理目标。直辖市、省会城市、计划单列市建成区要于2017年底前基本消除黑臭水体。（住房城乡建设部牵头，环境保护部、水利部、农业部等参与）

（二十八）保护水和湿地生态系统。加强河湖水生态保护，科学划定生态保护红线。禁止侵占自然湿地等水源涵养空间，已侵占的要限期予以恢复。强化水源涵养林建设与保护，开展湿地保护与修复，加大退耕还林、还草、还湿力度。加强滨河（湖）带生态建设，在河道两侧建设植被缓冲带和隔离带。加大水生野生动植物类自然保护区和水产种质资源保护区保护力度，开展珍稀濒危水生生物和重要水产种质资源的就地和迁地保护，提高水生生物多样性。2017 年底前，制定实施七大重点流域水生生物多样性保护方案。（环境保护部、林业局牵头，财政部、国土资源部、住房城乡建设部、水利部、农业部等参与）

保护海洋生态。加大红树林、珊瑚礁、海草床等滨海湿地、河口和海湾典型生态系统，以及产卵场、索饵场、越冬场、洄游通道等重要渔业水域的保护力度，实施增殖放流，建设人工鱼礁。开展海洋生态补偿及赔偿等研究，实施海洋生态修复。认真执行围填海管制计划，严格围填海管理和监督，重点海湾、海洋自然保护区的核心区及缓冲区、海洋特别保护区的重点保护区及预留区、重点河口区域、重要滨海湿地区域、重要砂质岸线及沙源保护海域、特殊保护海岛及重要渔业海域禁止实施围填海，生态脆弱敏感区、自净能力差的海域严格限制围填海。严肃查处违法围填海行为，追究相关人员责任。将自然海岸线保护纳入沿海地方政府政绩考核。到 2020 年，全国自然岸线保有率不低于 35%（不包括海岛岸线）。（环境保护部、海洋局牵头，发展改革委、财政部、农业部、林业局等参与）

九、明确和落实各方责任

（二十九）强化地方政府水环境保护责任。各级地方人民政府是实施本行动计划的主体，要于 2015 年底前分别制定并公布水污染防治工作方案，逐年确定分流域、分区域、分行业的重点任务和年度目标。要不断完善政策措施，加大资金投入，统筹城乡水污染治理，强化监管，确保各项任务全面完成。各省（区、市）工作方案报国务院备案。（环境保护部牵头，发展改革委、财政部、住房城乡建设部、水利部等参与）

（三十）加强部门协调联动。建立全国水污染防治工作协作机制，定期研究解决重大问题。各有关部门要认真按照职责分工，切实做好水污染防治相关工作。环境保护部要加强统一指导、协调和监督，工作进展及时向国务院报告。（环境保护部牵头，发展改革委、科技部、工业和信息化部、财政部、住房城乡建设部、水利部、农业部、海洋局等参与）

（三十一）落实排污单位主体责任。各类排污单位要严格执行环保法律法规和制度，加强污染治理设施建设和运行管理，开展自行监测，落实治污减排、环境风险防范等责任。中央企业和国有企业要带头落实，工业集聚区内的企业要探索建立环保自律机制。

（环境保护部牵头，国资委参与）

（三十二）严格目标任务考核。国务院与各省（区、市）人民政府签订水污染防治目标责任书，分解落实目标任务，切实落实“一岗双责”。每年分流域、分区域、分海域对行动计划实施情况进行考核，考核结果向社会公布，并作为对领导班子和领导干部综合考核评价的重要依据。（环境保护部牵头，中央组织部参与）

将考核结果作为水污染防治相关资金分配的参考依据。（财政部、发展改革委牵头，环境保护部参与）

对未通过年度考核的，要约谈省级人民政府及其相关部门有关负责人，提出整改意见，予以督促；对有关地区和企业实施建设项目环评限批。对因工作不力、履职缺位等导致未能有效应对水环境污染事件的，以及干预、伪造数据和没有完成年度目标任务的，要依法依纪追究有关单位和人员责任。对不顾生态环境盲目决策，导致水环境质量恶化，造成严重后果的领导干部，要记录在案，视情节轻重，给予组织处理或党纪政纪处分，已经离任的也要终身追究责任。（环境保护部牵头，监察部参与）

十、强化公众参与和社会监督

（三十三）依法公开环境信息。综合考虑水环境质量及达标情况等因素，国家每年公布最差、最好的10个城市名单和各省（区、市）水环境状况。对水环境状况差的城市，经整改后仍达不到要求的，取消其环境保护模范城市、生态文明建设示范区、节水型城市、园林城市、卫生城市等荣誉称号，并向社会公告。（环境保护部牵头，发展改革委、住房城乡建设部、水利部、卫生计生委、海洋局等参与）

各省（区、市）人民政府要定期公布本行政区域内各地级市（州、盟）水环境质量状况。国家确定的重点排污单位应依法向社会公开其产生的主要污染物名称、排放方式、排放浓度和总量、超标排放情况，以及污染防治设施的建设和运行情况，主动接受监督。研究发布工业集聚区环境友好指数、重点行业污染物排放强度、城市环境友好指数等信息。（环境保护部牵头，发展改革委、工业和信息化部等参与）

（三十四）加强社会监督。为公众、社会组织提供水污染防治法规培训和咨询，邀请其全程参与重要环保执法行动和重大水污染事件调查。公开曝光环境违法典型案件。健全举报制度，充分发挥“12369”环保举报热线和网络平台作用。限期办理群众举报投诉的环境问题，一经查实，可给予举报人奖励。通过公开听证、网络征集等形式，充分听取公众对重大决策和建设项目的意见。积极推行环境公益诉讼。（环境保护部负责）

（三十五）构建全民行动格局。树立“节水洁水，人人有责”的行为准则。加强宣传教育，把水资源、水环境保护和水情知识纳入国民教育体系，提高公众对经济社会发展和环境保护客观规律的认识。依托全国中小学节水教育、水土保持教育、环境教育等社会实践基地，开展环保社会实践活动。支持民间环保机构、志愿者开展工作。倡导绿色消费新风尚，开展环保社区、学校、家庭等群众性创建活动，推动节约用水，鼓励购买使用节水产品和环境标志产品。（环境保护部牵头，教育部、住房城乡建设部、水利部等参与）

我国正处于新型工业化、信息化、城镇化和农业现代化快速发展阶段，水污染防治任务繁重艰巨。各地区、各有关部门要切实处理好经济社会发展和生态文明建设的关系，按照“地方履行属地责任、部门强化行业管理”的要求，明确执法主体和责任主体，做到各司其职，恪尽职守，突出重点，综合整治，务求实效，以抓铁有痕、踏石留印的精神，依法依规狠抓贯彻落实，确保全国水环境治理与保护目标如期实现，为实现“两个一百年”奋斗目标和中华民族伟大复兴中国梦作出贡献。

入河排污口监督管理办法

（2024年7月10日经生态环境部2024年第3次部务会议审议通过　2024年10月16日生态环境部令第35号公布　自2025年1月1日起施行）

第一章　总　则

第一条　为了加强入河排污口监督管理，控制入河污染物排放，保护和改善水生态环境，根据《中华人民共和国水污染防治法》《中华人民共和国水法》等法律和国务院相关规定，制定本办法。

第二条　入河排污口设置审批、登记以及相关监督管理活动，适用本办法。

第三条　本办法所称入河排污口，是指直接或者通过管道、沟、渠等排污通道向江河、湖泊、运河、水库等水体排放污水的口门。

本办法所称入河排污口设置，包括新设、改设或者扩大入河排污口。新设，是指入河排污口的首次建造或者使用；改设，是指已有入河排污口的排放位置、排放方式等事项的重大改变；扩大，是指已有入河排污口排污能力的提高。

第四条　国务院生态环境主管部门负责指导全国入河排污口设置和监督管理。

国务院生态环境主管部门所属流域生态环境监督管理机构（以下简称流域生态环境监督管理机构）负责指导流域内入河排污口设置，承办国务院生态环境主管部门授权范围内入河排污口设置审批和监督管理。

地方生态环境主管部门按照规定权限负责本行政区域入河排污口设置审批、登记和监督管理。

第五条　入河排污口应当明确责任主体。责任主体负责源头治理以及入河排污口的设置申请或者登记、整治、规范化建设、维护管理等。

多个排污单位共用同一入河排污口的，所有排污单位均为责任主体，各自承担的责任由所有排污单位协商确定。

第六条　入河排污口按照其责任主体所属行业以及排放特征，分为工业排污口、城镇污水处理厂排污口、农业排口、其他排口四种类型。

工业排污口包括工矿企业排污口和雨洪排口、工业以及其他各类园区污水处理厂排污口和雨洪排口等；农业排口包括规模化畜禽养殖排污口、规模化水产养殖排污口等；其他排口包括大中型灌区排口、规模以下畜禽养殖排污口、规模以下水产养殖排污口、农村污水处理设施排污口、农村生活污水散排口等。

第七条 编制生态环境保护规划、江河湖泊水功能区划等，应当充分考虑入河排污口布局和管控要求。

开展工业、农业、畜牧业、林业、能源、水利、交通、城市建设、旅游、自然资源开发的有关专项规划的环境影响评价，应当将入河排污口设置有关规定落实情况作为重要内容。

第八条 国家加强入河排污口管理基础性研究和专业技术人才培养。鼓励开展遥感监测、水面航测、水下探测、管线排查等实用技术和装备的研发集成和推广应用。

第九条 鼓励地方加大财政资金投入力度，吸引社会资本参与入河排污口整治、规范化建设、维护管理等。

第十条 对在入河排污口监督管理工作中做出优异成绩的单位和个人，可以按照国家或者地方的有关规定给予表彰、奖励。

第二章 设置管理

第十一条 设置工矿企业排污口、工业以及其他各类园区污水处理厂排污口和城镇污水处理厂排污口，应当按照本办法的规定，报有审批权的流域生态环境监督管理机构或者地方生态环境主管部门（以下简称审批部门）审批；未经批准的，禁止通过上述入河排污口排放污水。

第十二条 设置本办法第十一条规定的入河排污口，符合下列条件之一的，由流域生态环境监督管理机构负责审批：

（一）建设项目环境影响评价文件由国务院生态环境主管部门审批的；

（二）位于省界缓冲区的；

（三）位于国际河湖或者国境边界河湖的；

（四）存在省际争议的。

前款规定范围外的入河排污口设置审批权限，由入河排污口所在的省级生态环境主管部门确定，并向社会公开。

第十三条 入河排污口设置审批程序包括申请、受理、审查、决定。

（一）申请。责任主体应当在入河排污口设置前向审批部门提出设置申请。多个排污单位共用同一入河排污口的，可以委托其中一个责任主体提出申请。

（二）受理。审批部门对申请材料齐全、符合法定形式的，予以受理。

（三）审查。审批部门对受理的申请材料进行审查，并可以根据需要，组织专家评审、听证或者现场查勘。组织专家评审、听证或者现场查勘，不得向申请单位收取任何费用。

（四）决定。审批部门应当自受理入河排污口设置申请之日起二十个工作日内作出准予许可或者不予许可的决定。对准予许可的，颁发同意设置入河排污口的决定书（以下简称决定书）；对不符合许可条件的，不予许可并书面说明理由。决定书应当公开，供公众查询。

开展专家评审、听证、现场查勘等活动所需时间，不计算在本条规定的许可期限内。

第十四条 申请设置入河排污口的，应当提交入河排污口设置申请书、入河排污口设置论证报告或者简要分析材料、建设项目依据文件。

有下列情形之一的，应当提交入河排污口设置论证报告：

（一）责任主体属于造纸、焦化、氮肥、化工、印染、农副食品加工、制革、电镀、冶金、有色金属、原料药制造、农药等行业的；

（二）排放放射性物质、重金属以及其他有毒有害水污染物的；

（三）污水或者污染物排放量达到国务院生态环境主管部门确定的规模标准的。

前款规定以外的入河排污口设置申请，应当提交入河排污口设置简要分析材料。

第十五条 入河排污口设置论证报告应当包括下列内容：

（一）责任主体基本情况。

（二）入河排污口所在水域水生态环境现状。

（三）入河排污口设置地点，污水排放方式、排放去向。

（四）入河排污口污水排放量，入河排污口重点污染物排放种类、排放浓度和排放量。

（五）入河排污口设置对周边环境影响以及相关环境风险分析。

（六）水生态环境保护措施以及效果分析；排放放射性物质的，还应当论证放射性物质管控措施以及效果。

（七）论证结论。

（八）需要分析或者说明的其他事项。

入河排污口设置简要分析材料应当包括前款规定的第一项、第二项、第三项、第四项内容。

第十六条 多个排污单位共用同一入河排污口的，入河排污口设置论证报告和简要分析材料中还应当明确每个责任主体的入河排污口污水排放量，入河排污口重点污染物排放种类、排放浓度和排放量，并区分各自责任。

第十七条 入河排污口责任主体可以自行或者委托技术单位开展入河排污口设置论证，编制入河排污口设置论证报告或者简要分析材料。责任主体对入河排污口设置论证报告或者简要分析材料的内容和结论负责。

任何单位和个人不得为责任主体指定编制入河排污口设置论证报告或者简要分析材料的技术单位。

第十八条 有下列情形之一的，禁止设置入河排污口：

（一）在饮用水水源保护区内；

（二）在风景名胜区水体、重要渔业水体和其他具有特殊经济文化价值的水体的保护区内；

（三）不符合法律、行政法规规定的其他情形。

对流域水生态环境质量不达标的水功能区，除城镇污水处理厂等重要民生工程的入河排污口外，严格控制入河排污口设置。

第十九条 入河排污口责任主体依法取得排污许可证的，入河排污口设置审批应当与排污许可证记载事项做好衔接。

第二十条 决定书应当记载下列信息：

（一）责任主体基本情况。

（二）入河排污口名称、编码、设置地点，污水排放方式、排放去向。

（三）入河排污口污水排放量，入河排污口重点污染物排放种类、排放浓度和排放量，特殊时段的限制排放要求。

（四）信息公开要求。

（五）水污染事故应急预案以及环境风险防范措施。

（六）水生态环境保护措施；排放放射性物质的，还应当明确放射性物质管控措施。

（七）法律、行政法规规定的其他事项。

多个排污单位共用同一入河排污口的，决定书中还应当记载每个责任主体的入河排污口污水排放量，入河排污口重点污染物排放种类、排放浓度和排放量，特殊时段的限制排放要求，并区分各自责任。

第二十一条 入河排污口责任主体名称、生产经营场所地址、法定代表人或者主要负责人以及联系方式等信息发生变更的，应当自变更之日起三十日内，向审批部门申请办理决定书变更手续。对符合要求的，审批部门应当在十个工作日内予以变更。

第二十二条 设置本办法第十一条规定以外的入河排污口，应当在入河排污口设置前，向所在的设区的市级生态环境主管部门提交入河排污口登记表。对符合要求的，生态环境主管部门应当在十个工作日内予以确认并登记。

已登记的入河排污口，责任主体所属行业以及排放特征发生变动，符合本办法第十一条规定情形的，应当按照本办法的规定办理入河排污口设置审批。

第二十三条 入河排污口不再使用的，责任主体应当自行拆除或者关闭入河排污口，并自拆除或者关闭之日起三十日内，申请注销决定书或者登记表。

第三章 监督检查

第二十四条 国务院生态环境主管部门负责全国入河排污口信息化管理工作，组织建立并动态更新入河排污口管理台账，加强入河排污口设置审批、登记、排查整治、日常监督检查等信息管理。

第二十五条 生态环境主管部门、流域生态环境监督管理机构应当根据国家有关规定和监测规范，加强对入河排污口的监督监测。水生态环境质量较差的地方应当适当增加入河排污口监测频次。

第二十六条 流域生态环境监督管理机构应当加大对流域内入河排污口的监督检查力度，发现问题及时通报有关单位。

地方生态环境主管部门应当加强对入河排污口的现场检查，必要时可以会同有关部门开展联合监督检查。

第二十七条 国务院生态环境主管部门应当按照国家有关规定，组织开展入河排污口排查整治，加强对地方排查整治工作的指导。

流域生态环境监督管理机构和地方生态环境主管部门应当按照职责分工将入河排污口排查整治情况纳入入河排污口管理台账。

鼓励开展入河排污口整治、规范化建设标杆工程创建，发挥引领示范作用。

第二十八条 入河排污口责任主体应当定期巡查维护排污通道、口门以及附属设施等；发现他人借道排污等情形的，应当立即向所在地生态环境主管部门报告并留存证据。

第二十九条 鼓励入河排污口责任主体安装视频监控系统，加强入河排污口日常管理维护。

第三十条 入河排污口监测采样点、检查井、标识牌等设置应当符合国务院生态环境主管部门规范化建设标准要求。责任主体应当按照国务院生态环境主管部门规定，在污水入河处或者监测采样点等醒目位置设置标识牌。

第三十一条 入河排污口责任主体应当通过标识牌、显示屏、二维码标识或者网络媒体等主动向社会公开入河排污口相关信息。

第三十二条 入河排污口排放污染物造成或者可能造成水污染事故时，责任主体应当立即启动应急预案，并依法向事故发生地的县级以上地方人民政府或者生态环境主管部门报告，接受调查处理，同时采取应急措施切断或者控制事故污染源，拦截、导流、分流事故污水并进行妥善处置。

第三十三条 生态环境主管部门应当建立健全公众监督举报机制，鼓励社会公众、新闻媒体对入河排污口排污情况等进行监督。

第三十四条 公民、法人和其他组织发现有违反本办法规定行为的，有权向生态环境主管部门举报。接受举报的生态环境主管部门应当依法处理，并按照有关规定向举报人反馈处理结果，同时为举报人保密。

第三十五条 违反本办法规定，在饮用水水源保护区内设置入河排污口的，依照《中华人民共和国水污染防治法》第八十四条第一款的规定予以处罚。

违反本办法规定，有下列情形之一的，由生态环境主管部门依照《中华人民共和国水污染防治法》第八十四条第二款、第三款的规定予以处罚：

（一）在风景名胜区水体、重要渔业水体和其他具有特殊经济文化价值的水体的保护区等设置入河排污口的；

（二）未经审批擅自设置入河排污口的；

（三）未按照决定书要求设置入河排污口的；

（四）其他违反法律、行政法规和国务院生态环境主管部门的规定设置入河排污口的。

第四章　附　则

第三十六条　入河排污口设置申请书、决定书，入河排污口登记表等文书格式，由国务院生态环境主管部门另行制定。

第三十七条　本办法施行前已经依法取得的同意设置入河排污口决定，本办法施行后继续有效。

第三十八条　入河排污口设置审批、登记、监督管理等涉及国家秘密的，应当遵守国家有关保密法律法规的规定。

第三十九条　入河排污口设置审批、登记、监督管理，本办法未作规定的，适用其他相关法律、行政法规、国务院文件的规定。

第四十条　本办法自 2025 年 1 月 1 日起施行。

关于印发《黄河流域生态环境保护规划》的通知

山西省、内蒙古自治区、山东省、河南省、四川省、陕西省、甘肃省、青海省、宁夏回族自治区生态环境厅、发展改革委、自然资源厅、水利厅：

《黄河流域生态环境保护规划》已经推动黄河流域生态保护和高质量发展领导小组同意，现印发给你们，请认真贯彻实施。

生态环境部
发展改革委
自然资源部
水利部
2022 年 6 月 11 日

生态环境部办公厅 2022 年 6 月 15 日印发

黄河流域生态环境保护规划

前 言

黄河是中华民族的母亲河，发源于青藏高原巴颜喀拉山北麓，呈“几”字形流经青海、四川、甘肃、宁夏、内蒙古、山西、陕西、河南、山东9省区，全长5464公里，是我国第二长河。黄河流域横跨东中西部，连接青藏高原、黄土高原、华北平原与渤海，拥有黄河天然生态廊道和三江源、祁连山等多个重要生态功能区，分布黄淮海平原、汾渭平原、河套灌区等农产品主产区，是我国重要的能源、化工、原材料和基础工业基地，在我国经济社会发展和生态安全方面具有十分重要的地位。

党的十八大以来，黄河治理保护工作取得了举世瞩目的成就，但黄河一直体弱多病，沿黄河地区生态环境质量不高。流域生态环境脆弱，部分地区环境污染严重且潜在风险高，重点基础设施建设仍然存在缺口，各省区现代环境治理体系尚未建立，沿黄河人民追求碧水、蓝天、青山、净土的美好愿望一直难以实现。做好黄河保护工作，既要谋划长远，又要干在当下。着力加强生态保护治理，推进实施一批重大生态保护修复和建设工程，促进流域生态系统健康，是落实绿水青山就是金山银山理念、防范化解生态环境风险的必然要求，也是保障黄河长治久安、促进沿黄河各省区高质量发展、满足人民群众良好生态环境需要的重要举措，对建设美丽中国、实现中华民族伟大复兴具有重要意义。

近年来，习近平总书记走遍了黄河上中下游9省区，多次对黄河生态保护治理提出明确要求，强调黄河流域必须下大力气进行大保护、大治理，走生态保护和高质量发展的路子。治理黄河，重在保护，要在治理，要坚持生态优先、绿色发展，以水而定、量水而行，因地制宜、分类施策，上下游、干支流、左右岸统筹谋划，共同抓好大保护，协同推进大治理，着力加强生态保护治理，保障黄河长治久安，促进全流域高质量发展，让黄河成为造福人民的幸福河。

为深入贯彻落实习近平总书记重要讲话和指示批示精神，全面加强黄河流域生态环境保护，着力改善生态环境质量，编制《黄河流域生态环境保护规划》。规划范围为黄河干支流流经的青海、四川、甘肃、宁夏、内蒙古、山西、陕西、河南、山东9省区相关县级行政区，国土面积约130万平方公里。

本规划是落实《黄河流域生态保护和高质量发展规划纲要》“1+N+X”要求的专项规划，是指导黄河流域当前和今后一个时期生态环境保护工作，制定实施相关规划方案、政策措施和工程项目建设的重要依据。规划期至2030年，中期展望至2035年，远期展望至本世纪中叶。

第一章 基础和形势

第一节 主要进展

党的十八大以来，以习近平同志为核心的党中央着眼于生态文明建设全局，明确了“节水优先、空间均衡、系统治理、两手发力”的治水思路，沿黄河各省区全面加强生态环境保护，坚决打好污染防治攻坚战，流域生态环境持续明显向好。

一是生态环境质量明显改善。黄河流域水质持续改善，2020 年，流域Ⅰ～Ⅲ类断面比例较 2015 年提高 28.1 个百分点，劣Ⅴ类断面比例降低 16.7 个百分点，国控断面化学需氧量、氨氮、总磷浓度大幅降低。黄河流域空气质量持续改善，2020 年，流域细颗粒物（$PM_{2.5}$）浓度下降到 38 微克/立方米，较 2015 年降幅 25.5%；可吸入颗粒物（PM_{10}）浓度下降到 69 微克/立方米，降幅 26.6%；优良天数比率提高 3.1 个百分点，重污染天数比率降低 1.6 个百分点。土壤环境保护持续加强，将涉镉等重金属重点行业企业纳入土壤污染重点监管范围并开展整治，推动轻中度污染耕地安全利用和重度污染耕地严格管控，强化建设用地准入管理，累计完成近 2800 块地块土壤环境调查，对 150 多块地块开展土壤污染风险评估。

二是水沙治理取得显著成效。2020 年，黄河流域水土流失面积为 26.27 万平方公里，黄河流域黄土高原地区水土流失面积，较最严重时减少约一半，林草植被覆盖率提高 40 多个百分点，黄河流域实现水土流失面积强度“双下降”、水蚀风蚀“双减少”。流域用水增长过快局面得到有效控制，生态流量逐步得到有效保障，黄河干流实现连续 22 年不断流。

三是生态保护与修复成效明显。以国家公园为主体的自然保护地体系初步建立，三江源等国家公园体制试点积极推进，建立国家级自然保护区 66 处，划定羌塘—三江源区、祁连山区等生物多样性保护优先区域。积极实施三江源保护、三北防护林建设、天然林保护、防沙治沙、湿地保护恢复等重大工程，开展历史遗留矿山生态修复，山水林田湖草生态保护修复工程试点工作全面推进。持续推进中央生态环境保护督察和“绿盾”自然保护地强化监督检查，发现并解决一批突出生态破坏问题。三江源地区藏羚羊、秦岭地区大熊猫和朱鹮种群数量明显增加，黄河口水生生物多样性就地保护有序推进，流域生物多样性水平明显提升。

第二节 存在问题

当前黄河流域生态环境保护仍存在一些突出困难和问题。究其原因，表象在黄河，根子在流域，既有先天不足的客观制约，也有后天失养的人为因素。

一是流域经济发展模式仍然偏重偏粗。黄河流域地区间发展差距明显，资源开发、乡村振兴与生态环境保护矛盾突出。上中游经济社会发展不充分，以能源、化工、原材料加工和牧业等传统产业为主导特征明显，新旧动能转换缓慢，转型升级步伐滞后，煤化工、焦化、有色金属冶炼、钢铁等“两高一资”企业沿黄河干支流集中分布，产业同构现象突出。下游经济社会发展较快，但传统产业含绿量、含金量、含新量少，缺乏较强竞争力新兴产业集群，发展质量有待提高。

二是流域水资源过度开发利用。黄河多年平均水资源总量 647 亿立方米，不到长江的 7%。水资源开发利用率高达 80%，远超 40%的生态警戒线。流域农业用水占用水总量的 66.9%，生态环境补水占比仅为 7.7%。部分支流生态流量不足，13 条主要一级支流中有 7 条出现过断流，生态环境功能受到严重影响。

三是流域生态环境脆弱。黄河一直“体弱多病”，生态本底差，生态脆弱区分布广、类型多、易退化，整体性、系统性生态问题突出，恢复难度大且过程缓慢。流域四分之三以上区域属于中度以上脆弱区，高于全国平均水平，尤其是黄河上游属于高寒高海拔地区，高原冰川、草原植被、湿地生态极易遭受破坏，修复和恢复难度大。在全国主要流域中，黄河流域水土流失面积占流域土地面积比例最大，中度及以上水土流失面积占比最高。

四是部分地区污染严重。黄河流域空气质量与全国平均水平有明显差距，2020 年，流域 $PM_{2.5}$ 浓度比全国平均值高 15.2%，空气质量优良天数比率比全国平均值低 7.4 个百分点；汾渭平原污染严重，$PM_{2.5}$ 浓度为 48 微克/立方米，PM_{10} 浓度为 83 微克/立方米，重污染天数比率为 3.1%。流域水质总体劣于全国平均水平，中游的汾河、三川河、黄甫川等主要支流缺少生态基流，且污染物排放强度高，污染严重。个别地区土壤污染较重，部分地区、部分工业园区及重污染企业周边耕地、有色金属矿区及重点行业企业遗留地块土壤污染问题突出。

五是生态环境风险隐患突出。黄河流域是我国重要的能源、煤化工基地，煤化工行业企业数量约占全国的 80%，干支流沿河 1 公里范围内有较多风险源，企业治污设施、环境监管及沿河污染预警应急水平等尚未完全达到高质量绿色发展要求。部分地区有色金属矿区重金属污染历史遗留问题多，解决难度大。

第三节　战略机遇

以习近平同志为核心的党中央将黄河流域生态保护和高质量发展作为事关中华民族伟大复兴的千秋大计，习近平总书记两次主持召开黄河流域生态保护和高质量发展座谈会，发表系列重要讲话，多次作出重要指示批示，为黄河流域生态环境保护工作指明了方向，提供了根本遵循。党的十八大以来，党中央着眼于生态文明建设全局，明确了治水思路，黄河流域水沙治理取得显著成效、生态环境持续明显向好、发展水平不断提升。当前，我国加快绿色发展给黄河流域带来新机遇，特别是加强生态文明建设、加强环境治理已经成为新形势下经济高质量发展的重要推动力，在生态文明建设进入以降碳为重点战略方向、推动减污降碳协同增效、促进经济社会发展全面绿色转型、实现生态环境质量改善由量变到质变的关键时期，各级党委政府生态环境保护主体责任意识空前提高，沿黄河人民对碧水、蓝天、青山、净土的追切愿望日益高涨，黄河流域生态环境保护具有广泛的社会共识和坚实的群众基础。

第二章　总体要求

第一节　指导思想

以习近平新时代中国特色社会主义思想为指导，全面贯彻党的十九大和十九届历次全会精神，深入贯彻习近平生态文明思想，紧紧围绕统筹推进“五位一体”总体布局，协调推进“四个全面”战略布局，立足新发展阶段，完整、准确、全面贯彻新发展理念，构建新发展格局，共同抓好大保护，协同推进大治理，坚持以水定城、以水定地、以水定人、以水定产，坚持精准、科学、依法治污，深入打好污染防治攻坚战，统筹推进山水林田湖草沙等综合治理、系统治理、源头治理，系统推进黄河流域生态环境保护和绿色低碳发展，持续改善沿黄河省区生态环境质量，筑牢生态安全屏障，实现高水平保护、高质量发展、高品质生活协同推进，为黄河永远造福中华民族不懈奋斗。

第二节　基本原则

生态优先、绿色发展。坚持节约优先、保护优先、自然恢复为主，严格自然资源开发利用准入要求，系统推进重点区域、重点河湖水体自然生态环境保护和修复。坚定走绿色、可持续的高质量发展之路，促进经济社会发展格局、城镇空间布局、产业结构与流域资源环境承载能力相适应，守住黄河自然生态安全边界。

系统治理、分区施策。统筹流域上下游、左右岸、干支流，因地制宜，科学制定差别化的分区分类保护和治理措施，以上游水源涵养、中游水土保持和污染治理、下游湿地保护修复为重点，加强生态保护治理，着力推进工业、农业、城乡生活、矿区等协同治理。

三水统筹、还水于河。坚持保护水资源、改善水环境、修复水生态，加强全流域水资源统一调度，降低水资源开发利用率和污染排放总量，优化用水结构，保障生态用水，推进还水于河，维护黄河生态健康。

责任落实、协同推进。严格落实“党政同责、一岗双责”，把黄河生态环境保护修复工作放在突出位置，落实生态环境保护修复主体责任。深化黄河流域跨区域合作，完善省际会商机制，构建齐抓共管大格局。

第三节 规划目标

到2030年，生态环境质量明显改善。黄河流域生态安全格局初步构建，产业结构和空间布局得到优化，环境和气候治理能力系统提升，生态环境监管体系全面建设，生态环境保护体制机制进一步完善，生态环境突出问题从根本上得到有效解决，实现二氧化碳排放2030年前达峰，生态系统质量和稳定性全面提升，现代环境治理体系基本形成，人民群众幸福感、获得感、安全感显著增强。

到2035年，生态环境全面改善。黄河流域生态安全格局基本构建，绿色生产生活方式广泛形成，环境和气候治理能力明显提升，生态环境监管体系和生态环境保护体制机制全面形成，二氧化碳排放达峰后稳中有降，生态系统健康稳定，现代环境治理体系全面完善，黄河流域生态保护和高质量发展取得重大战略成果。

本世纪中叶，黄河流域生态安全格局全面形成，重现生机盎然、人水和谐的景象，幸福黄河目标全面实现，在我国建设富强民主文明和谐美丽的社会主义现代化强国中发挥重要支撑作用。

第三章 优化空间布局，加快产业绿色发展

全方位贯彻“以水定城、以水定地、以水定人、以水定产”原则，推进产业全面绿色发展，促进流域高质量发展。

第一节 细化落实“四水四定”

科学制定水资源环境承载要求。强化城镇开发边界管控，优化中心城市和城市群发展格局，统筹沿黄河县城和乡村建设。优化国土空间开发格局，根据水资源承载状况确定土地用途，提高土地集约节约利用水平。促进人口科学合理布局，支持生态功能区人口逐步有序转移。构建与水资源承载能力相适应的现代产业体系。组织开展黄河流域资源环境承载能力评价，根据评价结果按水资源环境超载程度，分类提出取水许可管理与重点水污染物排放总量要求。持续推进黄河流域水环境承载力监测预警机制建设。

因地制宜推进生态环境分区管控。衔接国土空间规划分区和用途管制要求，将生态保护红线、环境质量底线、资源利用上线的硬约束落实到环境管控单元，建立差别化的生态环境准入清单，建立全覆盖的生态环境分区管控体系，依法依规加快落地应用，编制实施黄河流域生态环境分区管控方案，推动建立跟踪评估、动态更新和调整工作机制，各地因地制宜细化生态环境分区管控。

第二节　推进工业绿色发展

推进产业绿色转型升级。实施节能审查、环评审批和排污许可制度，从源头提升新建项目能效水平和清洁生产水平。优化甘肃、宁夏、内蒙古、山西、陕西、山东等省区高耗水行业规模，重点推进水资源节约集约利用。加快产业结构转型升级，推进钢铁、煤炭等重点行业化解过剩产能，鼓励科技含量高的绿色工业发展。延长和优化煤炭、石油、矿产资源开发产业链，推进资源产业深加工，逐步完成能源产业结构调整和升级换代。全面推进绿色制造体系建设，创建一批绿色工厂、绿色工业园区、绿色供应链。

开展重点行业清洁生产改造。以产污强度高、排放量占比大的行业，以及生产、使用或排放列入《优先控制化学品名录》中化学品的行业等为重点，加强清洁生产评价认证和审核。研究制定重点行业清洁生产改造升级方案，加快钢铁、石化、化工、有色、建材等重点行业企业清洁生产改造升级，推动产业升级与技术革新。对“双超双有高耗能”企业实施强制性清洁生产审核，在有条件地区适时推进颁布地方清洁生产标准或指标体系。

推进企业园区化绿色发展。持续推动城市建成区内重污染企业搬迁改造或关闭退出。加快黄河流域各级各类工业园区主导产业与上下游相关产业和配套产业的融合与集聚发展。推动汾渭平原化工、焦化、铸造、氧化铝等产业集群化、绿色化、园区化发展。沿黄河一定范围内高耗水、高污染企业分期分批迁入合规园区。推动兰州、洛阳、郑州、济南等沿黄河城市和干流沿岸县（市、区）新建工业项目入合规园区，具备条件的存量企业逐步搬迁入合规园区。建立以“一园一策”和第三方综合托管为主要手段的工业园区环境治理新模式。到 2025 年，力争推动 30 家左右工业园区建成国家级生态工业示范园区。

第三节　促进绿色矿业发展

积极推进矿产资源绿色勘查开采。从理念、制度、技术、监管四个方面推动资源绿色勘查开采，将绿色发展理念贯穿于矿产资源利用与保护全过程。新建矿山按照绿色矿山标准进行规划、设计、建设、运营管理，生产矿山加快升级改造，逐步达标。

促进矿产资源综合利用。实施矿山企业开采回收率、选矿回收率、综合利用率指标年度考核制度，鼓励地方制定不低于国家指标要求的“三率”最低指标。完善并发布先进适用技术推广目录，开展难选矿、低品位矿、共伴生矿和新类型矿综合利用研究。在开发利用主要矿产时，对具有工业价值的共伴生矿产要统一规划，综合勘查、综合评价、综合开发利用，提高矿山开发废弃物资源化利用水平。重点推进尾矿（共伴生矿）综合利用。

第四章 推进三水统筹，治理修复水生态环境

统筹水资源、水环境、水生态，坚持节水优先，污染减排与生态扩容两手发力，推进水资源节约集约利用、水污染治理、美丽河湖水生态保护，努力维护黄河流域水生态系统健康。

第一节 强化水资源节约集约利用

落实水资源用水总量和强度双控。建立健全覆盖全流域省市县三级行政区的取用水总量、用水强度控制指标体系，对黄河干支流规模以上取水口实施动态监管，合理配置区域行业用水，将节水作为约束性指标纳入当地政绩考核范围。开展“挖湖引水造景”等问题整治。以国家公园、水源涵养区、珍稀物种栖息地为重点，清理整治过度的小水电开发。

科学配置全流域水资源。优化、细化基于“丰增枯减”原则下的《黄河可供水量分配方案》，下游地区要更多使用南水北调供水，腾出适当水量用于增加生态流量和保障上中游省区生活等基本用水需求。强化全流域水量统一调度，科学优化水资源配置，细化完善干支流水资源分配。科学合理确定黄河干支流河湖生态流量（水量），以黄河干流及湟水河、大通河、洮河、窟野河、无定河、汾河、渭河、泾河、北洛河、伊洛河、大汶河、石川河等主要支流为重点，制定实施生态流量保障方案，加强生态流量动态监管，开展生态流量保障效果调查评估。优化生态调度方式，细化实化生态用水计划，合理拓宽黄河生态调水范围，统筹安排河道内滩区湿地和河道外河口三角洲湿地、乌梁素海等重点地区生态补水。推进新一轮地下水超采区、禁采区、限采区划定，开展地下水超采综合治理，促进重点区域地下水采补平衡。

实施深度节水控水行动。以甘肃黄河高抽灌区、宁蒙灌区、汾渭平原、下游引黄灌区等大中型灌区为重点，实施节水改造，推进高标准农田建设，推广喷灌、微灌、低压管灌等高效节水灌溉技术。黄河上中游地区发展高效旱作农业，下游河南、山东等粮食主产区，加强小麦、玉米节水抗旱品种选育。鼓励工业园区内企业间分质串联用水，梯级用水。以沿黄河省会城市及工业用水占比高的城市为重点，实施高耗水行业企业节水改造，推广应用一批先进适用的工业节水工艺、技术和装备。提高工业用水超定额水价，推进能源、化工、建材等高耗水产业节水增效。推进城镇节水降损工程建设，推广普及生活节水器具，积极开展政府机关、学校、医院等公共机构节水技术改造，大力推进节水型城市建设。

推进污水资源化利用。以青海、甘肃、宁夏、陕西、山东等省区为重点，开展地级及以上城市污水资源化利用示范城市建设，规划建设配套基础设施，实现再生水规模化

利用。选择缺水地区开展区域再生水循环利用试点示范，推动建设污染治理、生态保护、循环利用有机结合的综合治理体系。重点围绕钢铁、石化、化工、造纸、纺织印染、食品、电子等行业，创建一批工业废水循环利用示范企业，逐步提高废水综合利用率。积极推动再生水、雨水和苦咸水等非常规水源利用。矿井水排放多的地区要制定矿井水利用规划，统筹考虑区域内矿井水的综合利用，统一建设相关基础设施。推进陇东、宁东、蒙西、陕北、晋西等能源基地的煤炭矿井水综合利用。

第二节　全面深化水污染治理

深化重点行业工业废水治理。持续实施煤化工、焦化、农药、农副食品加工、原料药制造等重点行业工业废水稳定达标排放治理。完善工业园区污水集中处理设施及进出水自动在线监控装置建设，加强园区内工业企业废水预处理监管，对进水浓度异常的园区，排查整治园区污水管网老旧破损、混接错接等问题，推动黄河流域工业园区工业废水应收尽收、稳定达标排放。到 2025 年，重点排污单位（含纳管企业）全部依法安装使用自动在线监测设备，并与生态环境部门联网，省级及以上工业园区污水收集处理效能明显提升。

完善城镇生活污水污泥收集处理设施。合理布局污水处理设施，着力提升污水处理厂超负荷运行地区的污水处理能力。黄河流域省会城市、干流沿线城市及汾河、湟水河、涑水河、延河、渭河等支流沿线城市的水环境敏感区域，因地制宜实施城镇污水处理厂差别化精准提标。加大城镇污水管网建设力度，推进城镇污水管网全覆盖，大力推进城中村、老旧城区、城乡接合部污水管网建设，实施混错接、漏接、老旧破损管网更新修复，提升污水收集效能。因地制宜推进城镇雨污分流改造，除干旱地区外，新建污水管网全部实行雨污分流。对流域内进水生化需氧量浓度低于 100 mg/L 的城市污水处理厂服务片区，实施“一厂一策”系统化整治。到 2030 年，黄河流域设市城市建成区消除生活污水直排口和收集处理设施空白区，城市生活污水集中收集率提升到 75%以上。加快完成污泥处理处置设施达标改造，压减污泥填埋规模，优先解决重点生态功能区和污泥产生量大、存在二次污染隐患地区的污泥处理处置问题，重点推进内蒙古、宁夏污泥处理处置设施建设。

强化农业面源污染治理。开展农业面源污染治理和监督指导试点，划分农业面源污染优先治理区域，探索开展农业面源污染调查监测评估工作，建设农业面源污染监测“一张网”。在内蒙古河套、宁夏青铜峡大型灌区，选择部分区域开展农田灌溉用水和出水水质监测。实施宁蒙河套、汾渭、青海湟水河和大通河、甘肃沿黄、中下游引黄灌区等区域农田退水污染综合治理，建设生态沟道、污水净塘、人工湿地等氮、磷高效生态拦截净化设施，加强农田退水循环利用。科学划定水产养殖适养、限养、禁养区域。推动畜牧大县建立畜禽养殖粪污等农业有机废弃物收集、转化、利用体系，鼓励和引导第三方企业将畜禽粪污进行资源化利用，鼓励规模以下畜禽养殖户采用“种养结合”“截污建池、收运还田”等模式处理。到2030年，黄河流域畜禽粪污综合利用率达到85%以上。

推进农村生活污水治理。健全城乡环境基础设施统一规划、统一建设、统一管护机制，推动市政公用设施向郊区乡村和规模较大中心镇延伸。以县（市、区）为基本单位，以乡镇政府驻地和中心村等为重点，梯次推进农村生活污水治理，因地制宜推进农村厕所革命。

加强入河排污口排查整治。开展流域入河排污口排查溯源，地方政府要制定工作方案，明确入河排污口责任主体，实施入河排污口分类整治，对于保留的排污口加强日常监督管理。到2025年，完成所有排污口排查，基本完成黄河干流及主要支流、重点湖泊排污口整治。

第三节　推进美丽河湖水生态保护

维护干支流重要水体水生态系统。实施水环境控制单元精细化管理，加大黄河干支流重要水体保护和综合治理力度，分区分类实施保护修复。开展黄河流域重要水体水生态调查评估。加强黄河干流及主要支流河湖生态缓冲带保护，强化岸线用途管制和节约集约利用，维护岸线的生态功能。完善流域水生态保护格局，建设黄河流域清水廊道，提升生态系统稳定性。

封育保护河源区水生态系统。以黄河干流及主要支流河源区为重点，加强水源涵养区保护修复，加强天然林、草地保护，以封育保护为主，因地制宜实施封禁治理，疏解人类活动压力，采取适度种植林草措施修复退化植被，尽可能维护生态系统的原真性和完整性。

恢复受损河湖水生态系统。在汾河、涑水河等河流积极开展河岸生态缓冲带和水生植被恢复等活水保质与生态修复措施，全面提升水体自净能力。推进洮河、渭河、泾河、北洛河、无定河、窟野河等河流系统治理，因地制宜实施水土流失等问题综合整治，系统提升流域水生态水平。全面修复乌梁素海、红碱淖、东平湖等重要湖泊水体水生态功能。

深入推动美丽河湖地方实践。以地级及以上城市政府为主体，积极推进美丽河湖保护与建设，完善美丽河湖长效管理机制，提升河湖生态环境品质。组织评选黄河流域美丽河湖优秀案例，宣传推广成效好、可持续、能复制的美丽河湖保护与建设好经验好做法，强化美丽河湖优秀案例示范引领作用。

第四节 实施水体差异化保护治理

全面保障饮用水水源安全。以县级及以上城市集中式饮用水水源地为重点，加强饮用水水源地规范化建设，开展不达标水源治理。梯次推进农村集中式饮用水水源保护区划定、立标，开展水源保护区内环境问题排查整治。定期调查评估集中式饮用水水源地环境状况。加强城市应急或备用水源建设。到2025年，县级及以上城市集中式饮用水水源地水质达标率不低于90%，完成乡镇级集中式饮用水水源保护区划定与立标。到2030年，集中式饮用水水源安全得到有效保障。

维护良好水体水生态健康。加强黄河干流和沁河、大汶河、清水河及沙湖、千湖、汾河水库、李家峡水库等水质优良水体保护，实施河湖水生态健康修复维护工程，推进河湖自然恢复与人工修复。强化水生态保护修复，严格岸线资源管控，维护自然生态岸线。到2030年，实现黄河流域重要水体水生态承载力水平不降低。

实施受污染水体消劣达标行动。逐一编制实施劣Ⅴ类水体消劣行动方案，分期分批开展水环境综合整治。到2023年，实现汾河、都思兔河、黄甫川等入黄支流全面消劣（环境本底除外）；到2025年，实现涝河、南川河、三川河、杨兴河、乌兰木伦河、小黑河、泔河、马莲河等其他入黄支流消劣（环境本底除外）。持续推进石川河、沮河、延河、三岔河等未达标水体专项治理，依法编制实施水体达标规划。

综合整治城乡黑臭水体。全面开展县级城市建成区黑臭水体排查与综合整治。因地制宜采取措施降低合流制污水溢流污染，加快推进污水收集处理设施建设和改造，开展生态修复，强化监督管理，健全城市黑臭水体治理长效机制，防止水体黑臭现象反弹，实现长治久清。到2025年，县级城市建成区黑臭水体消除比例达到90%以上；到2030年，实现城市建成区黑臭水体消除。建立农村黑臭水体国家监管清单，以乡镇政府驻地、中心村等人口聚集地区为重点，优先开展综合整治，“拉条挂账、逐一销号”。开展农村黑臭水体整治试点示范，总结分区分类的农村黑臭水体治理模式，完善农村黑臭水体管理机制。到2025年，农村黑臭水体消除比例达到40%以上；到2030年，农村黑臭水体消除比例达到 70%以上。鼓励沿黄河省会城市提前完成县级城市建成区黑臭水体和农村黑臭水体整治工作。

专栏1 水环境保护与治理工程
1. 黄河流域干支流水生态环境综合治理示范工程 统筹推进水质净化等生态保护修复工程、黑臭水体和劣Ⅴ类水体治理工程、入河排污口规范化整治工程和生态用水保障工程，以黄河宁夏段、汾河、渭河等干支流为示范，实施25条入黄支流和21条入黄排干沟渠综合治理工程，实施8个重点湖泊生态修复，因地制宜实施一批区域再生水循环利用重大工程试点。

2. 饮用水水源地环境保护工程 以宁夏、陕西为示范，开展 79 个县级及以上城市集中式饮用水水源地和 70 个“千吨万人”集中式饮用水水源地规范化建设、水源达标治理、水源保护区污染源整治、水源涵养等综合保护工程。

第五章 加强区域协作，实现减污降碳协同增效

坚持源头防治、综合施策，强化多污染物协同控制和区域协同治理，推进 $PM_{2.5}$ 和臭氧（O_3）协同控制，推动减污降碳协同增效，努力实现汾渭平原等重点区域空气质量达标。

第一节 保障重点区域空气质量达标

分类推进城市空气质量全面达标。以京津冀及周边地区（黄河流域内城市）、汾渭平原、兰州—西宁城市群、黄河“几”字弯都市圈等为重点，实施大气污染综合治理，着力改善未达标城市空气质量，进一步巩固提升已达标城市空气质量。吕梁、晋中、临汾等城市着重推进二氧化硫治理，西安、咸阳、洛阳等城市着重推进氮氧化物（NO_x）治理，晋中、临汾、运城、咸阳、洛阳等城市着重推进 $PM_{2.5}$ 和 O_3 协同控制。到 2025 年，基本消除重污染天气，汾渭平原城市空气质量实现大幅改善，兰州、石嘴山、乌海、呼和浩特、包头、鄂尔多斯等城市力争实现空气质量稳定达标。到 2030 年，全流域基本实现空气质量达标。

提升区域行业大气污染治理水平。高标准实施钢铁行业超低排放改造，因地制宜推进水泥、焦化行业超低排放改造。到 2025 年，黄河流域大气污染防治重点区域（汾渭平原、京津冀及周边地区）以及西宁、兰州、石嘴山、乌海、包头、鄂尔多斯等城市，完成钢铁企业、独立焦化企业超低排放改造；到 2030 年，其他城市完成 80%的改造任务。按照“淘汰一批、替代一批、治理一批”的原则，实施燃煤锅炉和工业炉窑大气污染综合治理，到 2025 年，黄河流域 80%的工业炉窑完成大气污染综合治理，实现达标排放。县级及以上城市建成区和大气污染防治重点区域基本淘汰 35 蒸吨/小时以下燃煤锅炉，非重点区域基本淘汰 10 蒸吨/小时以下燃煤锅炉。开展建材、农药、煤化工、石化、化肥、铸造、压延、有色金属等行业综合治理，进一步强化设备密闭化改造和治理设施提标改造，推进全流程排放管理。加强大宗物料储存、输送及生产工艺过程无组织排放控制，在保障生产安全的前提下，采取密闭、封闭等措施有效提高废气收集率。

强化大气污染传输通道城市区域联防联控。加强汾渭平原东北—西南传输通道大气污染联防联控，强化汾渭平原、银石乌、呼包鄂等大气污染相互影响较大城市间应急联动，逐步统一区域重污染天气应急启动标准和应对措施，对钢铁、焦化、水泥等重点行业实施绩效分级动态管控和差异化应急管理。提升 O_3 预报能力，探索增设特征污染因子

预警启动条件，降低污染预警启动门槛。到 2030 年，汾渭平原、银石乌、呼包鄂等区域联防联控体系基本完善，空气质量得到持续改善。

第二节　推动多污染物协同控制

强化重点行业挥发性有机物（VOCs）综合治理。大力推进 VOCs 和 NO_x 协同减排，有效遏制 O_3 浓度增长趋势。严格落实涂料、油墨、胶粘剂、清洗剂等产品 VOCs 含量管控要求，大力推进低（无）VOCs 含量原辅材料替代。在确保安全的前提下，强化含 VOCs 物料全方位、全链条、全环节密闭管理，对载有气态、液态 VOCs 物料的设备与管线组件按要求开展泄漏检测与修复工作。以石化、化工、工业涂装、包装印刷等行业为重点，按照"应收尽收、适宜高效、先启后停"的原则，大力提升 VOCs 废气收集处理率及处理设施运行率。按标准要求完成加油站、原油和成品油储油库、油罐车油气回收治理。严厉打击生产、销售、储存和使用不合格油品行为。稳步推进大气氨污染防控。

专栏 2　重点行业大气污染综合治理工程
1. 钢铁水泥行业超低排放改造工程 完成钢铁企业有组织、无组织排放改造和大宗物料产品清洁运输，分步开展评估监测。重点实施山西、陕西等省共 100 家钢铁、60 家水泥企业超低排放改造工程。 2. 工业炉窑综合整治工程 实施焦化行业深度治理工程，压减炉龄较长、炉况较差的炭化室高度 4.3 米焦炉；推进实施有色金属、建材、石化、化肥、煤化工等行业工业炉窑综合治理工程，加大不达标工业炉窑淘汰力度，推进工业炉窑使用电、天然气等清洁能源或由周边热电厂供热；淘汰一批化肥行业固定床间歇式煤气化炉，淘汰炉膛直径 3 米以下燃料类煤气发生炉。开展关中地区工业炉窑无组织排放治理和清洁能源改造，严格控制工业炉窑生产工艺过程及相关物料储存、输送等环节无组织排放。 3. VOCs 污染防治工程 建立 9 省区 VOCs 排放因子图谱库。实施石化、化工、表面涂装、包装印刷、油品储运销等行业 VOCs 源头替代与污染治理改造工程、生活源 VOCs 控制示范工程、农业源 VOCs 控制示范工程和国三高排放、高污染柴油货车综合治理和管控工程，推进 VOCs 综合管控系统与平台建设。以宝鸡、咸阳、渭南、韩城等为重点，开展陶瓷、焦化企业 VOCs 污染治理，实施低 VOCs 含量的原辅材料源头替代、废气催化燃烧或回收处理，按照"一厂一策"方案，提升 VOCs 综合治理水平。开展含 VOCs 物料储存、转移和输送、设备与管线组件泄漏、敞开液面逸散以及工艺过程等五类排放源 VOCs 管控，强化无组织排放管控。

扎实稳妥推进冬季清洁取暖改造。通过技术优化和经济政策支持，持续巩固清洁取暖改造成果。到 2025 年，山西、陕西、河南、山东等省完成平原地区城市散煤替代。西宁、兰州、银川等城市重点在城区、城乡接合部和县城开展散煤替代，县级及以上城市建成区全面实现清洁取暖，逐步提高清洁取暖率。推进上游青海、四川沿黄河县城集中供暖设施建设。

专栏 3　清洁取暖改造工程
1. 陕西关中地区散煤治理与清洁能源替代工程 实施规模以上工业燃料煤削减和节煤改造工程，因地制宜推进生活和冬季取暖散煤替代，积极推广集中式电取暖、蓄热式电暖器、空气源热泵等。实施燃煤集中供热站清洁化改造，鼓励热电联产项目富余热能延伸利用。到 2025 年，陕西省实现削减散煤 200 万吨。 2. 沿黄河地区集中供热工程 大力发展集中供热，鼓励发展超低排放热电联产和供热锅炉。煤改电、煤改气优先采取集中供热方式，集中供热管网覆盖不到的区域，因地制宜推进分散式清洁取暖。

加强移动源排放管控。加快淘汰采用稀薄燃烧技术或“油改气”的老旧燃气车辆。力争到 2025 年，国六标准车辆占比达到 30%。强化机动车环保监管，严厉打击私拆排放处理装置、篡改车载诊断系统数据的违法行为。开展非道路移动源排放综合控制，完善非道路移动机械排放控制方案，加速淘汰老旧机械，划定并公布禁止使用高排放非道路移动机械的区域。到 2030 年，新能源和国三及以上非道路移动机械占比达到 40%以上。强化船舶排放监管，严厉查处使用不合格油品行为。严格执行船舶强制报废制度，提高船舶新能源清洁能源应用比例。

专栏 4　移动源污染治理工程
1. 高排放老旧机动车淘汰更新工程 到 2025 年，9 省区高排放老旧机动车淘汰更新量完成 60%。开展淘汰采用稀薄燃烧技术或“油改气”的老旧燃气车辆，建设 5 万辆/年报废机动车回收拆解及资源化利用中心。 2. 非道路移动机械治理工程 以城市建成区内施工工地、物流园区、大型工矿企业及机场、铁路货场等为重点，建设非道路移动机械环保监管平台，逐步淘汰不符合国三标准要求的挖掘机、装载机、叉车、压路机、平地机、推土机等非道路移动机械。

推进声环境质量持续改善。开展声环境功能区划评估与调整，建立地级及以上城市声环境质量自动监测网络。在制定相关规划时，充分考虑建设项目和区域开发改造所产生的噪声对周围生活环境的影响，合理划定防噪声距离，明确规划设计要求，提高噪声防护标准。将工业企业噪声纳入排污许可管理。到 2025 年，黄河流域城市夜间声环境质量达标率达到 85%。

第三节　增强应对气候变化能力

有序推动二氧化碳排放达峰。把碳达峰碳中和工作纳入黄河流域生态文明建设整体布局和经济社会发展全局，坚持全国一盘棋，明确各地区、各领域、各行业符合实际、切实可行的目标任务和碳达峰时间表、路线图、施工图，避免“一刀切”限电限产或运动式“减碳”。坚持降碳、减污、扩绿、增长协同推进，推动能耗“双控”向碳排放总量和强度“双控”转变。推进有条件的地方、重点领域、重点行业、重点企业率先达峰。

推进能源领域低碳发展。坚持先立后破、通盘谋划，推进能源低碳转型。有序有效开发山西、鄂尔多斯盆地综合能源基地资源，推动宁东、陇东、陕北、海西等重要能源基地高质量发展。加强煤炭等化石能源清洁高效利用，有序减量替代，推动煤电节能降碳改造。稳步有序推动煤层气、页岩气等非常规油气资源开采利用。发挥黄河上游水电站和电网系统的调节能力，支持青海、四川、甘肃等风能、太阳能丰富地区构建风光水多能互补系统。依托“东数西算”工程布局和实施，大幅提升绿色能源利用比例。加大青海、甘肃、内蒙古等省区清洁能源消纳外送能力和保障机制建设力度，加快跨省区电力市场一体化建设。开展大容量、高效率储能工程建设。深入推进山西国家资源型经济转型综合配套改革试验区建设和能源革命综合改革试点。

推进重点领域行业低碳转型。严把新上项目的碳排放关，坚决遏制高能耗、高排放、低水平项目盲目发展。推动企业开展减污降碳协同创新行动。推进“煤改气”“煤改电”进程，提高工业终端用能电气化水平。推进钢铁、石化、化工、有色、建材等行业节能降碳，升级钢铁、石化、建材等领域工艺技术，控制工业过程二氧化碳排放，开展工业园区和企业分布式绿色电网建设。依托北方地区清洁采暖工作，深入推进黄河流域城市建筑用能清洁替代和可再生能源在建筑领域的大规模应用。构建绿色交通运输体系，持续优化调整运输结构，以煤炭等大宗货物产地为重点，加快大宗货物和中长途货物运输“公转铁”，推进铁路、航运的电气化水平，逐步提高城市电动车比例，推动交通基础设施智能化、低碳化、信息化。大气污染防治重点区域的公共领域每年新增或更新公交、出租、物流配送等车辆中新能源汽车比例不低于 80%。到 2025 年，新能源汽车新车销售比例达到 20%左右。

控制温室气体排放。推进温室气体和主要污染物综合治理、协同增效，推进城市二氧化碳排放下降和空气质量“双达标”。开展油气系统甲烷控制工作，在山西、鄂尔多斯盆地推动提升煤矿瓦斯抽采利用水平。加强污水处理厂和垃圾填埋场甲烷排放控制和回收利用。加大标准化规模种养力度，控制农田和畜产品甲烷、氧化亚氮排放。在内蒙古、山西、陕西等具备条件的区域，推进二氧化碳捕集、利用和封存（CCUS）重点工程部署和集群建设。以煤电、钢铁、煤化工、石化等行业为重点，开展全流程 CCUS 示范工程试点。深化黄河流域既有国家低碳省区和城市试点工作，鼓励有条件的试点城市探索开展碳中和先行先试。

实施适应气候变化行动。加强全球气候变暖对生态承受力脆弱地区影响的观测和评估。在若尔盖、甘南等水源涵养区，开展水源涵养林、水土保持林建设工程与土地综合整治工程，进行重点水源涵养区封育保护，加强黄河入海口湿地自然生态保护，增加湿地碳汇储量，提升生态系统碳汇能力。开展针对性城市气候适应行动，提升城乡建设、农业生产、灾害防治、基础设施适应气候变化能力。推动典型区域和重点领域适应气候变化试点，探索运用基于自然的解决方案提升自然领域适应气候变化能力。定量识别气候变化与极端事件风险，制定城乡防灾减灾监测预报预警和防范措施，提高灾害抵御、适应和恢复能力。

第六章　加强管控修复，防治土壤地下水污染

推进土壤地下水污染调查，强化土壤污染源头防控，推进污染土壤安全利用，确保人民群众“吃得放心、住得安心”。

第一节　推进土壤地下水污染调查

开展土壤污染监测与调查评估。优化完善土壤环境监测网，加强土壤和农产品协同监测。依法开展土壤污染状况调查和风险评估。优先开展重点行业企业用地查明的高风险地块调查和风险评估。及时将注销、撤销排污许可证的企业用地纳入监管范围。鼓励对列入年度建设用地供应计划的地块，因地制宜提前开展土壤污染状况调查。

持续开展地下水污染调查评估与监测。以地下水型饮用水水源补给区、化学品生产企业、尾矿库、危险废物处置场、垃圾填埋场、工业聚集区、矿山开采区等区域周边为重点，开展地下水污染状况调查评估。以国家地下水环境质量考核点位监测工作为基础，因地制宜制定地下水环境质量达标或保持方案。加强地下水型饮用水水源和地下水污染源的地下水环境监测体系建设，规范监测井运行和管理。逐步推进地下水环境自行监测，建立监测数据报送制度，完善数据共享机制。研究推动地下水污染防治重点区划定，结合流域内煤炭、油气、矿产等开发规划和化工园区整体布局，识别地下水环境风险与管控重点，明确环境准入、隐患排查、风险管控等管理要求，建立地下水污染防治重点排污单位名录。

第二节　强化土壤污染源头防控

加强企业土壤环境监管。动态更新土壤污染重点监管单位名录，监督全面落实土壤污染防治义务，依法纳入排污许可管理，到 2025 年，至少完成一轮污染隐患排查整改。强化土壤污染重点行业企业拆除活动环境监管，重点防治拆除活动中的废水、固体废弃物、遗留物料及残留污染物等污染土壤和地下水。鼓励土壤污染重点监管单位因地制宜实施管道化、密闭化、重点区域防腐防渗改造和物料、污水管线架空建设改造。实施在产企业土壤污染风险管控。

加强土壤地下水污染协同防治。推进土壤污染防治先行区和地下水污染综合防治试验区建设。推进报废矿井、钻井等清单建立，开展地下水环境风险评估，针对环境风险较大的报废矿井、钻井，实施封井回填。油气开采油泥堆放场等废物收集、贮存、处理处置设施，按照有关要求采取防渗措施，防止采出水回注对地下水造成污染。选择典型矿区试点探索矿区跨介质污染综合治理。到2025年，完成一批地级市地下水污染防治重点区划定及配套管理制度文件制定，完成一批化工园区地下水污染风险管控工程，实施一批地下水重金属、有机污染修复试点工程。

第三节　推进污染土壤安全利用

有序推进建设用地风险管控和修复。落实建设用地土壤污染风险管控和修复名录制度。健全土壤和地下水环境基础数据库，加强部门间信息共享。严格建设用地准入管理和部门联动监管，依法开展风险管控与修复。

有效落实耕地分类管理制度。针对土壤重金属污染问题突出的区域，开展耕地土壤污染成因分析，逐步推动污染源整治。分区分类实施污染土壤安全利用，在轻中度污染耕地推广品种替代、水肥调控、土壤调理等安全利用措施，严格管控重度污染耕地，推行种植结构调整。

专栏5　土壤与地下水污染治理工程
1. 土壤污染治理工程 选择土壤污染面积较大的县，开展农用地安全利用示范。以化工、石油加工、有色金属冶炼等行业为重点，实施土壤污染源头管控项目。 2. 地下水污染防治工程 开展重点区域地下水污染防治，以化学品生产企业、工业集聚区、尾矿库、危险废物处置场、垃圾填埋场、矿山开采区等污染源为重点，实施地下水污染源头预防、风险管控、修复工程。

第七章　坚持生态优先，实施系统保护修复

坚持山水林田湖草沙系统保护和修复，构建黄河流域生态保护格局，修复重要生态系统，治理生态脆弱区域，强化生态保护监管，提升生态系统质量和稳定性。

第一节　筑牢生态安全屏障

构建“一带五区多点”生态保护格局。以国家重点生态功能区、生态保护红线、国家级自然保护地等为重点，强化流域生态保护，到2025年，基本建成以沿黄河生态带、水源涵养区、荒漠化防治区、水土保持区、重点河湖水污染防治区、河口生态保护区、

重要野生动物栖息地和珍稀植物分布区为框架的生态保护格局。加强沿黄河生态带河湖滨岸生态廊道建设，发挥河流水系连通作用。有效恢复水源涵养区高寒草甸、草原、湿地、森林等重要生态系统，开展天然林保护修复，强化水源涵养功能。重点推进荒漠化防治区沙漠防护植被建设，增加植被碳汇能力，科学实施固沙治沙防沙。加大水土流失综合治理力度。精准实施重点河湖水污染防治区河湖保护和综合治理，改善水体水质，努力恢复水清岸绿的水生态体系。加大河口生态保护区湿地生态系统修复力度，改善河口生态环境质量。保护、修复和扩大重要野生动物栖息地和珍稀植物分布区，实施珍稀濒危野生动植物保护繁育行动，提高生物多样性。切实做好“一带五区多点”的森林草原火灾防控工作，防范化解重特大森林草原火灾风险隐患。

专栏 6　黄河流域生态保护格局
“一带”：指以黄河干流和主要河湖为骨架，连通青藏高原、黄土高原、北方防沙带和黄河口海岸带的沿黄河生态带。 “五区”：指以三江源、秦岭、祁连山、六盘山、若尔盖等重点生态功能区为主的水源涵养区，以内蒙古高原南缘、宁夏中部等为主的荒漠化防治区，以青海东部、陇中陇东、陕北、晋西北、宁夏南部黄土高原为主的水土保持区，以渭河、汾河、涑水河、乌梁素海为主的重点河湖水污染防治区，以黄河三角洲湿地为主的河口生态保护区。 “多点”：指藏羚羊、雪豹、野牦牛、土著鱼类、鸟类等重要野生动物栖息地和珍稀植物分布区。

构建自然保护地体系。科学划定自然保护地保护范围及功能分区，加快整合优化各类保护地，建立以国家公园为主体的自然保护地体系，切实加强三江源等各类自然保护地保护管理，强化重要自然生态系统、自然遗迹、自然景观和濒危物种种群保护。严格管控自然保护地范围内非生态活动，稳妥推进已划入自然保护地核心保护区的永久基本农田、镇村、矿业权逐步有序退出。完善国家公园管理体制和运营机制，高质量建设三江源国家公园，加快开展黄河口、秦岭、若尔盖等国家公园创建工作。

第二节　修复重要生态系统

筑牢三江源“中华水塔”。继续推进实施三江源地区生态保护修复重大工程，加强草原、河湖、湿地、荒漠、冰川等生态保护。实施黑土滩型等退化草原综合治理，加强草原鼠害等有害生物治理，科学有效维护高寒草甸、草原等重要生态系统。加大对扎陵湖、鄂陵湖、约古宗列曲、玛多河湖泊群等河湖保护力度，严格管控流经城镇河段岸线。加强冰川雪山的封禁保护和监测，持续开展气候变化对冰川和高原冻土影响的研究评估，建立生态系统趋势性变化监测、监管和风险预警体系。全面推进三江源国家公园建设，到 2025 年，形成较为完善的三江源地区生态保护体制机制。

保护重要水源补给地。加大对甘南黄河、若尔盖等重点生态功能区湿地治理和修复力度，统筹推进封育造林和天然植被恢复，提升水源涵养功能。开展上游地区草地资源环境承载能力综合评价，全面推行草原禁牧、休牧、轮牧和草畜平衡制度，推动以草定畜、定牧、定耕，加强草原综合治理，加大草原有害生物防控等工程实施力度，积极开展草种改良，科学治理玛曲、碌曲、红原、若尔盖等地区退化草原，促进草原植被恢复。完善草原生态保护补助奖励补偿标准，引导牧民参与草原生态管护。

建设黄河绿色生态廊道。因地制宜建设集自然堤岸、水源涵养、水土保持、防风固沙、生物多样性维护等功能为一体的黄河绿色生态廊道，以森林、湿地、草地、地质遗迹等各类自然要素为主体，推进沿黄河生态多元化建设，最大限度拓展绿色生态空间，提升生态功能。因地制宜实施湟水河、洮河、大黑河、汾河、渭河、伊洛河、乌梁素海、红碱淖、东平湖等重要河湖周边水源涵养林建设、岸堤植被恢复等工程，恢复河湖水系生态廊道。

加强黄河三角洲湿地保护修复。严格保障黄河利津断面50立方米/秒生态基流目标，创造条件稳步推进退塘还河，实施清水沟、刁口河流路生态补水等工程，连通河口水系，扩大自然湿地面积。确需退耕的，纳入国家生态退耕计划，报经国务院批准后实施。加强陆海统筹，深入开展氮磷污染控制研究。加强盐沼、滩涂和河口浅海湿地生物物种资源保护，探索利用非常规水源补给鸟类栖息地，促进河口湿地生物多样性恢复。减少油田开采、围垦养殖、港口航运等经济活动对湿地生态系统的影响。恢复黄河三角洲岸线自然延伸趋势。加强互花米草、大米草治理，开展碱蓬、海草床等受损湿地修复，提升黄河三角洲湿地生态系统质量和稳定性。推进黄河口湾区"美丽海湾"保护与建设。

加强生物多样性保护。实施生物多样性保护重大工程，开展流域生物多样性调查评估及观测网络建设。开展生物多样性关键区保护示范工作，优化完善就地保护网络，加强珍稀濒危野生动植物及其栖息地、迁徙通道保护修复，强化沿黄河自然保护区基础能力建设。推动建设重要水生生物繁育中心和种质资源库。通过河流连通性恢复、水生生境修复、水生生物增殖放流等措施，恢复流域水生生物多样性。落实黄河流域禁渔制度，加强黄河上游特有鱼类、珍稀鱼类保护。开展黄河上游源区段等重点河段生境连通相关研究与鱼类生态通道修复，推动开展黄河中游鱼类产卵场修复重建示范工程和黄河口退化水生生态系统修复示范工程。开展黄河流域外来入侵物种调查评估，针对性开展重点外来入侵物种防控。

第三节　治理生态脆弱区域

推进重点地区风沙和荒漠化治理。总结推广库布齐沙漠、八步沙林场等荒漠化治理成功经验和典型模式，创新治理模式机制，建设完善沙区生态防护体系，筑牢北方防沙带。在适宜地区设立沙化土地封禁保护区，科学固沙治沙防沙。发挥黄河干流生态屏障和祁连山、六盘山、贺兰山、阴山等山系阻沙作用，实施锁边防风固沙工程，推进黄土高原风蚀和水蚀荒漠化治理。积极探索和推广沙地治理与资源化利用、绿色产业发展等新模式，促进沙区生态治理与经济协同发展。

创新黄土高原地区水土流失治理模式。以减少入河入库泥沙为重点，以小流域为单元综合治理，开展多沙粗沙区水土保持和土地综合整治。以陇东董志塬、晋西太德塬、陕北洛川塬、关中渭北台塬等塬区为重点，实施黄土高原固沟保塬项目。以陕甘晋宁青山地丘陵沟壑区为重点，开展旱作梯田建设，加强雨水集蓄利用，推进小流域综合治理。积极推动建设粗泥沙拦沙减沙设施，在重力侵蚀严重、水土流失剧烈区域建设高标准淤地坝。坚持宜林则林、宜灌则灌、宜草则草、宜荒则荒，科学开展林草植被保护和建设，提高植被盖度。

有序推进下游滩区生态综合治理。根据黄河下游滩区用途管制政策，因地制宜退还水域岸线空间，开展滩区土地综合整治，保护修复滩区生态环境。按照因滩施策、分区治理的原则，实施好滩区居民迁建工程。加强滩区水源和优质土地保护修复，依法合理利用滩区土地资源，依法打击非法采土、盗挖河砂、私搭乱建等行为。加强滩区湿地生态保护修复，构建滩河林田草综合生态空间，筑牢下游滩区生态屏障。

专栏 7　生态保护修复工程

1. 三江源生态保护和修复

开展封山（沙）育林草，落实草原禁牧轮牧措施。加强人工草场建设，加强湿地生态保护和综合治理，加强沙化土地与水土流失综合治理，恢复退化湿地生态功能和周边植被。

2. 祁连山生态保护和修复

加强天然林保护和公益林管护，通过封山育林、人工辅助促进森林质量提升，开展土地综合整治，建设人工草场，实施退化草原治理。加强源头滩地湿地恢复和退化湿地修复。实施水土流失、沙化土地综合治理。加强雪豹等重要物种栖息地保护和恢复，连通生态廊道。

3. 若尔盖草原湿地—甘南黄河重要水源补给生态保护和修复

大力开展重点水源涵养区封育保护，加强高原湿地保护与修复，恢复退化湿地生态功能和周边植被，增强水源涵养功能。推动重点区域荒漠化、沙化土地和黑土滩型等退化草原治理，遏制草原沙化趋势，提升草原生态功能。

4. 黄土高原水土流失综合治理

以渭北、陇东、晋西南等地为重点，开展水土保持和土地综合整治，实施小流域综合治理，建设涵盖塬面、沟坡、沟道的综合防护体系。以太行山、吕梁山、湟水河流域等地为重点，加强林草植被保护和修复，以水定林定草，实施封山育林（草）、草地改良。以库布齐等地为重点，通过人工治理与自然恢复相结合、生物措施与工程措施相结合，建设完善沙区生态防护体系。

5. 秦岭生态保护和修复

全面加强大熊猫、金丝猴、朱鹮等珍稀濒危物种栖息地保护和恢复，积极推进生态廊道建设，扩大野生动植物生存空间。切实加强天然林及原生植被保护，开展退化林修复，提高自然生态系统质量和稳定性。

6. 贺兰山生态保护和修复

全面保护天然林资源，实施封山育林，加强水源涵养林、防护林建设和退化林修复。加强防风固沙体系建设，加强水土流失预防。加强珍稀动植物及其栖息地保护。

7. 黄河下游生态保护和修复

加强黄河下游湿地特别是黄河三角洲生态保护和修复，促进生物多样性保护和恢复，推进防护林、廊道绿化、农田林网等工程建设。

第四节　强化生态保护监管

加强生态监测和评估。强化生态保护红线和自然保护地监测，有序推进生态保护监管重点区域森林、草原、河湖、湿地、荒漠等生态系统监测。开展生态状况遥感调查评估。定期组织开展生态保护红线保护成效评估。开展自然保护地生态环境保护成效评估，鼓励各地建立成效评估制度。开展重大生态保护修复工程实施成效评估。加快生态保护红线监管平台建设，实现生态保护红线内生态环境状况的遥感监测、评估与预警功能。到 2025 年，9 省区实现与国家生态保护红线监管平台的数据互联互通和业务协同。

深化“绿盾”自然保护地强化监督。持续开展“绿盾”自然保护地强化监督，突出对黄河流域国家级自然保护区和重要生态屏障区域的自然保护地监督。完善自然保护地生态环境监管系统，规范自然保护地生态环境问题台账管理，提升自然保护地生态环境监管能力。加强自然保护地遥感监测质量控制，强化监测监管技术协同增效。

建立生态破坏问题监管执法机制。对生态破坏突出问题及问题集中地区开展专项督察。建立生态破坏问题清单，形成“发现问题—核实会商—移交查处—督促整改”的生态破坏问题监管机制。建立健全跨区域、跨部门联动执法机制，依法查处重要生态空间内违法违规开矿、采砂、修路、筑坝、建设等对生态系统和野生动物主要栖息地造成生态破坏的行为。

第八章　强化源头管控，有效防范重大环境风险

牢固树立底线思维，全面管控“一废一库一品一重”，强化环境风险源头防控、预警应急及固体废物处理处置，有效防范化解重大生态环境风险，保障生态环境安全。

第一节　加强环境风险源头防控

加强工业园区环境风险防控。以沿黄河涉危、涉重工业园区为重点，强化工业园区环境风险防控，推进兰州—白银、宁东、陕北、鄂尔多斯地区能源化工基地环境风险管控体系建设。在宁东、咸阳、濮阳等化工园区，开展截流、导流、暂存设施及队伍、物

资“一体化”突发水环境事件应急准备体系试点工程建设。

强化企业环境风险管控。以黄河干流及主要支流为重点，严控石化、化工、原料药制造、印染、化纤、有色金属等行业企业环境风险。加强企业突发环境事件应急预案备案管理，开展基于环境风险评估和应急资源调查的应急预案修编。督促推进企事业单位按要求开展环境风险隐患排查治理，实施分类分级管理。针对企业产业类别、空间位置、风险特征、环境应急资源状况等，筛选一批企业环境风险管控典型样板。

强化尾矿库环境污染防控。加强尾矿库环境风险隐患排查治理，完善尾水回用系统、废水处理系统及防扬散、防泄漏措施，加强尾矿库尾水排放及下游监测断面水质的监测监控，建设和完善尾矿库下游区域环境风险防控工程设施。严格新（改、扩）建尾矿库环境准入，开展尾矿库污染治理，到 2025 年，基本完成尾矿库污染治理。

加强有毒有害物质环境监管。严格涉重金属行业环境准入，持续加强重点区域、重点行业重金属污染减排和监控预警。完成重点地区危险化学品生产企业搬迁改造。评估有毒有害化学物质环境风险，重视新污染物治理，严格限制高环境风险化学物质生产、使用、进出口，并逐步淘汰、替代。依法严厉打击持久性有机污染物非法生产和使用、添汞产品非法生产等违法行为。

第二节　提升环境风险预警应急水平

开展流域环境风险调查评估。以黄河干流及主要支流为重点，摸清工业企业、危险化学品储存与运输、输油输气管道等风险源和集中式饮用水水源地、重要保护区等敏感目标，绘制流域环境风险地图。开展环境应急资源调查分析，补齐应急能力差距。到 2025 年，完成黄河干流及主要支流环境风险调查评估，实施流域风险分级分类管理。

加强流域生态环境风险监控预警。在集中式饮用水水源地、跨省界断面、主要支流汇入口等的上游合理设置监控预警点位，配备有毒有害等特征污染物监控预警设施。建设黄河流域水环境风险预警平台，探索建立流域、省、市三级生态环境风险形势分析预警机制。

提升流域环境应急响应能力。沿黄河 9 省区政府应全面建立流域上下游省级突发水污染事件联防联控机制，到 2025 年，地级及以上城市应全面建立流域上下游联防联控机制。以黄河干流及主要支流为重点，编制流域突发环境事件应急预案。以县级及以上城市集中式饮用水水源地、跨省界断面和其他重要环境敏感目标等所在河湖为重点，编制“一河一策一图”。建立覆盖全流域的环境应急物资储备库，实现动态跟踪调拨管理。依托煤炭采选、煤化工、医药、有色金属和石化等重点行业企业，培育一批环境风险防控和应急第三方治理骨干企业。

强化次生环境事件风险管控。推动将生产安全事故、危险化学品运输事故、自然灾害次生、衍生突发环境事件应对纳入突发事件风险评估和政府应急预案，加强跨领域跨要素协同管控。强化生态环境、应急管理、交通运输、公安、水利等多部门协调联动，推进次生环境风险联防联控机制落实、落细、落地。加强危险化学品运输风险管控，到2030年，完成高风险路段优化和风险防控措施建设。

第三节　强化固体废物处理处置

有序推进“无废城市”建设。9省区因地制宜推动30个左右地级及以上城市开展“无废城市”建设。推进地级及以上城市固体废物管理制度改革，加强固体废物源头减量和资源化利用，最大限度减少填埋量。开展黄河流域“清废行动”，全面整治固体废物非法堆存。建立区域联防联治机制，严厉打击固体废物、危险废物非法转移、倾倒等违法犯罪活动。到2025年，城市固体废物综合管理效能明显提升，城市固体废物产生强度稳步下降，综合利用水平大幅提升，基本实现固体废物管理信息“一张网”。

提升工业固体废物减量化与资源化利用水平。建设一批“新型功能性、高附加值型、规模化综合利用”工业固体废物综合利用示范基地，推动工业固体废物集中利用处置能力跨区域共享。支持开展冶炼废渣和尾矿生产矿物微粉、煤矸石直燃发电、粉煤灰高附加值绿色建材利用等项目建设。

提升危险废物收集处置能力。推动危险废物分类收集专业化、规模化，以主要产业基地为重点，布局危险废物集中利用处置设施，鼓励建设区域性特殊危险废物收集、贮存和利用处置设施。建立区域危险废物跨省转移审批“白名单”制度，探索危险废物跨区域转移的生态保护补偿机制。提升危险废物规范化环境管理水平，强化危险废物全过程监控和信息化监管能力。到2022年，9省区危险废物利用处置能力与产废情况总体匹配，区域内各类危险废物基本得到妥善利用处置。

专栏8　危险废物收集处置能力提升工程
在开发区、工业园区等产业集聚区试点建设10吨/年以下的危险废物集中收集平台。鼓励危险废物集中处置单位和专业收集转运单位建设区域性收集网点和贮存设施。落实生产者责任延伸制度，鼓励铅蓄电池、矿物油生产企业建立收集点。建设区域性危险废物防控技术中心。提升危险废物集中处置水平，包括危险废物焚烧设施建设、危险废物填埋设施建设、特殊类别危险废物收集处置能力和区域危险废物收集处置能力提升工程。

补齐医疗废物收集处置短板。建立健全城乡一体的医疗废物收集转运体系，补齐医疗废物收集转运处置短板。加快地级及以上城市医疗废物集中处置设施建设，持续推进难以稳定达标运行的处置设施升级改造，提升上游地区医疗废物处置能力。建立医疗废物协同应急处置设施清单，提升医疗废物应急处置响应能力。

专栏 9　医疗废物收集处置能力提升重点工程
开展医疗废物集中处置设施新建项目、原有医疗废物处置设施提标改造项目、地市医疗废物应急处置能力配备项目、县医疗废物收集转运处置体系项目建设。实施地市医疗废物应急处置设施配备或改造，开展县医疗废物暂时贮存、转运车辆、包装用品等物品购置。

推进农业废弃物和农村生活垃圾治理。因地制宜推广秸秆综合利用模式，着力提升秸秆收储运专业化水平。大力推进标准地膜应用和全生物降解地膜替代应用，推进农田残留地膜、农药化肥包装等清理整治，健全回收处理体系。在甘肃、内蒙古等重点用膜地区，深入开展农膜回收利用示范县建设。到 2030 年，黄河流域秸秆综合利用率达到 90%以上，农膜回收率达到 88%以上。统筹规划城乡垃圾处理设施空间布局，逐步建立农村生活垃圾就地分类和资源化利用体系。

加强塑料污染治理。全面禁止生产和销售超薄塑料购物袋和非标聚乙烯农用地膜，加强对禁止生产销售使用塑料制品的监督检查。积极推广一次性塑料制品的替代产品使用，加快推进快递包装绿色转型。联合开展塑料污染治理专项行动，常态化开展黄河河道岸滩塑料垃圾清理，持续推进废塑料加工利用行业整治。

第九章　构建治理体系，提升治理水平

健全法制体系，完善治理市场和保护机制，深化监管制度，积极倡导全民参与共建绿色生活，形成导向清晰、决策科学、执行有力、激励有效、多元参与、良性互动的黄河流域现代环境治理体系。

第一节　健全生态环境法治

完善法律法规标准。充分发挥黄河保护法法治约束作用，建立最严格的水资源、水生态、水环境、水灾害治理制度并有效实施，支持出台地方性法规。支持对汾河等污染治理压力较大的流域和煤化工等重点行业，制定地方水污染物排放标准。

健全生态环境综合执法体系。深入推进生态环境保护综合行政执法改革，推动生态环境保护执法重心向市县下移。全面加强生态环境保护综合执法能力建设，推进执法机构示范单位建设，全面完成统一着装，加强执法装备配备，提高生态环境执法效能。推行流域联合执法、交叉执法。全面推行“双随机、一公开”模式。

推进流域执法司法联动。实行生态环境保护综合行政执法、公安、检察、审判等部门信息共享、案情通报、案件移送制度。推进黄河流域环境资源专门审判机构建设，统一涉环境资源案件的受案范围和审理程序。构建沿黄河 9 省区人民法院环境资源司法协作机制。妥善审理环境公益诉讼，加强与行政处罚、刑事司法及生态环境损害赔偿等制度的有效衔接。

第二节 完善环境治理市场体系

创新环境治理模式。积极推行环境医院、环保管家和环境顾问服务，探索开展环境综合治理托管服务，开展生态环境导向的开发模式试点、小城镇综合治理托管模式服务试点、园区污染防治第三方治理示范，探索统一规划、统一监测、统一治理的一体化服务模式。鼓励对工业污染地块采用“环境修复+开发建设”模式。

推动建立生态产品价值实现机制。建立纵向与横向、补偿与赔偿、政府与市场有机结合的黄河流域生态产品价值实现机制。在三江源、若尔盖、甘南黄河等流域上游水源涵养重点生态功能区探索开展生态产品价值核算试点。推动建立全流域生态保护补偿机制，开展湟水河、渭河等主要支流横向生态保护补偿机制试点，在沿黄河重点生态功能区县实施生态综合补偿试点，以点带面形成多元化生态保护补偿政策体系。鼓励开展碳排放权、排污权、用水权、水能资源开发等市场化交易，中央财政设立黄河流域生态保护和高质量发展专项奖补资金，加大对黄河流域重点生态功能区的转移支付力度。

积极推动绿色金融创新。积极研究转型金融相关标准，鼓励绿色金融产品创新，支持和激励各类金融机构开发减污降碳的绿色金融产品。在黄河流域推行气候投融资试点。鼓励符合条件的企业发行绿色债券。在环境高风险领域鼓励企业投保环境污染责任保险。研究探索对排污权进行抵质押融资。鼓励有条件的融资租赁机构发展环保装备特色融资租赁产品。以兰州新区为重点，积极推进绿色金融改革创新试验区建设。

第三节 深化生态环境管理制度

深化生态环境领域“放管服”改革。持续推进简政放权，加快实施环评审批和监督执法“两个正面清单”制度，为新型基础设施、新型城镇化、交通和水利等重大工程建设开辟绿色通道。

完善考核和责任追究制度。将黄河流域生态环境保护成效纳入相关考核。加强各级党委政府生态环境保护履职尽责情况的评估考核，并推动将评估结果纳入地方高质量发展综合绩效评价考核体系。落实党政领导干部自然资源资产离任审计和生态环境损害责任终身追究制度。以中央和省级生态环境保护督察、“回头看”及专项督察等为重点，健全生态环境保护督察机制。持续制作黄河流域生态环境警示纪录片。全面实施生态环境损害赔偿制度。

全面实行排污许可制。依法全面实施排污许可管理制度，严格落实排污许可“一证式”管理，完善企业台账管理、自行监测、执行报告等制度，引导企业持证排污、按证排污，推动环评、总量控制、统计、执法等相关制度与排污许可制度的全联动。积极构建以排污许可制为核心的固定污染源监管制度体系。

健全环境治理信用体系。推动企业依法披露环境信息，健全企业环保信用评价制度，依据评价结果实施分级分类监管。完善排污企业黑名单制度，将环境违法企业依法依规纳入失信惩戒对象名单。建立健全环境治理政务失信记录。建立信用信息互联共享机制。

建立区域协同保护机制。深化跨区域生态环境保护合作，完善省际会商机制。推动青海、四川、甘肃毗邻地区协同推进水源涵养和生态保护修复。支持甘肃、青海毗邻地区协同开展祁连山生态修复和黄河上游冰川群保护。引导宁夏、内蒙古毗邻地区统筹能源化工发展布局。加强陕西、山西黄土高原交界地区协作，共同保护黄河晋陕大峡谷生态环境。协同推进山西、河南、山东等黄河中下游地区总氮污染控制，减少黄河入海口海域的环境污染。

第四节 提升现代环境治理水平

深化黄河流域示范创建。加快推进国家生态文明建设示范区、“绿水青山就是金山银山”实践创新基地、国家环境保护模范城市建设。开展国家水土保持示范创建，充分发挥示范引领作用，促进水土保持高质量发展。挖掘黄河流域生态产品价值实现典型模式，鼓励地方开展美丽省区、美丽城市、美丽河湖、美丽海湾建设。

提高科技支撑能力。开展生态环境问题精准识别、流域污染源清单、污染源—汇过程跟踪和预警预报等研究，推进流域污染源头控制、过程削减、末端治理等技术集成创新，推动形成一批可复制、可推广的流域系统治理技术模式。发挥国家环境保护重点实验室、工程技术中心以及其他生态环境科技成果转化综合服务平台作用，支撑解决“两山”转化路径、生态系统修复、精细化环境管理、农业节水、面源污染治理、水沙平衡等流域关键问题，不断提高流域精准、科学治理水平。

提升生态环境监测监管能力。规划、整合优化生态环境质量监测点位，补好黄河流域天空地一体化生态环境质量监测体系短板。开展重要断面生态流量监测，试点开展重要河湖污染通量监测。加快仿真模拟、物联网大数据、远程云监管等生态环境新技术应用，推进生态环境大数据建设与预警预报应用，健全黄河流域生态环境数据共享与调度指挥机制。到 2025 年，建成黄河流域生态环境综合预警预报与调度指挥管理平台。

第五节 倡导全民共建绿色生活

加快推进全民绿色消费。实施绿色消费行动，增加衣、食、住、行、用、游等重点领域绿色产品和服务供给，倡导简约适度、绿色低碳生活方式，推广绿色出行、绿色旅游，坚决制止餐饮浪费行为。完善绿色消费统计指标体系，搭建数字化开放式绿色低碳生活服务平台。

开展绿色生活创建活动。积极开展节约型机关、绿色家庭、绿色学校、绿色社区、绿色商场等创建行动。建立完善绿色生活的相关政策和管理制度。推进机关无纸化办公，减少家庭一次性塑料制品的使用，完善节能家电、高效照明产品、节水器具推广机制。

积极实施绿色采购。持续推进能效、水效、环保“领跑者”制度实施，引导企业与公众采购使用“领跑者”产品。推进政府采购需求标准体系建设，加大政府绿色采购力度。放宽绿色生态产品和服务市场准入，构建企业间绿色供应链体系。探索建立政府部门、事业单位和大型企业举办大型活动采取碳中和行动的制度。

第十章　健全工作机制，推进规划实施

坚持党的集中统一领导，履行主体责任，健全推进机制，形成全社会共同参与黄河流域生态环境大保护、大治理的格局。

第一节　强化组织领导

沿黄河 9 省区政府作为推进黄河流域生态环境保护的责任主体，要坚持党的领导，履行主体责任，认真贯彻执行党中央、国务院各项决策部署，完善省区负总责、市县抓落实的工作机制，出台方案举措，细化目标任务，逐步建立健全跨省区、城市生态环境保护政府间联席会议制度与调度协调和重大工程推进机制。市县要按照决策部署，落实工作责任，细化工作方案，逐项抓好落实。国家各有关部门要落实责任、建立机制，加强对黄河流域生态环境保护工作的指导、调度和评估，在重大政策制定、重大项目安排、重大体制创新方面予以积极支持。

第二节　推进多元投资

各省区要把本规划确定的目标、任务、措施和重大工程纳入本地区相关规划和投资计划，做好生态环境保护治理项目储备，加大本规划工程项目资金倾斜和要素保障力度。创新投融资机制，拓宽投融资渠道，引导调控社会资源，用好中央投资和地方政府专项债券，发挥政府投资引导作用，引导金融机构加大对本规划工程项目建设的金融支持，鼓励和引导社会资本参与黄河流域生态保护与污染治理。

第三节　加强宣传引导

组织开展形式多样的生态环境保护修复体验和实践活动。引导和规范生态环境保护领域非政府组织有序参与生态环境保护事务。

完善公众监督和举报反馈机制，引导社会组织和公众共同参与环境治理。积极引导基础好、有条件、有意愿的单位，因地制宜建设各具特色、形式多样的生态文明教育场馆，发挥生态文明宣传教育和社会服务功能。

工业和信息化部 国家发展改革委 住房城乡建设部 水利部 关于深入推进黄河流域工业绿色发展的指导意见

（工信部联节〔2022〕169号）

山西省、内蒙古自治区、山东省、河南省、四川省、陕西省、甘肃省、青海省、宁夏回族自治区工业和信息化主管部门、发展改革委、住房和城乡建设厅、水利厅：

为贯彻落实习近平总书记关于推动黄河流域生态保护和高质量发展的重要讲话和指示批示精神，按照《黄河流域生态保护和高质量发展规划纲要》《“十四五”工业绿色发展规划》要求，深入推进黄河流域工业绿色发展，现提出以下意见。

一、总体要求

（一）指导思想

以习近平新时代中国特色社会主义思想为指导，全面贯彻党的二十大精神，深入贯彻习近平生态文明思想，完整、准确、全面贯彻新发展理念，加快构建新发展格局，以推动高质量发展为主题，加快发展方式绿色转型，实施全面节约战略，着力推进区域协调发展和绿色发展，立足黄河流域不同地区自然条件、资源禀赋和产业优势，按照共同抓好大保护、协同推进大治理要求，加快工业布局优化和结构调整，强化技术创新和政策支持，推动传统制造业改造升级，提高资源能源利用效率和清洁生产水平，构建高效、可持续的黄河流域工业绿色发展新格局。

（二）主要目标

到2025年，黄河流域工业绿色发展水平明显提升，产业结构和布局更加合理，城镇人口密集区危险化学品生产企业搬迁改造全面完成，传统制造业能耗、水耗、碳排放强度显著下降，工业废水循环利用、固体废物综合利用、清洁生产水平和产业数字化水平进一步提高，绿色低碳技术装备广泛应用，绿色制造水平全面提升。

二、推动产业结构布局调整

（一）促进产业优化升级

坚决遏制黄河流域高污染、高耗水、高耗能项目盲目发展，对于市场已饱和的高耗能、高耗水项目，主要产品设计能效要对标重点领域能效标杆水平或先进水平，水效对标用水定额先进值或国际先进水平。严格执行钢铁、水泥、平板玻璃、电解铝等行业产能置换政策。禁止新建《产业结构调整指导目录》中限制类产品、工艺或装置的建设项目。强化环保、能耗、水耗等要素约束，依法依规推动落后产能退出。推动黄河流域煤炭、石油、矿产资源开发产业链延链和补链，推进产业深加工，逐步完成产业结构调整和升级换代。（工业和信息化部、国家发展改革委、水利部，沿黄河省、区按职责分工负责）

（二）构建适水产业布局

落实“十四五”用水总量和强度控制、能源消费总量和强度控制、碳排放强度控制等要求，推动重化工集约化、绿色化发展，严格控制现代煤化工产业新增产能。加快布局分散的企业向园区集中，推进能源资源梯级、循环利用。稳步推进黄河流域城镇人口密集区未完成大型、特大型危险化学品生产企业搬迁改造。推动兰州、洛阳、郑州、济南等沿黄河城市和干流沿岸县（市、区）新建工业项目入合规园区，具备条件的存量企业逐步搬迁入合规园区。推动宁夏宁东、甘肃陇东、陕北、青海海西等重要能源基地绿色低碳转型，推动汾渭平原化工、焦化、铸造、氧化铝等产业集群化、绿色化、园区化发展。（工业和信息化部、国家发展改革委、水利部，沿黄河省、区按职责分工负责）

（三）大力发展先进制造业和战略性新兴产业

开展先进制造业集群发展专项行动，推动黄河流域培育有竞争力的先进制造业集群。支持黄河流域国家新型工业化产业示范基地提升。推动黄河流域培育一批工业绿色发展领域的专精特新“小巨人”企业和制造业单项冠军企业。推动兰州新区、西咸新区等国家级新区和郑州航空港经济综合实验区做精做强主导产业，依托山东新旧动能转换核心区，打造济南、青岛节能环保产业聚集区。打造能源资源消耗少、环境污染少、附加值高、市场需求旺盛的产业发展新引擎，加快发展新一代信息技术、新能源、新材料、高端装备、绿色环保、新兴服务业等战略性新兴产业，带动黄河流域绿色低碳发展。以黄河流域中下游产业基础较强地区为重点，搭建产供需有效对接、产业上中下游协同配合、产业链创新链供应链紧密衔接的产业合作平台，推动产业体系升级和基础能力再造。（工业和信息化部、国家发展改革委，沿黄河省、区按职责分工负责）

三、推动水资源集约化利用

（一）推进重点行业水效提升

鼓励黄河流域工业企业、园区、集聚区自主或委托第三方服务机构积极开展生产工艺和设备节水评估，根据水资源条件和用水实际情况，实施工业水效提升改造，推进用水系统集成优化，实现串联用水、分质用水、一水多用、梯级利用。在黄河流域大力推广高效冷却及洗涤、废水循环利用、高耗水生产工艺替代等先进节水工艺、技术和装备，鼓励黄河流域中上游企业、园区新建工业循环冷却系统优先采用空冷工艺。聚焦钢铁、石化化工、有色金属等重点行业，推动黄河流域各省、区创建一批废水循环利用示范企业、园区，提升水重复利用水平。（工业和信息化部、国家发展改革委、水利部，沿黄河省、区按职责分工负责）

（二）加强工业水效示范引领

加快制修订节水管理、节水型企业、用水定额、水平衡测试、节水工艺技术装备等行业标准，鼓励黄河流域各省、区根据自然条件等实际制定地方标准，鼓励企业开展用水审计、水效对标达标，提高用水效率。推动黄河流域绿色工厂、绿色工业园区率先达标。黄河流域各省、区要依托重点行业节水评价标准，推动创建节水型企业、园区，遴选节水标杆企业、园区，积极申报国家水效领跑者企业、园区。到 2025 年，在黄河流域创建 60 家节水标杆企业、30 家节水标杆园区，遴选 20 家水效领跑者企业、10 家水效领跑者园区。（工业和信息化部、国家发展改革委、水利部，沿黄河省、区按职责分工负责）

（三）优化工业用水结构

严格高耗水行业用水定额管理，推进非常规水资源的开发利用。推动有条件的黄河流域工业企业、园区与市政再生水生产运营单位合作，完善再生水管网、衔接再生水标准，将处理达标后的再生水用于钢铁、火电等企业生产，减少企业新水取用量。创建一批产城融合废水高效循环利用创新试点，总结推广产城融合废水高效循环利用模式。鼓励黄河流域下游沿海地区直接利用海水作为循环冷却水，加大海水淡化自主技术和装备的推广应用力度。鼓励山西、内蒙古、陕西等省、区根据当地苦咸水特点，采用适用的苦咸水淡化技术，因地制宜补充工业生产用水。鼓励陇东、宁东、蒙西、陕北、晋西等能源基地矿井水分级处理、分质利用。鼓励黄河流域企业、园区建立完善雨水集蓄利用、雨污分流等设施，有效利用雨水资源，减少新水取用量。（水利部、国家发展改革委、工业和信息化部、住房城乡建设部，沿黄河省、区按职责分工负责）

四、推动能源消费低碳化转型

（一）推进重点行业能效提升

推进重点用能行业节能技术工艺升级，鼓励黄河流域电力、钢铁、有色、石化化工等行业企业对主要用能环节和用能设备进行节能化改造，有序推动技术工艺升级，利用高效换热器、热泵等先进节能技术装备，减少余热资源损失。推进实施四川短流程钢引领工程。加快烧结烟气内循环、高炉炉顶均压煤气回收、铁水一罐到底等技术推广。鼓励青海、宁夏等省、区发展储热熔盐和超级电容技术，培育新型电力储能装备。实施能效“领跑者”行动，遴选发布能效“领跑者”企业名单及能效指标，引导黄河流域企业对标达标，提升能效水平。以黄河流域钢铁、铁合金、焦化、现代煤化工等行业企业为重点，开展工业节能监察，加强节能法律法规、强制性节能标准执行情况监督检查。组织实施工业节能诊断服务，帮助黄河流域企业、园区挖掘节能潜力，提出节能改造建议。（工业和信息化部、国家发展改革委，沿黄河省、区按职责分工负责）

（二）实施降碳技术改造升级

围绕黄河流域煤化工、有色金属、建材等重点行业，通过流程降碳、工艺降碳、原料替代，实现生产过程降碳。加强绿色低碳工艺技术装备推广应用，提高重点行业技术装备绿色化、智能化水平。推动重点行业存量项目开展节能降碳技术改造。对照重点行业能效标杆和基准水平，开展相关领域标准的制修订和推广应用工作。鼓励黄河流域各省、区发展绿色低碳材料，推动产品全生命周期减碳。探索低成本二氧化碳捕集、资源化转化利用、封存等主动降碳路径。发挥黄河流域大型企业集团示范引领作用，在主要碳排放行业以及可再生能源应用、新型储能、碳捕集利用与封存等领域，实施一批降碳效果突出、带动性强的重大工程。（国家发展改革委、工业和信息化部，沿黄河省、区按职责分工负责）

（三）推进清洁能源高效利用

鼓励氢能、生物燃料、垃圾衍生燃料等替代能源在钢铁、水泥、化工等行业的应用。统筹考虑产业基础、市场空间等条件，有序推动山西、内蒙古、河南、四川、陕西、宁夏等省、区绿氢生产，加快煤炭减量替代，稳慎有序布局氢能产业化应用示范项目，推动宁东可再生能源制氢与现代煤化工产业耦合发展。提升工业终端用能电气化水平，在黄河流域具备条件的行业和地区加快推广应用电窑炉、电锅炉、电动力等替代工艺技术装备。到 2025 年，电能占工业终端能源消费比重达到 30%左右。支持青海、宁夏等风能、太阳能丰富地区发展屋顶光伏、智能光伏、分散式风电、多元储能、高效热泵等，在河南等省、区开展工业绿色微电网建设，推进多能高效互补利用，为黄河流域工业企业提供高品质清洁能源。（工业和信息化部、国家发展改革委，沿黄河省、区按职责分工负责）

五、推动传统制造业绿色化提升

（一）推进绿色制造体系建设

围绕黄河流域重点行业和重要领域，持续推进绿色产品、绿色工厂、绿色工业园区和绿色供应链管理企业建设，鼓励黄河流域各省、区创建本区域的绿色制造标杆企业名单。推动黄河流域汽车、机械、电子、通信等行业龙头企业，将绿色低碳理念贯穿于产品设计、原料采购、生产、运输、储存、使用、回收处理的全过程，推动供应链全链条绿色低碳发展。鼓励黄河流域开展绿色制造技术创新及集成应用，充分依托已有平台，提升信息交流传递、示范案例宣传等线上绿色制造公共服务水平，积极培育一批绿色制造服务供应商，为企业、园区提供产品绿色设计与制造一体化、工厂数字化绿色提升、服务其他产业绿色化等系统解决方案。（工业和信息化部，沿黄河省、区按职责分工负责）

（二）加强工业固废等综合利用

推进黄河流域尾矿、粉煤灰、煤矸石、冶炼渣、赤泥、化工渣等工业固体废物综合利用，积极推进大宗固废综合利用示范基地和骨干企业建设，拓展固废综合利用渠道。探索建立基于区域特点的工业固废综合利用产业发展模式，建设一批工业资源综合利用基地。大力推进黄河流域中上游省、区偏远工业园区工业固废处置，着力提升内蒙古、宁夏等省、区大宗工业固废综合利用率，推动下游地区加强复杂难用工业固废规模化利用技术研发，鼓励多措并举提高工业固废综合利用率。鼓励建设再生资源高值化利用产业园区，推动企业聚集化、资源循环化、产业高端化发展。推动山西、四川、陕西等省、区积极落实生产者责任延伸制度，强化新能源汽车动力蓄电池溯源管理，积极推进废旧动力电池循环利用项目建设。提前布局退役光伏、风力发电装置等新兴固废综合利用。（工业和信息化部、国家发展改革委，沿黄河省、区按职责分工负责）

（三）提高环保装备供给能力

实施环保装备制造业高质量发展行动计划，在黄河流域培育一批环保装备骨干企业，加大高效环保技术装备产品供给力度。鼓励环保装备龙头企业，针对环境治理需求和典型应用场景，组建产学研用共同参与的创新联盟，集中力量解决黄河流域环境治理热点、难点问题。开展重点行业清洁生产改造，以河南、陕西、甘肃、青海等省、区为重点，引导钢铁、石化化工、有色金属等重点行业企业，推广应用清洁生产技术工艺以及先进适用的环保治理装备。（工业和信息化部、国家发展改革委，沿黄河省、区按职责分工负责）

六、推动产业数字化升级

（一）加强新型基础设施建设

积极推进黄河流域新型信息基础设施绿色升级，降低数据中心、移动基站功耗。依托国家“东数西算”工程，在中上游内蒙古、甘肃、宁夏、成渝算力网络国家枢纽节点地区，开展大中型数据中心、通信网络基站和机房绿色建设和改造。到 2025 年，新建大型、超大型数据中心运行电能利用效率降至 1.3 以下，积极创建国家绿色数据中心。分行业建立黄河流域全生命周期绿色低碳基础数据平台，统筹绿色低碳基础数据和工业大数据资源，建立数据共享机制，推动数据汇聚、共享和应用。（工业和信息化部，沿黄河省、区按职责分工负责）

（二）推动数字化智能化绿色化融合

采用工业互联网、大数据、5G 等新一代信息技术提升黄河流域能源、资源、环境管理水平，深化生产制造过程的数字化应用，赋能绿色制造。鼓励黄河流域企业、园区开展能源资源信息化管控、污染物排放在线监测、地下管网漏水检测等系统建设，实现动态监测、精准控制和优化管理。加强对再生资源全生命周期数据的智能化采集、管理与应用。推动主要用能设备、工序等数字化改造和上云用云。支持采用物联网、大数据等信息化手段开展信息采集、数据分析、流向监测、财务管理，推广“工业互联网+水效管理”“工业互联网+能效管理”“工业互联网+再生资源回收利用”等新模式。（工业和信息化部、水利部，沿黄河省、区按职责分工负责）

七、保障措施

（一）加强组织领导

国家各有关部门要加强对黄河流域工业绿色发展的指导、调度和评估，在重大政策制定、重大项目安排、重大体制创新方面予以积极支持。沿黄河 9 省、区工业和信息化主管部门要充分认识深入推进黄河流域工业绿色发展的重要意义，以企业为主体，落实工作责任，进一步强化各部门、各地区、各领域协同合作，细化工作方案，逐项抓好落实。（各有关部门，沿黄河省、区按职责分工负责）

（二）强化标准和技术支撑

发挥水耗、能耗、碳排放、环保、质量、安全，以及绿色产品、绿色工厂、绿色工业园区、绿色供应链和绿色评价及服务等标准的引领作用，鼓励各地结合实际，推动工业绿色发展相关标准建设。加大绿色低碳技术装备和产品的创新，推动先进成熟技术的产业化应用和推广，支撑黄河流域工业绿色发展。（各有关部门，沿黄河省、区按职责分工负责）

（三）落实财税金融政策

充分利用现有资金渠道，支持黄河流域绿色环保产业发展、能源高效利用、资源循环利用、工业固废综合利用等项目实施。落实国家有关节能节水环保、资源综合利用以及合同能源管理、环境污染第三方治理等方面企业所得税、增值税等优惠政策。落实促进工业绿色发展的产融合作专项政策，发挥国家产融合作平台作用，引导金融机构为黄河流域企业提供专业化的金融产品和融资服务。开展工业绿色低碳升级改造行动，引导金融机构绿色信贷优先支持黄河流域工业绿色发展改造项目。推动山西、内蒙古、山东、河南、陕西，宁夏、四川继续落实水资源税改革相关办法。（各有关部门，沿黄河省、区按职责分工负责）

（四）创新人才培养和合作机制

依托沿黄河 9 省、区现有人才项目，完善人才吸引政策及市场化、社会化的人才管理服务体系，加大专业技术人才、经营管理人才的培养力度。深化绿色“一带一路”合作，拓宽节能节水、清洁能源、清洁生产等领域技术装备和服务合作，鼓励采用境外投资、工程承包、技术合作、装备出口等方式，推动绿色制造和绿色服务率先“走出去”。（各有关部门，沿黄河省、区按职责分工负责）

工业和信息化部
国家发展改革委
住房城乡建设部
水利部
2022 年 12 月 12 日

关于印发《黄河生态保护治理攻坚战行动方案》的通知

（环综合〔2022〕51号）

山西省、内蒙古自治区、山东省、河南省、四川省、陕西省、甘肃省、青海省、宁夏回族自治区生态环境厅、高级人民法院、人民检察院、发展改革委、工业和信息化主管部门、公安厅、自然资源厅、住房和城乡建设厅、水利厅、农业农村（农牧）厅、气象局、林草局：

为深入贯彻习近平总书记重要讲话和指示批示精神，认真落实黄河流域生态保护和高质量发展国家重大战略，按照党中央、国务院关于深入打好污染防治攻坚战的决策部署，制定《黄河生态保护治理攻坚战行动方案》。现印发给你们，请认真贯彻执行。

生态环境部　最高法院
最高检察院　发展改革委
工业和信息化部　公安部
自然资源部　住房城乡建设部
水利部　农业农村部
气象局　林草局
2022年8月5日

（此件社会公开）

黄河生态保护治理攻坚战行动方案

为贯彻落实黄河流域生态保护和高质量发展国家重大战略，按照党中央、国务院关于深入打好污染防治攻坚战的决策部署，着力打好黄河生态保护治理攻坚战，制定本行动方案。

一、总体要求

（一）指导思想

以习近平新时代中国特色社会主义思想为指导，全面贯彻党的十九大和十九届历次全会精神，深入贯彻习近平生态文明思想，坚持稳中求进工作总基调，完整、准确、全面贯彻新发展理念，坚持绿水青山就是金山银山，准确把握重在保护、要在治理的战略要求，落实以水定城、以水定地、以水定人、以水定产，共同抓好大保护，协同推进大治理，以维护黄河生态安全为目标，以改善生态环境质量为核心，统筹水资源、水环境和水生态，加强综合治理、系统治理、源头治理，推进山水林田湖草沙一体化保护修复，协同推动生态保护与环境治理，提升流域生态系统质量和稳定性，落实各方生态环境保护责任，强化督察监管，着力解决人民群众关心的突出生态环境问题，实现流域生态安全屏障更加牢固、生态环境质量持续改善，让黄河成为造福人民的幸福河。

（二）基本原则

坚持因地制宜、分类施策。落实生态优先、保护优先，科学把握上中下游的差异，实施分区分类保护治理，系统推进重点河湖自然生态保护修复和工业、城乡生活、农业、矿区等污染治理，促进河流生态系统健康。

坚持休养生息、还水于河。从过度干预、过度利用向自然恢复、休养生息转变，把水资源作为最大刚性约束，合理控制水资源开发利用强度，优化用水结构，有效保障生态流量，守住黄河自然生态安全边界。

坚持问题导向、重点攻坚。聚焦流域生态保护和环境治理的突出问题，深入实施生态环境保护重大工程，加快补齐生态环境基础设施短板，保护水资源、改善水环境、恢复水生态，以生态环境质量的持续改善不断提升人民群众的幸福感。

坚持源头管控、防范风险。建立健全流域国土空间管控机制，强化生态环境分区管控，严格自然资源开发利用准入，坚决遏制高能耗、高排放、低水平项目盲目发展，完善生态环境管理、协调、监督机制，有效防范化解重大生态环境风险。

坚持多元共治、协同推进。落实各方生态环境保护责任，引导市场主体和社会公众参与，深化全流域联防联控，推进各地方、各部门分工协作、共同发力，建立健全上下游、左右岸、干支流协同保护治理机制。

（三）工作目标

通过攻坚，黄河流域生态系统质量和稳定性稳步提升，干流及主要支流生态流量得到有效保障，水环境质量持续改善，污染治理水平得到明显提升，生态环境风险有效控制，共同抓好大保护、协同推进大治理的格局基本形成。到2025年，黄河流域森林覆盖率达到21.58%，水土保持率达到67.74%，退化天然林修复1050万亩，沙化土地综合治理136万公顷，地表水达到或优于Ⅲ类水体比例达到81.9%，地表水劣Ⅴ类水体基本消除，黄河干流上中游（花园口以上）水质达到Ⅱ类，县级及以上城市集中式饮用水水源水质达到或优于Ⅲ类比例不低于90%，县级城市建成区黑臭水体消除比例达到90%以上。

（四）攻坚范围

在黄河流域覆盖的青海、四川、甘肃、宁夏、内蒙古、山西、陕西、河南、山东等9省区范围内，以黄河干流、主要支流及重要湖库为重点开展流域生态保护治理行动。黄河干流主要指青海玉树河源至山东东营入海口河段；主要支流包括湟水河、洮河、窟野河、无定河、延河、汾河、渭河、石川河、伊洛河、沁河、大汶河等河流；重要湖库包括乌梁素海、红碱淖、沙湖、东平湖、龙羊峡水库、李家峡水库、刘家峡水库、万家寨水库、三门峡水库、小浪底水库等湖库。

二、主要任务

（一）河湖生态保护治理行动

推动河湖水生态环境保护。以黄河干流，湟水河、大通河、洮河、汾河、渭河、伊洛河、沁河、大汶河等主要支流，以及乌梁素海、红碱淖、沙湖、东平湖、龙羊峡水库、李家峡水库、刘家峡水库等湖库为重点，实施水生态调查评估与保护修复，优先开展饮用水水源地、自然保护地、国家级水产种质资源保护区、“三场一通道”（产卵场、索饵场、越冬场和洄游通道）、野生动物保护栖息地等所在河湖生态缓冲带划定，严格生态缓冲带监管和岸线管控，推动清退、搬迁与生态保护要求不符的生产活动和建设项目。加大扎陵湖、鄂陵湖、约古宗列曲、卡日曲、星星海和玛多湖泊群保护力度，维护自然生态岸线和河湖原生生态。调整优化黄河禁渔期制度，科学规范实施水生生物增殖放流。到2025年，完成干流、主要支流及重点湖库水生态调查评估，建成一批具有示范价值的美丽河湖、幸福河湖。（生态环境部牵头，水利部、农业农村部参与。以下均需沿黄省区地方各级人民政府相关部门落实，不再列出）

加快污染水体消劣达标。汾河、都思兔河、黄甫川、涝河、南川河、三川河、杨兴河、乌兰木伦河、小黑河、泔河、马莲河等劣Ⅴ类水体，编制实施消劣行动方案。到

2025 年，黄河流域基本消除劣Ⅴ类水体（环境本底除外）。石川河、沮河、延河、三岔河等未达到水质目标要求的水体，依法编制实施水体达标规划。（生态环境部牵头，发展改革委、水利部参与）

保障生态流量。以黄河干流及湟水河、大通河、黑河、洮河、窟野河、无定河、汾河、渭河、泾河、北洛河、伊洛河、大汶河等主要支流为重点，制定实施生态流量保障方案。加强黄河水量统一调度和调度计划执行监管，着力提高冬春季枯水期生态流量，维持河道生态系统稳定。在确保黄河防洪安全前提下，开展黄河主要断面 4—10 月等关键期生态流量监管，保障鱼类产卵与沿黄湿地等生态用水。开展水利水电工程生态流量泄放落实情况专项检查。（水利部牵头，生态环境部参与）

推进入河排污口排查整治。有序推进入河排污口“排查、监测、溯源、整治”，全面摸清黄河干流及主要支流入河排污口底数，做到应查尽查，有口皆查，推进排污口水质水量在线监测设施建设，建立全流域入河排污口“一本账”“一张图”，实施入河排污口分类整治。到 2022 年，完成黄河干流及重要支流排查，到 2025 年，基本完成排污口整治工作。（生态环境部牵头，住房和城乡建设部、水利部、农业农村部参与）

加强饮用水水源地规范化建设。以县级及以上城市集中式饮用水水源地为重点，加强饮用水水源地规范化建设，开展不达标水源地治理。推进乡镇级饮用水水源保护区划定、立标并开展环境问题排查整治。到 2025 年，完成乡镇级集中式饮用水水源保护区划定与立标。（生态环境部牵头，水利部参与）

加强地下水污染防治。开展地下水污染状况调查评估，推动地下水污染防治重点区划定，建立地下水污染防治重点排污单位名录，落实地下水防渗和监测措施。到 2025 年，完成一批地级市地下水污染防治重点区划定及配套管理制度文件制定，完成一批化工园区地下水污染风险管控工程。（生态环境部牵头，自然资源部、水利部参与）

严格环境风险防控。以涉危险废物涉重金属企业、化工园区为重点，完成黄河干流和主要支流突发水污染事件“一河一策一图”全覆盖。以黄河干流和主要支流为重点，严控石化、化工、化纤、有色金属、印染、原料药制造等行业企业环境风险，加强油气管道环境风险防范，开展新污染物环境调查监测和环境风险评估，推进流域突发环境风险调查与监控预警体系建设，加强流域及地方环境应急物资库建设。在环境高风险领域依法建立实施环境污染强制责任保险制度。加强内蒙古、甘肃、陕西、河南等省区重点行业重金属污染防控。到 2025 年，完成黄河干流及主要支流环境风险调查。（生态环境部牵头，发展改革委、工业和信息化部参与）

（二）减污降碳协同增效行动

强化生态环境分区管控。落实生态保护红线、环境质量底线、资源利用上线硬约束，充分衔接国土空间规划和用途管制要求，因地制宜建立差别化生态环境准入清单，加快推进“三线一单”（生态保护红线、环境质量底线、资源利用上线和生态环境准入清单）成果应用。严格规划环评审查、节能审查、节水评价和项目环评准入，严控严管新增高污染、高耗能、高排放、高耗水企业。严控钢铁、煤化工、石化、有色金属等行业规模，依法依规淘汰落后产能和化解过剩产能。禁止在黄河干支流岸线一定范围内新建、扩建化工园区和化工项目。严禁“挖湖造景”等不合理用水需求。（发展改革委、工业和信息化部、自然资源部、生态环境部、水利部按职责分工负责）

加快工业企业清洁生产和污染治理。推动构建以排污许可制为核心的固定污染源监管制度体系，开展排污许可提质增效工作。推动钢铁、焦化、化工、有色金属、造纸、印染、原料药制造、农副食品加工等重点行业实施清洁生产改造，开展自愿性清洁生产评价和认证，严格实施“双超双有高耗能”企业强制性清洁生产审核。鼓励有条件的地区开展行业、园区和产业集群整体审核试点。推动化工企业迁入合规园区，新建化工、有色金属、原料药制造等企业，应布局在符合产业定位和准入要求的合规园区，工业园区应按规定建成污水集中处理设施，依法安装自动在线监控装置并与生态环境主管部门联网。推进沿黄省区工业园区水污染整治。到2025年，沿黄工业园区全部建成污水集中处理设施并稳定达标排放。加快推进工业污废水全收集、全处理，严格煤矿等行业高浓盐水管理，推动实现工业废水稳定达标排放。严控工业废水未经处理或未有效处理直接排入城镇污水处理系统，严厉打击向河湖、沙漠、湿地、地下水等偷排、直排行为。（生态环境部、发展改革委、工业和信息化部、自然资源部按职责分工负责）

强化固体废物协同控制与污染防治。选择一批“无废城市”开展协同增效试点，在固体废物处置全过程中协同推进碳减排。建设固体废物跨区域回收利用示范基地，推动区域固体废物集中利用处置能力共享。持续推进流域“清废行动”，加快推进沿黄省区干支流固体废物倾倒排查整治工作，全面整治固体废物非法堆存。推动省域内危险废物处置能力与产废情况总体匹配，鼓励主要产业基地根据需要配套建设危险废物集中利用处置设施，支持有条件的地区建设区域性特殊危险废物集中处置中心。加快完善医疗废物收集转运处置体系，推动地级及以上城市医疗废物集中处置设施建设，健全县域医疗废物收集转运处置体系，补齐医疗废物收集处理设施短板。（生态环境部牵头，发展改革委、住房和城乡建设部、卫生健康委参与）

推进污水资源化利用。在重点排污口下游、河流入湖口、支流入干流处等关键节点因地制宜建设人工湿地水质净化等工程设施，将净化改善后的再生水纳入区域水资源调配管理体系。选择缺水地区积极开展区域再生水循环利用试点示范。在地级及以上城市建设污水资源化利用示范城市，选择典型地区开展再生水利用配置试点，推广再生水用于生态补水、工业生产和市政杂用。推进宁东、鄂尔多斯、榆林等重点地区煤矿疏干水综合利用，创建一批煤炭、钢铁、石化、有色金属、造纸、印染等行业工业废水循环利用示范企业和生态工业示范园区。在居住分散、干旱缺水的农村积极推进污水就近就地资源化利用。到 2025 年，上游地级及以上缺水城市再生水利用率达到 25%以上，中下游力争达到 30%。（发展改革委、工业和信息化部、生态环境部、住房和城乡建设部、水利部、农业农村部按职责分工负责）

（三）城镇环境治理设施补短板行动

推进城镇污水收集管网补短板。推进黄河干流和主要支流沿线城镇污水管网全覆盖，大力推进城中村、老旧城区、城乡接合部污水管网建设与改造。开展城镇污水管网混错接改造、更新、破损修复改造，加强管网清疏管养，进一步提高污水收集效能。对进水生化需氧量浓度低于 100 mg/L 的城市污水处理厂，实施片区管网系统化整治。因地制宜推进城镇雨污分流改造，除干旱地区外，新建污水管网全部实行雨污分流。到 2025 年，城市生活污水集中收集率达到 70%以上，进水生化需氧量浓度高于 100 mg/L 的城市污水处理厂规模占比达 90%。（住房和城乡建设部、生态环境部、发展改革委按职责分工负责）

加强污水污泥处理处置。黄河流域省会城市、干流沿线城市以及湟水河、汾河、涑水河、延河、渭河等支流沿线城市的水环境敏感区域可因地制宜制定城镇污水处理厂污染物排放标准，实施差别化精准提标，着重提升污水处理厂超负荷运行地区污水处理能力。全面推进县级及以上城市污泥处置设施建设，在实现污泥稳定化、无害化处置前提下，稳步推进资源化利用。到 2025 年，县城污水处理率达到 95%以上，城市污泥无害化处置率达到 90%以上。（住房和城乡建设部、生态环境部、发展改革委按职责分工负责）

综合整治城市黑臭水体。全面开展县级城市建成区黑臭水体排查，制定黑臭水体清单，编制实施整治方案，统筹好上下游、左右岸、干支流、城市和乡村，系统推进城市黑臭水体治理。组织开展城市黑臭水体整治环境保护行动。充分发挥河长制湖长制作用，巩固城市黑臭水体治理成效，建立防止返黑返臭的长效机制。（住房和城乡建设部、生态环境部牵头，水利部、农业农村部参与）

（四）农业农村环境治理行动

加强农业面源污染防治。对干支流国控断面氮磷污染物超标的地区，开展农业面源污染调查监测、负荷评估和氮磷来源解析工作，推进测土配方施肥、有机肥替代化肥，合理调整施肥结构。在宁蒙河套、汾渭、青海湟水河和大通河、甘肃沿黄、中下游引黄灌区等区域开展农田灌溉用水和出水水质监测。推进农业面源污染综合治理项目县建设。以上中游为重点，大力推广标准地膜应用，推进废旧农膜、农药包装废弃物等回收利用处置，建立健全农田地膜残留监测点，开展常态化监测评估。（农业农村部、生态环境部、水利部按职责分工负责）

强化养殖污染防治。严格落实养殖水域滩涂规划制度，依法依规清理不符合要求的水产养殖设施。严格落实畜禽规模养殖场污染防治措施，推动粪污处理配套设施装备提档升级。推进养殖废弃物资源化利用，规范养殖户粪污贮存和还田利用，鼓励采用截污建池、收运还田等模式处理利用畜禽粪污。到2025年，畜禽粪污综合利用率达到80%以上，畜禽规模养殖场粪污处理设施装备配套率稳定在97%以上。（农业农村部、生态环境部按职责分工负责）

加快农村人居环境整治提升。深入开展黄河流域村庄清洁和绿化行动，严禁向河道、沟渠堆放生活垃圾，建设清洁宜居美丽乡村。以紧邻黄河干流和主要支流的乡镇政府驻地和中心村等为重点，推进农村人居环境整治提升。建立适合本地区的农村生活污水治理技术模式，积极稳步推进农村生活污水治理。健全生活垃圾收运处置体系，结合实际统筹县乡村三级设施建设和服务，完善农村生活垃圾收集、转运、处置设施和模式，因地制宜采用小型化、分散化的无害化处理方式。推动农村厕所、生活污水垃圾处理设施设备和村庄保洁等一体化运行管护。建立农村黑臭水体监管清单，逐步消除农村地区房前屋后河塘沟渠和群众反映强烈的黑臭水体。到2025年，基本消除较大面积农村黑臭水体。（农业农村部、国家乡村振兴局牵头，生态环境部、住房和城乡建设部、水利部、林草局参与）

推进农用地安全利用。强化受污染耕地安全利用和风险管控，因地制宜制定实施安全利用方案，加强耕地重金属污染治理与修复。在土壤污染面积较大的县级行政区推进农用地安全利用示范。在河南等重点区域分区分类开展耕地土壤污染成因分析。（农业农村部、生态环境部、自然资源部按职责分工负责）

（五）生态保护修复行动

维护上游水源涵养功能。加强三江源国家公园保护，推动祁连山、秦岭、若尔盖等国家公园创建，加大天然林保护力度，科学实施退化林修复。推动以草定畜、定牧，实施黑土滩等退化草原综合治理，科学有效维护高寒草甸、草原等重要生态系统。加强三江源、甘南、若尔盖等主要湿地保护修复，及时恢复退化湿地生态功能，防止沼泽湿地大面积萎缩。提升黄河上游三江源、若尔盖湿地、祁连山、甘南等水源涵养区碳汇能力。建成生态修复型人工影响天气保障示范基地。加大山丹马场生态保护修复力度。到2025年，天然林管护面积51867万亩。（自然资源部、林草局牵头，生态环境部、水利部、气象局参与）

加强中游水土流失治理。以小流域为单元，大力推进水土保持重点工程建设。以多沙粗沙区为重点，建设高标准淤地坝。以窟野河、无定河、黄甫川、孤山川等粗泥沙集中来源区为重点，实施粗泥沙拦沙工程，有效减少下游粗泥沙淤积。以陇东董志塬、晋西太德塬、陕北洛川塬、关中渭北台塬等高塬沟壑区为重点，实施黄土高原固沟保塬项目。以黄土丘陵沟壑区、黄土高塬沟壑区为重点，建设高标准旱作梯田。加强病险淤地坝除险加固，提升改造老旧淤地坝、梯田。因地制宜推进林草植被建设。打造一批生态清洁小流域。加强黄河中游生态气象监测评估和预报预警服务。到 2025 年，新增水土流失治理 200 万公顷。（水利部牵头，自然资源部、农业农村部、林草局、气象局参与）

强化下游及河口综合治理和保护修复。加强滩区水生态空间管控，开展滩区生态修复与环境整治，因地制宜退还水域岸线空间，依法打击非法采砂取土、违法违规开发建设项目等行为。开展黄河口生态预警监测，在黄河三角洲符合条件的区域实施退耕还湿，加强互花米草、大米草等外来入侵物种治理，开展受损盐沼、海草床修复，提高鸟类栖息地生境质量，提升生态系统碳汇增量。加强气候变化对黄河下游湿地、滩涂影响评估。依法退出河口区域油田开采，推动黄河口水生生物修复、鱼类产卵场修复与重建示范工程，开展水沙治理对水生生物资源生境影响评价，统筹实施黄河三角洲生态补水工程，加快黄河口国家公园建设，支持建设黄河口“美丽海湾”。（自然资源部、林草局、水利部、农业农村部、生态环境部、气象局按职责分工负责）

加强生物多样性保护。深入实施生物多样性保护战略与行动计划，加大祁连山区等生物多样性保护优先区域保护力度，为野生动植物繁衍生息创造有利环境。开展黄河流域生物多样性本底调查，建立健全生物多样性观测网络，全面掌握生物多样性现状和濒危物种种群生存状况。加强鹳类、鹤类等珍稀濒危鸟类及其栖息地保护修复。推动在黄河上游及河源区等重点水域开展鱼类生态通道及栖息地修复。加强三角洲盐沼、滩涂和河口浅海湿地生物资源保护，提高河口三角洲生物多样性。加强重大有害外来入侵物种防控和治理，保障流域生物多样性和生态系统安全。（生态环境部、自然资源部、水利部、农业农村部、林草局按职责分工负责）

强化尾矿库污染治理。扎实开展尾矿库污染隐患排查，优先治理黄河干流岸线 3 公里范围内和重要支流、湖泊岸线 1 公里范围内，以及水库、饮用水水源地、地质灾害易发多发等重点区域的尾矿库。严格新（改、扩）建尾矿库环境准入，对于不符合国家生态环境保护有关法律法规、标准和政策要求的，一律不予批准。健全尾矿库环境监管清单，建立分级分类环境监管制度。完善尾矿库尾水回用系统，提升改造渗滤液收集设施和废水处理设施，建设排放管线防渗漏设施，做好防扬散措施。尾矿库所属企业开展尾矿库污染状况监测，制定突发环境事件应急预案，完善环境应急设施和物资装备。建设和完善尾矿库下游区域环境风险防控工程设施。到 2025 年，基本完成尾矿库污染治理。（生态环境部牵头，发展改革委、自然资源部参与）

三、保障措施

（一）加强组织领导

落实党政同责、一岗双责，强化生态环境保护主体责任。黄河生态保护治理攻坚战有关目标任务完成情况纳入省（自治区、直辖市）污染防治攻坚战成效考核。各有关部门要加强业务指导和协同配合，推动重点任务、重大工程落实落地，确保各项工作有力有序推进。沿黄省区要主动作为，细化分解目标任务，健全工作推进机制，切实抓好各项任务落实。（生态环境部牵头，发展改革委、自然资源部、住房和城乡建设部、水利部、农业农村部参与）

（二）加强法治保障和科技支撑

加快推进黄河保护立法，支持沿黄省区出台地方法规和规章，推进重点区域协同立法。严格落实生态环境损害赔偿制度。推动企业依法披露环境信息，接受社会监督。（司法部、水利部、发展改革委、生态环境部、自然资源部按职责分工负责）支持地方制定流域和行业水污染物排放标准。推动制定水环境治理工程项目技术规范和指南。适时对具有跨省区生态环境影响的重大规划、标准、项目等实施情况开展会商。（生态环境部负责）

开展黄河流域生态保护和高质量发展科技创新行动，组织开展黄河流域水资源、水环境综合治理等科技研发。加强流域水环境质量与综合治理、水资源节约集约利用、水沙关系、水土流失治理、生态流量、退化生态系统修复、科学应对气候变化等关键性、前瞻性技术研究。依托现有科研机构组建黄河流域生态保护和高质量发展联合研究平台，开展减污降碳协同增效技术攻关，推进“一市一策”驻点跟踪研究等科技帮扶行动，推广生态环境整体解决方案、托管服务和第三方治理，形成一批可复制可推广的流域生态环境治理模式。（科技部、生态环境部、水利部、发展改革委、气象局按职责分工负责）

（三）发挥政府引导和市场调节作用

推进黄河源、祁连山、若尔盖—甘南、黄土高原、秦岭、贺兰山、黄河下游、黄河三角洲等重点区域生态保护和修复重点工程建设。统筹推进河套平原区、汾渭平原区、黄土高原土地沙化区、内蒙古高原湖泊萎缩退化区等重点区域山水林田湖草沙综合治理、系统治理、源头治理。（发展改革委、财政部、自然资源部、生态环境部、水利部、林草局按职责分工负责）

支持社会资本参与黄河生态保护治理，开展生态环境导向的开发模式试点，实施自然、农田、城镇、矿山生态系统保护修复项目和工程，探索发展生态产业。鼓励社会资本发射和运营环境遥感卫星，为生态系统、水生态环境、碳源碳汇等领域的监测与管理提供市场化服务。（发展改革委、自然资源部、生态环境部、住房和城乡建设部、农业农村部、林草局按职责分工负责）

大力发展绿色金融，支持和激励各类金融机构开发减污降碳的绿色金融产品，鼓励符合条件的企业发行绿色债券。加大对重点生态功能区转移支付力度，健全黄河干流和主要支流横向生态保护补偿机制，完善黄河流域生态保护补偿机制管理平台。加快推进碳排放权、排污权、用水权等市场化交易，逐步建立生态产品价值实现机制。（发展改革委、财政部、生态环境部、自然资源部、水利部、中国人民银行按职责分工负责）

（四）严格监督管理

把黄河生态保护治理作为中央和省级生态环境保护督察的重要内容，持续拍摄黄河流域生态环境警示片，推动问题整改。开展“昆仑”专项行动，依法打击破坏黄河生态环境犯罪活动。开展生态保护红线监管试点和“绿盾”自然保护地强化监督，建立完善生态保护红线生态破坏问题监督机制。加强流域生态环境监督执法，完善跨区域跨部门联合执法机制，推动环境资源公益诉讼跨省际区划管辖协作，加强行政、司法协同，发挥检察公益诉讼职能作用，依法依规查处重大环境污染、生态破坏等行为，建立生态环境重大案件信息共享、案情通报、案件线索移送制度，及时发布典型案例。强化固定污染源“一证式”执法监管，加强自行监测、执行报告等监督管理。开展渔政“亮剑”执法专项行动。优化监测站网布局，实现环境质量、生态质量、污染源监测全覆盖，开展黄河流域生态质量监测评估，加强生态保护修复监督评估。（生态环境部牵头，最高人民检察院、最高人民法院、公安部、自然资源部、水利部、农业农村部参与）

国务院办公厅关于加强入河入海排污口监督管理工作的实施意见

（国办函〔2022〕17号）

各省、自治区、直辖市人民政府，国务院各部委、各直属机构：

入河入海排污口（以下简称排污口）是指直接或通过管道、沟、渠等排污通道向环境水体排放污水的口门，是流域、海域生态环境保护的重要节点。为加强和规范排污口监督管理，经国务院同意，现提出以下意见：

一、总体要求

（一）指导思想。以习近平新时代中国特色社会主义思想为指导，全面贯彻党的十九大和十九届历次全会精神，深入贯彻习近平生态文明思想，按照党中央、国务院决策部署，坚持精准治污、科学治污、依法治污，以改善生态环境质量为核心，深化排污口设置和管理改革，建立健全责任明晰、设置合理、管理规范的长效监督管理机制，有效管控入河入海污染物排放，不断提升环境治理能力和水平，为建设美丽中国作出积极贡献。

（二）工作原则。

水陆统筹，以水定岸。统筹岸上和水里、陆地和海洋，根据受纳水体生态环境功能，确定排污口设置和管理要求，倒逼岸上污染治理，实现“受纳水体—排污口—排污通道—排污单位”全过程监督管理。

明晰责任，严格监督。明确每个排污口责任主体，确保事有人管、责有人负。落实地方人民政府属地管理责任，生态环境部门统一行使排污口污染排放监督管理和行政执法职责，水利等相关部门按职责分工协作。

统一要求，差别管理。国家有关部门制定排污口监督管理规定及技术规范，指导督促各地排查整治现有排污口，规范审批新增排污口，加强日常管理。地方结合实际制定方案，实行差别化管理。

突出重点，分步实施。以长江、黄河、渤海等相关流域、海域为重点，明确阶段性目标任务，率先推进长江入河排污口监测、溯源、整治，建立完善管理机制，将管理范围逐步扩展到全国各地。

（三）目标任务。2023年底前，完成长江、黄河、淮河、海河、珠江、松辽、太湖流域（以下称七个流域）干流及重要支流、重点湖泊、重点海湾排污口排查；推进长江、黄河干流及重要支流和渤海海域排污口整治。

2025年底前，完成七个流域、近岸海域范围内所有排污口排查；基本完成七个流域干流及重要支流、重点湖泊、重点海湾排污口整治；建成法规体系比较完备、技术体系比较科学、管理体系比较高效的排污口监督管理制度体系。

二、开展排查溯源

（四）组织排污口排查。生态环境部会同相关部门组织开展排污口排查整治试点，指导各地进行排查整治。省级人民政府统筹组织本行政区域内排污口排查整治工作，结合实际制定工作方案。地市级人民政府承担组织实施排污口排查溯源工作的主体责任，制定实施方案，压实生态环境等部门责任；按照“有口皆查、应查尽查”要求，组织开展深入排查，摸清掌握各类排污口的分布及数量、污水排放特征及去向、排污单位基本情况等信息。

（五）确定排污口责任主体。各地要按照“谁污染、谁治理”和政府兜底的原则，逐一明确排污口责任主体，建立责任主体清单。对于难以分清责任主体的排污口，属地地市级人民政府要组织开展溯源分析，查清排污口对应的排污单位及其隶属关系，确定责任主体；经溯源后仍无法确定责任主体的，由属地县级或地市级人民政府作为责任主体，或由其指定责任主体。责任主体负责源头治理以及排污口整治、规范化建设、维护管理等。

三、实施分类整治

（六）明确排污口分类。根据排污口责任主体所属行业及排放特征，将排污口分为工业排污口、城镇污水处理厂排污口、农业排口、其他排口等四种类型。其中，工业排污口包括工矿企业排污口和雨洪排口、工业及其他各类园区污水处理厂排污口和雨洪排口等；农业排口包括规模化畜禽养殖排污口、规模化水产养殖排污口等；其他排口包括大中型灌区排口、规模以下水产养殖排污口、农村污水处理设施排污口、农村生活污水散排口等。各地可从实际出发细化排污口类型。

（七）明确整治要求。按照“依法取缔一批、清理合并一批、规范整治一批”要求，由地市级人民政府制定实施整治方案，以截污治污为重点开展整治。整治工作应坚持实事求是，稳妥有序推进。对与群众生活密切相关的公共企事业单位、住宅小区等排污口的整治，应做好统筹，避免损害群众切身利益，确保整治工作安全有序；对确有困难、短期内难以完成排污口整治的企事业单位，可合理设置过渡期，指导帮助整治。地市级人民政府建立排污口整治销号制度，通过对排污口进行取缔、合并、规范，最终形成需要保留的排污口清单。取缔、合并的入河排污口可能影响防洪排涝、堤防安全的，要依法依规采取措施消除安全隐患。排查出的入河入海沟渠及其他排口，由属地地市级人民政府结合黑臭水体整治、消除劣Ⅴ类水体、农村环境综合治理及流域（海湾）环境综合治理等统筹开展整治。

（八）依法取缔一批。对违反法律法规规定，在饮用水水源保护区、自然保护地及其他需要特殊保护区域内设置的排污口，由属地县级以上地方人民政府或生态环境部门依法采取责令拆除、责令关闭等措施予以取缔。要妥善处理历史遗留问题，避免“一刀切”，合理制定整治措施，确保相关区域水生态环境安全和供水安全。

（九）清理合并一批。对于城镇污水收集管网覆盖范围内的生活污水散排口，原则上予以清理合并，污水依法规范接入污水收集管网。工业及其他各类园区或各类开发区内企业现有排污口应尽可能清理合并，污水通过截污纳管由园区或开发区污水集中处理设施统一处理。工业及其他各类园区或各类开发区外的工矿企业，原则上一个企业只保留一个工矿企业排污口，对于厂区较大或有多个厂区的，应尽可能清理合并排污口，清理合并后确有必要保留两个及以上工矿企业排污口的，应告知属地地市级生态环境部门。对于集中分布、连片聚集的中小型水产养殖散排口，鼓励各地统一收集处理养殖尾水，设置统一的排污口。

（十）规范整治一批。地市级、县级人民政府按照有利于明晰责任、维护管理、加强监督的要求，开展排污口规范化整治。对存在借道排污等情况的排污口，要组织清理违规接入排污管线的支管、支线，推动一个排污口只对应一个排污单位；对确需多个排污单位共用一个排污口的，要督促各排污单位分清各自责任，并在排污许可证中载明。对存在布局不合理、设施老化破损、排水不畅、检修维护难等问题的排污口和排污管线，应有针对性地采取调整排污口位置和排污管线走向、更新维护设施、设置必要的检查井等措施进行整治。排污口设置应当符合相关规范要求并在明显位置树标立牌，便于现场监测和监督检查。

四、严格监督管理

（十一）加强规划引领。各级生态环境保护规划、海洋生态环境保护规划、水资源保护规划、江河湖泊水功能区划、近岸海域环境功能区划、养殖水域滩涂规划等规划区划，要充分考虑排污口布局和管控要求，严格落实相关法律法规关于排污口设置的规定。规划环境影响评价要将排污口设置规定落实情况作为重要内容，严格审核把关，从源头防止无序设置。

（十二）严格规范审批。工矿企业、工业及其他各类园区污水处理厂、城镇污水处理厂入河排污口的设置依法依规实行审核制。所有入海排污口的设置实行备案制。对未达到水质目标的水功能区，除城镇污水处理厂入河排污口外，应当严格控制新设、改设或者扩大排污口。环境影响评价文件由国家审批建设项目的入河排污口以及位于省界缓冲区、国际或者国境边界河湖和存在省际争议的入河排污口的设置审核，由生态环境部相关流域（海域）生态环境监督管理局（以下称流域海域局）负责实施，并纳入属地环境监督管理体系；上述范围外的入河排污口设置审核，由属地省级生态环境部门负责确定本行政区域内分级审核权限。可能影响防洪、供水、堤防安全和河势稳定的入河排污口设置审核，应征求有管理权限的流域管理机构或水行政主管部门的意见。排污口审核、备案信息要及时依法向社会公开。

（十三）强化监督管理。地市级、县级人民政府根据排污口类型、责任主体及部门职责等，落实排污口监督管理责任，生态环境部门统一行使排污口污染排放监督管理和行政执法职责，水利等相关部门按职责分工协作。有监督管理权限的部门依法加强日常监督管理。地方生态环境部门应会同相关部门，通过核发排污许可证等措施，依法明确排污口责任主体自行监测、信息公开等要求。按照"双随机、一公开"原则，对工矿企业、工业及其他各类园区污水处理厂、城镇污水处理厂排污口开展监测，水生态环境质量较差的地方应适当加大监测频次。鼓励有条件的地方先行先试，将排查出的农业排口、城镇雨洪排口及其他排口纳入管理，研究符合种植业、养殖业特点的农业面源污染治理模式，探索城市面源污染治理模式。开展城镇雨洪排口旱天污水直排的溯源治理，加大对借道排污等行为的监督管理力度，严禁合并、封堵城镇雨洪排口，防止影响汛期排水防涝安全。流域海域局要加大监督检查力度，发现问题及时通报有关单位。

（十四）严格环境执法。地方生态环境部门要加大排污口环境执法力度，对违反法律法规规定设置排污口或不按规定排污的，依法予以处罚；对私设暗管接入他人排污口等逃避监督管理借道排污的，溯源确定责任主体，依法予以严厉查处。排污口责任主体应当定期巡查维护排污管道，发现他人借道排污等情况的，应立即向属地生态环境部门报告并留存证据。

（十五）建设信息平台。各省（自治区、直辖市）要依托现有生态环境信息平台，建设本行政区域内统一的排污口信息平台，管理排污口排查整治、设置审核备案、日常监督管理等信息，建立动态管理台账。加强与排污许可、环境影响评价审批等信息平台的数据共享，实现互联互通。排污口相关信息及时报送流域海域局并纳入国家生态环境综合管理信息化平台。各地要组织相关部门，建立排污单位、排污通道、排污口、受纳水体等信息资源共享机制，提升信息化管理水平。

五、加强支撑保障

（十六）加强组织领导。建立国家统筹、省负总责、市县抓落实的排污口监督管理工作机制。推动长江经济带发展领导小组办公室、推动黄河流域生态保护和高质量发展领导小组办公室要发挥统筹协调、督促落实作用。生态环境部要会同水利部等有关部门，紧盯目标任务，加强政策协调和工作衔接，健全长效机制，督促地方人民政府落实排污口监督管理相关责任，及时发现新情况新问题，对工作不力的地区进行通报。国务院各相关部门要结合工作职责积极配合，形成合力。省级人民政府要加强对排污口监督管理工作的领导，统筹制定管理制度、政策措施，做好组织调度，压实各方责任。地市级、县级人民政府要落实属地管理责任，切实做好排污口排查及日常监督管理，将工作经费纳入同级财政预算予以保障，督促相关责任主体落实整治责任，确保改革工作落实到位。

（十七）严格考核问责。将排污口整治和监督管理情况作为中央和省级生态环境保护督察的重要内容。省级人民政府要建立激励问责机制，将排污口整治和监督管理情况纳入相关工作考核，对在排污口监督管理工作中存在徇私舞弊、弄虚作假、敷衍塞责等行为的，依法依规严肃追究有关地方、部门和人员责任。

（十八）强化科技支撑。加强科技研发，开展各类遥感监测、水面航测、水下探测、管线排查等实用技术和装备的研发集成，为完成排污口排查整治任务提供保障。深入开展排污口管理基础性研究，分析排污口空间分布及排放规律对受纳水体水质的影响，识别输入输出响应关系，推动构建“受纳水体—排污口—排污通道—排污单位”全过程监督管理体系。

（十九）加强公众监督。加强习近平生态文明思想宣传，引导公众投身美丽河湖、美丽海湾保护和建设，加大对排污口监督管理法律法规和政策的宣传普及力度，增强公众对污染物排放的监督意识。排污口责任主体应通过标识牌、显示屏、网络媒体等渠道主动向社会公开排污口相关信息。生态环境等部门要通过政府网站、政务新媒体等平台，依法公开并定期更新排污口监督管理相关信息。各地要建立完善公众监督举报机制，鼓励公众举报身边的违法排污行为，形成全社会共同监督、协同共治的良好局面。

国务院办公厅

2022 年 1 月 29 日

（此件公开发布）

城镇污水排入排水管网许可管理办法

（2015 年 1 月 22 日中华人民共和国住房和城乡建设部令第 21 号发布，根据 2022 年 12 月 1 日中华人民共和国住房和城乡建设部令第 56 号《住房和城乡建设部关于修改〈城镇污水排入排水管网许可管理办法〉的决定》修正）

第一章　总　则

第一条　为了加强对污水排入城镇排水管网的管理，保障城镇排水与污水处理设施安全运行，防治城镇水污染，根据《中华人民共和国行政许可法》、《城镇排水与污水处理条例》等法律法规，制定本办法。

第二条　在中华人民共和国境内申请污水排入排水管网许可（以下称排水许可），对从事工业、建筑、餐饮、医疗等活动的企业事业单位、个体工商户（以下称排水户）向城镇排水设施排放污水的活动实施监督管理，适用本办法。

第三条　国务院住房和城乡建设主管部门负责全国排水许可工作的指导监督。

省、自治区人民政府住房和城乡建设主管部门负责本行政区域内排水许可工作的指导监督。

直辖市、市、县人民政府城镇排水与污水处理主管部门（以下简称城镇排水主管部门）负责本行政区域内排水许可证书的颁发和监督管理。城镇排水主管部门可以委托专门机构承担排水许可审核管理的具体工作。

第四条　城镇排水设施覆盖范围内的排水户应当按照国家有关规定，将污水排入城镇排水设施。排水户向城镇排水设施排放污水，应当按照本办法的规定，申请领取排水许可证。未取得排水许可证，排水户不得向城镇排水设施排放污水。城镇居民排放生活污水不需要申请领取排水许可证。

在雨水、污水分流排放的地区，不得将污水排入雨水管网。

工程建设疏干排水应当优先利用和补给水体。

第五条　城镇排水主管部门应当因地制宜，按照排水行为影响城镇排水与污水处理设施安全运行的程度，对排水户进行分级分类管理。

对列入重点排污单位名录的排水户和城镇排水主管部门确定的对城镇排水与污水处理设施安全运行影响较大的排水户，应当作为重点排水户进行管理。

第二章 许可申请与审查

第六条 排水户向排水行为发生地的城镇排水主管部门申请领取排水许可证。城镇排水主管部门应当自受理申请之日起 15 日内作出决定。

集中管理的建筑或者单位内有多个排水户的，可以由产权单位或者其委托的物业服务人统一申请领取排水许可证，并由领证单位对排水户的排水行为负责。

因施工作业需要向城镇排水设施排入污水的，由建设单位申请领取排水许可证。

第七条 申请领取排水许可证，应当如实提交下列材料：

（一）排水许可申请表；

（二）排水户内部排水管网、专用检测井、雨污水排放口位置和口径的图纸及说明等材料；

（三）按照国家有关规定建设污水预处理设施的有关材料；

（四）排水隐蔽工程竣工报告，或者排水户承诺排水隐蔽工程合格且不存在雨水污水管网混接错接、雨水污水混排的书面承诺书；

（五）排水水质符合相关标准的检测报告或者排水水质符合相关标准的书面承诺书；

（六）列入重点排污单位名录的排水户应当提供已安装的主要水污染物排放自动监测设备有关材料。

第八条 城镇排水主管部门在作出许可决定前，应当按照排水户分级分类管理要求，对重点排水户进行现场核查，对其他排水户采取抽查方式进行现场核查。

第九条 符合以下条件的，由城镇排水主管部门核发排水许可证：

（一）污水排放口的设置符合城镇排水与污水处理规划的要求；

（二）排放污水的水质符合国家或者地方规定的有关排放标准；

（三）按照国家有关规定建设相应的预处理设施；

（四）按照国家有关规定在排放口设置便于采样和水量计量的专用检测井和计量设备；列入重点排污单位名录的排水户已安装主要水污染物排放自动监测设备；

（五）法律、法规规定的其他条件。

第十条 排水许可证的有效期为 5 年。

因施工作业需要向城镇排水设施排水的，排水许可证的有效期，由城镇排水主管部门根据排水状况确定，但不得超过施工期限。

第十一条 排水许可证有效期满需要继续排放污水的，排水户应当在有效期届满 30 日前，向城镇排水主管部门提出申请。城镇排水主管部门应当在有效期届满前作出是否准予延续的决定。准予延续的，有效期延续 5 年。

排水户在排水许可证有效期内，严格按照许可内容排放污水，且未发生违反本办法规定行为的，有效期届满30日前，排水户可提出延期申请，经原许可机关同意，不再进行审查，排水许可证有效期延期5年。

第十二条 在排水许可证的有效期内，排水口数量和位置、排水量、主要污染物项目或者浓度等排水许可内容变更的，排水户应当按照本办法规定，重新申请领取排水许可证。

排水户名称、法定代表人等其他事项变更的，排水户应当在变更之日起30日内向城镇排水主管部门申请办理变更。

第三章 管理和监督

第十三条 排水户应当按照排水许可证确定的排水类别、总量、时限、排放口位置和数量、排放的主要污染物项目和浓度等要求排放污水。

第十四条 排水户不得有下列危及城镇排水设施安全的活动：

（一）向城镇排水设施排放、倾倒剧毒、易燃易爆、腐蚀性废液和废渣；

（二）向城镇排水设施排放有害气体和烹饪油烟；

（三）堵塞城镇排水设施或者向城镇排水设施内排放、倾倒垃圾、渣土、施工泥浆、油脂、污泥等易堵塞物；

（四）擅自拆卸、移动、穿凿和接入城镇排水设施；

（五）擅自向城镇排水设施加压排放污水；

（六）其他危及城镇排水与污水处理设施安全的活动。

第十五条 排水户因发生事故或者其他突发事件，排放的污水可能危及城镇排水与污水处理设施安全运行的，应当立即暂停排放，采取措施消除危害，并按规定及时向城镇排水主管部门等有关部门报告。

第十六条 城镇排水主管部门应当加强对排水户的排放口设置、连接管网、预处理设施和水质、水量监测设施建设和运行的指导和监督。

第十七条 重点排水户应当建立档案管理制度，对污水预处理设施、内部排水管网、与市政管网的连接管、专用检测井运行维护情况、发生异常的原因和采取的措施等进行记录，记录保存期限不少于5年。

鼓励排水户推进传统载体档案数字化。电子档案与传统载体档案具有同等效力。

第十八条 城镇排水主管部门应当结合排水户分级分类情况，通过“双随机、一公开”方式，对排水户排放污水的情况实施监督检查。实施监督检查时，有权采取下列措施：

（一）进入现场开展检查、监测；

（二）要求被监督检查的排水户出示排水许可证；

（三）查阅、复制有关文件和材料；

（四）要求被监督检查的单位和个人就有关问题作出说明；

（五）依法采取禁止排水户向城镇排水设施排放污水等措施，纠正违反有关法律、法规和本办法规定的行为。

被监督检查的单位和个人应当予以配合，不得妨碍和阻挠依法进行的监督检查活动。

城镇排水主管部门可以通过政府购买服务等方式，组织或者委托排水监测机构等技术服务单位为排水许可监督检查工作提供技术服务。受委托的具有计量认证资质的排水监测机构应当对排水户排放污水的水质、水量进行监测，建立排水监测档案。

第十九条 城镇排水主管部门委托的专门机构，可以开展排水许可审查、档案管理、监督指导排水户排水行为等工作，并协助城镇排水主管部门对排水许可实施监督管理。

第二十条 城镇排水主管部门应当将排水户的基本信息、排水许可内容等信息载入城市排水信息系统。涉及排水户的排水许可内容、行政处罚、不良信用记录等信息，应当依法向社会公示。

城镇排水主管部门可以根据排水户的信用情况，依法采取守信激励、失信惩戒措施。

第二十一条 有下列情形之一的，许可机关或者其上级行政机关，根据利害关系人的请求或者依据职权，可以撤销排水许可：

（一）城镇排水主管部门工作人员滥用职权、玩忽职守作出准予排水许可决定的；

（二）超越法定职权作出准予排水许可决定的；

（三）违反法定程序作出准予排水许可决定的；

（四）对不符合许可条件的申请人作出准予排水许可决定的；

（五）依法可以撤销排水许可的其他情形。

排水户以欺骗、贿赂等不正当手段取得排水许可的，应当予以撤销。

第二十二条 有下列情形之一的，城镇排水主管部门应当依法办理排水许可的注销手续：

（一）排水户依法终止的；

（二）排水许可依法被撤销、撤回，或者排水许可证被吊销的；

（三）排水许可证有效期满且未延续许可的；

（四）法律、法规规定的应当注销排水许可的其他情形。

第二十三条 城镇排水主管部门应当按照国家有关规定将监督检查的情况向社会公开。

城镇排水主管部门及其委托的专门机构、排水监测机构的工作人员对知悉的被监督检查单位和个人的技术和商业秘密负有保密义务。

第二十四条 城镇排水主管部门实施排水许可不得收费。

城镇排水主管部门实施排水许可所需经费，应当列入城镇排水主管部门的预算，由本级财政予以保障，按照批准的预算予以核拨。

第四章 法律责任

第二十五条 城镇排水主管部门有下列情形之一的，由其上级行政机关或者监察机关责令改正，对直接负责的主管人员和其他直接责任人员依法给予处分；构成犯罪的，依法追究刑事责任：

（一）对不符合本规定条件的申请人准予排水许可的；

（二）对符合本规定条件的申请人不予核发排水许可证或者不在法定期限内作出准予许可决定的；

（三）利用职务上的便利，收受他人财物或者谋取其他利益的；

（四）泄露被监督检查单位和个人的技术或者商业秘密的；

（五）不依法履行监督管理职责或者监督不力，造成严重后果的。

第二十六条 违反本办法规定，在城镇排水与污水处理设施覆盖范围内，未按照国家有关规定将污水排入城镇排水设施，或者在雨水、污水分流地区将污水排入雨水管网的，由城镇排水主管部门责令改正，给予警告；逾期不改正或者造成严重后果的，对单位处 10 万元以上 20 万元以下罚款；对个人处 2 万元以上 10 万元以下罚款，造成损失的，依法承担赔偿责任。

第二十七条 违反本办法规定，排水户未取得排水许可，向城镇排水设施排放污水的，由城镇排水主管部门责令停止违法行为，限期采取治理措施，补办排水许可证，可以处 50 万元以下罚款；对列入重点排污单位名录的排水户，可以处 30 万元以上 50 万元以下罚款；造成损失的，依法承担赔偿责任；构成犯罪的，依法追究刑事责任。

第二十八条 排水户未按照排水许可证的要求，向城镇排水设施排放污水的，由城镇排水主管部门责令停止违法行为，限期改正，可以处 5 万元以下罚款；造成严重后果的，吊销排水许可证，并处 5 万元以上 50 万元以下罚款；对列入重点排污单位名录的排水户，处 30 万元以上 50 万元以下罚款，并将有关情况通知同级环境保护主管部门，可以向社会予以通报；造成损失的，依法承担赔偿责任；构成犯罪的，依法追究刑事责任。

第二十九条 排水户名称、法定代表人等其他事项变更，未按本办法规定及时向城镇排水主管部门申请办理变更的，由城镇排水主管部门责令改正，可以处 1 万元以下罚款。

第三十条 排水户以欺骗、贿赂等不正当手段取得排水许可的，可以处 3 万元以下罚款；造成损失的，依法承担赔偿责任；构成犯罪的，依法追究刑事责任。

第三十一条 违反本办法规定，排水户因发生事故或者其他突发事件，排放的污水可能危及城镇排水与污水处理设施安全运行，没有立即暂停排放，未采取措施消除危害，或者并未按规定及时向城镇排水主管部门等有关部门报告的，城镇排水主管部门可以处 3 万元以下罚款。

第三十二条 违反本办法规定，从事危及城镇排水设施安全的活动的，由城镇排水主管部门责令停止违法行为，限期恢复原状或者采取其他补救措施，并给予警告；逾期不采取补救措施或者造成严重后果的，对单位处 10 万元以上 30 万元以下罚款，对个人处 2 万元以上 10 万元以下罚款；造成损失的，依法承担赔偿责任；构成犯罪的，依法追究刑事责任。

第三十三条 重点排水户未按照本办法规定建立档案管理制度，或者档案记录保存期限少于 5 年的，由城镇排水主管部门责令改正，可以处 3 万元以下罚款。

第三十四条 排水户违反本办法规定，拒不接受水质、水量监测或者妨碍、阻挠城镇排水主管部门依法监督检查的，由城镇排水主管部门给予警告；情节严重的，处 3 万元以下罚款。

第五章 附 则

第三十五条 排水许可证由国务院住房和城乡建设主管部门制定格式，由省、自治区人民政府住房和城乡建设主管部门以及直辖市人民政府城镇排水主管部门组织印制。鼓励城镇排水主管部门实行电子许可证，电子许可证与纸质许可证具有同等效力。

排水许可申请表、排水户书面承诺书由国务院住房和城乡建设主管部门制定推荐格式，城镇排水主管部门可以参考制定。

第三十六条 本办法自 2015 年 3 月 1 日起施行。《城市排水许可管理办法》（建设部令第 152 号）同时废止。

国家发展改革委 住房城乡建设部 生态环境部 印发《关于推进建制镇生活污水垃圾处理设施建设和管理的实施方案》的通知

（发改环资〔2022〕1932号）

各省、自治区、直辖市及计划单列市、新疆生产建设兵团发展改革委、住房城乡建设厅（建设局、建委）、生态环境厅：

现将《关于推进建制镇生活污水垃圾处理设施建设和管理的实施方案》印发给你们，请认真贯彻落实。

附件：《关于推进建制镇生活污水垃圾处理设施建设和管理的实施方案》

国家发展改革委

住房城乡建设部

生态环境部

2022年12月30日

附件

关于推进建制镇生活污水垃圾处理设施建设和管理的实施方案

建制镇是我国城镇体系的重要组成部分，是建设美丽中国的重要载体。近年来，建制镇生活污水垃圾处理取得积极成效，处理能力快速增长，收运处置体系不断完善，但仍存在发展不平衡不充分等问题。为深入贯彻落实党的二十大精神，提升建制镇生活污水垃圾处理设施等环境基础设施能力和水平，持续改善人居环境，制定本方案。本方案主要针对建制镇建成区范围内生活污水垃圾处理设施的建设和管理。

一、总体要求

（一）指导思想

以习近平新时代中国特色社会主义思想为指导，全面贯彻党的二十大精神，坚持系统观念，坚持问题导向，按照“县域统筹、系统治理、绿色低碳、稳定运行”的思路，推进建制镇生活污水垃圾处理设施优布局、补短板、提品质、保运维，健全收集处理和资源循环利用体系，持续提升环境基础设施建设和运营水平，不断满足人民群众日益增长的美好生活需要，助力实现人与自然和谐共生的现代化。

（二）基本原则

统筹谋划，有序建设。以县域为单元，统筹谋划设施布局、建设和运行。尽力而为，量力而行，加快补齐设施短板，合理安排建设时序，避免过度超前。做好建成区与农村地区的统筹衔接，避免重复投入和建设。

分类施策，系统治理。综合考虑自然禀赋、经济社会发展现状、生态环境治理需求等，科学确定排放标准，合理选择处理模式、工艺路线和资源化利用方式。推进厂网并举、泥水同治，推广设施一体化建设运营和共建共享。

减污降碳，绿色循环。充分利用自然空间，发挥自然修复作用，统筹推动污染治理、生态保护、资源节约，推动就近就地循环回用，实现“收集—处理—资源化利用”全周期的减污降碳节约协同增效。

政府主导，社会参与。压实政府主体责任，加大财政支持，完善价费机制，做好要素保障，加强监督指导。拓宽投融资渠道，积极吸引社会资本参与。创新管理模式，推广专业化、社会化运行管理。

（三）主要目标

到 2025 年，建制镇建成区生活污水垃圾处理能力明显提升。镇区常住人口 5 万以上的建制镇建成区基本消除收集管网空白区，镇区常住人口 1 万以上的建制镇建成区和京津冀地区、长三角地区、粤港澳大湾区建制镇建成区基本实现生活污水处理能力全覆盖。建制镇建成区基本实现生活垃圾收集、转运、处理能力全覆盖。到2035年，基本实现建制镇建成区生活污水收集处理能力全覆盖和生活垃圾全收集、全处理。

二、提高生活污水收集处理能力

（四）合理选择污水收集处理模式。基于本地人口规模、用水现状、经济社会状况、自然地理条件等因素，以县域为单元，合理规划建制镇生活污水收集处理设施布局、工艺、规模和服务范围，既要满足当前需要，又要避免盲目贪大或过度超前建设。有条件的地区可统筹考虑镇域范围内农村地区生活污水处理需求。因地制宜选择处理模式，宜集中则集中，宜分散则分散。靠近城市（县城）的镇，生活污水可纳入城市（县城）市政污水处理系统。城镇化水平较高、人口密集的镇，可集中规划建设污水处理设施，按照就近就地资源化利用的要求，合理布局设施。相邻间距较近的镇，可采用跨镇集中联建方式建设污水处理设施。人口少、集中程度不高的镇，推广小型化、分散化、生态化处理设施。探索推广适合高寒高海拔地区的生活污水处理工艺技术。具有农业特征的建制镇，可将生活污水黑灰分离，分别处理后资源化利用。集中处理设施要考虑周边人群防护距离，防止建成后恶臭扰民。

（五）科学确定污水处理标准规范。鼓励各地根据建制镇的区位特征、生活污水的水质水量特点和排放去向，兼顾规范性和可操作性，研究制定适用于本地实际情况的污水处理设施建设、运行等地方标准规范，依法依规制定地方排放标准，避免盲目提标。处于干旱缺水、水生态环境质量改善压力较大的地区，因地制宜优化完善相关标准规范，积极推动污水资源化利用。

（六）高质量推进厂网建设。新建污水收集处理设施的建制镇，应明确污水管网路由、处理设施规模和用地，确保配套管网与污水处理设施同步规划、建设、投运。已有污水收集处理设施的建制镇，应加大污水管网排查整治力度，完善镇区污水收集管网，逐步消除管网空白区，加强新建管网和存量管网、市政管网和小区管网的合理连接，确保管网畅通和高效运行。强化污水管网建设质量管控，推广使用优质管材、一体化检查井，淘汰劣质管材和落后施工工艺，严格进行管材质量把关、严密性检查、竣工验收和工程移交，确保建成后管网正常运行。立足生态化、资源化和可持续，选择低成本、低能耗、易维护、抗冲击负荷能力强的生活污水处理工艺，优先选用防腐抗压、稳定耐用的污水处理设施设备，提升污水处理的稳定性。统筹考虑县域污泥处理设施建设，因地制宜选择处理模式。

三、完善生活垃圾收运处置体系

（七）建立健全分类收集设施。根据建制镇特点和居民生活习惯，推进简便易行的垃圾分类和资源化利用方法，推动源头分类减量。科学配置分类收集设施设备，逐步实现生活垃圾密闭收集。推动京津冀地区、长三角地区、粤港澳大湾区、长江经济带、黄河流域中下游、成渝地区和生态文明试验区的有条件的重点镇率先开展生活垃圾分类收集，以点带面，逐步形成建制镇生活垃圾分类收集模式。

（八）加快完善分类转运设施。有效衔接分类投放端和分类处理端，推进与分类模式及处理需求相适应的分类转运体系建设，避免“先分后混”“混装混运”。配置满足分类清运需求、密封性好、压缩式的收运车辆。根据需求建设压缩式垃圾中转站，站点布局、规模等指标纳入城市（县城）相关规划。建立合理的生活垃圾清运机制，将可回收物适时收运，力争厨余垃圾日产日清，有害垃圾单独收集贮存和处置，其他垃圾及时收运，确保转运设施体系有序运转。

（九）强化处理设施共建共享。统筹完善城市、县城、建制镇的生活垃圾收集、运输和处理体系，逐步推进建制镇处理能力全覆盖。有条件的地区，同步推进既有设施处理能力向农村地区延伸，实现户有分类桶、村有收集点（站）、镇有转运能力、市县有处理能力，避免无序建设、低效建设和重复建设。鼓励通过跨镇（县、市）共建方式建设规模化垃圾焚烧处理设施，在有协同处置能力的建制镇，可采用协同处置的方法处理生活垃圾。人口稀疏、受运输距离或垃圾产生规模等因素制约的建制镇，可建设小型化、分散化、无害化处理设施，并防止二次污染。有序开展简易填埋场和拟封场填埋场等存量设施的整治和改造，减少垃圾填埋作业面积，缩短垃圾暴露时间，完成作业后及时覆盖。鼓励各地根据实际，突出问题导向，探索确定适用的垃圾收运处置技术参数和标准要求。

四、提升资源化利用水平

（十）推进污水资源化利用。缺水地区的建制镇，在确保污水稳定达标排放前提下，优先将达标排放水转化为可利用的水资源就近回补自然水体。拓宽污水资源化利用途径，有条件的建制镇基于实际需求和产业布局，将再生水用于工业生产和市政杂用等。鼓励将生活污水处理厂产生的污泥经无害化处理符合相关标准后，就近就地用于土地改良、荒地造林、苗木抚育、园林绿化等。探索开展污泥中有机质和氮磷等营养物质资源回收利用。

（十一）加强生活垃圾资源化利用。统筹推进生活垃圾分类网点和废旧物资回收网点“两网融合”。有条件的建制镇统筹规划建设分拣处理中心。探索开展建制镇有机垃圾处理达标后还田。具备条件的生活垃圾填埋设施，鼓励填埋气收集和综合利用。着力解决好堆肥、沼液、沼渣等产品在农业、林业生产中应用的“梗阻”问题，合理利用厨余垃圾生产生物柴油、沼气、土壤改良剂、生物蛋白等产品。有条件的地区可以县域为单元或跨县域，开展生活污水处理厂污泥、生活垃圾、其他废弃物协同处理与资源回收利用，提升规模效应和资源利用效率。

五、强化设施运行管理

（十二）推进专业化运维。鼓励以县域为单元，通过市场竞争方式选择运行维护主体，实施专业化管理，确保污水垃圾收集处理设施运行的系统性和稳定性。积极培育县域统筹的生活污水垃圾处理运营企业，促进盘活存量和改扩建有机结合，提高污水垃圾处理设施运营管理水平，做到“建得起、管得好”。推动有条件的地方建立县域建制镇污水垃圾处理信息化系统，实现远程跟踪和监管控制，推广自动化运行，减少人员投入和运行成本。对运营企业加大有效激励，实施定期考评、信用监管、绩效考核、按效付费等，提升服务水平。探索建立以政府为主导、企业为主体的污水管网、提升泵站、处理设施、污泥处置一体化，垃圾收集、运输、处理一体化运营管理机制。

（十三）强化全过程管控。严禁工业企业排放的含重金属或难以生化降解废水、有生物毒性废水、高盐废水等排入市政污水收集处理设施。禁止向生活垃圾收集设施投放工业固体废物。加强污水处理和垃圾转运、处置过程臭气治理。重点针对污水直排、污水处理设施不正常运行、生活垃圾随意堆放、渗滤液偷排直排、恶臭扰民等问题，加强排查整治，建立问题和风险台账，制定整改方案，限期整改到位。组织开展污水垃圾处理设施建设、运行、维护、管理等技术培训。

六、健全保障措施

（十四）加强组织领导。压实地方政府主体责任，各地将建制镇生活污水垃圾处理目标任务纳入当地国民经济社会发展相关规划，加强部门沟通协调，制定工作方案，明确目标、任务、责任分工和保障措施。发展改革部门要组织协调各方面支持建制镇生活污水垃圾处理工作，开展项目立项，协调做好设施建设项目要素保障。住房城乡建设等行业主管部门要加强建制镇生活污水垃圾处理的统筹推进、技术指导和监督管理。生态环境部门做好监督指导，加强工业废水废物排放的管控。住房城乡建设部、国家发展改革委加强督促指导和支持，推进建制镇污水垃圾处理设施重点县建设，总结典型经验，推广成功做法。加大宣传力度，鼓励污水垃圾处理设施向公众开放，增加群众对污水垃圾处理的认知度和参与度。

（十五）健全收费机制。统筹考虑污水垃圾处理成本、居民承受能力、财政支撑能力等因素，合理制定和调整建制镇污水垃圾处理费标准，具备条件的可参考所在县城水平制定收费标准。污水垃圾处理收费不能覆盖合理运行成本的，地方政府应予以适当弥补。加强污水处理收费征缴力度，重点解决自备水用户污水处理费征收难问题，使用公共供水的建制镇用水户，污水处理费在收取水费时一并代征。积极探索建制镇生活垃圾处理费征收机制。

（十六）加大资金支持。各地要建立多元化的资金投入保障机制，结合地方实际，加大支持力度。积极支持大型易地扶贫搬迁安置区、边境城镇污水垃圾收集处理设施建设。将符合条件的建制镇污水垃圾处理设施建设项目纳入地方政府专项债券支持范围，中央预算内投资对符合条件的项目予以积极支持。鼓励企业采用绿色债券、资产证券化等手段，依法依规拓宽融资渠道，鼓励各类金融机构按市场化原则对建制镇生活污水垃圾处理设施等环境基础设施项目加大支持力度。落实好建制镇生活污水垃圾处理相关的用电、税收等优惠政策。引导当地居民通过以工代赈、投工投劳等方式参与设施建设和运营。

工业和信息化部 国家发展改革委 科技部 生态环境部 住房城乡建设部 水利部关于印发《工业废水循环利用实施方案》的通知

（工信部联节〔2021〕213号）

各省、自治区、直辖市、计划单列市及新疆生产建设兵团工业和信息化主管部门、发展改革委、科技厅（委、局）、生态环境厅（局）、住房城乡建设厅（建设局、建委）、水利厅、水务厅（局），各有关单位：

现将《工业废水循环利用实施方案》印发给你们，请认真贯彻落实。

附件：工业废水循环利用实施方案

工业和信息化部

发展改革委

科技部

生态环境部

住房城乡建设部

水利部

2021年12月24日

附件

工业废水循环利用实施方案

为贯彻落实党中央、国务院关于污水资源化利用的决策部署，推进工业废水循环利用，提升工业水资源集约节约利用水平，促进经济社会全面绿色转型，根据《关于推进污水资源化利用的指导意见》（发改环资〔2021〕13 号），制定本实施方案。

一、总体要求

（一）指导思想。以习近平新时代中国特色社会主义思想为指导，全面贯彻党的十九大和十九届历次全会精神，完整、准确、全面贯彻新发展理念，坚持“节水优先、空间均衡、系统治理、两手发力”治水思路，以主要用水行业为重点，以试点示范为引领，以先进技术推广应用为抓手，分类统筹推进工业废水循环利用，促进工业绿色高质量发展。

（二）主要目标。到 2025 年，力争规模以上工业用水重复利用率达到 94%左右，钢铁、石化化工、有色等行业规模以上工业用水重复利用率进一步提升，纺织、造纸、食品等行业规模以上工业用水重复利用率较 2020 年提升 5 个百分点以上，工业用市政再生水量大幅提高，万元工业增加值用水量较 2020 年下降 16%，基本形成主要用水行业废水高效循环利用新格局。

主要行业用水重复利用率目标

序号	行业	2020 年规上工业用水重复利用率	2025 年规上工业用水重复利用率
1	全国	92.5%	94%左右
2	钢铁	97%	＞97%
3	石化化工	93%	＞94%
4	有色	94%	＞94%
5	造纸	82%	＞87%
6	纺织	73%	＞78%
7	食品	60%	＞65%

二、重点任务

（一）聚焦重点行业，实施废水循环利用提升行动。聚焦废水排放量大、改造条件相对成熟、示范带动作用明显的石化化工、钢铁、有色、造纸、纺织、食品等行业，稳步推进废水循环利用技术改造升级。编制典型行业废水循环利用路线图，综合施策、分业推进，提升用水重复利用率，降低废水排放量。（工业和信息化部、水利部按职责分工负责）

专栏 1　重点行业废水循环利用提升行动
石化化工行业：强化用水强度控制，在炼油、现代煤化工、烯烃、芳烃、甲醇、化肥、氯碱、纯碱、硫酸、涂料等重点用水子行业有序开展用水审计、水平衡测试、节水诊断工作，发布重点产品水效“领跑者”指标，推动重点用水企业水效对标和节水技术改造。鼓励有条件的园区实施化工企业废水“分类收集、分质处理、一企一管、明管输送、实时监测”。大力推广应用电化学循环水处理、高浓度有机废水处理回用、水管网漏损检测、智慧用水管控系统等废水循环利用先进装备技术工艺，降低废水排放量。到 2025 年，石化化工行业规上工业用水重复利用率＞94%。 钢铁行业：加强行业节水管理和考核，强化用水强度控制，积极推动水效对标和节水技术改造。推广应用高效循环用水处理、生产工艺干法半干法冷却或洗涤、高浓度有机废水回用、高盐废水减量、智慧用水等废水循环利用先进装备技术工艺。实施排水管网雨污分流技术改造。打造产城融合模式，推动钢铁企业加大利用城市再生水。到 2025 年，钢铁行业规上工业用水重复利用率＞97%。 有色金属行业：强化用水强度控制，制定鼓励水资源高效利用的产业结构调整政策。积极推动节水技术改造，完善串联用水和废水分级分质回用的网络化、智能化调配系统。推广应用有色冶炼重金属废水深度处理与回用、高盐废水资源化处理等废水循环利用先进装备技术工艺。到 2025 年，有色行业规上工业用水重复利用率＞94%。 纺织行业：加强废水循环利用能力建设，鼓励化学纤维制造、喷水织造、纺织染整等行业实施节水型企业和水效领跑者引领行动，开展水平衡测试和水效对标达标。大力推广洗涤水梯级利用、化纤长丝织造废水高效利用、印染废水膜法深度处理等废水循环利用先进装备技术工艺。鼓励纺织企业加大再生水等非常规水资源开发力度，严控新水取用量。开展废水循环利用水质监测评价和用水管理，推动重点用水企业搭建废水循环利用智慧管理平台。到 2025 年纺织行业规上工业用水重复利用率＞78%。 造纸行业：加大废水循环利用先进适用工艺、技术装备推广应用力度。大力推广碱回收及蒸发站污冷凝水的分级及回用、化学机械浆或废纸浆的制浆水循环使用、制浆造纸生产用水梯级利用等工艺。推广备料废水循环回用、低卡伯值蒸煮、多段逆流洗涤封闭筛选、氧脱木素、无元素氯或全无氯漂白、纸机用水封闭循环利用技术。推广高效沉淀过滤白水回收、漂白洗浆滤液逆流使用、高压喷淋、透平风机、生产过程中高浓技术和过程智能化控制等装备技术工艺。到 2025 年，造纸行业规上工业用水重复利用率＞87%。 食品行业：大力推动高浓度有机废水、高盐废水、发酵高浓废水等处理后再用于锅炉用水（软化水、冲渣）、地面冲洗、厂区绿化等，减少有机物排放，提高行业用水效率。到 2025 年，食品行业规上工业用水重复利用率＞65%。

（二）坚持创新驱动，攻关一批关键核心装备技术工艺。部署工业废水循环利用关键技术研究，纳入国家中长期科技发展规划、“十四五”产业科技创新发展规划以及生态环境领域科技创新规划，支持企业、研究机构突破一批工业高性能膜及组件、绿色水处理药剂、高浓度难降解有机废水循环利用等关键核心材料及工艺技术。选择有代表性的园区开展技术综合集成与示范，研发集成低成本、高性能工业废水循环利用装备技术工艺，打造工业废水循环利用技术、工程与服务、管理、政策等协同发力的示范样板。（科技部、工业和信息化部、生态环境部按职责分工负责）

专栏 2　关键核心技术攻关方向
石化化工行业：突破煤化工酚氨废水深度除油预处理及焦油资源化回收、煤化工生产废水同步除油除浊回用处理、现代煤化工行业浊循环、旋流/离心分离-结晶纯化废水资源化处理、高盐废水单质分盐、高盐有机废水脱盐与浓缩蒸发、含盐废水催化湿式氧化处理技术、含氨废水高效汽提及资源化利用、热膜耦合高含盐废水资源化、低能耗生物膜处理技术、膜法低成本工业废水资源化利用、废水厌氧生物深度处理等关键核心技术。 钢铁行业：突破焦化废水深度处理回用、冷轧废水深度处理回用、循环水高效冷却、高浓缩倍数循环水处理、循环水系统水质稳定在线监控、脱硫废水深度处理回用、高盐废水单质分盐、高氯废水脱盐、废水零排放及资源化利用等关键核心技术。 有色行业：突破有色冶炼重金属废水深度处理与回用、湿法冶金高含盐废水回收与资源化、重金属冶金污酸废水资源化及处理、低能耗生物膜处理等关键核心技术。 纺织行业：突破印染废水催化氧化及高效处理回用、长丝织造废水深度处理回用、再生水高效能反渗透处理等关键核心技术。 造纸行业：突破新型造纸废水多级净化深度循环利用等关键核心技术。 食品行业：突破食品高倍浓缩蒸发及脱水干燥超低 VOCs 排放等关键核心技术。

（三）实施分类推广，分业分区提升先进适用装备技术工艺应用水平。组织各地及行业协会、中央企业遴选、发布国家鼓励的工业节水工艺、技术和装备目录以及重大环保技术装备目录，制定工业废水循环利用技术推广方案和供需对接指南，围绕京津冀、黄河流域、长江经济带等缺水地区和水环境敏感区域，聚焦重点用水行业，大力推广一批先进适用的废水循环利用技术装备。鼓励各地方、各行业探索工业废水循环利用技术推广新机制，大力推广工业废水循环利用技术。到 2025 年，推广 100 项先进适用的工业废水循环利用技术装备。（工业和信息化部、水利部、生态环境部按职责分工负责）

（四）突出标准引领，推进重点行业水效对标达标。依托重点用水行业标准技术委员会，进一步加强节水标准化工作组建设，加快制修订工业废水循环利用技术、管理、评价等标准。完善绿色制造体系，健全废水循环利用评价指标，引导绿色工厂、绿色工业园区对标改造。鼓励各地区结合实际依法制定更严格地方标准。组织各地及行业协会、中央企业加强相关标准宣贯，遴选一批废水循环利用效果显著、水效指标先进的企业，发布领跑者名单和先进用水指标，编制典型案例，引导企业水效对标达标，提升用水效率。到 2025 年，规模以上工业用水重复利用率达到 94%左右。（工业和信息化部、水利部按职责分工负责）

专栏 3　工业废水循环利用标准提升方向
共性通用：工业废水深度净化纳滤技术规范，分质用水、串级用水技术规范，反渗透废水综合回用技术规范，超滤系统再生水技术，企业水平衡测试方法，工业园区水回用绩效评价指南，工业用城市再生水处理技术评价方法等。 石化化工行业：化工企业废水回用技术导则和指南、双膜法化工废水深度回用技术规范、炼油废水深度处理回用技术要求等。 钢铁行业：钢铁企业废水深度处理回用实施指南、烧结烟气湿法脱硫废水处理回用技术规范、钢铁工业浓盐水处理回用技术规范、钢铁企业综合废水深度处理回用技术规范、钢铁企业综合废水回用水质技术要求，烧结脱硫废水循环系统、焦化酚氰废水处理回用系统、冷轧废水处理回用系统、钢铁企业综合废水回用设施运行技术要求等。 纺织行业：纺织企业水平衡测试导则、喷水织造工艺回用水水质要求、印染废水深度处理与回用技术指南等。 食品行业：食品企业水平衡测试导则、水足迹核算与评价等。

（五）强化示范带动，打造废水循环利用典型标杆。围绕重点用水行业，组织各地及行业协会、中央企业优先选择水效领跑者企业、绿色工厂、绿色园区、新型工业化示范基地，遴选、发布一批工业废水循环利用示范企业和园区。推动企业、园区根据内部废水水质特点，围绕过程循环和末端回用，实施废水循环利用技术改造，完善废水循环利用装备和设施，实现串联用水、分质用水、一水多用和梯级利用，提升企业水重复利用率。重点围绕京津冀、黄河流域以及长江经济带等缺水地区和水环境敏感区域，创建一批产城融合废水高效循环利用创新试点。推动有条件的工业企业、园区与市政再生水生产运营单位合作，完善再生水管网，衔接再生水标准，将处理达标后的再生水回用于生产过程，减少企业新水取用量，形成可复制推广的产城融合废水高效循环利用新模式。到 2025 年，形成 50 个可复制、可推广的工业废水循环利用优秀典型经验和案例。（工业和信息化部、水利部、发展改革委、住房城乡建设部按职责分工负责）

（六）加强服务支撑，培育壮大废水循环利用专业力量。组织各地、行业协会及中央企业遴选、发布一批废水处理装备、工程应用优质企业，培育一批工业废水循环利用工艺技术创新等领域专精特新“小巨人”企业。引导重点企业、科研院所、行业协会等组建工业废水循环利用产业联盟，重点面向缺水地区和水环境敏感区域，通过合同节水管理、委托运行等专业化模式，为重点用水企业废水循环利用提供信息咨询、技术改造、设施建设、运营及维护等一体化综合服务，系统提升企业废水循环利用水平。（工业和

信息化部、水利部按职责分工负责）

（七）推进综合施策，提升废水循环利用管理水平。推动规模以上用水企业加快对已有数字化管控平台进行升级改造，利用大数据、云计算、互联网等新一代信息技术，建立工业废水循环利用智慧管理平台，形成感知、监测、预警、应急等能力，提升废水循环利用的数字化管理、网络化协同、智能化管控水平。强化行业用水总量和强度控制，全面推行规划和重大项目布局、新建（改扩建）项目水资源论证，重点用水行业项目具备废水循环利用条件但未有效利用的，严格控制新增取水。（水利部、工业和信息化部按职责分工负责）在长江经济带开展工业园区水污染整治专项行动，推动园区工业废水应纳尽纳、集中处理和达标排放。（生态环境部负责）

三、保障措施

（一）加强组织协调，形成工作合力。充分发挥节约用水工作等现有部际协调机制作用，相关部门要按照职能分工抓好重点任务落实。地方政府要落实主体责任，加大力度鼓励和支持工业废水循环利用，结合实际确定本地区工业废水循环利用重点任务，制定具体实施措施。（发展改革委、科技部、工业和信息化部、生态环境部、住房城乡建设部、水利部按职责分工负责）

（二）强化政策支撑，完善激励机制。统筹利用现有资金渠道支持工业废水循环利用相关项目，鼓励地方设计多元化财政资金投入保障机制。落实促进工业绿色发展的产融合作专项政策，发挥国家产融合作平台作用，引导金融机构为开展废水循环利用技术改造企业提供担保、信贷等绿色金融支持。落实节水、资源综合利用等税收优惠政策，优化完善首台（套）重大技术装备保险补偿机制，支持推广应用先进废水循环利用装备技术工艺。（发展改革委、科技部、工业和信息化部、生态环境部、住房城乡建设部、水利部按职责分工负责）

（三）深化宣传交流，推动国际合作。鼓励行业协会、科研院所、标准化组织、新闻媒体、产业联盟等机构，利用世界水日、中国水周、全国城市节水宣传周等活动加强科普，开展技术培训、知识竞赛和现场推广会等。完善公众参与机制，统筹发挥舆论监督、社会监督和行业自律等作用。利用现有双多边机制，推进产业合作、标准对接和技术交流等。鼓励优势企业“走出去”，组织实施工业废水循环利用系统解决方案。（发展改革委、科技部、工业和信息化部、生态环境部、住房城乡建设部、水利部按职责分工负责）

国家发展改革委等部门关于印发《环境基础设施建设水平提升行动（2023—2025年）》的通知

（发改环资〔2023〕1046号）

各省、自治区、直辖市发展改革委、生态环境厅（局）、住房城乡建设厅（委、管委、局），北京市城市管理委、天津市城市管理委、上海市绿化市容局、重庆市城市管理局：

为全面贯彻党的二十大精神，认真落实党中央、国务院决策部署，推动补齐环境基础设施短板弱项，提升环境基础设施建设水平，国家发展改革委会同有关部门研究制定了《环境基础设施建设水平提升行动（2023—2025年）》。现印发给你们，请认真组织实施。

附件：环境基础设施建设水平提升行动（2023—2025年）

国家发展改革委
生态环境部
住房城乡建设部
2023年7月25日

附件

环境基础设施建设水平提升行动（2023—2025年）

为全面贯彻党的二十大精神，贯彻落实全国生态环境保护大会精神，认真落实党中央、国务院决策部署，贯彻落实《中华人民共和国国民经济和社会发展第十四个五年规划和2035年远景目标纲要》、《中共中央、国务院关于深入打好污染防治攻坚战的意见》、《国务院办公厅转发国家发展改革委等部门关于加快推进城镇环境基础设施建设指导意见的通知》等要求，推动补齐环境基础设施短板弱项，全面提升环境基础设施建设水平，特开展本行动。

一、总体要求

坚持以习近平新时代中国特色社会主义思想为指导，全面贯彻党的二十大精神，深入贯彻习近平生态文明思想，加快构建集污水、垃圾、固体废弃物、危险废物、医疗废物处理处置设施和监测监管能力于一体的环境基础设施体系，推动提升环境基础设施建设水平，逐步形成由城市向建制镇和乡村延伸覆盖的环境基础设施网络，提升城乡人居环境，促进生态环境质量持续改善，推进美丽中国建设。

二、工作目标

到2025年，环境基础设施处理处置能力和水平显著提升，新增污水处理能力1200万立方米/日，新增和改造污水收集管网4.5万公里，新建、改建和扩建再生水生产能力不少于1000万立方米/日；全国生活垃圾分类收运能力达到70万吨/日以上，全国城镇生活垃圾焚烧处理能力达到80万吨/日以上。固体废弃物处置及综合利用能力和规模显著提升，危险废物处置能力充分保障，县级以上城市建成区医疗废物全部实现无害化处置。

三、重点任务

（一）生活污水收集处理及资源化利用设施建设水平提升行动。加快建设城中村、老旧城区、城乡接合部、县城和易地扶贫搬迁安置区生活污水收集管网，填补污水收集管网空白区。开展老旧破损污水管网、雨污合流制管网诊断修复更新，循序推进管网改造，提升污水收集效能。因地制宜稳步推进雨污分流改造，统筹推进污水处理、黑臭水体整治和内涝治理。加快补齐城市和县城污水处理能力缺口，稳步推进建制镇污水处理设施建设。结合现有污水处理设施提标升级扩能改造，加强再生利用设施建设，推进污水资源化利用。推进污水处理减污降碳协同增效，建设污水处理绿色低碳标杆厂。统筹推进污泥处理设施建设，加快压减污泥填埋规模，提升污泥无害化处理和资源化利用水平。强化设施运行维护，推广实施“厂—网—河（湖）”一体化专业化运行维护。

（二）生活垃圾分类处理设施建设水平提升行动。加快完善生活垃圾分类设施体系，合理布局建设收集点、收集站、中转压缩站等设施，健全收集运输网络。加快补齐县级地区生活垃圾焚烧处理能力短板，鼓励按照村收集、镇转运、县处理或就近处理等模式，推动设施覆盖范围向建制镇和乡村延伸。积极有序推进既有焚烧设施提标改造，强化设施二次环境污染防治能力建设，逐步提高设施运行水平。因地制宜探索建设一批工艺成熟、运行稳定、排放达标的小型生活垃圾焚烧处理设施。稳妥推进厨余垃圾处理设施建设。规范开展库容已满生活垃圾填埋设施封场治理。改造提升现有填埋设施，防止地下水污染，加强填埋气回收。

（三）固体废弃物处理处置利用设施建设水平提升行动。积极推动固体废弃物处置及综合利用设施建设，全面提升设施处置及综合利用能力。优化布局建设建筑垃圾中转调配、消纳处置和资源化利用设施，积极推进建筑垃圾分类及资源化利用，加快形成与城市发展需求相匹配的建筑垃圾处理设施体系。统筹规划建设再生资源加工利用基地，加强再生资源回收、分拣、处置设施建设，加快构建区域性再生资源回收利用体系，提高可回收物再生利用和资源化水平。支持开展“无废城市”建设的地区率先探索，形成可复制、可推广的实施模式。

（四）危险废物和医疗废物等集中处置设施建设水平提升行动。强化特殊类别危险废物处置能力建设，加快建设国家和 6 个区域性危险废物风险防控中心、20 个区域性特殊危险废物集中处置中心。积极推动省域内危险废物处置能力建设，加快实现与产废情况总体匹配。强化危险废物源头管控和收集转运等过程监管，提升危险废物环境监管和风险防范能力。健全医疗废物收转运处置体系，深化医疗废物处置特许经营模式改革，确保各类医疗废物应收尽收和应处尽处。

（五）园区环境基础设施建设水平提升行动。积极推进园区环境基础设施集中合理布局，加大园区污染物收集处理处置设施建设力度。推广静脉产业园建设模式，鼓励建设污水、垃圾、固体废弃物、危险废物、医疗废物处理处置及资源化利用“多位一体”的综合处置基地。推进再生资源加工利用基地（园区）建设，加强基地（园区）产业循环链接，促进各类处理设施工艺设备共用、资源能源共享、环境污染共治、责任风险共担，实现资源合理利用、污染物有效处置、环境风险可防可控。

（六）监测监管设施建设水平提升行动。全面推行排污许可“一证式”管理，建立基于排污许可证的排污单位监管执法体系和自行监测监管机制。严格落实生活垃圾焚烧厂“装、树、联”要求，强化污染物自动监控和自动监测数据工况标记，加强对焚烧飞灰处置、填埋设施渗滤液处理的全过程监管。完善国家危险废物环境管理信息系统，实现危险废物产生情况在线申报、管理计划在线备案、转移联单在线运行、利用处置情况在线报告和全过程在线监控。健全污水处理监测体系，强化污水处理达标排放监管。鼓励各地根据实际情况对污泥产生、运输、处理进行全流程信息化管理，做好污泥去向追溯。

四、组织实施

（一）开展全面摸底评估。各省（区、市）以市为单位开展环境基础设施摸底评估工作，全面掌握本辖区环境基础设施现状，系统评估辖区环境基础设施处理能力、处理水平、运行情况以及短板弱项情况，形成环境基础设施评估报告。市级发展改革部门会同生态环境、住房城乡建设等相关部门组织形成评估报告后，及时上报并由省级发展改革部门会同有关部门于 2023 年 10 月底前汇总报送至国家发展改革委、生态环境部、住房城乡建设部。

（二）加强项目谋划储备。各地要统筹推进环境基础设施规划布局，根据评估情况加快环境基础设施项目谋划储备，将符合条件的项目及时纳入国家重大建设项目库。根据项目谋划储备情况，编制本地区环境基础设施项目建设清单，明确项目建设时序、投资计划等，一并纳入评估报告上报。对评估工作和项目储备工作开展较为扎实的地区，国家优先对该地区符合条件的项目予以支持。

（三）强化项目建设管理。各级发展改革部门要会同有关部门按职责分工切实强化环境基础设施项目建设管理。加快推进项目前期工作，加快履行项目审批（核准、备案）手续，加快办理审批手续，提高审批效率，成熟一批、开工一批，尽快建成投运。强化项目日常监管，加强国家重大建设项目库管理，及时、准确、完整填报项目审批、开工、投资完成、工程进度、竣工等信息。

（四）加大支持力度。通过中央预算内投资等方式对符合条件的项目予以支持，将符合条件的环境基础设施建设项目纳入地方政府专项债券的支持范围。完善污水、生活垃圾、危险废物、医疗废物处置价格形成和收费机制，推动提升环境基础设施可持续运营能力。鼓励金融机构按照市场化原则、商业可持续原则加大环境基础设施项目信贷投放力度和融资支持力度。坚持“资金、要素跟着项目走”，加强环境基础设施建设要素保障，确保各项工程顺利推进。

（五）创新实施模式。鼓励各地区以市县为单位将环境基础设施项目打包，统筹谋划、整体推动环境基础设施项目建设。鼓励结合地方实际，深入推行环境污染第三方治理，探索开展环境综合治理托管服务和生态环境导向的开发（EOD）模式。积极引导社会资本按照市场化原则参与环境基础设施项目建设运营。

各地区、各有关部门要充分认识提升环境基础设施建设水平重要意义，建立健全工作机制，上下联动、左右协同，形成工作合力，在切实防范各类风险情况下，分类施策，着力推动环境基础设施建设水平提升行动取得实效。国家发展改革委要加强统筹协调，生态环境部、住房城乡建设部按照职责分工加强行业指导，推进方案实施。各省（区、市）发展改革部门会同有关部门结合本地实际，加快推进环境基础设施规划建设。

住房城乡建设部等 5 部门关于加强城市生活污水管网建设和运行维护的通知

（建城〔2024〕18 号）

各省、自治区住房城乡建设厅、生态环境厅、发展改革委、财政厅、市场监管局（厅），直辖市住房城乡建设（管）委、生态环境局、发展改革委、财政局、水务局、市场监管局（委），海南省水务厅，新疆生产建设兵团住房城乡建设局、生态环境局、发展改革委、财政局、市场监管局：

为贯彻落实党中央、国务院关于全面推进美丽中国建设有关部署，加快城市生活污水管网补短板，建立运行维护长效机制，切实提升城市生活污水收集效能，现就有关事项通知如下。

一、工作目标

以效能提升为核心，以管网补短板为重点，坚持问题导向、重点突破、建管并举、系统整治、精准施策，推动建立厂网统筹的城市生活污水专业化运行维护管理模式。到 2027 年，基本消除城市建成区生活污水直排口和设施空白区，城市生活污水集中收集率达到 73%以上，城市生活污水收集处理综合效能显著提升。

二、推进设施体系建设

（一）开展污水收集系统问题排查。各地要按照每 5—10 年完成一轮城市生活污水管网排查滚动摸排的要求，持续推进管网现状评估和修复工作，建立管网长效管理与考核评估机制。污水处理厂进水污染物浓度偏低的地区，重点开展施工降水排入、城市水体倒灌、地下水入渗入流等进入城市生活污水管网问题排查。

（二）加快实施污水管网改造。各地要开展水体沿线雨水排口和合流制溢流口防倒灌改造，严防河湖水倒灌生活污水管网。加快破损检查井改造与修复，逐步淘汰砖砌污水检查井，新建污水检查井推广使用混凝土现浇或成品检查井。全面开展超使用年限、材质落后、问题突出排水设施的更新改造。因地制宜推进雨污分流改造。强化工业园区和工业企业内部雨污水错接混接和雨污分流改造。到 2025 年，城市污水处理厂进水生化需氧量（BOD）浓度高于 100 毫克/升的规模占比达到 90%或较 2022 年提高 5 个百分点，污水收集效能明显提升。

（三）推进污水收集和处理设施补空白。城市新区生活污水管网规划建设应与城市建设同步推进。老旧城区、城中村和城乡接合部可因地制宜采用集中纳管与分散收集处理等方式处理生活污水。鼓励有条件的大中型城市适度超前建设污水处理设施和规模化污泥集中处理处置设施。

（四）推进雨季溢流污染总量削减。各地要因地制宜采取雨前降低管网运行水位、雨洪排口和截流井改造、源头雨水径流减量等措施，削减雨季溢流污染入河量。超过排水系统承载能力溢流的，应在保障城市排水防涝安全的前提下，采取措施最大限度减少污染入河。鼓励各地在完成管网建设改造的前提下，建设雨季溢流污水快速净化设施，结合本地实际明确排放管控要求。加强工业园区和工业企业雨水排口监管，降低雨季排污环境影响。

三、加强管网设施管理

（五）强化排水许可管理。各地排水主管部门要严格落实污水排入排水管网许可制度，结合当地实际情况，对排水户实行分级分类管理，确定重点排水户清单。到 2025 年，各城市重点排水户全面落实排水许可要求。

（六）加强执法监督。各地排水主管部门要会同有关部门，加强对城市生活污水管网建设和运维以及排水行为的联合监管和执法联动，形成执法合力，加强溯源执法。整治“小散乱”排水户污水排入雨篦、雨水管道行为，杜绝工业企业通过雨水管网违法排污。逐步健全排水户排水监管体系，加强对排水户排放污水监管，依法对违法排水行为进行处罚。

（七）严格质量管控。各地要强化生活污水管网建设质量管理，严格实行工程质量终身负责制，督促建设、勘察、设计、施工、监理单位依法依规对管网工程质量负责，确保管网符合标准。相关单位应严格执行标准规范，严格组织管线工程验收，鼓励邀请管网运行维护单位参加验收。各地市场监管部门要运用好“双随机、一公开”监管方式，加强排水管材质量安全监管。

四、完善管网运行维护机制

（八）明确管网运行维护主体，建立常态化长效运维机制。各地要建立城市生活污水管网专业化运行维护队伍，严格规范安全作业流程，保障城市生活污水管网运行维护费用。排水主管部门要积极推动居住社区内部雨污水管网养护工作委托城市生活污水管网专业化运行维护单位负责。

（九）持续推进“厂网一体”专业化运行维护。各地要完善城市生活污水管网建设管理体制和机制，鼓励组建城市生活污水管网专业企业，实行“厂网一体”专业化运行维护。排水主管部门要构建以污染物收集效能为导向的管网运行维护绩效考核体系和付费体系，对污水处理厂和管网联动按效付费。以提升污水收集处理效能为目标，建设城市污水管网全覆盖样板区。

五、保障措施

（十）加强组织领导。省级住房城乡建设部门要会同生态环境、发展改革等部门对生活污水管网建设改造的整体进展和实施效果进行检查评估，及时通报有关情况，总结经验，鼓励先进，督促落后。建立健全生活污水收集处理设施建设改造工程联审联批制度，优化审批程序，提高审批效率，加快项目落地。

（十一）健全污水管网建设和运行维护费用保障制度。各地要建立健全费用保障机制，合理调整污水处理收费标准，加强污水管网建设和运行维护，地方人民政府可视情况给予运营补贴，保障污水管网设施正常、可持续运行。

（十二）完善资金筹措机制。允许地方安排地方政府专项债券支持符合条件的污水管网建设和改造项目。鼓励金融机构按市场化原则为污水管网建设和改造项目提供融资支持。鼓励社会资本通过特许经营等方式参与，研究探索规范项目收益权、特许经营权等质押融资担保。

住房城乡建设部
生态环境部
国家发展改革委
财政部
市场监管总局
2024年3月8日

（此件主动公开）

国家发展改革委等部门关于加强矿井水保护和利用的指导意见

（发改环资〔2024〕226 号）

各省、自治区、直辖市、新疆生产建设兵团发展改革委、水利（水务）厅（局）、自然资源主管部门、生态环境厅（局）、应急管理厅（局）、市场监管局（厅、委）、能源局、矿山安全监管部门：

近年来，我国矿井水保护和利用能力不断提升，利用量持续增长，但仍面临区域发展不平衡、统计底数不清晰、政策标准不完善、技术装备不完备、保护利用不充分等问题。为进一步推动矿井水保护和利用，缓解水资源短缺，保护生态环境，支撑能源资源产业高质量发展，制定本指导意见。本指导意见主要针对煤矿矿井水，非煤矿矿井水保护和利用参照执行。

一、总体要求

（一）指导思想

以习近平新时代中国特色社会主义思想为指导，全面贯彻党的二十大精神，深入贯彻习近平生态文明思想，贯彻落实习近平总书记关于治水的重要论述，落实“节水优先、空间均衡、系统治理、两手发力”治水思路，完整、准确、全面贯彻新发展理念，实施全面节约战略，以技术创新为动力，以提升处理能力和加强管网建设为基础，以完善政策标准为支撑，推进矿井水源头保护、分类处理、综合利用，加强统筹协调，强化约束激励，有效缓解矿区煤水矛盾，促进高质量发展，加快建设美丽中国。

（二）主要目标

到 2025 年，全国矿井水利用量持续提高，利用率不断提升，其中黄河流域力争达到68%以上，矿井水保护利用政策体系和市场机制基本建立。到 2030 年，矿井水管理制度体系、市场调节机制和技术支撑能力不断增强，矿井水利用效率和效益进一步提高。

二、加强矿井水源头保护

（三）推行源头控制。矿区总体规划、规划环评应明确区域所需保护的含水层，充分论证煤炭开发对地下水的影响程度，合理规划开采区域。可能对地下水补给、径流、排泄等造成重大不利影响的，建设单位应制定防止对地下水产生不利影响的措施方案。新建煤矿在设计时应根据开采条件因地制宜选择水资源保护措施。在产和待产煤矿应严格落实矿区规划及规划环评要求，不得擅自开采可能对地下水资源造成严重破坏的区域。针对经批准的可开采区域，建设单位应根据矿区水文地质条件，科学制定可行的水资源保护和矿井水综合利用方案，优化井田开采接续布局，合理选择保水开采工艺，最大程度减轻煤炭开采对水资源的扰动影响，促进减小矿井涌水量，有效保护地下水。推动煤炭和矿井水双资源型矿井建设、协调开采和生态环境保护。

（四）合理选择治理工艺。深入开展可行性分析和环境影响论证，在确保技术工艺科学有效、安全可靠，环境影响可控和排放达标的基础上，考虑技术经济性，因地制宜选择治理工艺。华北型煤田煤层底板含水层影响区，推广采用超前区域治理、构造区局部注浆加固与封堵等技术，防控底板承压水进入矿井。西北、东北等煤层顶板砂岩含水层影响区，鼓励采用特殊开采工艺，推广含水层侧向帷幕截流、透水天窗和隔水薄弱区修复治理等，减少主要含水层的地下水流失。西南岩溶含水层影响区，推广采用综合探查与岩溶通道局部注浆帷幕、地面落水洞回填等，改变井田局部范围内岩溶水系统补给条件，鼓励矿区岩溶裸露区构建地表植被生态系统，减少大气降水直接补给岩溶水系统。确需采用含水层疏放方式进行水灾隐患治理的，推广采用控制疏放技术，制定专项安全技术措施，在保障安全、满足地下水资源保护和生态环境保护要求的前提下科学控制疏放水量。即将关停的矿井应进行闭坑前防治，评估预测矿井涌水量，通过采用减少补给、矿井回填等措施，预防控制酸性矿井涌水产生。

（五）落实安全监管。强化煤矿矿井水“一矿一策”监管措施，开展水害防治专项检查，重点检查矿井涌水量监测设施、排水设施、防水密闭设施等建设情况。加强煤矿应急能力建设，建立煤矿安全应急响应机制，建设煤矿安全生产风险监测预警平台，定期组织开展应急演练。

三、推进矿井水分质分级处理

（六）含悬浮物矿井水规模化智能化处理。涌水量较大的矿井，在采取有效的矿井水源头治理的前提下，在技术经济合理情况下，鼓励在井下建设清污分流装置，进行源头分级处理和井下分质利用，将含悬浮物矿井水提升到地面进行规模化集中处理。有条件的矿井可采用采空区过滤、反冲洗过滤、高密度澄清、重介速沉等井下处理方式，实现清水入仓，井下直接复用。鼓励使用信息化监测、自动加药、排泥、预警等自动控制系统，提升矿井水处理智能化水平。鼓励企业建立健全矿井水应急处理预案，建设和利用地面和井下应急水池（仓）或应急处理设施进行水质缓冲调蓄。

（七）高矿化度矿井水分级绿色处理。高矿化度矿井水，应根据含盐类型、含盐量和总固体量，合理选择预处理和脱盐工艺，宁东、蒙东可探索实施近零排放处理。鼓励将海水淡化技术应用于矿井水处理，推广利用膜浓缩、反渗透等脱盐工艺。有条件的矿井，可利用周边余热余能，或开发地热能、太阳能等新能源，采用光热蒸发、低温多效蒸发等热法脱盐，实现绿色节能脱盐。处理后的高盐废水应严格规范处置，可按照相关规范建设、运行地面蒸发塘进行处置，避免环境污染风险。鼓励结晶盐作为化工原料资源化利用，暂时不利用或不能利用的结晶盐应按照有关规定规范贮存。

（八）酸性和含特殊组分矿井水高效定向处理。对于酸性矿井水，推广采用井下预处理和地面深度处理工艺，减少长距离输送对管路和设备的腐蚀。含特殊组分矿井水，根据所含组分类型选择相应处理工艺，推进高氟矿井水定向高效处理，采用吸附法、沉淀法、膜法等除氟技术，推广分布式定向处理设备。以集中关停矿区为重点，加强酸性矿井水治理。对于偏远矿区闭坑后产生的酸性矿井水，在确保对群众生产生活用水不产生影响的前提下，鼓励探索自然修复的方式治理。

四、推进矿井水综合利用

（九）加强矿井水配置。将矿井水纳入区域水资源规划和水资源统一配置，煤矿所在地级市制定矿井水处理及综合利用规划和分年度方案，建设矿井水利用工程。加快建设矿井水输送管网，科学调配水量，优化配置生活生产生态水源。以水量比较稳定、分布较为集中的主要涌水矿区为重点，支持矿井水规模化处理设施和集中供水管网、联调联供管网等配套管网工程建设。严格取水许可，具备利用矿井水条件但未充分利用的企业，生产用水、生活杂用水不得开采和使用其他地表水和地下水。陇东、宁东、蒙西、陕北、晋西等重点产煤区域，建设用水项目时，应充分利用矿井水代替地表水。

（十）生产和生活利用。矿井水处理达标后，应充分用于矿区生产和生活杂用。推进水质较好的矿井水井下处理、就地复用，作为井下防尘、冷却、配制乳化液用水。推进井上处理水分质供水、梯级利用，常规处理后用于选煤厂、矸石山等地面降尘、煤炭洗选，达到绿化用水标准的，可用于洒水绿化。矿井水深度处理后，可作为煤化工等行业的生产用水，火电、钢铁等行业的循环冷却水。有条件矿区，可将满足使用水质标准要求的矿井水输送至工业园区、企业或周边城镇，作为生产用水和市政杂用。有条件的地方可利用矿井水建设水源热泵进行区域供热。

（十一）生态和农业用水。北方资源型缺水地区，因地制宜将矿井水处理达标后，用于采煤沉陷区修复治理等生态用水。南方水质型缺水地区，在确保矿井水稳定达标排放前提下，可就近回补自然水体和河湖湿地，做好工矿企业入河排污口监督管理。在黄土沟壑矿区，探索矿井水处理达标后调输到山顶高地自流灌溉林草的模式。在黄河中下游矿区，推广矿井水用于沉陷区人工湿地的生态修复模式，提升生态屏障效应。地下水超采地区，压实相关企业主体责任，对充分利用后仍有剩余的矿井水，在依法合规且科学评估矿井安全影响、区域水环境影响后，探索将矿井水深度处理且水质达标后进行地下水回补或存储的可行性，并布设水量、水位、水质计量监测系统，相关监测数据实时传输至当地政府水资源监控平台。结合土壤盐渍化防治，鼓励矿井水处理达标后用于国土绿化。在黄河流域严重缺水地区，鼓励将矿井水处理达标后用于牧区，代替地下水和地表水，在符合生态环保要求的前提下，可将矿井水处理达标后用于流域生态用水。

五、健全矿井水利用体制机制

（十二）完善统计计量考核制度。建立健全完善的矿井水统计、计量和监测体系，各有关涉矿区省（区、市）以市为单位开展矿井水统计摸底工作，夯实矿井水产生、处置、利用等数据基础。完善矿井水综合利用率统计机制，将矿井水处理达标后用于矿区生态恢复灌溉用水的水量，纳入矿井水综合利用统计。完善矿井水计量设施，推动在产矿井水排水计量监测和排水水质监测全覆盖，准确掌握矿井水产生量、利用量、利用方式和排放量，并按要求布设地下水位监测设施，强化计量设施定期检查和维护，及时更换有损坏的计量设施。各厂矿应将矿井涌水量和取用量、新水取用量、地下水位、水质等实时数据与当地政府水资源监控平台对接传输，并与地下水监测体系充分衔接。各煤矿所在地级市要明确矿井水利用量、利用率目标和考核要求，将量化目标任务分解到煤矿生产企业，建立健全奖惩机制。

（十三）健全政策标准。进一步完善水资源论证、地下水管控、非常规水源利用对矿井水的管理要求。健全公平竞争制度框架和政策实施机制，持续优化稳定公平透明可预期的发展环境。制修订矿井水用于各领域的分级分质系列标准、技术规范，适时制定矿井水处理能耗、矿区地下水回补等方面标准，鼓励黄河流域九省（区）和新疆维吾尔自治区根据区域特点，试点开展高矿化度矿井水排放标准制定工作。鼓励社会团体发布创新性大型矿井水处理利用工程装备、核心技术产品及评价方法的团体标准。积极参与国际标准制订。推动煤炭生产企业依法披露环境信息，构建煤炭行业环保信用监管体系。

（十四）健全价税机制。建立使用者付费制度，鼓励矿井水供需双方按照优质优价的原则自主协商定价。探索推进将矿井水纳入用水权交易。稳步推进水资源税改革试点，按现行规定落实企业利用矿井水生产再生水增值税即征即退等税收优惠政策。

（十五）完善财金政策。中央财政通过现有渠道对符合条件的项目予以适当支持。鼓励地方设计多元化的资金投入保障机制。拓宽投融资渠道，引导和规范社会资本参与项目建设运营，鼓励企业采用绿色金融、绿色债券等投融资方式。探索开展生态环境导向的开发（EOD）模式。

（十六）强化科技支撑。推动矿井水保护和利用关键技术攻关，部署相关任务开展脱盐、多途径处置、综合利用等科技创新，支持建设矿井水保护和利用相关科技创新基地。推动在煤炭行业建设一批矿井水处理先进技术装备应用重点工程。开展新型药剂、智能化监控、生态脱盐、可再生能源耦合脱盐、纳滤及其他新型分离膜等技术研究，实现高效能、低成本应用。鼓励企业突破关键核心装备制造瓶颈。

六、保障措施

（十七）加强组织协调。按照中央统筹、省负总责、市县抓落实原则，抓好指导意见实施落实。国家发展改革委加强综合协调，水利部加强取水许可、配置利用、监测计量管理，生态环境部加强达标排放、水质监管，应急管理部、国家矿山安监局加强安全管理，国家能源局加强煤炭行业管理，工业和信息化部、自然资源部、住房城乡建设部等部门按照职责分工做好相关工作，形成工作合力，推动各项措施落实。矿区所在市县政府制定工作计划，明确任务目标，确保完成各项任务。

（十八）强化监督管理。严格落实矿井水纳入水资源统一配置的要求，并纳入最严格水资源管理制度考核。强化矿井水处理达标排放监管，开展矿井水、矿井水排放水质、地下水位、水生态环境特征指标等的长时间序列动态监测，健全地下水监测常态化发布机制，逐步建立覆盖矿井水保护处理利用全过程的风险防控预警体系，确保矿井水安全处理利用。

（十九）加大宣传力度。加强国情水情教育，普及矿井水基础知识。结合世界水日、中国水周等主题宣传活动，发挥大型煤炭基地、节水教育社会实践基地等平台作用，采取多种形式广泛深入开展宣传实践活动，提高公众对矿井水利用的认知度和认可度，增强使用意愿。完善公众参与机制，充分发挥社会监督和行业自律作用，为矿井水保护和利用营造良好氛围。

国家发展改革委
水利部
自然资源部
生态环境部
应急管理部
市场监管总局
国家能源局
国家矿山安监局
2024 年 2 月 23 日

第二节　内蒙古自治区相关政策文件

内蒙古自治区黄河流域生态保护和高质量发展规划

前　言

黄河是中华民族的母亲河，保护黄河是事关中华民族伟大复兴的千秋大计。党的十八大以来，习近平总书记多次考察沿黄省区，就黄河流域生态保护和高质量发展发表重要讲话、作出重要指示批示，强调黄河流域生态保护和高质量发展是重大国家战略，要共同抓好大保护，协同推进大治理，着力加强生态保护治理、保障黄河长治久安、促进全流域高质量发展、改善人民群众生活、保护传承弘扬黄河文化，让黄河成为造福人民的幸福河。

党中央、国务院印发《黄河流域生态保护和高质量发展规划纲要》（以下简称《规划纲要》）。《规划纲要》是指导当前和今后一个时期黄河流域生态保护和高质量发展的纲领性文件，是制定实施相关规划方案、政策措施和建设相关工程项目的重要依据。为深入贯彻习近平总书记重要讲话重要指示批示精神，细化落实《规划纲要》确定的目标任务，制定本规划。

规划范围为黄河干支流流经的阿拉善盟、乌海市、鄂尔多斯市、巴彦淖尔市、包头市、呼和浩特市、乌兰察布市 7 个盟市相关县级行政区，国土面积约 31 万平方公里，2019 年年末总人口约 953 万人。为保持重要生态系统的完整性、资源配置的合理性、文化保护传承弘扬的关联性，在谋划实施生态、经济、社会、文化等领域举措时，根据实际情况延伸至联系紧密的其他区域。规划期至 2030 年，中期展望至 2035 年，远期展望至本世纪中叶。

第一章　发展背景

黄河自宁蒙交界处都思兔河口入境，从准格尔旗马栅乡出境，流经内蒙古 843.5 公里。内蒙古黄河流域区位独特、面积广阔、资源能源富集、产业集中，是我区建设“两个屏障”、“两个基地”和“一个桥头堡”的重要支撑。党中央将黄河流域生态保护和高质量发展上升为重大国家战略，必将对我区发展产生重大而深远的影响。全区上下特别是沿黄地区要增强“四个意识”、坚定“四个自信”、做到“两个维护”，坚决贯彻落实党中央决策部署，紧紧抓住实施黄河流域生态保护和高质量发展重大国家战略的历史机遇，坚定不移走以生态优先、绿色发展为导向的高质量发展新路子，努力在高质量发展中实现高水平保护、在高水平保护中促进高质量发展。

第一节 基础条件

生态环境明显好转。黄河内蒙古段介于阴山南麓与鄂尔多斯高原之间，流域内有草原、森林、湿地、河流、湖泊、沙漠、戈壁等多种地形地貌。经过长期努力，特别是随着一批重点生态治理工程的持续实施，内蒙古黄河流域实现了森林覆盖率和草原植被盖度“双提高”、荒漠化和沙化土地“双减少”的显著成效，黄河干流水质总体为优，库布齐沙漠治理得到习近平总书记充分肯定。

防洪防凌能力不断提升。黄河内蒙古段穿行于乌兰布和沙漠、河套—土默川平原与库布其沙漠，三盛公以下至昭君坟段河道多弯，为游荡型与蜿蜒型之间的过渡型河段。通过兴建三盛公、海勃湾水利枢纽等重大水利工程，实施河道治理、堤防工程和蓄滞洪区等重点建设项目，内蒙古黄河流域防洪减灾体系已基本形成。

发展基础相对较好。内蒙古黄河流域是我区能源、冶金、化工产业的主要集中区，集中了全区 71%的煤炭产能、69%的电力装机，牛奶、羊绒、葵花籽等加工规模居全国第一，河套平原被誉为“塞上江南”。民生事业加快发展，新时代脱贫攻坚目标任务如期完成，基本公共服务水平逐步提升。

文化底蕴深厚。内蒙古黄河流域自然景观壮丽秀美，历史文化、民族文化、红色文化底蕴深厚，文化遗产遗迹丰富，是中华民族和中华文明的重要发祥地、我国多民族文化融合的集中体现地。

第二节 问题挑战

生态基础依然脆弱。流域内荒漠化和沙化土地集中、危害严重，部分耕地盐碱化，局部地区位于生态敏感区，水源涵养功能弱，水土流失现象较为严重，生态系统极易发生退化，恢复难度大且过程缓慢。

污染防治任务艰巨。沿黄地区存在工业、城镇生活和农业面源三方面污染，加之尾矿库污染，部分支流监测水质仍为劣Ⅴ类。结构性、季节性、区域性大气污染问题依然突出，乌海及周边地区大气污染防控形势仍然严峻。

水资源短缺与用水粗放并存。流域内自产水量少，人均水资源量不到全区平均水平的 40%。随着工业化、城镇化发展，水资源供需矛盾日益突出，用水量已接近可用水量，生态用水严重不足。农业用水效率不高，地下水超采问题依然存在。

防洪减淤形势严峻。干流险工险段频繁出现，部分河段已经形成“悬河”，凌汛突发性强、防御难度大，支流防洪标准低，分洪分凌、蓄滞洪区体系尚不完善，气候变化和极端天气引发超标准洪水的风险依然存在。部分河段存在沙漠入侵，水利工程泥沙淤积问题显现。

高质量发展任重道远。经济发展较多依赖资源开发，产业倚能倚重特征明显，产业链条短且处于价值链中低端，资源要素投入产出效率不高，产业同质化竞争较为突出。农牧业生产方式粗放，转型升级任务艰巨。科技研发和创新能力不强，新旧动能转换压力大，民生领域还有不少短板。

第二章　总体要求

第一节　指导思想

以习近平新时代中国特色社会主义思想为指导，全面贯彻党的十九大和十九届二中、三中、四中、五中全会精神，深入贯彻习近平总书记关于黄河流域生态保护和高质量发展、关于内蒙古工作重要讲话重要指示批示精神，统筹推进“五位一体”总体布局，协调推进“四个全面”战略布局，坚持和加强党的全面领导，坚持新发展理念，以推动高质量发展为主题，以深化供给侧结构性改革为主线，统筹发展和安全，主动服务融入新发展格局，坚定不移走以生态优先、绿色发展为导向的高质量发展新路子，准确把握重在保护、要在治理的战略要求，推进流域山水林田湖草沙生态环境整体保护和协同治理，完善防洪减灾体系，提高水资源节约集约高效利用水平，促进流域高质量发展，改善人民群众生活，保护传承弘扬黄河文化，加快建设环境优美、岁岁安澜、经济繁荣、城乡融合、文化昌盛、社会和谐的幸福黄河，把祖国北部边疆这道风景线打造得更加亮丽。

第二节　基本原则

坚持生态优先、绿色发展。牢固树立绿水青山就是金山银山的理念，尊重自然、顺应自然、保护自然，加快推进流域生态保护修复和环境改善。优化国土空间开发格局，生态功能区重点保护好生态环境；调整区域产业布局，把经济活动限定在资源环境可承受范围内。加快推动绿色低碳循环发展，落实节能优先方针，严格实行能源消耗总量和强度双控，加强能源消耗源头管控，严格控制高耗能高污染产业，强化环境保护、节能减排约束性指标管理。加快转变倚能倚重的产业结构，推动特色优势产业绿色清洁高效发展。

坚持量水而行、节水优先。把水资源作为最大的刚性约束，加强水资源消耗总量和强度双控，坚持以水定城、以水定地、以水定人、以水定产，合理规划人口、城市和产业发展。统筹优化生产生活生态用水结构，深化用水制度改革，用市场手段倒逼水资源节约集约利用，推动用水方式由粗放低效向节约集约转变，坚决抑制不合理用水需求，构建精准节水、空间均衡、丰蓄枯补、城乡统筹的水资源配置格局。

坚持因地制宜、分类施策。立足流域自然条件，增强政策和工程措施的针对性、有效性，分区分类推进保护和治理。充分发挥各地比较优势，宜山则山、宜水则水、宜粮则粮、宜农则农、宜牧则牧、宜工则工、宜商则商，构建优势互补、各具特色的高质量发展新格局。聚焦落实“两个基地”的战略定位，因地施策推动特色优势产业发展，培育新的经济增长极，打造开放通道枢纽，推进产业基础高级化、产业链现代化，促进流域高质量发展。

坚持系统治理、协同推进。牢固树立一盘棋思想，坚持共同抓好大保护、协同推进大治理，统筹谋划上下游、干支流、左右岸的保护和治理，统筹推进堤防建设、河道整治、滩区治理、生态修复等重大工程，开展山水林田湖草沙系统治理，统筹水资源利用与产业布局、城市建设等，构建全域生态安全格局。建立健全统分结合、协同联动的工作机制，合理协调各方关系，充分调动各方力量，促进各地区各行业各方面共建共治共享。

坚持以人为本、造福民生。坚持以人民为中心的发展思想，始终做到发展为了人民、发展依靠人民、发展成果由人民共享，维护人民根本利益。激发全体人民积极性、主动性、创造性，切实改善人民生产生活条件，提高基本公共服务均等化水平，增进民生福祉，让黄河更好造福人民。

第三节　发展目标

到 2030 年，内蒙古黄河流域生态保护和高质量发展取得明显进展，人与自然关系进一步改善，流域治理水平明显提高，生态环境质量明显改善，生产生活方式绿色转型成效更加显著，能源资源配置更加合理、利用效率大幅提高，节能减排治污力度持续加大，生态安全屏障作用更好发挥，防洪减灾和水资源保障能力稳步提升，特色优势产业发展质量进一步提升，乡村振兴取得显著成效，城乡区域协调联动发展的格局逐步形成，黄河文化影响力显著扩大，基本公共服务水平明显提升，人民生活水平进一步提高，民生福祉达到新水平。

到 2035 年，内蒙古黄河流域生态保护和高质量发展取得重大战略成果，流域生态环境根本好转，生态系统健康稳定，水资源节约集约利用水平显著提升，绿色生产生活方式广泛形成，经济社会发展全面绿色转型，现代化经济体系基本建成，黄河文化大发展大繁荣，人民生活水平显著提升。到本世纪中叶，内蒙古黄河流域物质文明、政治文明、精神文明、社会文明、生态文明水平大幅提升，为我区与全国同步实现现代化发挥重要支撑作用。

第四节 总体布局

全面评估内蒙古黄河流域资源环境承载能力，统筹生态、经济、城市、人口以及粮食、能源等安全保障，开展国土空间开发适宜性评价，确定不同地区开发上限，合理开发和高效利用国土空间，严格规范各类沿黄河开发建设活动。

构建生态安全格局。统筹山水林田湖草沙系统治理，增强阴山山脉、贺兰山山脉生态廊道和草原生态系统功能，加强流域水域生态环境保护治理，完善腾格里沙漠、乌兰布和沙漠、库布齐沙漠和毛乌素沙地防沙治沙体系，构建集草原、森林、河流、湖泊、湿地、沙漠、沙地于一体的生态安全格局。

构建高质量发展动力格局。立足产业基础优势，提升产业层次和发展能级，增强区域发展整体竞争力。重点建设呼包鄂乌城市群，加快推进呼包鄂乌一体化。以呼和浩特为龙头发展现代服务型经济，以包头、鄂尔多斯为重点建设能源和战略资源基地，以乌兰察布为支点打造物流枢纽和口岸腹地。加快乌海资源枯竭型城市转型，培育接续替代产业，推进河套灌区现代化改造、增加绿色有机高端农畜产品供给，协同发展黄河“几”字弯特色旅游业，打造黄河文化旅游带。

第三章 推进生态系统保护修复

坚持保护优先、自然恢复为主，突出黄河干支流纽带支撑作用，统筹推进山水林田湖草沙系统治理，加强重要生态系统保护修复，推动荒漠化防治，抓好水土保持，科学开展大规模国土绿化行动，提升黄河流域生态系统质量和稳定性，筑牢我国北方重要生态安全屏障。

第一节 强化黄河干支流及重点湖泊保护

加强沿黄生态带建设。在黄河干流两侧及毗邻湿地，坚持宜林则林、宜草则草、宜湿则湿，加强河道自然岸线保护，统筹河道水域和岸线生态建设，推进河滩区退耕还草还湿和生物多样性保护。加强黄河两岸防风治沙林建设，减少入黄泥沙量，科学合理建设滨水绿地等缓冲区，逐步恢复岸线生态功能。实施湿地恢复与保护工程，巩固湿地面积，恢复退化湿地生态系统，增强河道自净能力。因地制宜构建绿道系统，联接贯通城市内外绿地，将黄河生态要素引入城市。

加强重点河湖生态保护。以流域为单元，统筹上下游、干支流、左右岸、陆上水上、地表地下治理，以及水资源、水生态、水环境管控，合理确定不同水域功能定位，完善水功能区划。开展干支流入河排污口专项整治行动，规范入河排污口设置审核，加快构建覆盖所有排污口的监测体系，实现入河污染源与排污口排放联动管理。全面落实河湖长制，“一河一策”、“一湖一策”落实任务措施，净化黄河“毛细血管”，将水生态修复、水污染防治、水资源节约与用水权配置相挂钩。推进东河、西河、大黑河、河套灌区总排干等水质改善。加强水质研究监测，加大乌梁素海、哈素海等重点湖泊生态环境保护修复力度。

第二节 大力实施林草保护修复

守住自然生态安全边界。开展黄河流域生态现状调查、生态风险隐患排查，率先落实生态保护红线、环境质量底线、资源利用上线和生态环境准入清单“三线一单”制度，构建生态环境分区管控体系。加强自然保护区、森林公园、湿地公园、草原自然公园建设，构建自然保护地体系。划定并严守生态保护红线，完成自治区级以上自然保护区界限核准和勘界立标，依法依规退出自然保护区内工矿类企业开发建设活动。分区分类修复受损自然生态系统，促进栖息地恢复和废弃地修复。完善自然保护地野生动植物保护和监测网络，扩大并改善物种栖息地，有效保护珍稀濒危动植物物种、生境、原生生态系统。以大青山、贺兰山国家级自然保护区为重点，推动建设国家公园。在河套—土默川平原区、黄土高原土地沙化区、内蒙古高原湖泊萎缩退化区等重点区域实施山水林田湖草生态保护修复工程。

加强林地保护建设。着力提升以狼山—乌拉山—大青山为主的阴山山地生态系统质量，推行林长制，加强封山育林，严禁滥捕滥挖，严控区域内人口规模和开发活动，降低人为活动影响程度。加强水分平衡论证，因地制宜采取封山育林、人工造林、飞播造林等措施，提升林草植被有效覆盖率。大力开展天然林资源保护和公益林建设，禁止采伐原始林、生态重要地区天然林。采用封育等近自然培育、退化林修复等措施，推进生态脆弱区林地及重点公益林地生态系统恢复。实施大黑河等重要支流河源区生态林地修复工程，提升水源涵养功能。

加强草原生态保护修复。推进重点生态功能区退耕还林还草、退牧还草、京津风沙源治理、退化草原生态修复治理等工程，推进荒漠化植被类型和草原类型自然保护地建设，加快建设敕勒川、贺兰山草原、沙尔沁、宝日花、包日汗图等国家草原自然公园。严格落实禁牧休牧、草畜平衡、有害生物防控等制度，科学核定载畜量，调整畜群结构，防止草原退化沙化。严厉打击非法征占用草原、开垦草原、乱采滥挖草原野生植物等违法犯罪行为。

第三节 推动重点区域荒漠化防治

有效遏制沙漠沙地扩张。以腾格里沙漠、乌兰布和沙漠、库布齐沙漠和毛乌素沙地为重点，开展综合治理，科学推进防沙固沙治沙，坚持保护和治理“双管齐下”、工程和生物“双措并举”，选取耐旱本土沙生植物等合适树种草种，实施林草重点生态工程，采取工程固沙等规模化防沙治沙措施，筑牢北方防沙带。以黄河干流阿拉善段、乌兰布和沙漠东缘为重点，通过采取锁边防风固沙措施治理流动沙丘，巩固治沙成果，减少入黄沙量。推动建设乌兰布和沙产业示范园区、中以防沙治沙生态产业园，带动沙化土地治理，促进荒漠植被修复。

打造防沙治沙内蒙古样板。坚持市场化治沙理念，推广“党委政府政策性主导、企业产业化投资、农牧民市场化参与、科技持续化创新”四位一体的库布其治沙模式和毛乌素治沙经验。采取“沙漠锁边、腹部渗透、以路划区、分而治之”策略，林草药“三管齐下”、造封飞“三措并举”，形成以沙柳、梭梭、甘草等灌木半灌木为主，乔木和牧草为辅的立体绿化模式。在沙区适度开发利用灌木、沙生药用植物资源，培育人工灌木饲料林基地和中药材基地，开展光伏治沙试点，以资源转换增值拉动沙生资源增长，实现沙区生态与产业的良性互动，打造荒漠化防治中国内蒙古样板，扩大国际交流合作。

推进盐碱化耕地治理。以河套—土默川平原区盐碱地为重点，根据盐碱地不同类型、盐碱化不同程度，因地制宜采取工程、农艺、化学、生物等多种措施，整治改良盐碱化耕地，实现降盐、治碱和培肥土壤。

第四节 推进重点地区水土保持

推进十大孔兑等多沙粗沙区治理。以小流域为单元，对十大孔兑等沿黄河重点支流、丘陵沟壑区实施小流域综合治理，大幅减少支流入黄泥沙。推动建设粗泥沙拦沙减沙设施，合理采用工程、林草、耕作等措施，形成综合治理体系，维护和增强区域水土保持、水源涵养功能，减少孔兑两侧输沙量。

加强淤地坝改造建设。在水土流失剧烈区域建设高标准淤地坝，对侵蚀沟道主干沟，建立以淤地坝、拦沙工程为核心的稳定坝系。规范指导淤地坝建设，推广新标准新技术新工艺。排查现有淤地坝风险隐患，对重要淤地坝实行动态监控和安全风险预警，加强病险淤地坝除险加固和老旧淤地坝提升改造，提高运维管护能力。

分区推进水土流失治理。按照适地、适树、适草和水资源承载能力适宜的原则，加大水土保持植物措施实施力度，增加林草覆盖度。在阴山山地高原和东南丘陵、鄂乌高原丘陵保土蓄水区，严格保护水源涵养林，实施封育治理。在荒山荒坡和退耕陡坡地建设水土保持林、水源涵养林。实施坡耕地改造、改垄耕作，防治坡面侵蚀、沟道侵蚀。

对矿区等重点区域以及开发建设项目，落实治理措施，加强水土保持监督执法，遏制人为活动造成的水土流失。

第四章 强化环境污染系统治理

坚持水中问题岸上治、岸上问题系统治，以水环境污染防治为重点，强化全口径污染源综合管控，统筹推进农业污染、工业污染、城乡污染防治和矿区生态环境综合整治，推动污染联防联控、系统治理和源头治理。

第一节 加强农业污染综合治理

加强农业面源污染治理。加强产地环境保护与治理，强化农业投入品管理，深入推进控肥增效、控药减害，加快实施畜禽粪污资源化利用，提高地膜回收率和秸秆综合利用率。在河套—土默川平原推进多种形式的适度规模经营，推广测土配方施肥、有机肥替代部分化肥；建立健全禽畜粪污、农作物秸秆等农业废弃物综合利用体系，规模养殖场配套完善粪污处理设施装备，推行粪污全量收集、就地就近还田利用、专业化能源利用以及粪便垫料回用等资源化利用模式；推进农田地膜、农药化肥包装废弃物清理整治，建立废旧地膜回收点，形成回收处置利用网络。

加强灌溉退水和农用地污染管控。在河套—土默川平原引黄灌区实施农田退水污染综合治理，科学建设生态沟道、污水净塘、人工湿地等形式的氮磷高效生态拦截净化工程，加强农田退水循环利用。加强农田灌溉用水监测监管，严查向农用地倾倒、排放未经无害化处理的固体废物、工业废水、医疗污水等行为。优化土壤环境质量监测点位布局，完善土壤环境质量监测网。按农用地受污染程度将耕地划分为优先保护类、安全利用类和严格管控类，实施分类管理，推进受污染耕地安全利用示范。

第二节 强化工业污染协同治理

推进工业清洁化绿色化改造。开展煤炭、火电、钢铁、焦化、化工、有色等行业强制性清洁生产。推进钢铁行业超低排放改造。实施工业污染源全面达标排放计划，对重点区域重点行业实行工业污染物特别排放限值要求。强化工业炉窑和重点行业挥发性有机物综合治理，加大化工、建材、石油加工和炼焦等行业综合治理。加快呼包鄂主城区钢铁、有色、化工等重污染企业或工段搬迁。充分挖掘工业节能潜力，调整能源结构和运输结构，降低碳排放强度。

加大工业园区污染防治。分类整治沿黄“散乱污”工业企业，黄河干流和主要支流岸线 1 公里内严禁新增化工园区，推动沿黄一定范围内高耗水、高污染企业迁入合规园区。严格落实排污许可制度，沿黄所有固定排污源要依法依规进行排污许可申请或登记。

严禁在黄河干流及主要支流临岸一定范围内新建“两高一资”项目及相关产业园区。加快工业园区、开发区污水处理设施建设，确保稳定达标排放，严控工业废水未经处理或未有效处理直接排入城镇污水处理系统，依法严厉打击向河湖、沙漠、湿地等偷排、直排行为。

加强固体废弃物治理。加强工业固体废弃物风险管控和历史遗留重金属污染区域治理，完善危险废物收集处理设施管理，持续开展危险废物专项排查整治，依法严厉打击非法转移、倾倒、处置危险废物等违法犯罪行为。深入推进重金属污染防治。建设“无废城市”，促进固体废弃物减量化、资源化、无害化。鼓励固体废弃物综合利用，提高一般工业固体废弃物利用水平，因地制宜开展煤矸石、粉煤灰、脱硫石膏、炉渣、冶炼废渣等循环利用。

第三节　统筹城乡污染治理

完善污水治理体系。加强沿黄城镇污水收集配套管网建设，提升污水收集处理效率。强化城中村、老旧城区和城乡接合部污水截流、收集处理，流域内旗县级及以上城市建成区实现污水全收集、全处理。因地制宜开展雨污分流、截流调蓄改造建设，确保稳定达标排放。在有条件的城镇污水处理厂排污口下游建设人工湿地等生态设施。大力开展污水再生利用设施建设，提高再生水回用率。协同推进农村牧区生活污水治理与“厕所革命”，因地制宜选择治理模式，严格污水管控标准，推动适度规模治理和专业化管理维护。继续巩固呼和浩特、包头城市黑臭水体治理成效，开展黄河流域黑臭水体排查整治。结合水环境保护目标，对黄河干流及大黑河、浑河、乌兰木伦河等支流沿线城镇生活污水收集处理设施，实施精准提标改造。严格落实污水处理收费政策。

统筹推进城乡垃圾处理设施建设。加强生活垃圾、医疗废物、危险废物处置设施等城镇环境基础设施建设。以旗县为单元，对农村牧区污水、垃圾、厨余及粪便处理设施实行统筹规划建设管理。推动形成市场化专业化的垃圾处理设施建设运营模式，探索建立垃圾处理服务按量按效付费机制。积极推进城镇生活垃圾分类，建设垃圾焚烧和无害化处理设施及垃圾收运系统。建立健全农村垃圾收运处置体系，因地制宜开展阳光堆肥房等生活垃圾资源化处理设施建设。

改善大气环境质量。以呼和浩特、包头、乌海及周边地区为重点管控区，以秋冬季采暖期、夏季臭氧污染高发期为重点管控期，按行业按地域细化管控措施，强化大气污染综合治理和联防联控联治，基本消除重污染天气。推动冬季清洁取暖改造，普及集中供暖，因地制宜开展电、燃气、地源热泵供暖以及生物质能等分布式新型供暖。

第四节 开展矿区生态环境综合整治

加快重点区域矿山清理整顿。以河湖岸线、水库、饮用水水源地、地质灾害易发多发区等为重点开展黄河流域尾矿库、尾液库风险隐患排查，“一库一策”制定治理和应急处置方案，化解溃库、渗漏和扬散风险。对历史遗留矿山生态破坏与污染状况进行调查评价，逐步推进环境修复治理。全面完成露天开采矿山摸底排查，依法关闭清理不合规矿山。制定自然保护区内工矿企业退出后生态环境恢复方案，清理废石、排土和尾砂，加快地表植被恢复。理顺乌海市和鄂尔多斯市“三权不变”矿山管理关系。对包头市石拐区、鄂尔多斯市伊金霍洛旗和准格尔旗、乌海市等重点区域，加大矿山环境综合整治和生态修复力度。

开展矿区生态环境系统治理。加强对大青山—乌拉山—狼山金属及非金属矿开发过程中的污染排放管控，降低矿坑水、选矿废水重金属污染风险，鼓励尾矿综合利用。实施矿区地质环境治理、地形地貌重塑、植被重建等生态修复和土壤、水体污染治理，完善覆膜、压土、排洪、堤坝加固等隐患治理和闭库措施。按照“谁破坏谁修复”、“谁修复谁受益”原则盘活矿区自然资源，强化能源矿产资源开发企业生态环保责任，探索利用市场化方式推进矿山生态修复。以采空区、沉陷区、露天剥离坑等为重点，加大地质环境综合治理和生态环境修复。开展病危险尾矿库和“头顶库”专项整治。统筹推进采煤沉陷区综合治理，开展矿区污染治理和生态修复试点。

建设绿色矿山。认真落实绿色矿山建设方案，加快推进准格尔、东胜建设自治区绿色矿山示范区。严格新建矿山准入标准，2021 年起新建矿山执行绿色矿山建设标准。积极推进生产矿山达标建设，依据矿山环境调查现状，全面推进生产矿山按照绿色矿山建设标准进行改造升级，加大边开采、边治理力度。2025 年年底前全部矿山达到国家或自治区绿色矿山建设标准。

第五章 加强流域水资源高效节约集约利用

坚持节水优先，全面实施深度节水控水行动，实行最严格的水资源管理制度，优化用水结构，推进用水方式由粗放向节约集约转变。

第一节 强化水资源刚性约束

强化供给侧水资源约束。开展黄河流域水资源承载力综合评估，建立水资源承载力分类分区管控体系，合理划定水资源超载区、临界超载区和未超载区，实行差别化管控。在规划编制、政策制定、生产力布局中，依据水资源承载力分类分区状况，合理规划城市发展，适度调整人口分布和产业布局，优化产业结构，倒逼产业转型升级。落实水资源消耗总量和强度双控制度。在考虑水资源承载能力的前提下适度压减农业用水，有效控制工业用水，保障基本生活用水，结余水量满足河道生态基本用水需求。建立监测预警机制，对水资源超载区取水许可实行限审限批。统筹考虑包括外调水、当地水在内的全流域水资源科学配置，细化完善干支流水资源分配，将用水总量指标分解下达到各盟市、旗县（区）。

强化需求侧用水管理。落实以水定需，针对不同区域，按照确定的可用水总量和用水定额（计划），结合当地经济社会发展布局，提出城市生活、工业、农业用水控制性指标，将水资源严重短缺地区用水需求增长速度和规模控制在合理范围。建立取用水总量控制体系，推进取用水合理计划、精准计量，对黄河干流和主要支流取水口全面实行动态监管，严格执行取水许可制度。坚决抑制不合理用水需求，限制高耗水行业发展，建立严禁利用黄河水挖湖造景的长效机制，坚决防止“造湖大跃进”。将节水作为约束性指标纳入当地党政领导班子和领导干部政绩考核范围，在节水成效显著地区优先布局重大项目。

第二节　优化水资源配置

优化用水结构。优化过境水、当地水资源配置结构，统筹使用外调水与当地水，充分满足用水需求。优化地表水与地下水、常规水与非常规水资源配置结构，加大非常规水资源使用量，压减地下水使用量。优化区域用水结构，统筹生活、生产、生态用水，守住“发展、生态、民生”三条底线，保障城乡居民生活用水和生态基本用水需求，合理有效配置农业和工业用水，提高水资源使用效益。

保障城乡饮用水安全。加强农村标准化供水设施建设，实施农村牧区饮水安全巩固提升工程，提高运维管理水平。提高城市供水水源安全保障能力，强化应急备用水源建设，加强城镇公共供水厂及管网建设和改造。全面推进水源地标准化建设，加强农村牧区饮用水水源地保护，依法依规清理水源保护区内违法建筑和排污口。

推进非常规水资源开发利用。将非常规水源纳入水资源统一配置，提高再生水、疏干水等非常规水资源的利用水平，实施区域再生水循环利用试点。完善再生水管网等基础设施。利用合同节水管理等市场运作模式促进非常规水资源利用项目建设，加快道路冲洗、公共绿化用水改水进程。

开展地下水超采区综合治理。实行最严格的地下水开采管控制度，通过高效节水、水源置换等措施，压减农业地下水开采量，加大超采漏斗治理力度，逐步实现重点区域地下水采补平衡，恢复地下水生态水位。在地下水超采区内，禁止农业新增取用地下水，工业生产用水优先配置非常规水源，逐步减少工业取用地下水。加快推进呼和浩特市市辖区、乌拉特前旗地下水超采区治理，尽快恢复到目标控制水位。

加大生态需水保障力度。完善水资源配置格局，降低水资源开发强度，确定重点河湖生态水量，建立健全干流和主要支流生态流量监测预警机制，明确管控要求，保障河湖湿地基本生态水量，提升生态安全保障能力。做好乌梁素海等重点湖泊生态补水工作，研究推进乌梁素海生态补水工程，维持湖面面积在合理区间。

第三节　强化生产生活节水

大力推进农牧业节水增效。因地制宜优化农牧业产业结构和种植结构，推广蓄水保墒等旱作农业节水技术，加大政策、技术扶持力度，引导适水种植、量水生产。因地制宜发展草食畜牧业、草产业，在适宜地区实施坡耕地整治、老旧梯田改造，建设旱作农业示范区。坚持先建机制、后建工程，发挥典型引领作用，促进农业节水和农田水利工程良性运行，大幅提高农田灌溉水有效利用系数。以河套、南岸、麻地壕、民族团结、镫口扬水等大中型灌区为重点，加快推进灌区现代化改造，建设节水高效、生态友好的高标准农田，推广水肥一体化技术，打造高效节水灌溉示范区。以经济林、防沙治沙林、城市绿化林节水为重点，开发推广林业耐旱节水品种。发展集约化奶牛、生猪、家禽节水型供水与综合利用技术，提高养殖业用水效率。农业水价综合改革地区将农业水价一步或分步提高到运行维护成本水平，有条件的地区提高到完全成本水平，全面实行超定额（计划）用水累进加价制度，探索分类水价，建立农业用水精准补贴和节水奖励机制，推进河套灌区水权转让。

大力推进工业节水减排。大力推广节水工艺、技术和装备，加大再生水回用力度，实施重点企业节水和再生水回用改造，加强节水、水循环利用基础设施建设，实现一水多用和循环利用，提高工业用水重复利用率，降低万元工业增加值用水量。支持企业加大用水计量和节水技术改造力度，加快工业园区内企业间串联、分质、循环用水设施建设，推动企业和园区用水系统集约化，完善供用水计量体系和在线监测，强化生产用水全过程管理。落实节水评价制度，推动闲置取用水指标认定和处置，实现工业用水动态管理。在生态脆弱、严重缺水地区和地下水超采区，严格控制新建、改扩建高耗水项目。实施高耗水行业水效领跑者行动计划，加快工业节水工艺提升改造，推进能源、化工、建材等高耗水产业节水增效。对高耗水项目和产业，实行更加严格的用水定额（计划）管理。提高矿区矿井水资源化综合利用水平。

大力推进城镇节水降损。加快建设海绵城市，推进中水回用。加强雨水、污水资源化利用基础设施建设，构建城镇良性水循环系统。实施城镇节水降损工程，建立健全城镇供水管网精细化管理平台和漏损管控体系。结合城市新城建设、旧城更新改造，大力实施老旧供水管网改造升级。推进节水型城市建设，推广普及生活节水器具和节水新产品，开展公共机构节水技术改造，严控高耗水服务业用水。完善农村集中供水和节水配套设施建设，有条件的地方实行计量收费，推动“厕所革命”采用节水型器具。全面实行城镇居民用水阶梯水价和非居民用水超定额（计划）累进加价制度，适度提高引黄供水城市水价标准。

全面推进节水型社会建设。坚持以水而定、量水而行，严格用水定额（计划）管理，从严开展节水评价，大力推动节水载体建设，全面推进县域节水型社会达标建设，加强重点用水单位监控，减少取用水过程中水的损耗和污染，推动经济社会全过程、各领域节水。进一步推行水效标识、节水认证和合同节水管理，积极开展水权交易，落实水资源税差别化征收政策。加大宣传引导力度，不断提高全民节水意识，带动全社会爱水、护水、惜水、节水，加快形成节水型生活方式。

第六章 科学推进黄河安澜体系建设

以黄河干支流堤防建设为基础，以防沙控沙为重点，积极推进河道整治、蓄滞洪区建设、滩区治理、水库调度、病险水库治理，提升应急响应能力，系统构建防洪减灾体系，实现黄河长治久安。

第一节 增强黄河防洪防凌能力

提升防沙控沙能力。完善水沙防控体系，减少干流淤积，降低河床，增强干流防凌和行洪能力。完善十大孔兑等支流防沙治沙拦沙冲沙防治体系，在支流上中游实施水土保持工程，在中游实施引洪滞沙，在下游实施堤防建设加固，建立以水土保持措施、河道拦沙工程、放淤调度为主的水沙调控防治体系。加快推进海勃湾水利枢纽库区综合治理，提升库区周边乌兰布和沙漠的防沙治沙控沙能力。支持黄河上游干支流水库群联合调度并推进相关重大水利工程建设，减缓“悬河”发育，降低防洪风险。

提升干支流堤防防洪能力。配合做好黄河流域防洪规划修订工作，建设综合性防洪减灾体系。统筹黄河干支流防洪体系建设，完善黄河干流堤防建设，减轻淘岸、崩岸险情，增强防洪抗险能力，确保堤防不决口。加强黄河干支流堤防工程达标建设，实施干支流堤防新建工程、加高加固工程、河段控导工程、崩岸治理工程、河道和滩区综合治理工程以及监测预警能力建设工程等。重点实施包头、呼和浩特、乌海等城市防洪工程。

提升凌汛防控能力。建立应对凌汛长效机制，强化上中游水库防凌联合调度，合理调控凌汛期河道水量，发挥应急分凌区作用，确保防凌安全。科学实施乌兰布和蓄滞洪区、小白河蓄滞洪区、杭锦淖尔蓄滞洪区、蒲圪卜蓄滞洪区、昭君坟蓄滞洪区续建改善工程，推进黄河内蒙古阿拉善应急分凌（洪）工程建设，构建以海勃湾水利枢纽、三盛公水利枢纽为调度核心的凌汛分洪体系，减缓凌汛压力。

第二节　推进岸线滩区和病险水库治理

加强岸线滩区科学治理。合理划分岸线功能区，强化岸线用途管制，实施滩区综合治理，依法整治滩区违法违规乱建，增强防洪能力，改善滩区生态环境。严格水域岸线等水生态空间管控，依法划定河湖管理范围，逐步建立范围明确、权属清晰、责任落实的河湖管理、水利工程管理保护责任体系。

持续开展黄河“清四乱”行动。依法查处涉河湖违法行为，清理整治乱占、乱堆、乱采、乱建“四乱”问题，恢复河湖水域岸线功能。完善河道采砂管理，创新监管模式和监控手段，及时处置非法采砂活动。按照“谁开采、谁清理、谁修复”和“边开采、边平复”的原则，及时恢复河势、修复生态。

实施病险水库除险加固。开展病险水库安全状况鉴定，加快实施昆都仑、巴图湾等病险水库除险加固，提高水库防洪标准，推动解决大坝及泄洪建筑物等安全问题，消除隐患。

第三节　强化灾害应对体系和能力建设

提升防汛抗旱减灾监测预报能力。综合运用物联网、卫星遥感、无人机、大数据、云计算等现代信息技术，加强黄河水文、水质、气象、地灾、雨情、凌情、旱情等状况的动态监测、科学分析和信息预报。完善灾害预警信息发布系统，及时发布信息。搭建综合数字化平台，推动监测数据资源跨地区跨部门共建共享，提升水利智慧管理能力。

增强防汛抗旱减灾应急处置能力。建设黄河流域水利工程联合调度平台，强化安全运行监管，推进流域防汛抗旱联动。把全生命周期管理理念贯穿城市管理各环节，加强防洪减灾、排水防涝等公共设施建设，增强大中城市抵御灾害能力。强化基层防灾减灾体系和能力建设，提升抢险救灾队伍、物资和装备统筹保障能力。强化跨区域、跨行业协同作战，建立信息共享与定期会商机制、防汛抗旱与水资源管理协调机制、干支流重要水利工程统一管理协商机制。健全应急救援体系，加强应急方案预案、预警发布、抢险救援、工程科技、物资储备、灾后重建等综合能力建设，完善极端天气气候事件应急响应机制及措施。加强宣传教育，增强社会公众对自然灾害的防范意识，开展常态化、实战化协同动员演练。

第七章　促进特色优势产业转型升级

深入实施创新驱动战略和“科技兴蒙”行动，提升科技创新支撑能力，发挥绿色农畜产品、能源资源、制造业、大数据等产业优势和潜力，推进能源和战略资源基地优化升级，促进农畜产品生产基地优质高效转型，培育战略性新兴产业，改造提升传统产业，加快构建绿色特色优势现代产业体系。

第一节 提升科技创新支撑能力

推动重大科技攻关。落实研发投入攻坚行动，多渠道持续增加研发投入。面向黄河流域生态保护和高质量发展的重大战略需求，围绕水安全、水资源节约集约利用、生态修复、污染防治、荒漠化治理、盐碱地改良、生物多样性保育、抗逆优质植物种质资源创新以及能源、化工、冶金、装备制造、农畜产品加工等特色优势产业和新材料、节能环保、生物技术、中医药（蒙医药）等新兴产业领域，组织实施一批重大关键核心技术攻关工程，增强科技创新对生态保护和产业发展的支撑能力。加强前沿技术研究，在大规模储能、稀土、石墨烯、氢能、碳捕集封存等领域开展科研攻关，突破一批关键技术，打造科技创新新优势，为新动能培育奠定基础。

培育建设高能级创新载体。围绕传统产业转型升级和新兴产业培育的重点领域、关键环节，依托高校、科研院所和重点企业，推动建设一批产业创新中心、技术创新中心和工程研究中心、重点实验室、企业技术中心等各类创新平台。建立健全各类创新平台多元化投入机制，持续改善创新平台科研条件，提升自主研发和创新能力。高标准打造乳业、稀土新材料国家技术创新中心，高质量建设呼包鄂国家自主创新示范区、鄂尔多斯可持续发展议程创新示范区、巴彦淖尔国家农业高新技术产业示范区等国家级创新载体，促进创新资源要素和新兴产业集聚，打造区域创新高地。全面提升与京津冀科技创新合作，搭建战略性新兴产业合作平台，努力开创“在北京研发、到内蒙古黄河流域转化和产业化”新格局。强化企业创新主体地位，实施高新技术企业和科技型中小企业“双倍增”行动，落实研发费用加计扣除、高新技术企业所得税优惠、科技成果质押融资等政策，引导企业加大科研投入。

促进科技成果转移转化。加快完善科技成果转化配套政策措施，深化科技成果使用权、处置权和收益权改革，开展赋予科技人员职务科技成果所有权或长期使用权试点，更好激发科研人员创新活力。大力培育科技成果技术转移机构，完善科技成果转化服务体系。聚焦创新链中后端的中试、技术转移、创业孵化、科技金融、知识产权保护等环节，加快技术转移中心、众创空间等非研发类功能型平台布局，切实打通科技成果转移转化链条，努力在云计算、新材料、新能源、现代农牧业、生态环保等领域，建设成为全国重要科技成果集聚区和承接京津冀、面向大西北的技术转移枢纽。大力发展技术交易，支持重点领域自主知识产权市场化运营，合力创建中国（呼包鄂乌）知识产权保护中心，在呼和浩特建设内蒙古科技大市场，畅通科技成果、人才、智力自由流转交易渠道。

强化人才保障。深入实施人才强区战略，围绕黄河流域生态保护和高质量发展的重点领域，采取多种方式留住本土人才、吸引区外人才、用好各类人才。推进重点人才计划，落实各类人才奖励政策，优化人才服务措施，加强创新型、应用型、技能型人才培养，引进、培育高水平领军人才和创新团队，推动产教融合、校企联合，壮大高水平工程师和高技能人才队伍。

第二节　做优做强现代农牧业

发展生态高效农牧业。以河套—土默川平原为重点，推进建设高标准农田，实施保护性耕作，持续提升耕地质量，建设现代农业示范区。建设优势特色农畜产品产业带，以品种、品质、品牌为抓手兴农兴牧。积极推动畜牧业经营方式转变，优化畜牧业产业结构，加快推进实现奶业振兴，因地制宜、适度发展生猪、家禽及特色养殖。支持巴彦淖尔市建设区域农畜产品质量安全综合检验中心，流域内旗县配套建设监测站，创建黄河流域西北地区种质资源库。

推动农牧业产业化规模化发展。聚焦粮食生产功能区、重要农产品生产保护区和绿色优质特色农畜产品优势区，推动奶、羊绒、向日葵等特色优势农畜产品规模化、标准化生产和全程质量控制体系建设，打造沿黄优势特色农畜产品产业带和产业集群。发展富民乡村产业，推动一二三产业融合发展，加快发展农畜产品加工业，完善绿色优质特色农畜产品产业链，探索建设农牧业生产联合体，因地制宜发展现代农牧业服务业。加大对牛羊猪鸡调出大县支持力度，打造河套灌区优质农畜产品生产加工服务保障供应产业集群。推进农牧业种子工程，组织实施马铃薯、玉米、大豆、向日葵、小麦和畜禽良种联合攻关，加快选育和推广优质草种。以伊利、蒙牛等产业集群为带动，推进优质奶源基地、生猪家禽及绒毛基地、优质饲草料基地建设。支持呼和浩特打造世界级乳业企业和国际乳业品牌。

建立现代农牧业经营体系。有序推进农村牧区土地草牧场流转，发展农牧业适度规模经营。引导龙头企业建立大型农牧业集团，打造知名企业品牌，提升龙头企业在乡村产业发展中的带动能力。加大对新型农牧业经营主体支持力度，鼓励龙头企业与农牧户建立紧密型利益联结机制，构建“田间—餐桌”、“牧场—餐桌”农畜产品产销新模式，打造实时高效的农牧业产业链供应链。推进“蒙字标”认证，培育提升天赋河套、乌兰察布马铃薯、乌海葡萄等区域公用品牌影响力，加强有机产品、绿色食品和农畜产品地理标志保护和管理，打造一批黄河地理标志产品。

第三节　推动现代能源经济示范区建设

建设国家绿色能源基地。聚焦水资源和生态环境保护，优化能源开发布局，合理确定能源行业生产规模。坚持煤炭生产能力与资源环境承载能力相适应，实施控煤减碳，合理控制煤炭开发强度，有序有效开发鄂尔多斯盆地多种能源资源。推动煤炭绿色开发和智能化发展，推广充填开采、保水开采、煤与瓦斯共采等绿色开采技术，开展保水采煤等技术研发与示范工程建设，推进新上煤矿智能化建设，加快生产煤矿智能化改造。推进煤炭清洁高效利用，严格控制严重缺水地区布局建设煤电项目，加快淘汰落后煤电机组，积极推进煤炭分级分质梯级利用。按照多元开发、央地共赢的发展模式，加大常规油气和页岩油气等非常规油气勘探开发力度，推进油气增储上产，加快本地天然气管网体系建设。推进国家现代能源经济示范区建设，深化油气和电力体制改革，推动重大关键技术和改革试点率先突破、率先落地、率先示范，打造新时代能源技术和体制改革创新高地。

统筹新能源开发利用。充分利用我区丰富的风能、太阳能资源，抓住国家大力发展清洁能源的重要机遇，坚持集中和分布开发并重、自用和外送消纳并举，实施新能源倍增工程，推动新能源高比例发展。在沿黄盟市推进风电基地建设，在边境沿线推进风电集中连片开发建设。在库布齐、乌兰布和、毛乌素沙漠推进“光伏+生态治理”基地建设，在鄂尔多斯、包头和乌海等地采煤沉陷区、露天矿排土场推进“光伏+生态修复”项目建设，构建新能源开发与生态保护协同融合的发展格局。结合推进乡村振兴，根据供电和供热需求，在农村牧区推进风能、太阳能等新能源分布式系统建设。以高效清洁利用为重点，推动农林生物质热电联产、垃圾焚烧发电、沼气直接利用和生物天然气等多种形式的生物质能综合应用。实施源网荷储工程，统筹推进风光氢储和大容量、高效率储能工程建设，稳步推进包头、乌海、乌兰察布抽水蓄能电站建设。加大清洁能源消纳外送能力和保障机制建设力度，完善新能源就近消纳直接交易机制，破除制约分布式发电发展的体制机制障碍。

促进能源产业延链增值。发挥大型能源基地建设带动效应，推动能源产业链向下游延伸、价值链向中高端攀升。以高端智能制造为方向，培育引进装备制造行业龙头企业，依托重大能源工程推进能源装备自主创新和试验示范，形成特色突出的能源装备制造集中地和产业集聚区。加强能源资源一体化开发利用，建设现代精细化工基地，加快能源化工产业向精深加工、高端化发展。发展氢能经济，实施绿氢经济工程，推进风光大规模制氢，布局建设氢能基础设施，提高制、储、运、加一体化配套服务能力，形成与产业发展相适应、与推广应用相协调的发展格局。实施再电气化工程，推进重点用能产业用能结构和方式转型，促进用能产业向高技术、高效率、高附加值领域延伸发展。实施数字能源工程，加快“大云物移智链”等现代信息技术、先进通信技术在能源领域应用，推动实施智能化煤矿和智能电网改造建设，促进能源产业数字化转型。促进能源装备制造和服务融合发展，支持能源企业与装备制造企业合作，提高能源设备制造企业产能利用率。

第四节　发展壮大先进制造业

推进园区特色化集约化发展。加快调整优化园区布局，积极引导产业向园区集中，稳妥推进园区整合和产业统筹，加快形成布局合理、错位发展、功能协调的园区发展格局。合理布局产业集聚区，提高承接制造业转移能力。持续推进蒙西（包头—鄂尔多斯）产业转型升级示范区建设。加快推进包头现代装备制造业基地和应急产业示范基地建设，协同推进沿黄工业园区建设国家新型工业化产业示范基地。推动内蒙古鄂尔多斯鄂托克经济开发区、内蒙古包头装备制造产业园区、内蒙古鄂尔多斯准格尔经济开发区等成为千亿级园区，推动内蒙古呼和浩特敕勒川乳业开发区、内蒙古呼和浩特和林格尔乳业开发区打造世界级乳业产业园区。

加快传统产业绿色转型发展。用高新技术和先进适用技术改造传统产业和传统企业，推进延链补链扩链，推动向高端化、智能化、绿色化发展。提升钢铁、有色金属技术装备水平，推进有色金属精深加工，拓展有色金属下游应用领域，丰富终端产品种类，推动探采选冶加一体化发展，推动钢铁企业改造升级、提升科技含量，开发绿色、高附加值钢材产品。改造发展绿色建材业，严控水泥新增产能，支持玻璃企业技术改造升级，大力发展新型墙体材料、绿色保温材料，规范陶瓷原料开采，发展绿色陶瓷。推动乌海及周边地区产业一体化发展，推进多规合一，促进煤化工、盐化工、氯碱化工、氟化工产业间横向耦合、产业链纵向延伸，发展绿色化、精细化、循环化新型化工产业。大力发展现代装备制造业，推动装备制造技术信息化、智能化、网络化改造，加强关键零部件及系统的设计制造集成，提升装备制造配套能力，打造新能源汽车全产业链，促进交通运输设备和工程机械产品提档升级，积极发展先进化工装备、节能环保设备、农牧业机械、应急装备等制造产业。加快推进中医药（蒙医药）创新中心建设，支持蒙药的二次开发，加快中医药（蒙医药）产业化进程，积极打造中医药（蒙医药）产业链。依托自治区生物疫苗创新中心，构建绿色化医药创新产业链。

严格能耗管控。严控焦炭（兰炭）、电石等新增产能项目，坚决遏制高耗能产业低水平重复建设。强化能耗双控目标管理，加大落后产能淘汰力度，实施新一轮节能技术改造工程，全面强化重点领域节能，深挖节能潜力。强化新建项目节能审查约束，全面推行用能预算管理，开展节能量交易，优化能耗要素配置，优先保障居民生活改善和体现高质量发展的产业用能需求。加强重点用能单位节能监管，推动实施重点用能单位能耗在线监测。

第五节　培育新产业新动能

促进数字经济发展。以“数字产业化”为推动，以“产业数字化”为主战场，带动数据清洗、数据集成、数据变换等数据预处理服务发展，壮大数据采集、存储管理、挖掘分析、安全保护及可视化等大数据服务产业。强化大数据在农畜产品加工、能源、装备制造等行业和电子政务、电子商务、交通旅游、生态环境等领域的应用，推动数字经济和实体经济深度融合。实施大数据产业园区建设工程、大数据流通交易平台建设工程，打造中国北方大数据中心和灾备中心基地。推进内蒙古和林格尔新区超算中心建设，鼓励开展云计算、边缘计算应用，加快建设国家政务云北方节点、北斗内蒙古分中心。建设呼包鄂及乌兰察布、巴彦淖尔等数字经济产业集聚区，培育建设电子制造、软件、5G、北斗、人工智能、网络安全等专业园区。做大做强大数据关联制造业，大力发展海量存储设备、高性能计算机、网络设备、智能终端等电子信息制造业，提高工业互联网、大数据、云计算、5G、人工智能、区块链等数字技术对传统产业的渗透率。

促进稀土等新材料产业提质增效。支持包头打造中国“稀谷”升级版，推动包头稀土资源地质勘探详查，依托白云鄂博稀土资源研究与综合利用国家重点实验室、中科院包头稀土研发中心，推动建设国家稀土技术创新中心。重点发展稀土永磁材料、稀土发光材料、稀土贮氢材料、稀土催化剂材料、稀土金属材料等高附加值产品，构建集创新链和供应链于一体的稀土新材料应用推广机制，打造成为具有世界领先核心技术的稀土新材料产业集群。鼓励多晶硅、单晶硅产业向下游延伸，开发电子级多晶硅和电子级硅烷气等材料，谋划高性能电池用储能材料、太阳能级硅材料工程，以呼和浩特为重点建成我国重要的光伏材料生产基地。依托自治区石墨（烯）新材料制造创新中心，推动建设乌兰察布石墨新材料产业基地、巴彦淖尔石墨科技产业园，做大石墨电极等碳基材料生产规模。支持乌海新材料产业集群建设。

提升现代服务业能级。以呼包鄂为重点，加快构建一二三产业融合、功能完整的现代服务业发展格局。推动各类市场主体参与服务供给，推进服务技术、理念、业态和模式创新。推动生产性服务业向专业化和价值链高端延伸，加快发展研发设计、检验检测、服务外包、人力资源、现代物流等服务业，提升数字化、智能化水平。积极开展现代服务业与先进制造业深度融合发展试点，培育集整体方案设计、设备研发制造、后期维护于一体的服务型制造新业态。加快乌拉特中旗、鄂托克前旗等地通用航空产业发展。推进生活性服务业向高品质和多样化升级，加快发展健康、养老、文化、旅游等服务业，推动服务业标准化、品牌化建设，塑造“内蒙古服务”标准和品牌，提升消费满意度。

第八章　促进城乡融合发展

坚持以人为核心的城镇化，促进城镇集中集聚集约发展，构建多中心带动、多层级联动、多节点互动的新型城镇化格局。加快建设沿黄城市群，推进县城城镇化补短板强弱项，全面推进乡村振兴，推动城乡融合发展。

第一节 高质量建设沿黄城市群

服从生态环境保护需要，立足我区地广人稀、生产要素分散的实际，引导人口和经济向城市群及中小城市集中集聚，提高城市综合承载能力，促进土地、资金等生产要素高效流动。强化生态环境、水资源等约束和城镇开发边界管控，严控新建各类开发区。加快推进呼包鄂乌一体化，推动基础设施互联互通、产业发展协同创新、生态环境共保联治、公共服务便利共享，形成集群效应和整体优势，打造呼包鄂乌城市群。增强巴彦淖尔、乌海、阿拉善在保障粮食、产业、生态安全等方面功能，强化城市间协作互动，加快构建特色鲜明、优势互补、高效协同的发展新格局。

第二节 推进以县城为主要载体的新型城镇化

大力发展县域经济，分类建设特色产业园区、农牧民工返乡创业园、农畜产品仓储保鲜冷链物流设施等产业平台，带动农村牧区创新创业。完善县城公共设施，促进公共服务设施提标扩面、环境卫生设施提级扩能、市政公用设施提挡升级、产业培育设施提质增效，提升县城综合承载能力，更好适应农牧民到县城就业安家需求。推动农牧业转移人口就地城镇化，鼓励农牧民向城镇流动，使县城成为承载新增人口的重要载体。

第三节 建设生态宜居美丽乡村

深入实施乡村振兴战略，建立健全城乡融合发展机制。开展乡村建设行动，推进乡村土地集约高效利用，改善乡村生产生活条件。在强化县城综合服务能力的同时，把苏木乡镇建设成为服务农牧民的区域中心，推动基础设施向农村牧区延伸、公共服务向农村牧区覆盖、城市文明向农村牧区辐射。构建农村牧区电子商务公共服务体系，推进电子商务进农村牧区综合示范。调整优化村庄布局，提升乡村建设水平，合理保护村庄原有建筑风貌和村落格局，支持历史、文化和生态资源丰富的村庄发展休闲旅游业。因地制宜、精准施策、稳妥有序对嘎查村进行适度开发，发展城市近郊农村，有选择承接城市功能外溢，培育一批与城市有机融合、相得益彰的特色乡村。提升农村牧区基层治理水平，创建和谐嘎查村。以污水垃圾处理、厕所革命、村容村貌提升为主攻方向，深入开展农村牧区人居环境整治，加强长效管护。

第九章 强化基础设施互联互通

加快推进数字信息等新型基础设施建设，完善交通、能源等跨区域重大基础设施体系，畅通沿黄对外运输大通道，促进人流、物流、信息流自由便捷流动，增强对高质量发展的支撑能力。

第一节　加强新型基础设施建设

加强信息基础设施建设。加快推进5G网络建设，拓宽应用场景，实现区域内城市互联网协议第六版（IPv6）全面部署，扩大千兆及以上光纤覆盖范围，完善优化沿黄城市骨干传输网，增加互联网出口带宽，增强呼和浩特国家级互联网骨干直联点功能。推进传统电信网络向云计算、互联网数据中心（IDC）、内容分发网络（CDN）等新型基础设施融合转型。以和林格尔新区、乌兰察布、鄂尔多斯为重点，建设国家北方大数据中心基地，完成和林格尔国际互联网数据专用通道的建设。加强数据中心节点建设和网络化布局。充分发挥和林格尔新区超算中心作用，提升算力水平。加强政务网络、政务云中心、政务灾备中心和政务信息资源交换平台等政务基础设施集约化建设。

推动重点领域智慧应用。积极推动5G、移动物联网、大数据等技术融合交叉应用，加强数字应用平台建设，推广“互联网+生态环保”综合应用。推动工业互联网、物联网建设，在交通物流等重点领域建设泛在感知设施，推进规模化应用。推动新一代信息技术在城市规划建设、运维管理等领域的深度应用，促进城市管理精细化智慧化，推进呼包鄂乌智慧城市建设一体化。推动建设面向能源、冶金、化工、装备制造等产业链的人工智能、区块链、工业互联网等平台设施，加快北斗地面站建设，提供“人工智能+”服务。

第二节　构建便捷智能绿色安全综合交通网络

以高速铁路、城际铁路、高速公路、国省干线、干支线机场为重点，加快构建现代化综合交通网络，填补缺失线路，畅通瓶颈路段，实现城乡区域高效连通。

加快铁路建设。推进包头至鄂尔多斯高铁建设，推动呼和浩特至包头高铁、呼和浩特至鄂尔多斯城际铁路项目前期工作。统筹干线铁路、城际铁路、市域（郊）铁路、城市轨道交通融合发展，打造轨道上的呼包鄂乌。完善普速铁路网络布局，加快推进大型工矿企业物流园区专用线建设，推进“公转铁”政策落实。提高客货运水平，利用既有铁路富余能力开行旅游列车，推动铁路运输与旅游业融合发展，探索低成本运输和多元经营途径，塑造高铁经济新业态、释放新红利、蓄集新动能。

优化提升公路网。加快荣乌高速联络线巴音呼都格至巴彦浩特、呼和浩特新机场、呼和浩特至凉城等高速公路及国道210线白云鄂博至东河、省道311线武川至杨树坝等公路建设，打通高速公路待贯路段和国省干线“断头路”。推进国道110线、国道512线、省道315线、省道316线等沿黄河公路薄弱路段和瓶颈路段提等升级，加强跨黄河通道建设。深入推进“四好农村路”和资源路、产业路、旅游路建设，推进较大自然村通硬化路建设。

完善航空运输体系。加快呼和浩特新机场建设，强化呼和浩特区域航空枢纽基础功能，提升运行效率和中转比例。实施阿拉善左旗机场升级改造，推动包头、鄂尔多斯、巴彦淖尔、乌海机场改扩建，提高机场保障能力和服务水平。规划建设一批旗县通用机场，完善机场布局。优化航线网络，提高航班密度，支持呼和浩特、包头、鄂尔多斯开通至蒙古国、俄罗斯主要城市的航班。拓展短途运输、通航包机飞行和空中游览等航空业务。

健全综合运输枢纽。强化铁路、公路、民航等交通运输方式的比较优势和有效衔接，加快推动区域客运“零换乘”、货运“无缝衔接”的综合交通运输枢纽建设，推进呼和浩特新机场综合交通枢纽、巴彦淖尔临河综合交通枢纽等客运枢纽以及包头传化物流园区、乌兰察布北方陆港等货运枢纽建设，全面增强在国家和国际资源要素配置和流通中的功能和作用。

第三节 强化跨区域通道建设

畅通跨区域运输通道。依托黄河流域“几”字型、“十”字型立体交通网，加强与京津冀、关中平原、宁夏沿黄、山西中部等地区的通道建设。加快建成集宁至大同至原平高速铁路、包头至银川高速铁路及巴彦浩特至银川快速铁路。建设鄂尔多斯至榆林至延安高速铁路。推进荣乌高速联络线乌海至石嘴山等高速公路建设，推动国道 209 线清水河至偏关、省道 215 线通史至海则畔等国省干线公路建设，畅通通往二连浩特、甘其毛都、满都拉等边境口岸和秦皇岛、曹妃甸、黄骅港等沿海港口的公铁、铁海联运通道，推动贯通阿拉善至新疆、巴彦淖尔至宁夏、白云鄂博至榆林 3 条跨省大通道建设。畅通甘其毛都口岸至浩勒报吉煤运通道、策克和乌力吉口岸至乌海运输通道。提升农畜产品外运通道水平，加强冷链物流体系建设，提高鲜活农畜产品运输能力。

加强能源骨干通道建设。加快推进内蒙古黄河流域清洁能源输送走廊建设，实施风光火储一体化建设，最大化利用可再生能源，提高电力外送通道新能源输送比例。实施灵活电网工程，围绕满足负荷增长，适应大规模新能源接入、汇集、送出和消纳需要，构建结构清晰、分区合理、网架坚强、运行灵活的蒙西电网 500 千伏主干网，探索应用柔性直流输电实现区内电网异步互联。优化油气管网建设布局，加强与气田、煤制天然气源、跨境跨省管网的互联互通，完善油气支线和终端管网，支持国家输气管道建设，因地制宜加强油气战略储备。

第十章 保护传承弘扬黄河文化

按照“保护优先、适度开发”的发展思路，以铸牢中华民族共同体意识为主线，保护、传承和弘扬黄河文化，深入挖掘黄河文化时代价值，提升黄河文化传承能力，促进文化和旅游深度融合，推动文化艺术交流互鉴，推动内蒙古黄河流域文化整体保护、活态传承、创新发展。

第一节 系统保护黄河文化遗产

完善黄河文化资源普查建档。全面开展内蒙古黄河流域古文化遗址遗迹普查，建立文物资源数据库。深入开展黄河流域考古发掘和遗产研究，参与实施黄河流域“考古中国”重大研究项目，加强文物保护认定，组织开展非物质文化遗产专项调查工作，完善文化遗产分级分类名录和非物质文化遗产保护名录，健全遗产档案。

推进黄河文化资源保护。实施黄河文化遗产系统保护工程，加强古城、古镇、古村、古灌区、古渡口、古道等遗产遗迹遗存保护，重点推进河套世界灌溉工程遗产、阴山岩刻遗址、阿尔寨石窟遗址、十二连城城址、和林格尔土城子遗址、萨拉乌苏遗址、岱海遗址群等保护。严格古长城保护和修复措施，推动重要点段长城保护，建设长城国家文化公园。保护和完善呼和浩特等城市历史风貌，对三盛公水利枢纽、包钢工业基地、巴彦淖尔农垦兵团等现代遗存实施保护。依法严厉打击盗掘、盗窃、非法交易等文物犯罪行为。加强对大青山抗日根据地旧址、桃力民工委旧址、延安干部学院城川旧址、乌兰夫故居等红色遗址的修缮保护，提高保护水平。大力保护表演艺术类、民俗类非物质文化遗产，实施传统工艺振兴计划。构建黄河非遗公共服务平台，定期举办黄河非遗展。综合运用现代信息和传媒技术手段，加强黄河文化遗产数字化保护与传承弘扬。

第二节 深入传承黄河文化基因

系统开展黄河文化挖掘研究。集合区内外科研力量，开展黄河文化系统研究，深入实施中华文明探源工程。加强农田水利、传统习俗、艺术文学、天文历法、中医药（蒙医药）、黄河地名文化等专门史和代表性文化支脉的研究。强化内蒙古黄河流域革命史、社会主义建设史、改革开放史整理研究阐释。加强对流域内文学作品和文化名人的挖掘、整理和研究。实施黄河文化传承创新工程，系统阐发黄河文化蕴含的精神内涵、道德规范和优秀传统。

不断创新黄河文化资源保护利用。积极推动黄河国家文化公园建设，适当新建、改扩建内蒙古黄河文化博物馆以及一批非物质文化遗产馆和传习所（点）。整合黄河流域馆藏文物数字化信息，建设高质量的文化体验馆，构建智慧博物馆体系。开发内蒙古黄河文化遗产 App，推进文物保护关键技术突破和应用，创新文化遗产展示利用模式。依托沿黄公路，串联沿黄历史遗址遗迹、历史名城名镇名村、历史文化街区、自然遗产地，建设黄河文化旅游公路和景观风景道。

大力推动文艺创作繁荣。加强舞台艺术作品和影视作品创作，加大黄河文化主题文艺精品的规划策划力度，推出一批黄河题材优秀文艺作品。繁荣发展乌兰牧骑事业，支持具有黄河文化特色的基层和民营戏曲艺术表演团体建设。加强对黄河题材经典文艺作品的收集整理和数字化转化，继承和弘扬具有民族特色、地域特色的黄河文化。设立黄河主题创作选题，支持黄河文化题材作品创作。

第三节　讲好新时代黄河故事

全方位传播黄河文化。积极参与"中国黄河"国家形象宣传推广行动，打造黄河"几"字弯文艺精品创作和演出项目，推出"黄河'几'字弯、亮丽内蒙古"宣传主题，利用报台刊网、新媒体等形式，形成全媒体、多角度、立体式宣介格局，讲好内蒙古的"黄河故事"。

深化文化交流合作。结合"一带一路"建设，参与实施黄河文化海外推广工程。加强与中国驻外使领馆等机构联系，围绕黄河文化主题共同举办国际性文化交流活动，联合相关国家互办文化年、艺术节。推动黄河题材作品海外传播，宣介优秀黄河文化作品，积极参与与世界大河流域的交流合作。

推动民族文化融合。以铸牢中华民族共同体意识为主线，依托内蒙古多民族文化融合以及农耕文明与游牧文明相互交融的特色，保护传承弘扬黄河文化和红色文化，促进各民族共同团结奋斗、共同繁荣发展。

第四节　促进文化旅游深度融合

推进文旅融合发展。孵化和培育一批文化旅游企业，支持黄河文化创意产品和旅游商品的设计开发。协同黄河流域上中下游主要区域，打造黄河文化和旅游联盟，推动黄河沿线合理设置旅游咨询中心、游客集散中心、区域性旅游应急救援基地等旅游公共服务设施，统筹文化和旅游线路设计、标识及品牌建设，推动资源整合与协作。建设黄河旅游信息化服务"微平台"，强化"互联网+旅游"智慧景区建设，打造黄河"几"字弯文化旅游带。

建设一批标志性黄河旅游目的地。以古都名城、遗址遗迹、世界灌溉工程遗产、黄河标志性自然景观、红色经典旅游景区等为重点，建设一批展现黄河文化的标志性旅游目的地，加快景区基础设施建设，不断提升管理服务水平。推进景区提档升级，打造若干个在国内外具有知名度和吸引力的精品景区。依托山水林田湖草沙等特色资源，打造一批高质量旅游度假区、文化体验园、全国乡村旅游重点村，建设特色旅游目的地。

打造经典旅游线路。依托贺兰山、乌海湖、河套平原、库布齐沙漠、鄂尔多斯草原、敕勒川、蒙晋峡谷、玛珥式火山群等重点旅游集群，整合生态旅游资源，协同打造黄河"几"字弯文化旅游线路。整合河套灌区水利工程、田园景观、农事活动等资源，开发农耕民俗休闲体验和水利文化研学教育产品，建设河套灌区文化游线。开发红色文化资源，选择最典型的抗战遗址、革命纪念馆，打造爱国主义教育红色旅游线路。

塑造文化和旅游特色品牌。持续开展中国·内蒙古草原文化节、呼和浩特昭君文化节、阿拉善英雄会、内蒙古国际马文化博览会、黄河草原艺术品国际展览、黄河明珠书法艺术节、世界沙漠葡萄酒文化节等文化活动，重点培育内蒙古旅游那达慕、冰雪那达慕和中国游牧文化旅游节等文化和旅游特色品牌。

第十一章　不断增进民生福祉

坚持以人民为中心的发展思想，加强普惠性、基础性、兜底性民生事业发展，提高重大公共卫生事件应对能力和医疗水平，提升基本公共服务水平，保障和改善民生，加快扶持特殊类型地区发展，让人民群众共建共享高质量发展成果。

第一节　加强公共卫生体系建设

提高重大公共卫生事件应对能力。强化各级疾控机构的疫情监测和快速反应体系，建立公共卫生事件应急应对机制，提高重大公共卫生风险应对能力。加快疾病预防控制体系现代化建设，提升检验检测能力。健全重大突发公共卫生事件医疗救治体系，建设重大疫情救治基地，完善三级重症监护病区（ICU）救治设施体系。提高中医院（蒙医院）应急和救治能力，建立中（蒙）西医结合的疫情防控机制。分级分层分流推动城市传染病救治体系建设，实现盟市级传染病医院全覆盖，加强旗县级医院感染性疾病科和相对独立的传染病病区建设。提高大型场馆等设施建设标准，使其具备承担救治隔离任务的条件。健全应急物资保障体系，加强战略物资与应急资源的储备和配置。

提升医疗卫生服务能力。完善医疗卫生服务体系，规划建设自治区级区域医疗中心，加快建设分级诊疗体系，促进医疗机构上下联动、分工协作。优化资源配置，健全基层医疗卫生服务网络，加强基层医疗卫生队伍建设和全科医生培养，满足群众多层次医疗服务需求。加大政府投入力度，强化儿童重点疾病预防保健。设立过敏性鼻炎等地方病防治中心，实施“黄河名医”中医药发展计划，启动中医药（蒙医药）振兴行动，推进“互联网+医疗”。广泛开展爱国卫生运动，持续实施国家基本公共卫生服务健康教育项目、全民健康素养促进行动，提升居民健康水平。

第二节　提升公共服务水平

加快推进教育现代化。大力发展公办幼儿园，积极扶持普惠性民办幼儿园建设，增加普惠性学前教育资源供给。合理有序扩大城镇学校学位供给，推动义务教育优质均衡发展。推进普通高中多样特色发展。构建现代职业教育体系，实施自治区高职院校“双高计划”，加强职业技能培训，培育建设产教融合型城市、企业、学校。以“双一流”建设为引领，深入推进“部区合建”内蒙古大学建设，引育并举加强领军人才队伍建设，大力提高高等教育质量和服务能力。夯实本科教育基础，支持高等学校围绕弘扬黄河文化、生态保护、优势产业等关键领域建设一批重点学科专业，培养一批专业化、应用型人才。加强教师在职培训，提升教育教学质量。

促进稳定就业。千方百计稳定和扩大就业，简化公共就业服务经办流程，合理设置经办窗口，加强对重点行业、重点群体的就业支持，采取措施吸引和支持高校毕业生、退役军人、返乡入乡务工人员投身黄河生态环境保护治理事业，发挥造林种草、防沙治沙、基础设施、污染治理等重大工程带动就业作用。创新户籍、土地、社保等政策，支持引导劳动力在边境旗市等条件艰苦地区就业创业安居。

提高社会保障体系质量。落实基本养老金合理调整机制。深入实施全民参保计划，建立高效便捷的社会保险转移接续机制。推进医疗保障公共服务标准化规范化，实现“一站式服务、一窗式办理、一单制结算”。加快构建居家社区机构相协调、医养康养相结合的养老服务体系，积极培育居家养老服务，大力发展社区养老，推进机构养老供给侧改革，因地制宜推进农村牧区互助养老院建设，鼓励和引导社会力量积极参与养老服务体系建设。健全分层分类的社会救助体系，做好对留守儿童、孤寡老人、残障人员、失独家庭等困难群体的关爱服务。

第三节　增强特殊类型地区振兴发展能力

实现巩固拓展脱贫攻坚成果同乡村振兴有效衔接。健全防止返贫动态监测和帮扶机制，落实产业帮扶、就业帮扶、综合保障等帮扶措施，做好易地扶贫搬迁后续扶持工作，确保脱贫群众不返贫。健全农村牧区低收入人口常态化帮扶机制。接续推进脱贫地区发展，支持脱贫地区乡村特色产业发展壮大，推动农畜产品就地加工，增强脱贫旗县内生发展能力。提升脱贫地区整体发展水平，集中支持一批乡村振兴重点帮扶旗县。

支持革命老区和边境地区发展。建立健全长效普惠的扶持机制和精准有效的差别化支持机制。支持革命老区发挥特色优势，做好革命遗址保护和革命文化弘扬，加快红色旅游等特色优势产业发展。支持边境地区建设发展，提升兴边固边富边强边能力。加快边境重点城镇和口岸建设，新建一批抵边嘎查村和放牧点，引导支持边民贴边生产和抵边居住，保持边境区域具有一定的人口和经济支撑，增强地区发展能力。

第十二章　加快改革开放步伐

坚持深化改革、扩大开放，充分发挥市场在资源配置中的决定性作用，更好发挥政府作用，完善黄河流域管理体系，健全生态产品价值实现机制，加大市场化改革力度，充分发挥区位优势，融入共建“一带一路”和中蒙俄经济走廊，发展泛口岸经济，加强与沿黄省区及京津冀等区域合作，主动融入新发展格局。

第一节 完善黄河流域管理体系

形成自治区统筹协调、部门协同配合、属地抓好落实、各方衔接有力的管理体制，实现统一规划设计、统一政策标准、协同生态保护、综合监管执法。履行好国家赋予的生态建设、环境保护、节约用水和防洪减灾等方面管理职能，强化水利部门在全流域防洪、监测、调度、监督等方面职能，实现对干支流监管“一张网”全覆盖。严格落实河湖长制，建立河湖长考核评价机制，确保河湖长制全面见效。加强流域内生态环境执法能力建设，完善跨区域跨部门联合执法机制，实现流域内生态环境保护执法“一条线”全畅通。加强生态环境风险防范，建立流域生态环境突发事件应急预案体系，提升应急响应处置能力。严格落实盟市、旗县级政府在生态保护、污染防治、节水、水土保持等方面的目标责任，实行最严格的生产建设活动监管。

第二节 健全生态产品价值实现机制

实行更加严格的黄河流域生态环境损害补偿制度，开展生态环境损害评估，提高破坏生态环境违法成本。建立纵向与横向、补偿与赔偿、政府与市场有机结合的黄河流域生态产品价值实现机制。落实中央黄河流域生态保护和高质量发展专项奖补资金政策，按规定对生态保护有力、转型发展成效好的盟市、旗县（区）给予奖励，对生态功能重要、公共服务短板较多的盟市、旗县（区）给予补助。完善以水量、水质为补偿依据的黄河干流和主要支流横向生态保护补偿机制。争取生态综合补偿试点。探索开展生态产品价值核算计量，逐步推进综合生态补偿标准化、实用化、市场化。积极推进沿黄盟市间水权置换，参与开展排污权等初始分配与跨省交易。鼓励金融机构和地方政府积极创建绿色金融试点。

第三节 推动市场化改革

坚持问题导向，发挥营商环境评估的引导督促作用，推动自治区优化营商环境改进措施落实落地。持续深化“放管服”改革，借鉴复制先进经验做法，全面实施权责清单、市场准入负面清单制度，深入推进“互联网+政务服务”改革，打造数字政府和高效便捷的政务服务环境。深化国资国企改革，鼓励各类资本参与混合所有制改革，重点推进国有资本投资、运营公司混合所有制改革，分类推动垄断行业改革。依法平等对待各类市场主体，保护合法权益，清除市场壁垒，全面清理歧视性规定和做法，积极吸引民营企业、民间资本投资兴业。探索特许经营方式，引入合格市场主体对有条件的支流河段实施生态建设和环境保护。推进要素市场化改革，加快蒙西电力现货市场建设，鼓励耕地占补平衡、城乡建设用地增减挂钩指标跨市域流转调剂，减少劳动力要素流动障碍，推进资本要素市场化配置，加快发展培育技术、数据要素市场，完善要素价格形成机制，提高资源配置效率。

第四节　融入共建“一带一路”

以中蒙俄经济走廊建设为引领，聚焦关键通道、关键项目，配合国家推动联通蒙古国、俄罗斯的铁路、公路、电力管网等基础设施建设，提升口岸通道功能。依托重点开发开放试验区、综合保税区和保税物流中心等开放开发平台，围绕终端产品出口，重点培育矿产资源、能源化工、机械设备、农特产品等外向型企业，推进跨境电商、国际贸易等产业聚集发展。鼓励企业以多种投资方式参与国外合作，重点推进中蒙俄经济走廊相关的境外投资。推动对外贸易发展和国际产能合作，支持企业积极稳妥开展境外投资活动，带动我区优势产能、优质装备、适用技术输出。支持相关盟市高质量开行中欧班列，依托班列推动外向型经济发展。开展与“一带一路”沿线国家特别是蒙古国、俄罗斯在教育、科技、文化、体育、旅游、卫生、传媒等领域的人文合作。

第五节　健全与沿黄省区及毗邻区域合作机制

加强与陕西、宁夏等毗邻地区的合作，促进能源化工产业高质量发展，推动生态环境共保和水污染共治。推动蒙陕晋（鄂榆忻）跨省区合作，开展交通基础设施、产业等领域合作。促进黄河流域河套灌区、汾渭平原生态保护和现代农业高质量发展合作，构建生态保护和现代农业高质量发展合作共享平台。依托黄河流域生态保护和高质量发展协作区平台，不断深化与沿黄省区合作。深度对接京津冀协同发展，积极吸引承接产业转移和功能疏解。推进蒙晋冀（乌兰察布—大同—张家口）长城金三角合作区建设，支持乌兰察布建设冬奥会辐射延伸产业基地。

第十三章　推进规划实施

推动黄河流域生态保护和高质量发展既是长期战略任务，也是重大系统工程。坚持尽力而为、量力而行原则，把握好有所为与有所不为、先为与后为、快为与慢为的关系，对当下急需的政策、工程和项目，要增强紧迫感和使命感，加快推进，早见成效；对需要长期推进的工作，要久久为功，一茬接着一茬干，确保规划有效实施、目标如期完成。

第一节　坚持党的全面领导

把党的领导始终贯穿于黄河流域生态保护和高质量发展各领域各方面各环节，充分发挥党的各级组织在推动黄河流域生态保护和高质量发展中的领导作用。沿黄各盟市党委和政府（行政公署）、自治区相关部门要坚决扛起时代赋予的重大责任，从讲政治的高度、抓重点的精度、抓到底的深度，全面落实党中央、国务院决策部署，确保黄河流域生态保护和高质量发展始终保持正确方向，不折不扣推动规划提出的目标任务和政策措施落地见效。

第二节　完善法规规划政策

制定和完善有关黄河流域生态保护的法规和制度，强化有关节水、地下水开采和保护、水生态环境保护等法律法规的有效落实。编制与国家规划体系相衔接的重点专项规划，制定自治区黄河流域生态保护和高质量发展“十四五”实施方案，沿黄各盟市和自治区相关部门要结合本地区本部门实际制定“十四五”实施方案。建立重大工程、重大项目推进机制，依托重大项目库进行项目储备和动态管理，做好用地、环评等项目前期工作，多渠道筹措资金支持项目建设。规划实施过程中涉及的重大事项、重要政策、重点项目按规定程序报批。健全统计指标体系，加强黄河流域相关指标数据统计监测、数据发布与解读分析。

第三节　建立健全工作机制

建立健全自治区负总责，盟市、旗县（区）落实的工作机制，确保黄河流域生态保护和高质量发展在2025年前取得明显进展。成立自治区推动黄河流域生态保护和高质量发展领导小组，指导落实黄河流域生态保护和高质量发展国家战略，审议黄河流域重大规划、重大政策、重大项目，协调推动解决重大问题，领导小组办公室设在自治区发展改革委。沿黄各盟市要建立相应工作机制，细化工作方案，抓好推进落实。自治区各有关部门要按照职责分工，加强指导服务和支持，密切配合，形成合力。充分发挥流域内各级河湖长作用，为领导小组工作提供支撑保障。领导小组办公室要加强对规划实施的跟踪分析，做好政策研究、统筹协调、督促落实等工作。重大事项及时向自治区党委和政府报告。

第四节　扩大社会参与

围绕建设美丽黄河、安澜黄河、活力黄河、融合黄河、魅力黄河、幸福黄河，系统性加强宣传报道，加大相关法律法规和制度的宣传力度，营造全面参与、人人遵守的法治氛围和良好舆论氛围。扩大规划实施的公共参与，汇集智慧，凝聚共识，形成群策群力、共建共享的局面。

内蒙古自治区“十四五”重点流域水生态环境保护规划

（2021 年 12 月）

第一章 水生态环境保护成就与形势

第一节 “十三五”水环境质量改善成效显著

“十三五”以来，自治区党委和政府深入贯彻落实习近平生态文明思想，全面落实习近平总书记对内蒙古重要讲话重要指示批示精神，认真落实党中央、国务院决策部署，全面推进水污染防治行动计划，黄河、松花江、西辽河、海河及西北诸河等重点流域水生态环境质量明显改善，全区水污染防治攻坚战阶段性目标圆满完成，2020 年国家《水十条》考核自治区成绩为优。

水环境质量改善成效显著。2020 年，全区重点流域 52 个国考断面优良水质比例达到 69.2%，较 2016 年提高 19.2 个百分点，劣Ⅴ类水体控制比例为 1.9%，较 2016 年降低 5.8 个百分点，均超额完成国家下达目标任务。与 2014 年基准年相比，有 29 个断面水质实现升类，其中升类为优良水体断面 9 个。黄河流域 16 个国考断面优良比例从 50%提高到 75%，劣Ⅴ类断面比例从 25%下降到 0。呼伦湖水面面积达到 2050.6 平方公里，各项水质指标均达到治理规划要求。岱海水面面积为 47.3 平方公里，除高锰酸盐指数外，其他指标均达到治理规划要求。乌梁素海水面面积 293 平方公里，水质指标达到地表水Ⅳ类标准。出台《内蒙古自治区察汗淖尔生态保护和修复实施方案》，完成草原生态修复 16.8 万亩，建立了察汗淖尔自治区湿地公园。全区 13 段、总长度 23.46 公里的黑臭水体完成治理任务。全区 42 个地级城市集中式饮用水水源地水质达标率为 85.7%，超额完成国家下达目标任务。“十三五”期间，全区废水中化学需氧量和氨氮排放总量较 2015 年分别下降 7.6%和 12.1%，完成国家下达目标任务。

污染源治理全面加强。“十三五”期间，自治区累计争取中央和自治区水污染防治专项资金 26.46 亿元，用于支持全区重点流域水污染防治及水生态环境保护项目 351 个。一是工业污染源得到全面治理。累计清理“十小”造纸企业 7 家、其他涉水小企业 28 家，完成“十大”重点行业企业清洁化改造 33 家；64 个自治区级以上工业园区全部实现污水集中处理。二是城镇污水收集处理能力显著提升。2020 年全区城镇污水处理率、达标率分别为 97.3%、95.2%，较 2015 年分别提高 4.9 百分点、10 个百分点。三是农业农村污染治理能力有效提升。畜禽污染治理稳步推进，全区共划定禁养区 2473 个、面积 5.8 万平方公里。农村环境综合整治成效显著，“十三五”期间已累计完成 1876 个建制村的农村环境综合整治任务，完成目标任务的 104%。

水资源节约集约利用取得积极进展。落实最严格水资源管理制度，扎实推进“三条红线”管控，全区用水总量得到有效控制，水资源利用效率明显提升。2020 年全区总用水量为 209.06 亿立方米，万元地区生产总值用水量 78.28 立方米，较 2015 年下降 25.36%。万元工业增加值用水量 13.68 立方米，较 2015 年下降 43.55%。农田灌溉水有效利用系数为 0.564，较 2015 年提高 8 个百分点。

水生态安全保障水平稳步提升。湿地生态系统保护得到加强，湿地保有量达到 9000 万亩。不断加大水土保持工作力度，“十三五”期间累计完成水土保持综合治理面积 4740 万亩。大力推动水生态试点监测和安全调查评估，对松花江流域和“一湖两海”共 36 个断面（点位）开展水生态监测，开展了黄河、滦河以及呼伦湖、乌梁素海、岱海等重点河湖生态安全调查评估，为后续全面推动水生态环境保护和管理奠定基础。

水生态保护制度体系不断完善。“十三五”期间，颁布了《内蒙古自治区水污染防治条例》《内蒙古自治区饮用水水源保护条例》等地方性法规，强化“党政同责、一岗双责”，修订实施《各级党委和政府及自治区有关部门生态环境保护责任清单》，先后印发实施了《关于全面加强生态环境保护坚决打好污染防治攻坚战的实施意见》《内蒙古自治区水污染防治工作方案》《内蒙古自治区水污染防治三年攻坚计划》《关于加强重点湖泊生态环境保护工作的指导意见》《黄河内蒙古段生态环境保护与修复行动计划》等一系列政策文件，法规政策保障全面加强。自治区发改、财政、水利、住建、工信、生态环境、农牧等部门各司其职、积极配合，在推动重点流域治理、落实河湖长制、流域断面水质补偿、城市黑臭水体治理、农业面源治理等方面取得实效，生态环境厅建立实施分析预警、调度通报、跟踪督办相结合的水生态环境问题发现和推动解决工作机制。各盟市采取有力举措解决突出水环境问题，全区上下齐心协力攻克重点流域水生态环境保护难点、堵点问题，水生态环境保护工作合力全面形成。

第二节 水生态环境保护形势与问题

作为我国北方重要生态安全屏障，“十四五”期间，我区重点流域水生态环境保护面临的结构性、根源性、趋势性压力尚未得到根本缓解，水生态环境质量与建设亮丽内蒙古目标要求、与满足人民日益增长的美好生活需要相比，仍有不小差距，重点流域水生态环境保护治理工作任务依然艰巨。

水污染防治有待深化。“十四五”，全区国考断面由“十三五”的 52 个增加到 133 个，受主要河流生态用水短缺、水环境管理精细化水平不高、部分流域天然本底值高等多重因素影响，水环境质量达标压力巨大。一是控源截污仍需进一步巩固。城镇生活污水收集处理设施建设、运行存在短板，城市排水管网破损、雨污错接或混接现象较为普遍，成为影响部分断面水质稳定达标的突出问题。二是农业面源污染治理有待深化。农村牧区生活污水治理率仅为 15%，分散畜禽养殖业粪污治理和资源综合利用水平待提高。三是工业治理成效仍需巩固深化。工业企业违法排污现象仍有发生，部分工业园区污水集中处理设施仍需提质增效。沿黄盟市化工产业集中，存在较高水环境风险。

水资源节约集约利用水平不高。水资源合理利用有待进一步加强，农业用水在我区水资源配置中占比较高，部分地区地下水超采严重，水资源开发利用与生态环境保护矛盾突出。部分区域生态系统退化严重，生态系统服务功能降低。缺水型城市再生水利用不足，污水资源化利用水平不高。

水生态保护与修复任重道远。部分河流天然径流不足、存在岸线硬质化现象，水体自净能力较差，部分湖泊、湿地面积萎缩。自治区内黄土高原和东北黑土地地区水土流失问题较为突出。全区重点流域水生态监测评估体系仍处于探索阶段，水资源、水环境和水生态协同监测能力不足，水生生物多样性监测刚刚起步，生态监测网络仍需优化和完善。水生态保护大数据应用有待加强，对污染源、环境质量、生态系统以及对策措施等关联分析、评估、科研能力较弱，对精准治污、科学治污技术支撑能力水平有待提升。水生态保护修复方面法律政策、能力建设、宣传教育等还需进一步加强。

第二章　指导思想、基本原则与主要目标

第一节　指导思想

高举中国特色社会主义伟大旗帜，以习近平新时代中国特色社会主义思想为指导，全面贯彻党的十九大和十九届二中、三中、四中、五中、六中全会精神，深入贯彻落实习近平生态文明思想和习近平总书记对内蒙古重要讲话重要指示批示精神，坚定不移的走以生态优先、绿色发展为导向的高质量发展新路子，坚持山水林田湖草沙综合治理、系统治理、源头治理，统筹水环境、水生态、水资源等要素，持续做好“一湖两海”及察汗淖尔生态环境保护治理，以改善黄河、松花江、西辽河、海河及西北诸河等重点流域水生态环境质量为核心，坚持精准治污、科学治污、依法治污，污染减排和生态扩容两手发力，减污降碳协同增效，深入打好碧水保卫战，提升治理体系和治理能力现代化水平，有效促进自治区生态保护和高质量发展。

第二节　基本原则

坚持生态优先、绿色发展。立足自治区发展战略定位，完整、准确、全面贯彻新发

展理念，尊重自然、顺应自然、保护自然，遵循自然生态系统演替规律，从过度干预、过度利用向节约优先、自然恢复、休养生息转变，筑牢我国北方重要生态安全屏障。

坚持“三水”并重、系统治理。坚持山水林田湖草沙一体化保护和系统治理，从生态系统整体性和流域系统性出发，统筹水资源、水生态、水环境，强化水资源刚性约束，深化重点流域城镇生活、工业、农业水污染治理，从源头上系统推进生态环境修复和保护，全面推进美丽河湖建设与保护。

坚持实事求是、因地制宜。充分考虑不同流域资源禀赋、生态功能定位、经济社会发展水平等方面的特色和差异，突出问题导向、目标导向、结果导向，精准实施水环境治理、水资源保护、水生态修复和水环境风险防范等措施。

坚持多元共治，落实责任。着力构造党委领导、政府主导、企业主体、公众参与的多元共治格局，深入打好污染防治攻坚战，强化“党政同责”“一岗双责”，落实各级政府规划实施和水生态环境保护主体责任，对问题、目标、措施等实施清单管理，确保水生态环境质量“只能更好、不能变坏”。

第三节　规划目标

“十四五”时期，黄河、松花江、西辽河、海河及西北诸河等重点流域水生态环境质量持续改善，主要水污染物排放总量持续减少，水生态环境治理体系和治理能力现代化水平明显提升，“三水”统筹推进格局基本形成，水生态系统稳定性和服务功能得到明显增强，美丽河湖建设初见成效。

到2025年，黄河、松花江、西辽河、海河及西北诸河等重点流域地表水国考断面水质达到或优于Ⅲ类比例不低于70.7%，劣Ⅴ类水体比例控制在4.5%以内，全区县级及以上城市集中式饮用水水源地达标率达到国家考核要求，县级城市建成区黑臭水体基本消除。水源涵养区、河湖生态缓冲带等水生态空间保护修复初见成效，“一湖两海”水生态保护修复持续推进，重点河湖生态流量保障水平得到提升。

表2.1　“十四五”规划常规指标

类别	序号	指标	现状值（2020年）	目标值（2025年）	指标类型
水环境	1	地表水达到或优于Ⅲ类水体比例（%）	64.7	70.7	约束性
	2	地表水劣Ⅴ类水体比例（%）	6.8	4.5	约束性
	3	县级及以上城市集中式饮用水水源地达到或优于Ⅲ类水体比例（%）	—	达到国家考核要求	预期性
	4	城市建成区黑臭水体控制比例（%）	地级城市基本消除	县级城市基本消除	预期性

类别	序号	指标	现状值（2020 年）	目标值（2025 年）	指标类型
水资源	5	达到生态流量底线要求的河湖数量（个）	—	达到国家要求	预期性
	6	恢复“有水”的河流数量（个）	—	达到国家要求	预期性
水生态	7	水生生物完整性指数	—	达到国家要求	预期性
	8	河湖缓冲带修复长度（km）	—	达到国家要求	预期性
	9	湿地恢复（建设）面积（公顷）	—	达到国家要求	预期性
	10	重现土著鱼类或水生植物的水体数量（个）	—	达到国家要求	预期性

第三章　构建水生态环境保护新格局

第一节　健全水生态环境综合管控体系

完善流域水生态环境分区管控体系。优化、细化实施地表水生态环境质量目标管理，明确各级控制断面水质保护目标，逐级明确行政责任主体，层层传导压力，强化地方各级政府水生态环境责任落实。衔接国土空间规划等相关规划布局和“三线一单”管控要求，明确流域内水域、湿地、水源涵养区、河湖生态缓冲带等重要水生态空间，加强河湖水域岸线管控。加快推进水功能区与水环境控制单元区划体系和管控手段的融合，健全“流域—水功能区—控制单元—行政区域”生态环境分区管理体系。实施控制单元精细化管理，推动以控制单元为基础的精准治污、科学治污、依法治污，将断面水质目标纳入河湖长制管理，全面推进不达标水体整治，“一河一策”编制并实施达标方案，加快推进因天然本底超标水体的评估论证，按期实现国考断面水质全部达标。

建立打通水里和岸上的污染源管理体系。严格实施排污许可管理制度，依托排污许可证信息，实施“水体—入河排污口—排污管线—污染源”全链条管理，强化源解析，追溯并落实治污责任，持续削减化学需氧量和氨氮等主要水污染物排放总量，根据水生态环境保护要求，因地制宜加强总磷、总氮排放控制。水质超标的地区，实施更严格的污染物排放总量削减要求，严格控制新设、改设或者扩大排污口。

第二节　强化要素系统保护治理

推进山水林田湖草沙系统治理。以流域、山体山脉等相对完整的自然地理单元为基础，统筹部署区域、流域山水林田湖草沙保护和系统治理，科学推进水源涵养区、河湖生态缓冲带保护修复。强化农业面源污染治理和精细化管控。加强重点流域水土流失治理和荒漠化防治。推进生态屏障的自然恢复，提升重点流域源头区水源涵养能力和生物多样性水平。

深化“三水”统筹管理。建立健全水资源刚性约束制度，实行水资源消耗总量和强度双控，确立水资源开发利用和用水效率控制红线。推进河湖生态流量、水环境质量联合监测监管。开展重点流域水环境容量和河流纳污能力核定，提高水生态保护治理目标措施的协同性。推动建立水资源、水生态和水环境监测评价体系，在重点断面开展水生生物监测。

推进地表水与地下水协同防治。统筹区域地表水、地下水生态环境监管要求，以饮用水水源保护为核心，加强地下水型饮用水水源补给区保护，重点防范傍河型地下水饮用水水源侧渗和垂直补给造成污染。开展化学品生产企业、工业集聚区、矿山开采区（尾矿库）、危险废物处置场、垃圾填埋场等污染源环境风险管控。

第三节　推进减污降碳协同治理

坚持节能低碳原则，开展污水处理低碳设计、低碳运行，强化工业用水循环利用。对标国内先进水平，科学设计污水（污泥）处理处置路径，降低污水处理厂能源消耗和碳排放。推进企业和园区开展节水及水循环利用设施建设，促进企业间串联用水、分质用水、一水多用和循环利用，推进工业园区污水处理、中水回用等公共基础设施共建共享，实现低碳优化。鼓励具备条件的农村牧区采用人工湿地、土地渗滤、氧化塘等污水生态处理技术，鼓励将污水处理系统与太阳能光电、光热技术耦合，实现减污降碳协同增效。全面加强重点流域河湖湿地生态系统保护治理，协同增强流域生态系统碳汇功能。

第四章　提供良好的水生态产品

第一节　优先保障饮用水水质安全

深入推进饮用水水源地规范化建设。巩固城市饮用水水源保护与治理成果，以旗县级及以上城市集中式水源地为重点，加强饮用水水源地规范化建设，建立健全水源环境档案制度，定期开展饮用水水源环境状况调查评估。完善饮用水水源保护区标识标牌、警示标志和隔离防护设施。深入推进水源保护区环境问题综合整治，严格管住新增问题，妥善处理历史遗留问题，限期拆除或关闭饮用水水源保护区内排污口。加大保护区内散排生活污水、垃圾收集处理力度，切实减少生产生活对水源水质影响。提高饮用水水源环境保护监管信息化水平，构建全区饮用水水源地“一张图、一个库”。

持续提升农村牧区饮用水安全保障水平。推进农村牧区饮用水水源保护区划定。到2024年，完成乡镇级集中式饮用水水源保护区划定与勘界立标。依法清理整治乡镇级集中式饮用水水源保护区内排污口、工业企业、规模化畜禽养殖、垃圾堆放等污染源。对其上游或补给区可能影响水源环境安全的化工、造纸、冶炼、制药等工业企业和生活污水垃圾、畜禽养殖等风险源进行排查整治。推进农村饮用水水源保护区内问题的排查整治。加强农村牧区饮用水水质监测，定期开展“千吨万人”水源常规监测，建立健全部门监测数据共享机制，对水质不达标的水源，采取水源更换、集中供水、污染治理等措施，确保农村饮水安全。

加强饮用水全过程监管。加快推进区域环境背景值高导致水质超标水源地的环境本底调查与判定。针对超标指标在供水厂安装深度处理设施，强化达标运维，确保供水水质稳定达标；受人为污染影响超标的水源，要“一源一策”，开展污染治理，限期达标。严控地下水超采，加强地下水型饮用水水源地超采治理，逐步恢复地下水位。加快推进应急备用水源建设。强化饮用水水源、供水厂出水和用户水龙头水质监测、检测和评估工作，加大饮用水安全状况信息公开力度，接受公众监督，从水源到水龙头全过程监管饮用水安全。

着力提高水源地风险防控和应急管理水平。建立完善风险源名录，科学制定饮用水水源突发环境污染事件应急预案，完善应急防护工程建设，加强应急物资、应急设备配备储备，定期组织开展应急演练。加强地表水型饮用水水源地预警监控能力建设，开展湖库型水源地富营养化与水华形成机理与防治研究，建立预警预报和快速响应机制，切实提升饮用水水源安全保障水平。

第二节　持续打好黑臭水体治理攻坚战

确保已完成治理的黑臭水体长治久清。建立长效管理机制，巩固提升呼和浩特市、包头市、赤峰市城市建成区黑臭水体治理成效，严格落实河长制，加强巡河管理，及时发现解决水体漂浮物、沿岸垃圾、违法排污等问题。对已完成治理的黑臭水体定期开展水质监测并向社会公布水质监测结果，切实保障城镇生活、工业等各类污水处理设施稳定运行，强化污水收集管网等设施的运营维护，确保实现长治久清。

基本消除县级城市黑臭水体。按照“控源截污、内源治理、生态修复、活水保质”的思路，全面开展县级以上城市建成区黑臭水体排查与综合整治工作。2022 年 6 月底前，县级城市完成建成区内黑臭水体排查并制定整治方案，统一公布黑臭水体清单及达标期限。到 2025 年，县级城市建成区基本消除黑臭水体。

推进农村牧区黑臭水体治理。以县级行政区为基本单元开展农村牧区黑臭水体排查、整治和长效管理，统筹推进农村牧区黑臭水体治理与农村生活污水、畜禽粪污、水产养殖污染、种植业面源污染、改厕等治理工作，逐步消除农村牧区房前屋后河塘沟渠和群众反映强烈的黑臭水体。

第三节 推进美丽河湖保护与建设

持续加强重点流域优良水体保护。实施分区分类生态保护修复，推进河流湿地与缓冲带生态恢复和保育，有效保障“好水”水生态系统稳定。积极推进美丽河湖建设与保护，鼓励各盟市因地制宜实施生态流量保障、水生态保护修复、水环境治理等措施，率先实现部分河湖“有河有水、有鱼有草、人水和谐”的美丽河湖目标，使人民群众直观地感受到“清水绿岸、鱼翔浅底”的河湖之美。

强化美丽河湖优秀案例示范引领。持续开展美丽河湖优秀案例推荐申报工作，宣传推广成效好、可持续、能复制的美丽河湖保护与建设的好经验、好做法。建立健全美丽河湖长效管理机制，持续推进河湖生态环境治理改善。

第五章 深入推进水污染治理

第一节 全面实施入河排污口排查整治

以入河排污口排查整治为抓手，建立完善污染源管理体系。开展入河排污口排查溯源，逐一明确入河排污口责任主体。结合水生态环境质量改善需求，按照“取缔一批、合并一批、规范一批”要求，实施入河排污口分类整治，建立排污口整治销号制度，形成需要保留的入河排污口清单，开展日常监督管理。2025 年底前，完成重点流域入河排污口排查，基本完成重点流域干流及重要支流、重点湖泊排污口整治。

严格入河排污口设置审核管理。严格新增入河排污口设置审核，需新增设置入河排污口的，应重点考虑水污染防治相关要求，充分论证排污口对受纳水体特别是重点控制断面以及周边取用水户的影响。及时封堵清理无合法手续的排污口，确需保留的应及时补办设置许可手续。已合法设置的入河排污口应保证所排放水质、水量满足水生态环境管理的相关要求。

完善污染源排放监管体系。实行入河排污口“一口一档”管理，形成规范化的排污口信息台账。建立入河排污口监测体系，加强日常监督管理。规范排污许可证核发与日常监管，严格落实企业单位按证排污、自行监测、台账编制和定期报告责任，按照“谁核发、谁监管”的原则，依证严格开展监管执法，严厉查处违法排污行为。

第二节 持续推进工业水污染治理

加大对化工、焦化、制药、有色金属、食品加工等行业污染治理力度，推进行业清洁化改造。深挖工业节水潜力，新、改扩建项目优先利用污水处理厂再生水。实施工业污染源全面达标排放计划。

加强园区企业废水预处理监管，定期开展纳管企业预处理设施运行维护、自行监测等情况专项检查，确保园区内企业废水全收集、全处理、稳定达标。持续推动工业园区污水集中处理设施提质增效。鼓励有条件的化工园区开展初期雨水污染控制试点示范。开展工业园区管网不配套、污水治理设施及自动监控运行不正常等问题排查整治。推进工业园区废水资源化利用，减少新鲜水用量。加强园区依托城镇污水处理厂处理工业废水可行性分析评估，对不能依托的限期退出城镇污水处理系统。加强对园区废水集中处理配套设施建设及运行管控，确保稳定达标运行。

第三节　全面加强城镇水污染治理

补齐城镇污水收集处理设施短板。推进城镇污水管网全覆盖，建设完备的污水收集与处理系统。强化溯源整治，杜绝污水直接排入雨水管网。加快污水处理设施的建设与改造，健全污水接入服务和管理制度，加强沿街、沿河商户排水管理，对进水情况出现明显异常的污水处理厂，开展片区管网系统化整治。积极推进污泥无害化处置和资源化利用。到 2025 年，城镇污水处理能力基本满足生活污水处理需求，全区城市生活污水集中收集率力争达到 70%以上或比 2020 年提高 5 个百分点以上，县城污水处理率达到 95%以上。按照“突出重点、先急后缓、由点带线、从线到面”的原则，采用集中处理和分散处理相结合的模式，全面提升建制镇污水收集处理能力。到 2025 年，重点流域所有重点建制镇具备污水处理能力，重点流域重点镇污水处理率达到 75%以上。

有效解决雨污溢流污染问题。因地制宜实施雨污分流改造，暂不具备改造条件的，采取有效措施减少雨季溢流污染。开展城市雨洪排口等初期雨水污染控制。鼓励地方因地制宜建设初期雨水收集、调蓄、净化设施，减少初期雨水对地表水水质和污水处理厂的影响。鼓励有条件的地方先行先试，将城镇雨洪排口纳入监测管理等日常监管。把海绵城市建设理念落实到城市规划建设管理全过程，落实海绵城市建设实施方案，系统推进建设。

加快补齐医疗机构污水处理设施建设和运行短板，配套建设污水处理设施并保证稳定运行，提高污染治理能力。

第四节　推动农业农村污染治理

全面推进农村牧区生活污水治理。以农村生活污水、黑臭水体治理和农村饮用水水源地保护为重点，以旗县（市、区）为单位推动任务落地，因地制宜选择适合我区农牧区生活污水处理模式，有条件的地区推进城镇污水处理设施和管网建设向近郊乡村地区延伸。到 2025 年，完成 1600 个建制村环境整治任务。

持续推进农业面源污染治理。推进大中型灌区现代化建设与节水改造。开展农田灌溉退水监测、治理，因地制宜选择典型灌区下游建设湿地农田退水净化系统、生态沟渠等处理设施，避免上灌下排造成污染物转移扩散。实施农业面源污染治理工程，持续推进农业面源“四控”，有效防治面源污染。

防治畜禽养殖污染。强化畜禽养殖污染防治，对设有固定排污口的畜禽养殖场实施排污许可制度，加大规模化养殖场粪污治理及资源化利用设施建设力度。加强农牧统筹，坚持以草定畜，科学合理利用草原，鼓励发展家庭生态牧场和生态牧业合作社。鼓励规模以下畜禽养殖户采用“种养结合”“截污建池、收运还田”等治理模式。

第六章　加强水资源保护

第一节　有效保障河湖生态流量

严控生态流量底线，制定全区重点河湖生态流量保障目标，逐步建立生态流量监测预警机制和管控责任制。开展主要河流控制性水利工程生态泄水设施排查，对不满足泄流要求的开展补建或改造。加快推进跨盟市界、旗县界河流水量分配工作，逐步实现精准调度，在保障上下游、左右岸的合理用水需求的同时，确保河流生态流量。继续实施好“一湖两海”生态补水，有效维持“一湖两海”和居延海、哈素海、达里诺尔湖等重点湖泊的生态需水量。“十四五”期间，通过实施各类工程和管理措施，努力实现重要河湖生态流量保障。

第二节　强化水资源节约集约利用

坚持“以水定城、以水定地、以水定人、以水定产”（以下简称“四水四定”），以流域和区域水资源可承载能力为刚性约束，强化用水总量、用水强度控制。持续实施重点流域年度水量调度计划管理。巩固提升地下水超采区治理成效，力争到 2025 年，呼和浩特市市区、通辽市科尔沁区以及巴彦淖尔市乌拉特前旗三个大型超采区达到采补平衡。在水资源严重短缺地区，重点推进农业节水增效。加强对高耗水行业管理，优先使用再生水，推动园区和工业企业废污水资源化再利用，促进分质用水、串联用水、一水多用、循环利用，提高工业用水重复利用率。全面推进节水型社会建设，将节水落实到城市规划、建设、管理各环节，加快实施供水管网改造建设，重点推动管网高漏损地区的节水改造。到 2025 年，全区年用水总量控制在 223.91 亿立方米以内，农田灌溉水有效利用系数达到 0.579 以上，万元国内生产总值用水量较 2020 年下降 16%，万元工业增加值用水量较 2020 年下降 10%，工业中水回用率达到 82%以上。

第三节　推进区域再生水循环利用

加大城镇污水资源化利用力度，做到再生水“应用必用，能用尽用”。在推广再生水用于工业生产和市政杂用的同时，严格执行国家规定水质标准，通过逐段补水的方式将再生水作为河湖湿地生态补水。具备条件的缺水地区可以采用分散式、小型化的处理回用设施，对市政管网未覆盖的住宅小区、学校、企事业单位的生活污水进行达标处理后实现就近回用。鼓励通过再生水替代工业生产用水、城市杂用水等方式，提高再生水利用率。缺水地区特别是水质型缺水地区，在确保污水稳定达标排放前提下，优先将达标排放水转化为可利用的水资源，推进区域污水资源化循环利用。到2025年，全区缺水城市再生水回用率大于35%。

第七章　系统实施水生态保护修复

第一节　提升水源涵养和水土保持能力

有序推进重点流域源头及上游水源涵养能力建设，实施封山育林、退耕还林还草还湿、低质低效林改造、湿地生态修复、废弃矿山植被恢复等生态修复工程，大幅增加森林、草原、湿地面积，发挥高效水源涵养作用，涵水于地、涵水于林草，全面提升生态系统涵水能力，协同增强流域生态系统碳汇功能。开展大兴安岭等重要水源涵养区基本状况、生态状况、人类活动本底情况和其他相关基础信息调查。建立健全生态保护补偿长效机制和多渠道增加生态建设投入机制，采取资金补助、技术扶持等措施，加强对重要水源涵养区保护的补偿。继续实施京津风沙源治理工程，重点加强浑善达克、毛乌素、呼伦贝尔、科尔沁等沙地及沙化土地治理，持续推进水土流失综合治理。

第二节　实施生态缓冲带保护和建设

开展重点河湖生态缓冲带划定，强化岸线用途管制。开展河湖岸线保护与利用现状调查评估，优先将河湖生态缓冲带纳入岸线保护区和保留区。逐步清退、搬迁与生态保护（修复）功能不符的生产活动和建设项目。依法打击侵占河湖水域岸线等违法行为，推进河湖“清四乱”制度化、常态化，对不符合水源涵养区、水域岸线、河湖缓冲带等保护要求的人类活动进行整治。对重要敏感水体及富营养化湖库生态缓冲带，除经批准的科学研究活动外，禁止其他可能对保护区造成危害或不良影响的大规模生产、建设活动。

第三节 提升水生态系统保护水平

持续开展重点流域水生态安全调查评估工作，掌握现有鱼类、底栖生物、浮游生物和水生植物状况，摸清水生生物底数。对因涉水工程建设造成的受损栖息地，开展替代生境保护、庇护所建设、连通性生态恢复、生态护岸改建等修复工程。科学实施增殖放流，强化和规范增殖放流管理，加强跟踪评估，严控无序放流，确保放流效果和质量，密切监控外来物种入侵。开展重要湿地生态修复，实施退牧还湿、退耕还湿、湿地恢复等生态修复措施。因地制宜、科学合理在重点排污口下游、河流入湖口、支流入干流处、农田退水口等关键节点进行人工湿地建设。加强重要湿地监测，掌握天然湿地生态系统功能变化情况，维护湿地生态系统健康。

第八章 提升水环境风险防范水平

第一节 加强风险防范预警

强化水环境风险调查评估。开展饮用水源环境风险评估，推动应急防控工程建设。以化工企业及化工园区、危险化学品运输道路为重点，强化环境风险评估，完善环境风险防范措施，实施技术、工艺、设备等生态化、循环化改造，按要求设置隔离带，建设相应的防护工程。建立尾矿库分级分类环境管理制度，加强尾矿库环境风险隐患排查，开展危险化学品泄漏污染风险评估。

强化环境应急管理体系建设。推动重点流域上下游突发水环境事件专项预案编制，推广“南阳实践”经验，切实提升流域突发水污染事件应急准备和应急能力。加强对政府、企业预案的动态管理，规范开展各级环境应急演练和培训。完善环境应急响应体系，规范响应流程，加强环境风险监控和污染控制，及时科学处置突发环境事件。加强环境风险预警防控，在黄河、松花江流域建设水环境风险预警平台。

第二节 提升应急响应能力

健全完善水环境风险应急协调联动机制。建立自治区级、盟市级跨界水体突发水污染事件联防联控机制，统筹研判预警、共同防范、互通信息、联合监测、协同处置等全过程。加强应急、交通、水利、公安、生态环境等部门应急联动，形成突发水环境事件应急处理处置合力。

全面提升应急管控能力。加强环境应急能力建设，完善区域联动快速的应急响应与调度支援机制，形成有效同时应对多起突发环境事件的能力。

第九章 持续推进“一湖两海”及察汗淖尔综合保护治理

“十四五”期间，进一步加大“一湖两海”和察汗淖尔生态环境保护治理力度，制定实施呼伦湖流域生态环境保护治理实施方案、乌梁素海流域水生态保护修复与污染防治规划、岱海流域保护治理实施方案、察汗淖尔生态保护和修复综合规划。

第一节 呼伦湖

持续开展呼伦湖生态环境状况调查评估，配合国家开展流域水生生物多样性和富营养化监测研究，试点开展呼伦湖水生态监测评价考核。开展呼伦湖内源形成和释放机理、水华应对及防治研究。在乌尔逊河入湖口、乌兰诺尔湖滨带区域开展湿地保护与恢复试点，实现湖滨、河滨带拦截净化和湿地水系连通的功能。畅通呼伦沟、乌尔逊河、克鲁伦河、新开河及海拉尔河等主要补水通道，实施岸线整治修复、强化湿地保护与恢复，保障水资源有效供给、减少入湖污染负荷。继续实施环湖退化沙化草原生态恢复与治理，深入开展流域草原退化风险评估，针对克鲁伦河中下游、乌尔逊河中下游、呼伦湖东岸等周边区域，采用工程治理修复、自然恢复等手段，有效遏制草原荒漠化扩展。在乌尔逊河、克鲁伦河及呼伦湖沿岸，通过休牧、划区轮牧、草场改良等方式，修复呼伦湖周边天然草原。保障呼伦湖—乌尔逊河—贝尔湖鱼类洄游通道通畅，利用贝尔湖优质鱼类种质资源恢复呼伦湖鱼类资源结构。开展濒危土著鱼类保护与优化调控、繁育野生鱼种等研究。在现有水系引水工程的基础上，选取部分沿湖泡子开展野生鱼苗适应性驯化繁育和野生鱼类栖息地修复。优化土著鱼类结构，促进功能性鱼类恢复。

第二节 乌梁素海

加大乌梁素海流域节水灌溉工程建设力度，提高农田灌溉水有效利用率。加强水资源优化调度，持续做好生态补水工作，维持湖面面积在合理区间。强化生活污水治理，提高城镇污水收集处理效能，加快补齐乡镇污水处理短板。统筹流域内污水处理中水回用设施建设，逐步提高中水回用率。持续推进流域农业面源污染治理。积极推进高标准农田建设。全面深化控水、控肥、控药、控膜“四控”行动，推广控肥增效、控药减害、控水降耗、控膜减污种植方式，引导农民和企业绿色种植与生产。科学合理制定实施畜禽养殖粪污源头减量、过程控制、末端利用方法和管控措施。在跨行政区断面开展流量和浓度同步观测及面源通量核算，开展农业面源污染物溯源—解析—负荷估算、污染控制与治理集成技术等方面系统研究。有效保护乌梁素海流域水生态环境，逐步恢复乌梁素海鱼类资源物种多样性。加强生态空间管控，开展流域湿地生态修复和保护，实施湖泊湿地水体净化提升工程，强化沿湖生态缓冲带建设，探索湖区芦苇综合利用。以建设美丽河湖为引领，持续完善生态流量保障、水生态保护修复、水环境治理等系统修复措施，努力实现“有河有水、有鱼有草、人水和谐”。

第三节 岱 海

将水资源作为最大的刚性约束，严控地下水开采。优化调整种植结构，继续实施退灌还水工程，巩固“水改旱”成果，大力推广旱作农业，实施绿色有机农产品品牌化战略。发展高效节水灌溉，减少农业耗水，提升用水效率。全面实施测土配方施肥技术推广应用，结合秸秆资源化、有机肥替代等措施，逐步减小化肥施用量。加强农作物病虫害统防统治，实施绿色防控、统防统治，减少农药使用量。加大废旧地膜回收处理力度。着力构建种养结合长效机制，提高畜禽粪污资源化利用水平。提升城镇污水处理厂再生水回用水平，有效补充生态用水和工业用水。流域内严格限制新上高取水工业项目。开展周边农村污水处理设施和配套收集管网建设。实施湖滨缓冲带修复，提升入湖污染物拦截净化功能。加快推进岱海生态应急补水工程，采取有效措施妥善做好黄河补水带来的泥沙和氮磷污染防治问题。在“岱海生态应急补水工程”提高岱海水资源总量和改善水质的前提下，开展鱼类种群构建和恢复试点工程。开展岱海水生态演变规律及机理研究，建立健全蓝藻水华监测预警及应急机制，增强应对处置能力。进一步健全流域监测网络，增设水生态、水生生物和陆生野生动植物多样性监测、地下水水位水质监测等项目，为岱海保护治理提供科学技术支撑。

第四节 察汗淖尔

全面调查摸清察汗淖尔流域水资源状况，严格控制高耗水产业发展，重点压减农业用水量，合理确定流域内旗县灌溉规模，制定退减方案，巩固已有退减水浇地成果，流域内不再审批新增农业灌溉用地下水，关闭察汗淖尔湿地周边灌溉机电井。优化调整农业种植结构，加强旱作农业建设，有序扩大低耗水耐旱农作物种植面积。加快推进流域内工业企业污水处理与中水回用项目建设，提高工业用水循环利用率。对流域内水库进行排查，具备生态水量泄放条件的水库明确并落实生态流量泄放要求。实施流域风沙源治理、草原保护与修复、农业面源污染防治、废旧地膜回收以及湿地周边环境提升等流域环境综合治理。重点对乌兰察布市察汗淖尔流域十八顷河、特布乌拉河等进行河道综合治理，加强河湖生态缓冲带建设与修复。在建成自治区级湿地公园基础上，按程序申报国家级湿地公园，采取湿地植被恢复、生态围栏、科学监测和警示牌树立等措施，抢救性保护湿地资源和湿地生物多样性，保护自然湿地景观。

第十章　深入开展黄河流域保护治理

以黄河流域水生态环境全面、整体性保护为目标，把水资源作为最大的刚性约束，坚持“四水四定”，统筹推进山水林田湖草沙系统治理，因地制宜、分类施策，共同抓好大保护，协同推进大治理。持续推进黄河内蒙古段生态廊道建设，巩固干流水环境质量，保障生态流量，维护水生态安全健康。系统推进乌梁素海、哈素海等湖泊水生态环境保护。开展主要支流水环境治理与水生态系统保护修复。强化沿黄焦化、煤化工等行业环境风险防控。推动与宁夏、山西、陕西等省区建立横向生态补偿机制。

第一节　强化流域“四水”共治

强化水资源刚性约束。严格落实黄河流域用水总量和强度双控制度，对水资源超载地区暂停新增取水许可。以水资源约束倒逼发展方式转变。算好生态建设水资源账，因地制宜开展生态建设。科学配置水资源，将再生水、雨水、微咸水、矿井水等非常规水源纳入水资源统一配置，逐年扩大利用规模和比例。有效保障生态流量，确定重点河湖生态水量，建立健全生态流量监测预警机制，明确管控要求，保障河湖基本生态流量。加快农业节水，以河套灌区为重点，以“增粮保墒减水”为目标，建设节水灌溉骨干工程。加强农业用水精细化管理，积极推广水肥一体化和测墒灌溉。提高工业节水成效，大力推广高效冷却、洗涤、循环用水、高耗水生产工艺替代等先进节水工艺。积极推进工业废水资源化利用，合理布局污水再生利用设施，推动以需定供、分质用水，以鄂尔多斯为试点探索污水资源化利用示范城市建设。加强公共供水系统节水，健全管网检漏机制，推进老旧破损管网更新改造，降低供水管网漏损率。

深入实施水污染防治。强化工业水污染防治，严禁在黄河干流和主要支流岸线 1 公里范围内新建化工园区。严控严管新增高污染、高耗能、高排放、高耗水企业。严格做好项目环评审批工作，加快推进工业园区规划环评（修编），从规划层面统筹节水节能减污降碳。沿黄旗县级以上工业园区全部建成工业污水集中处理设施并稳定达标运行，严控工业废水未经处理或未有效处理直接排入城镇污水处理系统。乌海及周边地区现有炭化室高度 5.5 米的焦炉 2023 年底前全部完成干熄焦改造，强化焦化废水深度处理，区域内焦化废水必须全收集、全处理、全回用。完善排污许可监督管理，开展入河排污口专项整治行动，2022 年底前基本完成黄河干流及部分支流入河排污口排查，建立台账，加快推进监测溯源，有力推进整治工作。规范入河排污口设置审核。提高沿黄城镇生活污水治理水平，推进黄河干流和主要支流沿线城镇污水管网全覆盖，实施差别化精准提标。因地制宜开展污水处理先进适用性工艺技术研究，推广使用先进技术，鼓励具备条件的地区开展区域再生水循环利用。

推进农业面源污染治理。以黄河内蒙古段沿线为重点积极调整种植结构，发展特色高效农业，从种植方式改变入手，降低污染物排放，加快探索契合流域特点的农业生态模式。实施农药化肥使用量负增长和有机肥增粮替代行动，着力压减河套灌区、土默川平原化肥农药、养殖饲料等使用量，实施农田退水污染综合治理，建设生态沟道、污水净塘、人工湿地等氮、磷高效生态拦截净化设施。将流域内中型以上灌区规模化农田退水口纳入环境监测。鼓励支持在河套灌区整县推进农业面源污染综合治理，综合建设农田氮磷减排、病虫害绿色防控、农业废弃物处理利用及农业投入品回收等配套工程。禁止在黄河滩区建设畜禽养殖场，严厉打击向河道、湖库抛弃病死畜禽等违法行为，严控占用河湖天然水面开展水产养殖。

全面推进水生态系统保护与修复。对侵占河湖水域岸线、河道违规占用等违法违规行为进行清理整治，科学实施硬质岸线的生态化改造，提高岸线的生态功能。在不过度消耗水资源的前提下，提高腾格里、乌兰布和、库布齐、毛乌素等沙漠（沙地）生态系统保护水平，建设完善沙区生态防护体系。加大对干流乌海段至磴口段两岸沙漠聚集带治理力度，减少流沙入黄。在鄂尔多斯等水蚀风蚀交错、农牧交错地带统筹推进水土流失综合治理和荒漠化防治。强化鄂尔多斯高原、河套平原湿地保护，提高湿地保护率，将湿地基本生态用水纳入生态流量保障机制，防治湿地退化萎缩。加大对红碱淖、巴汗淖等沙漠湖泊保护修复力度。推进内蒙古阿拉善黄河国家湿地公园、包头黄河国家湿地公园生态保护。加强巴彦高勒至三湖河口等重点河段鱼类栖息生境调查和评估，开展土著鱼类栖息生境修复工程，提升水生生物及鱼类生物多样性。

有效防范水生态环境风险。以包头市、呼和浩特市地表水型饮用水水源地为重点，开展黄河沿岸隐患排查及风险评估，加强风险隐患管控。以黄河沿岸 3 公里范围内工矿企业、固废堆场、矿山排土场和生活源污染等进行全面排查，因地制宜采取清理整治、资源再利用、闭库复垦等方式进行治理，切实消除各类风险隐患。以黄河鄂尔多斯段为重点，健全工业园区环境风险防控体系，加强对流域范围内高浓盐水晾晒池风险防控和监管。

第二节　推进流域主要河湖治理

开展都斯图河、昆都仑河、四道沙河、大黑河、乌兰木伦河、无定河及哈素海水环境治理与水生态系统保护修复。

都斯图河：深入开展鄂托克旗等旗县农田和畜禽养殖面源污染防治。开展氟化物空间分布调查与评估工作，摸清氟化物影响范围。协调推进都斯图河乌海段内蒙古乌海市、宁夏石嘴山市协同治理保护。

昆都仑河：提升昆都仑河周边生活污水收集处理、回用水平，加强设施运营维护与出水监管。提升固阳县金山镇污水处理能力，保障污水稳定达标。在上游金山镇、银号镇、怀朔镇等重点区域强化农村生活污水收集处理。开展昆都仑河氟化物溯源研究，对昆都仑河下游河段底泥污染进行调查与研究，做好内源和外源的污染防治工作。

四道沙河：对主城区管网进行疏通、清淤，对管网破损、错接、混接等情况进行整治，加快推进重点区域雨污分流改造。对流域内污水处理厂实施扩容提质增效，提升脱氮除磷水平，完善配套设施，提高污水处理能力，加强运营工段监管，确保稳定达标排放。加快推进包头市尾闾排污口整改。开展区域再生水会用试点工作。

大黑河：完善呼和浩特市、乌兰察布市卓资县城镇污水处理设施及配套管网建设，加强旗下营镇和梨花镇乡村生活污水收集与处理，班定营污水处理厂三期 12 万吨/日污水处理工程尽快正式稳定达标运行，稳定发挥环境效益。推进和林格尔县、托克托县、土左旗等农业面源污染综合治理，加快养殖企业配套治污设施建设进度，有条件的地区因地制宜开展畜禽养殖粪污集中收集处置。实施大黑河生态保护修复工程，建设大、小黑河入河排污口下游人工湿地项目，保障大、小黑河水质稳定消劣。合理确定旗下营水文站生态流量，推进大黑河河道生态流量试点，加强支流生态补水。呼和浩特市积极推进建成区海绵城市建设，减少城市建设中过度硬化路面场地，提高雨水资源化利用水平。

乌兰木伦河（窟野河）：加强河流源头区生态空间管控，严格分区管理与用途管制，持续推进河湖“清四乱”，实施乌兰木伦河上游河岸带生态修复治理。合理确定水库闸坝调度任务。加强乌兰木伦河流域城镇污水收集处理，提升乌兰木伦镇区城镇生活污水雨污分流管网覆盖率。实施管网更新、破损修复改造等工程，实施清污分流，全面提升现有设施效能。强化王家塔、转龙湾煤矿，京东方液晶面板厂特征污染因子氟化物治理。

无定河：建立红柳河上游金鸡沙水库、二层河台水库、巴图湾水库生态流量调度机制，保证无定河大草湾断面生态流量。逐步推进中水回用工程建设，提高污水治理与资源化循环利用水平。推进无定河镇污水处理厂建设，加强巴图湾旅游区污水收集处理，加快苏里格经济开发区纳林河工业园区企业预处理排水输水管网改造与监控设施建设。推进嘎鲁图污水处理厂中水、营盘壕矿井水、蒙大矿业矿井水回用。强化无定河巴图湾至大草湾段禁养区、限养区管控，控制两岸周边区域畜禽养殖规模。

哈素海：实施哈素海控源截污工程，推进哈素海周边农村和哈素海旅游区生活污水与垃圾的集中收集处理。推进湖区周边农村环境连片整治，加大农村环保设施建设力度。加快测土配方施肥技术的推广应用，减少农业种植面源污染。强化湖体芦苇收割及管理，恢复与新建湿地生态系统。持续推进哈素海生态缓冲带恢复、水生植被恢复等生态保护恢复。实施哈素海综合补水，确保哈素海水量保持在合理区间，维持哈素海湖面面积不减小。

第十一章　统筹推进松花江、西辽河等流域保护治理

第一节　松花江流域

突出“东北水塔”的生态地位，开展源头水保护、河滨带天然湿地修复，加强冷水性鱼类资源保护。持续开展呼伦湖流域生态环境保护治理，加强城镇、园区环境基础设施建设，开展河道综合整治和河（湖）滨带建设工程，实施规模化畜禽养殖污染治理、退耕还湿、农村环境综合整治、大型灌区退水治理等工程。推进与相邻省份开展水污染联防联控。

额尔古纳河：开展环境风险管控，排查敏感风险点，对重点源开展实时监测，制定应急预警方案。加快流域背景值调查与评估工作，摸清背景污染物对水质评价影响范围。强化得尔布干河、激流河汇水范围内森林水源涵养能力，提高森林碳汇能力。加强岸坡水土流失治理。

海拉尔河：推进海拉尔区、牙克石市城区市政污水管网升级改造，实施海拉尔再生水利用工程，提高区域再生水利用水平，在人口聚集的村镇新建污水处理站与垃圾无害化处理设施，补齐基础设施建设短板。在海拉尔河干流及伊敏河等支流岸线保护范围内开展环境整治、历史采沙坑恢复治理、生产经营设施整治、河道内垃圾杂物清运与植被恢复。对河滨湿地退化区域开展河滨带的生态保护修复，恢复河滨湿地植被，防治水土流失，提升河滨缓冲带面源拦截净化和生物多样性保护功能。

根河：持续做好流域森林、草原、湿地保护，提高森林碳汇能力。加强水生态保护修复，进一步恢复河滨缓冲带完整性，提升污染拦截净化等生态功能。完善根河市、额尔古纳市城镇污水收集处理系统，补齐基础设施建设短板。对城区污水管网未全覆盖的区域，建设污水收集管网，推进额尔古纳市污泥无害化处理。

嫩江：加强莫旗尼尔基镇莫丁湾生态修复，库周和河岸水土流失治理。开展尼尔基水库河道湿地保护修复。实施尼尔基水库消落带畜禽养殖综合治理。完善城乡污水收集处理设施建设。开展莫旗尼尔基镇污水管网改造及再生水利用管网建设。开展甘河、诺敏河、阿伦河汇水范围内农村生活污水及垃圾收集处理，提高阿里河镇、杨树镇、那吉镇等生活污水收集处理水平，加大中水回用力度。加强农业面源污染治理，注重侵蚀沟道内、沟沿线及沟头的防护，开展农田退水生态治理。

雅鲁河：强化截污减排，减少源头污染。通过坑塘氧化、沟渠生态修复以及人工湿地方式，加强农业面源控制。加强水生态保护修复。修复受损河滨缓冲带，通过退耕还湿、退耕还草、封育保护等措施，提升污染拦截净化功能。开展济沁河生态修复治理，减少人类活动对生态系统的影响，实施原生态湿地保护修复，因地制宜开展退耕还湿、

湿地整治等工程，修复和改善济沁河生态结构和功能。

绰尔河：加强再生水回用，推动扎赉特旗音德尔镇再生水回用工程建设。开展扎赉特旗湿地保护与修复。以保护湿地生态系统和恢复湿地生态功能为主要内容，持续推进图牧吉国家级自然保护区退耕还湿项目、托欣河国家湿地公园湿地保护与修复建设。严格落实引绰济辽、绰勒水利枢纽生态流量管控要求。加强绰勒灌区等大中型地表水灌区农业面源、灌溉退水综合治理。

洮儿河：严控流域内农田化肥农药的使用，加强农业农村污染防治。推进察尔森水库汇水区范围内农业面源、农村牧区生活污水及垃圾治理。加强城镇生活污水治理。推进乌兰浩特市污水管网提质增效，提升污水收集率及处理率，防止污水管网渗漏造成污染及地下水倒灌污水管网。加强水生态保护修复。开展察尔森水库上游白音套海、宝力格图、乌拉斯台等小流域治理，提高小流域对汇入水体的净化作用，削减入库污染物量。

霍林河：加强上游水库水量调控，保障河道生态流量，开展霍林河水生态修复，进行河道生态清淤，完善人工湖生态功能。加强霍林郭勒市、科右中旗城镇污水处理厂深度处理，加大再生水回用力度。开展科右中旗巴仁哲里木镇、高力板镇、杜尔基镇等农村牧区生活污水治理。

第二节 西辽河流域

西辽河流域突出以水定产、量水而行，加强上下游、左右岸协同治理，建立协调联动机制，针对长期农业开发和水资源过度利用导致的河道断流问题，实施水资源目标管控、生态流量年度调度计划。开展西辽河及支流河道生态廊道修复治理，实施地下水超采区治理、高效节水灌溉、引绰济辽等工程，严控农田灌溉面积和用水量，建立再生水循环利用体系，加大中水回用和非常规水源综合利用力度，因地制宜使断流河段逐步实现“有水”目标。

西辽河：推动落实西辽河量水而行试点工作，落实内蒙古西辽河流域水资源管控目标，到 2022 年，西辽河流域用水总量控制指标体系进一步完善，地表水控制指标落实到主要取水口，地下水控制指标分解落实到各有关旗县（市、区）、各行业。重点河流断面水量监测设施基本完善，地下水动态监测体系基本完善。地表水中型灌区取水口全部安装在线监测计量设施，开展农业灌溉“以电折水”，农业用水计量率提高到 20%。到 2025 年，西辽河流域农业灌溉用水计量率达到 60%以上。通过推进节水、调整农业种植结构和退减农业配水面积等措施，退减超用水量，农田灌溉水有效利用系数提高到 0.66 以上。地下水水位下降速度明显减缓，重要河流生态流量得到基本保障，量水而行综合治理取得明显成效。

老哈河：加强老哈河大兴、胜利等农业灌溉用水管理，保证红山水库和打虎石水库下泄水量和时段，保障基本生态用水需求。推进红山区文钟镇、宁城县三座店镇等城镇集中式污水处理设施及配套管网的建设进度。确保赤峰市资源型城市经济转型开发试验区污水处理厂稳定达标运行。积极推进老哈河流域再生水利用设施建设，配套建设中水输水管线，鼓励中水替代工业生产、城市绿化、建筑施工以及生态景观用水，降低企业生产、绿化用水的新鲜水取用量，提高区域中水回用率。

西拉木伦河：保障德日苏水库最小下泄生态流量，减缓西拉木伦河两岸和百岔河交汇处湿地面积萎缩，逐步恢复流域水生态环境。加大农业灌溉节水力度，严控地下水开采，提高中水回用率。在克什克腾旗浩来呼热苏木、土城子镇、新城子镇、五分镇实施化肥农药使用量负增长、畜禽粪污资源化利用等措施。完善哈拉哈达镇的小城子村污水配套管网建设，提高农村生活污水集中处理率。

乌力吉木仁河：控制横河子灌区、富河灌区等多个灌区用水量，严格控制新增灌溉面积。推广滴灌等农业节水灌溉技术，增强农业节水。推进区域再生水循环利用体系建设，提高中水回用率，逐步恢复河道季节性有水。

查干木伦河：合理配置流域内工业、农业和生态用水量，加大农业节水力度，提高中水回用率，做好水量调度，保障河道生态系统最小生态需水量，逐步实现汛期河道不断流。严控林西县农田化肥、农药使用量，加强农村畜禽养殖业粪污排放管理，杜绝直排入河现象。加强哈拉哈达镇等乡镇污水处理设施建设和管网建设，补齐乡镇生活污水处理短板。

锡泊河：严控赤峰市红山区地下水超采，开展锡泊河松山区段和喀喇沁旗段河道治理工程，逐步恢复地下水水位和实现河道季节性有水，恢复河道水生态系统。加强赤峰市老旧管网更新改造，加快文中镇等乡镇污水管网建设。

第三节　海河流域

加强滦河上游优良水体保护，开展湿地保护与修复，保障流域重要水源涵养、生物多样性保护等重要生态功能不退化。抓好饮马河治理，强化城市控源截污和污水处理设施精细化管控。

滦河：建立上下游生态水量有效协调机制，协商推进河北省沽源水库水量持续有效下泄，保障河道基本生态需水。加快实施流域湿地保护与修复工程，统筹协调流域内的水资源平衡，提升湿地生态系统涵养水源。推进流域污染治理，确保多伦县污水处理厂尾水稳定达标。加强农业、牧业面源污染治理，推进农村人口集中地区因地制宜建设集中式垃圾、污水收集处理设施，有效控制农村生活污水、农村垃圾直排入河。推动美丽河湖建设与保护，依托滦河源国家森林公园，充分发挥自然风景和历史人文资源，统筹水生态、水资源、水环境、水景观、水文化，建设河畅水清、岸绿景美、功能健全、人水和谐的美好水生态环境。

饮马河：推进乌兰察布市丰镇市工业园区、城镇生活污水处理厂中水回用系统工程建设，提高污水资源化利用水平。推进农村人口集中地区污水处理设施和垃圾收集设施建设，加强丰镇平房区污水配套管网建设，确保城镇污水处理厂稳定达标运行，严禁污水直排。实施饮马河干流、巴音图河支流、黑河支流河道垃圾清理。开展饮马河堡子湾断面生态流量评估工作，确定基本生态流量，优化饮马河九龙湾水库调度方式，保障河段生态流量。

第四节　西北诸河流域

维护额济纳河等优良水体水质保持稳定，推进锡林河面源治理和生态保护。深入开展岱海、居延海、达里诺尔湖等内陆湖泊及察汗淖尔生态保护与治理。

额济纳河：持续做好水量调度工作，保障河道最低流量，维持河道基本生态功能。加强城镇、农村生活污水的收集处理工作，完善河道垃圾清理与保洁等长效管理机制，持续推进沿河农业面源污染治理工作。巩固额济纳河优良水体水质。

锡林河：强化周边城镇的污水收集管网与处理设施建设，开展老旧管网改造工作，逐步实现城区及城乡接合部污水全收集、全处理。实施生活污水处理厂提质增效工程、脱氮除磷和人工湿地尾水净化工程，开展非常规水资源综合利用工程，提高再生水回用率。加强农业节水力度，大力推广锡林河流域农业灌溉节水设施建设，提高农业用水效率。

居延海：加强流域水量调度，保障湖泊基本生态需水。持续做好居延海水量调度工作，保障居延海水域面积维持在合理区间。加强旅游区生活污水与垃圾的集中收集和处理，确保湖面无大面积漂浮物、沿湖无垃圾。

达里诺尔湖：制定实施《达里诺尔湖流域水生态保护与修复规划》。强化周边环境污染治理，加强巴彦查干苏木、达日罕乌拉苏木生活污水的收集和处理，加强污染物背景值调查与评估，摸清背景污染物影响范围。提高牧区规模化畜禽养殖企业的粪污的收集和处理水平。巩固提升湖滨生态缓冲带建设修复成果。

第十二章　推进水生态环境治理能力现代化

第一节　提升环境监管能力

构建基本覆盖黄河、西辽河、松花江、海河及西北诸河等重点流域，国家重点生态功能区县域考核旗县及自治区级水功能区的地表水环境监测网络。开展流域水生态监测，在黄河流域、海河流域、松花江流域重点断面开展水生生物监测，在呼伦湖试点开展水生生物、生境、富营养化、水质理化状况等水生态监测评价与考核。强化中俄、中蒙界河（湖）联合监测。建立精准智慧生态环境信息化应用体系。

加快卫星遥感、大数据、远程高清视频监控系统等新技术在水生态环境监测中的推广应用。加快水生态环境治理数字化转型，依托生态环境智慧监管平台，实现跨部门、跨地区、跨层级的业务协同、数据共享、智慧监管，形成水生态环境信息“一张网、一朵云、一张图、一套数”。系统提升大数据综合应用能力，提升精细化服务感知、精准化风险识别、网络化行动协作的智慧水环境治理能力，同时为决策科学化、治理精细化、服务高效化提供支撑。

第二节 加大科技支撑力度

分流域推进关键技术研发和应用。在黄河流域推进化工等行业清洁生产工艺改造，高盐水、矿井疏干水综合利用以及焦化废水的深度治理与回用等技术研究和应用。在松花江流域推进跨界河流综合管理以及汛期水质安全保障等技术研究和应用；在西辽河流域推动湿地保护与利用、支流综合整治和生境改善等技术研究和应用；在西辽河和海河流域推进非常规水源补给下生态基流保障与生态恢复技术研究和应用。

第三节 健全完善市场化参与机制

全面推广“放管服”改革先进经验与做法，打造便捷高效的政务服务环境，引导各类资本参与水环境治理项目投资、建设、运行。通过水环境综合治理托管服务等模式，提升区域、园区、企业层面的水污染治理水平和排放管控水平。鼓励各地结合推进厂网一体化污水处理运营模式，吸引社会资本进入。逐步放开再生水政府定价，鼓励由再生水供应企业和用户按照优质优价的原则自主协商定价，促进区域再生水循环利用产业化发展。

第四节 建立完善联防联控机制

建立多部门跨区域联动执法机制，定期组织对违法违规挤占河湖生态空间和破坏水生态系统等行为开展执法检查，严厉打击各类生态破坏行为。重点加强对各流域非法开矿、修路、筑坝，以及破坏改造自然岸线等人类干扰活动的监督检查。建立健全与相邻省份的水污染联防联控，强化黄河、海河、松花江等重点流域跨界河湖水生态环境联防联治，加强联合执法、交叉执法。健全跨区域跨部门自治区、盟市、旗县三级联防联控机制。

第十三章　规划实施保障措施

第一节　加强组织领导

各盟市及有关部门要严格落实生态环境保护“党政同责、一岗双责”，深入落实河湖长制，各级人民政府对本地区水生态环境保护负总责，要将规划确定的目标、任务、措施等纳入本地区国民经济和社会发展规划以及相关领域、行业规划中，明确各盟市及有关部门的水生态环境保护工作责任，建立规划实施和落实的水生态环境保护责任清单，层层分解落实规划目标、任务，确保规划顺利实施。

第二节　拓宽资金渠道

积极争取中央专项资金支持，健全地方环境治理投入保障机制，加大地方政府财政投入力度。优化水污染防治和生态环境保护等专项资金支出结构，完善既有专项资金预算安排和项目管理方式，强化项目库建设，及早谋划储备成熟度高、绩效好的水生态环境保护项目，加快项目实施和预算执行进度，切实提高财政资金使用效益，为深入打好碧水保卫战提供精准支撑。加快完善污水处理收费机制，健全污水处理费调整机制，推行差异化收费与付费机制。鼓励、引导和吸引社会资金投入到重点流域水生态环境保护。

第三节　严格监督考核

定期对规划约束性目标指标进行考核，组织实施规划执行情况中期评估和终期考核，评估考核结果向社会公布。建立自治区、盟市、旗县三级水环境形势分析机制，及时发现和解决突出水生态环境问题，动态跟踪规划实施进展，及时研究调整工作部署，确保规划顺利实施。强化规划实施情况考核结果在资金分配、干部考核等方面的应用，对考核结果较差的地区，综合采取措施，督促规划各项目标任务的落实。严格落实党政领导干部生态环境损害责任追究制度，对重大生态环境损害责任终身追究。

第四节　强化社会监督

健全水生态环境信息发布机制，各级人民政府要定期公布本行政区域内水生态环境质量状况、水生态环境保护工作落实情况等相关信息。重点排污企业应通过企业网站等途径依法公开主要污染物名称、排放方式、执行标准以及污染防治设施建设和运行情况等环境信息，并对信息真实性负责。加强舆论监督，鼓励新闻媒体对各类破坏生态环境问题、突发环境事件、环境违法行为进行曝光。完善公众监督和举报反馈机制，引导社会组织和公众共同参与环境治理。

附表　“十四五”各盟市地表水国考断面好Ⅲ劣Ⅴ目标表

盟市	考核断面总数（个）	达到或好于Ⅲ类水体比例（%）	劣Ⅴ类水体控制比例（%）
		2025 年目标	2025 年目标
呼伦贝尔市	45	68.9	4.4
兴安盟	10	100	0
通辽市	10	60	0
赤峰市	24	70.8	8.3
锡林郭勒盟	4	50	0
乌兰察布市	6	66.7	16.7
呼和浩特市	5	60	0
包头市	8	87.5	0
鄂尔多斯市	21	85.7	0
巴彦淖尔市	4	25	0
乌海市	2	50	50
阿拉善盟	2	100	0

国家发展改革委 住房城乡建设部关于印发《“十四五”城镇污水处理及资源化利用发展规划》的通知

（发改环资〔2021〕827号）

各省、自治区、直辖市及计划单列市、新疆生产建设兵团发展改革委、住房城乡建设厅（建设局、建委、水务局）、海南省水务厅：

为深入贯彻习近平生态文明思想，加强生态环境保护，积极推进城镇污水处理领域补短板、强弱项工作，全面提升污水收集处理及资源化利用能力水平，国家发展改革委、住房城乡建设部商生态环境部研究编制了《“十四五”城镇污水处理及资源化利用发展规划》，现印发给你们，请认真贯彻执行。

国家发展改革委

住房城乡建设部

2021年6月6日

“十四五”城镇污水处理及资源化利用发展规划

（2021 年 6 月）

前 言

为深入贯彻习近平生态文明思想，落实党中央、国务院决策部署，打好污染防治攻坚战，建设美丽中国，推动高质量发展，根据《中华人民共和国水污染防治法》《中华人民共和国国民经济和社会发展第十四个五年规划和 2035 年远景目标纲要》，国家发展改革委、住房城乡建设部商生态环境部联合编制了《“十四五”城镇污水处理及资源化利用发展规划》（以下简称《规划》）。

《规划》旨在有效缓解我国城镇污水收集处理设施发展不平衡不充分的矛盾，系统推动补短板强弱项，全面提升污水收集处理效能，加快推进污水资源化利用，提高设施运行维护水平。《规划》提出了“十四五”时期城镇污水处理及资源化利用的主要目标、重点建设任务、设施运行维护要求以及保障措施，以指导各地有序开展城镇污水处理及资源化利用工作。

规划范围为全国（不含港澳台地区）城市、县城及建制镇。

规划期限：2021—2025 年，展望到 2035 年。

一、规划基础与形势展望

污水收集处理及资源化利用设施是城镇环境基础设施的核心组成，是深入打好污染防治攻坚战的重要抓手，对于改善城镇人居环境，推进城市治理体系和治理能力现代化，加快生态文明建设，推动高质量发展具有重要作用。

“十三五”时期以来，各地区各部门深入贯彻习近平生态文明思想，认真落实党中央、国务院决策部署，不断加大城镇污水处理设施建设和运行管理力度，污水收集处理能力水平显著提升，完成了《“十三五”全国城镇污水处理及再生利用设施建设规划》目标。同时也要清醒看到，我国城镇污水收集处理存在发展不平衡不充分问题，短板弱项依然突出。特别是，污水管网建设改造滞后、污水资源化利用水平偏低、污泥无害化处置不规范，设施可持续运维能力不强等问题，与实现高质量发展还存在差距。

“十四五”时期，是我国全面建成小康社会、实现第一个百年奋斗目标之后，乘势而上开启全面建设社会主义现代化国家新征程、向第二个百年奋斗目标进军的第一个五年，是进入新发展阶段、推动高质量发展的重要时期。“十四五”时期，应以建设高质量城镇污水处理体系为主题，从增量建设为主转向系统提质增效与结构调整优化并重，提升存量、做优增量，系统推进城镇污水处理设施高质量建设和运维，有效改善我国城镇水生态环境质量，不断提升人民群众的幸福感、获得感和安全感。

二、总体要求

（一）指导思想

以习近平新时代中国特色社会主义思想为指导，深入贯彻习近平生态文明思想，全面贯彻党的十九大和十九届二中、三中、四中、五中全会精神，立足新发展阶段，贯彻新发展理念，构建新发展格局，坚持系统观念，以改善水生态环境质量为目标，以提升城镇污水收集处理效能为导向，以设施补短板强弱项为抓手，统筹谋划、聚焦重点、问题导向、分类施策，加快形成布局合理、系统协调、安全高效、节能低碳的城镇污水收集处理及资源化利用新格局，实现污水处理高质量发展、可持续发展，满足人民群众日益增长的优美生态环境需要。

（二）基本原则

规划引领，优化布局。强化规划引领和指导，科学确定设施规模和布局，推进流域联动、区域协调、城乡统筹，实现供需结构相平衡。统筹推进污水处理、黑臭水体整治和内涝治理。

补齐短板，提高效能。加快补齐城镇污水收集处理、资源化利用和污泥处置设施短板，推进城镇污水管网全覆盖，提升设施处理能力。推广厂网一体、泥水并重、建管并举，提升运行管理水平，实现设施稳定可靠运行，提升设施整体效能。

因地制宜，分类施策。结合当地水资源禀赋、水环境承载力、发展需求和经济技术水平等因素，科学制定设施能力目标。选择经济适用、节能低碳工艺路线，分区分类建设污水处理设施。

政府主导，市场运作。发挥市场配置资源的决定性作用和更好发挥政府作用。明确责任主体，强化标准约束，严格监管考核。完善价格机制，加大财政投入，吸引社会资本，形成可持续的建设经营模式。

（三）主要目标

——到 2025 年，基本消除城市建成区生活污水直排口和收集处理设施空白区，全国城市生活污水集中收集率力争达到 70%以上；城市和县城污水处理能力基本满足经济社会发展需要，县城污水处理率达到 95%以上；水环境敏感地区污水处理基本达到一级 A 排放标准；全国地级及以上缺水城市再生水利用率达到 25%以上，京津冀地区达到 35%以上，黄河流域中下游地级及以上缺水城市力争达到 30%；城市和县城污泥无害化、资源化利用水平进一步提升，城市污泥无害化处置率达到 90%以上；长江经济带、黄河流域、京津冀地区建制镇污水收集处理能力、污泥无害化处置水平明显提升。

——到 2035 年，城市生活污水收集管网基本全覆盖，城镇污水处理能力全覆盖，全面实现污泥无害化处置，污水污泥资源化利用水平显著提升，城镇污水得到安全高效处理，全民共享绿色、生态、安全的城镇水生态环境。

三、推进设施建设

（一）补齐城镇污水管网短板，提升收集效能

1. 建设任务。新增污水集中处理设施同步配套建设服务片区内污水收集管网，确保污水有效收集。加快建设城中村、老旧城区、建制镇、城乡接合部和易地扶贫搬迁安置区生活污水收集管网，填补污水收集管网空白区。新建居住社区应同步规划、建设污水收集管网，推动支线管网和出户管的连接建设。开展老旧破损和易造成积水内涝问题的污水管网、雨污合流制管网诊断修复更新，循序推进管网错接混接漏接改造，提升污水收集效能。大力实施长江干流沿线城市、县城污水管网改造更新，地级及以上城市基本解决市政污水管网混错接问题，基本消除生活污水直排。因地制宜实施雨污分流改造，暂不具备改造条件的，采取措施减少雨季溢流污染。“十四五”期间，新增和改造污水收集管网 8 万公里。

2. 技术要求。

关于污水管网排查。全面排查污水管网、雨污合流制管网等设施功能及运行状况、错接混接漏接和用户接入情况等，摸清污水管网家底、厘清污水收集设施问题。依托地理信息系统等建立周期性检测评估制度。城市人民政府组织居住社区、企事业单位的权属单位、物业代管单位及其主管部门（单位）等开展内部污水管网排查，并开展整治。

关于污水管网建设与改造。除干旱地区外，新建污水收集管网应采取分流制系统。分流制排水系统周期性开展错接混接漏接、易造成城市内涝问题管网的检查和改造，推进管网病害诊断与修复，强化污水收集管网外来水入渗入流、倒灌排查治理。稳步推进雨污分流改造，优先实施居住社区、企事业单位等源头排水管网改造。稳慎推进干旱、半干旱地区老旧城区雨污分流改造，不搞“一刀切”。

关于生活污水直排口治理。开展旱天生活污水直排口溯源治理。采取末端截污措施前，需考虑后续污水收集系统的输送能力和下游污水处理厂的处理能力。施工降水和基坑排水要确保达标排放，避免清水排入污水收集系统，挤占污水收集处理空间，增加能耗。

关于片区系统化整治。城市污水处理厂进水生化需氧量（BOD）浓度低于 100 mg/L 的，要围绕服务片区管网，系统排查进水浓度偏低的原因，科学确定水质提升目标，制

定并实施“一厂一策”系统化整治方案，稳步提升污水收集处理设施效能。

关于合流制溢流污染控制。合流制排水区因地制宜采取源头改造、溢流口改造、截流井改造、破损修补、管材更换、增设调蓄设施、雨污分流改造等工程措施，降低合流制管网雨季溢流污染，提高雨水排放能力，降低城市内涝风险。

关于管网建设质量管控。加强管网建设全过程质量管控，管材要耐用适用，管道基础要托底，管道接口要严密，沟槽回填要密实，严密性检查要规范。加快淘汰砖砌井，推广混凝土现浇或成品检查井，推广球墨铸铁管、承插橡胶圈接口钢筋混凝土管等管材。

（二）强化城镇污水处理设施弱项，提升处理能力

1. 建设任务。现有污水处理能力不能满足需求的城市和县城，要加快补齐处理能力缺口。新城区配合城市开发同步推进污水收集处理设施建设。大中型城市污水处理设施建设规模可适度超前。京津冀、长三角、粤港澳大湾区、南水北调工程沿线、长江经济带城市和县城，黄河干流沿线城市实现生活污水集中处理能力全覆盖。统筹规划、有序建设，稳步推进建制镇污水处理设施建设，适当预留发展空间，宜集中则集中，宜分散则分散。加快推进长江经济带重点镇污水收集处理能力建设。长江流域及以南地区，分类施策降低合流制管网溢流污染，因地制宜推进合流制溢流污水快速净化设施建设。“十四五”期间，新增污水处理能力 2000 万立方米/日。

2. 技术要求。

关于污水处理设施布局。充分考量城镇人口规模、自然和地理条件、空间布局和产业发展，以及污水收集管网建设和污水资源化利用需求，合理规划城镇污水处理厂布局、规模及服务范围。人口密集、污水排放量大的地区宜以集中处理方式为主，人口少、相对分散，以及短期内集中处理设施难以覆盖的地区，合理建设分布式、小型化污水处理设施。建制镇因地制宜采取就近集中联建、城旁接管等方式建设污水处理设施，推广“生物+生态”污水处理技术。

关于污水处理厂排放标准。长三角和粤港澳大湾区城市，京津冀、长江干流和南水北调工程沿线地级及以上城市，黄河流域省会城市，计划单列市可对城镇污水处理厂提出更严格的污染物排放管控要求。水环境敏感地区污水处理基本达到一级 A 排放标准。其他地区因地制宜科学确定排放标准，不宜盲目提标。靠近居民区和环境敏感区的污水厂应建设除臭设施并保证除臭效果。

关于合流制溢流污水快速净化设施。在完成片区管网排查修复改造的前提下，实施合流制溢流污水快速净化设施建设，高效去除可沉积颗粒物和漂浮物，有效削减城市水污染物总量，促进水环境质量长效保持。

（三）加强再生利用设施建设，推进污水资源化利用

1. 建设任务。结合现有污水处理设施提标升级扩能改造，系统规划城镇污水再生利

用设施，合理确定再生水利用方向，推动实现分质、分对象供水，优水优用。在重点排污口下游、河流入湖口、支流入干流处，因地制宜实施区域再生水循环利用工程。缺水城市新城区要提前规划布局再生水管网，有序开展建设。以黄河流域地级及以上城市为重点，在京津冀、长江经济带、黄河流域、南水北调工程沿线、西北干旱地区、沿海缺水地区建设污水资源化利用示范城市，规划建设配套基础设施，实现再生水规模化利用。建设资源能源标杆再生水厂。鼓励从污水中提取氮磷等物质。“十四五”期间，新建、改建和扩建再生水生产能力不少于 1500 万立方米/日。

2. 技术要求。

水质型缺水地区优先将达标排放水转化为可利用的水资源就近回补自然水体。资源型缺水地区推广再生水用于工业用水和市政杂用的同时，鼓励将再生水用于河湖湿地生态补水。有条件地区结合本地水资源利用、水环境提升、水生态改善需求，因地制宜通过人工湿地、深度净化工程等措施，优化城镇污水处理厂出水水质，提升城镇污水资源化利用水平。推进工业生产、园林绿化、道路清洗、车辆冲洗、建筑施工等领域优先使用再生水。鼓励工业园区与市政再生水生产运营单位合作，推广点对点供水。

（四）破解污泥处置难点，实现无害化推进资源化

1. 建设任务。污泥处置设施应纳入本地污水处理设施建设规划。现有污泥处置能力不能满足需求的城市和县城，要加快补齐缺口，建制镇与县城污泥处置应统筹考虑。东部地区城市、中西部地区大中型城市以及其他地区有条件的城市，加快压减污泥填埋规模，积极推进污泥资源化利用。“十四五”期间，新增污泥（含水率 80%的湿污泥）无害化处置设施规模不少于 2 万吨/日。

2. 技术要求。

关于污泥无害化处置。新建污水处理厂必须有明确的污泥处置途径。鼓励采用热水解、厌氧消化、好氧发酵、干化等方式进行无害化处理。鼓励采用污泥和餐厨、厨余废弃物共建处理设施方式，提升城市有机废弃物综合处置水平。开展协同处置污泥设施建设时，应充分考虑当地现有污泥处置设施运行情况及工艺使用情况。

关于污泥卫生填埋处置。限制未经脱水处理达标的污泥在垃圾填埋场填埋。采用协同处置方式的，卫生填埋可作为协同处置设施故障或检修等情况时的应急处置措施。

关于污泥资源化利用。在实现污泥稳定化、无害化处置前提下，稳步推进资源化利用。污泥无害化处理满足相关标准后，可用于土地改良、荒地造林、苗木抚育、园林绿化和农业利用。鼓励污泥能量资源回收利用，土地资源紧缺的大中型城市推广采用“生物质利用+焚烧”“干化+土地利用”等模式。推广将污泥焚烧灰渣建材化利用。

四、强化运行维护

（一）健全考核激励机制

将城市生活污水集中收集及再生水利用目标任务纳入本地相关规划，落实责任主体，强化监督考核。构建以污染物削减绩效为导向的考核体系，政府与企业签订项目协议时，要将污水处理厂进水污染物浓度、污染物削减量和污泥无害化处置率等核心指标纳入考核范围，开展工程建设与运营效果联动考核。把运营能力和水平作为重要指标，纳入项目建设运营企业遴选标准。

（二）推行专业化运行维护

城市人民政府作为城镇排水和污水处理设施建设管养实施主体，推进无主市政管段或设施确权和权属移交。建立立足本地、人员稳定的专业化队伍，建立常态化建设管养机制，严格按照相关标准定额实施运行维护。推广实施供排水一体化，“厂—网—河（湖）”一体化专业化运行维护，保障污水收集处理设施的系统性和完整性。鼓励居住社区将内部管网养护工作委托市政排水管网运行维护单位实施，建立政府和居民共担的费用保障机制。加强人才培训，提高专业技能水平，确保设施安全稳定运行。推广区域内不同盈利水平的项目打包建设运营。鼓励中央企业履行社会责任，发挥专业化规模化建设运营优势。

（三）推进信息系统建设

以地方人民政府为实施主体，依法建立城镇污水处理设施地理信息系统并定期更新，或依托现有平台完善相关功能，实现城镇污水设施信息化、账册化管理。推行排水户、干支管网、泵站、污水处理厂、河湖水体数据智能化联动和动态更新，开展常态化监测评估，保障设施稳定运行。

五、保障措施

（一）强化责任落实

按照省级部署、市县负责的要求，系统谋划“十四五”城镇污水处理及资源化利用设施建设和运营。各省（区、市）因地制宜确定各城市生活污水集中收集率目标，原则上应达到 70%以上或比 2020 年提高 5 个百分点以上。各省级发展改革部门联合城镇排水主管部门制定出台本地“十四五”城镇污水处理及资源化利用发展规划，明确本地区建设规模、重点任务和政府保障措施。市县担负主体责任，做好项目谋划和储备，制定滚动项目清单和年度计划，明确建设时序，有序推进项目建设，避免“一哄而上”。城镇污水处理和合流制溢流污染快速净化设施用地应列入土地利用年度计划。建立健全城镇污水处理设施建设改造项目的联审联批制度，优化审批流程，提高审批效率，确保建设按时保质落地。

（二）拓宽投融资渠道

地方各级人民政府要建立多元化的财政性资金投入保障机制，在中期财政规划、年度计划中安排建设资金。地方政府专项债券支持符合条件的城镇污水处理及资源化利用设施建设。中央预算内资金对城镇污水处理及污水资源化利用设施建设给予适当支持。规范有序推广政府和社会资本合作（PPP）模式，引导社会资本积极参与建设运营。鼓励企业采用绿色债券、资产证券化等手段，依法依规拓宽融资渠道。鼓励金融机构在风险可控、商业可持续的前提下给予中长期信贷支持。积极推进基础设施领域不动产投资信托基金试点。探索项目收益权、特许经营权等质押融资担保。

（三）完善费价税机制

各地要按照覆盖污水处理设施正常运营和污泥处置成本并合理盈利的原则，合理制定污水处理费标准，并根据当地水污染防治目标要求，考虑污水排放标准提升和污泥处置等成本合理增加因素动态调整。长江经济带省（市）要按照《关于完善长江经济带污水处理收费机制有关政策的指导意见》要求，确保政策落到实处。加强对自备水源用户管理，实施装表计量，确保污水处理费应收尽收。各地在污水处理费标准调整到位前，应按规定给予补贴，保障城镇污水收集处理设施的正常运维。鼓励建立运营服务费与污水处理厂进水污染物浓度、污染物削减量挂钩、按效付费机制。鼓励通过以招标等市场化方式确定污水处理服务费水平。放开再生水政府定价，由再生水供应企业和用户按照优质优价原则自主协商定价。对于提供公共生态环境服务功能的河湖湿地生态补水、景观环境用水使用再生水的，鼓励采用政府购买服务方式推动污水资源化利用。各地要依法落实环境保护、水资源节约、污水资源化利用等方面税收优惠政策。

（四）强化监督管理

落实“节水即治污”理念，深入实施国家节水行动。科学制修订地方水污染物排放标准，提出差别化的污染物排放要求和管控措施。严格执行《城镇排水与污水处理条例》《排污许可管理条例》，强化污水处理达标排放监管和监督检查。加强城市“小散乱”沿街商铺等的整治与治理，施工降水、基坑排水应当依法达标排放。规范工业企业和园区排水管理，地方各级人民政府和工业园区管理机构要对工业废水进入市政污水收集设施情况进行排查，组织开展评估，经评估认定污染物不能被城镇污水处理厂有效处理或可能影响污水处理厂出水稳定达标的，应限期退出。加强管材质量市场监管，严把生产质量关，以伪劣管材生产和销售聚集地为重点，严厉打击伪劣产品。严格工程监理、竣工验收和移交，严把工程质量关，严肃责任追究。健全信息公开制度，完善公众参与机制，发挥社会监督作用。

内蒙古自治区城镇排水与污水处理办法

（2024年10月28日内蒙古自治区人民政府令第272号公布　自2024年12月1日起施行）

第一条　为了加强城镇排水与污水处理的管理，保障城镇排水与污水处理设施安全运行，防治城镇水污染和内涝灾害，保障公民生命、财产安全和公共安全，保护环境，根据《中华人民共和国水污染防治法》和国务院《城镇排水与污水处理条例》等法律、法规，结合自治区实际，制定本办法。

第二条　自治区行政区域内城镇排水与污水处理的规划，城镇排水与污水处理设施的建设、维护与保护，向城镇排水设施排水与污水处理，以及城镇内涝防治，适用本办法。

城镇排水与污水处理设施延伸到农村牧区的，其建设、维护、保护及其相关监督管理活动，参照本办法执行。

工业废水处理设施及其配套排水设施的规划、建设和管理，按照水污染防治相关法律、法规的规定执行。

第三条　城镇排水与污水处理应当坚持中国共产党的领导，以铸牢中华民族共同体意识为工作主线，遵循尊重自然、统筹规划、配套建设、保障安全、综合利用的原则。

第四条　旗县级以上人民政府应当加强对城镇排水与污水处理工作的统一领导，将城镇排水与污水处理工作纳入国民经济和社会发展规划，通过财政预算和其他渠道筹集资金，统筹安排建设、改造城镇排水与污水处理设施，协调、处理排水与污水处理工作的重大事项。

第五条　旗县级以上人民政府城镇排水与污水处理主管部门（以下称城镇排水主管部门）负责本行政区域内城镇排水与污水处理的监督管理工作。

旗县级以上人民政府发展改革、工业和信息化、公安机关、财政、自然资源、生态环境、交通运输、水行政、应急管理等部门按照各自职责负责城镇排水与污水处理监督管理的相关工作。

第六条　自治区鼓励采取特许经营、政府购买服务等多种形式，吸引社会资金参与投资、建设和运营城镇排水与污水处理设施。

第七条　旗县级以上人民政府及相关部门应当加强源头减排、排水与污水处理、内涝防治等相关法律、法规和科学知识的宣传，提高全社会科学、安全、规范用水和排水意识。

广播、电视、报刊、网络等新闻媒体应当开展排水与污水处理以及污水、污泥资源化利用等公益宣传。

第八条 城镇排水主管部门应当建立城镇排水设施地理信息系统，实行信息化管理，逐步完善雨水、污水和再生水管网等设施的数据动态更新机制，确保数据的时效性和准确性。

第九条 城镇排水主管部门应当会同有关部门，根据本地区经济社会发展水平以及地理、气候特征，依据国民经济和社会发展规划、国土空间规划、水污染防治规划和防洪规划，编制本行政区域的城镇排水与污水处理规划。

易发生内涝的城镇，还应当编制城镇内涝防治专项规划，并纳入本行政区域的城镇排水与污水处理规划。

城镇排水主管部门应当将编制的城镇排水与污水处理规划报本级人民政府批准后组织实施，并报上一级人民政府城镇排水主管部门备案。

城镇排水与污水处理规划一经批准公布，应当严格执行；因经济社会发展确需修改的，应当按照原审批程序报送审批。

第十条 城镇排水与污水处理规划应当与城镇开发建设、道路、绿地、水系、海绵城市、综合管廊等专项规划相衔接，并包括下列内容：

（一）排水与污水处理目标与标准；

（二）排水量与排水模式；

（三）污水处理与再生利用、污泥处理处置要求；

（四）排涝措施；

（五）城镇排水与污水处理设施的规模、布局、建设时序和建设用地以及保障措施；

（六）法律、法规规定的其他内容。

第十一条 旗县级以上人民政府应当按照先规划后建设的原则，依据城镇排水与污水处理规划，合理确定城镇排水与污水处理设施建设标准，统筹安排管网、泵站、污水处理厂以及污泥处理处置、再生水利用、雨水调蓄和排放等排水与污水处理设施的建设和改造。

依附于市政道路建设城镇排水设施的，应当与城市综合交通体系规划和年度建设计划相协调，与市政道路同步建设。

城镇排水设施未覆盖区域应当结合城市更新、城中村改造等，统筹安排建设雨水、污水管网等城镇排水与污水处理设施。

鼓励有条件的地区适度超前规划、建设雨水调蓄、排水防涝、污水处理、污泥处理处置以及再生水利用等城镇排水与污水处理设施。

第十二条 除干旱地区外，新区建设应当实行雨水、污水分流；对实行雨水、污水合流的地区，应当按照城镇排水与污水处理规划要求，因地制宜采取溢流口改造、敷设截流干管、增设调蓄设施、雨污分流改造等工程措施，降低合流制管网溢流污染。相关改造可以结合城市更新和道路建设同时进行。

在雨水、污水分流地区，新区建设和旧城区改建不得将雨水管网、污水管网相互混接。

第十三条 新建、改建、扩建市政基础设施工程应当配套建设雨水收集利用设施，增加绿地、砂石地面、可渗透路面和自然地面对雨水的滞渗能力，利用建筑物、停车场、广场、道路、绿地等建设雨水收集利用设施，削减雨水径流，提高城镇内涝防治能力。

人口密集、内涝易发地区，以及地铁、下穿隧道等地下建筑物、构筑物的建设过程中，应当提高城镇排水与污水处理设施建设标准，优先安排易涝区域排水设施建设和改造。

第十四条 城镇排水与污水处理设施建设应当符合国家有关技术规范和标准。

承担城镇排水与污水处理设施建设工程的勘察、设计、施工、监理单位，应当具备国家规定的相应资质。

第十五条 城镇排水与污水处理设施建设工程竣工后，建设单位应当依法组织竣工验收。竣工验收合格的，方可交付使用，并自竣工验收合格之日起十五日内，将竣工验收报告及相关资料报城镇排水主管部门备案。

城镇排水与污水处理设施建设工程竣工验收合格后，建设单位应当将设施移交给城镇排水主管部门确定的设施维护运营单位。设施维护运营单位应当予以接收，并承担设施的运行养护、安全管理责任。

移交双方应当共同对移交的设施进行检查，签订移交协议，并办理设施档案移交手续。移交协议应当包括设施检查结果等内容。

第十六条 城镇排水设施覆盖范围内的排水单位和个人，应当按照国家有关规定将污水排入城镇排水设施。

城镇排水设施未覆盖区域的排水单位和个人，应当按照国家有关技术规范和标准建设相应的设施或者采取其他有效措施排放污水，不得对环境造成污染和破坏。

第十七条 从事工业、建筑、餐饮、医疗等活动的企业事业单位、个体工商户（以下称排水户）向城镇排水设施排放污水的，应当向排水行为发生地的城镇排水主管部门申请领取污水排入排水管网许可证。城镇排水主管部门应当自受理申请之日起十五日内作出决定。

申请污水排入排水管网许可，以及对排水户向城镇排水设施排放污水的活动实施监督管理等相关工作，按照国家有关规定执行。

第十八条 排水户应当按照国家有关规定建设相应的预处理设施和水质、水量检测设施，并按照污水排入排水管网许可证的要求排放污水。

向城镇排水设施排放工业废水的，应当按照国家和自治区有关规定进行预处理，达到城镇污水处理设施处理工艺要求后方可排放。

第十九条 排水单位或者个人通过吸污车、槽车、储水罐等运输工具或者容器向城镇排水设施排放污水的，应当在城镇排水主管部门规定的时限，向指定排放口排放，不得任意倾倒、排放污水。

禁止通过吸污车、槽车、储水罐等运输工具或者容器向城镇排水设施排放未达到城镇污水处理设施处理工艺要求的工业废水。

第二十条 城镇排水主管部门应当与城镇污水处理设施维护运营单位签订维护运营合同，明确双方权利义务。

城镇污水处理设施维护运营单位应当依照法律、法规和有关规定以及维护运营合同进行维护运营，保证出水水质符合国家和自治区规定的排放标准，不得排放不达标污水。有关维护运营信息应当定期向社会公开，并接受相关部门和社会公众的监督。

城镇排水主管部门应当推动建立城镇污水处理设施运营服务费与污水处理厂进水污染物浓度、污染物削减量、出水水质以及污泥无害化、稳定化处理效能相挂钩的按效付费机制。旗县级以上人民政府有关部门应当及时、足额拨付城镇污水处理设施运营服务费。

第二十一条 鼓励城镇污水处理设施维护运营单位依法将上游生产企业可生化性强的废水作为下游污水处理厂的碳源补充。

鼓励城镇污水处理设施维护运营单位开展重点用能设备节能增效改造，推广使用植物除臭剂、环保型絮凝剂等新型绿色药剂。

第二十二条 城镇污水处理设施维护运营单位和负责污泥运输、处理处置的单位应当按照源头削减和全流程控制的要求，安全处理处置污泥，保证处理处置后的污泥符合国家有关标准。

城镇污水处理设施维护运营单位、污泥运输单位和污泥处理处置单位应当建立健全污泥转运联运机制，对产生的污泥以及处理处置后的污泥去向、用途、用量等进行跟踪、记录，并依法向城镇排水主管部门、生态环境主管部门报告。任何单位和个人不得擅自倾倒、堆放、丢弃、遗撒污泥。

污泥运输车辆应当符合密封、防水、防渗漏和防遗撒标准。

第二十三条 自治区鼓励资源热力电厂、水泥厂、燃煤电厂，根据所在地污泥处理处置需求，配置污泥焚烧处置设施，提升污泥协同焚烧处置能力。

鼓励在实现污泥无害化、稳定化的前提下，推进污泥资源化利用，可以在土地改良、城镇绿化、建筑材料、新能源利用等方面优先使用符合标准的污泥衍生产品，逐步提高污泥资源化利用率，促进相关产业发展。

第二十四条 旗县级以上人民政府水行政主管部门应当将再生水纳入本行政区域水资源统一配置，依法加强指导，促进再生水利用，提高水资源利用效率。

具备再生水供水条件且水质符合用水标准，下列用水应当优先使用再生水：

（一）火力发电、钢铁、化工等高耗水工业企业的冷却用水、洗涤用水、锅炉用水、工艺用水、产品用水等工业生产用水；

（二）城镇绿化、道路清扫、车辆冲洗、建筑施工等城市杂用水；

（三）观赏性景观环境用水、河道生态用水、湿地用水等环境用水；

（四）按照国家和自治区规定应当优先使用再生水的其他用水情形。

第二十五条 再生水经营企业应当保证再生水的水质、水压符合国家和自治区的相关标准以及合同约定。

再生水利用设施应当设有明显标识，禁止将再生水管道与城镇公共供水管道连接。

禁止将再生水用于生活饮用、食品生产、水产养殖、游泳洗浴等影响人身健康的用途。

第二十六条 排水单位和个人应当按照国家有关规定缴纳污水处理费。

污水处理费的征收标准，按照覆盖城镇污水处理设施正常运营和污泥处理处置成本并合理收益的原则制定，由旗县级以上人民政府价格、财政和城镇排水主管部门提出意见，报本级人民政府批准后执行。

收取的污水处理费不能保障城镇污水处理设施正常运营的，旗县级以上人民政府应当给予补贴。

污水处理费应当纳入财政预算管理，专项用于城镇污水处理设施的建设、运行和污泥处理处置，不得挪作他用。

污水处理费的收取、使用情况应当依法向社会公开。

第二十七条 城镇污水处理设施维护运营单位不得擅自停运城镇污水处理设施，因检修等原因需要停运或者部分停运城镇污水处理设施的，应当在九十个工作日前向城镇排水主管部门、生态环境主管部门报告。

城镇污水处理设施维护运营单位在出现进水水质和水量发生重大变化可能导致出水水质超标，或者发生影响城镇污水处理设施安全运行的突发情况时，应当立即采取应急处理措施，并向城镇排水主管部门、生态环境主管部门报告。

城镇排水主管部门或者生态环境主管部门接到报告后，应当及时核查处理。

第二十八条 旗县级以上人民政府应当根据实际情况，依法组织编制城镇排水与污水处理应急预案，统筹安排应对突发事件以及城镇排涝所必需的物资。

城镇排水与污水处理设施维护运营单位应当制定本单位的应急预案，配备必要的抢险装备、器材，并定期组织演练。

第二十九条 排水设施维护责任按照下列规定划分：

（一）公共排水管网、泵站和调蓄池等排水设施，由城镇排水主管部门或者其依法确定的维护运营单位负责维护管理；

（二）排水单位或者个人自建的排水设施和其连接公共排水管网的支管范围内的设施，由产权所有人或者其委托的设施管理单位负责维护管理；

（三）产权不明、跨区域或者难以确定维护责任的排水设施，由城镇排水主管部门按照属地管理原则确定维护管理责任主体。

第三十条 城镇排水主管部门应当建立城镇排水设施排查治理长效机制，定期开展新建排水管网质量检测和既有排水管网现状评估，将老旧破损、混错漏接等问题管网更新改造纳入城市基础设施建设或者改造计划。

第三十一条 城镇排水主管部门应当会同有关部门建立城镇排水与污水处理设施专业化运行维护机制，推行污水处理厂、管网、泵站、调蓄池联动维护，鼓励实行一体化管理、专业化运行维护，保障污水收集处理的系统性和完整性。

第三十二条 城镇排水与污水处理设施维护运营单位应当建立健全安全生产管理制度，加强对窨井盖等城镇排水与污水处理设施的日常巡查、维修和养护，保障设施安全运行。

从事管网维护、应急排水、井下及有限空间作业的，城镇排水与污水处理设施维护运营单位应当安排专门人员进行现场安全管理，设置醒目警示标志，采取有效措施避免人员坠落、车辆陷落，并及时复原窨井盖，确保操作规程的遵守和安全措施的落实。相关特种作业人员，应当按照国家有关规定取得相应的资格证书。

第三十三条 城镇排水设施维护运营单位抢修城镇排水设施时，公安机关、交通运输、水行政和电力、通讯、供水、燃气等有关部门、单位应当积极配合；相关单位和个人应当予以支持，不得阻挠。

第三十四条 旗县级以上人民政府城镇排水主管部门应当会同有关部门，加强对城镇排水与污水处理设施运行维护和保护情况的监督检查，并将检查情况及结果向社会公开。实施监督检查时，有权采取下列措施：

（一）进入现场进行检查、监测；

（二）查阅、复制有关文件和资料；

（三）要求被监督检查的单位和个人就有关问题作出说明。

被监督检查的单位和个人应当予以配合，不得妨碍和阻挠依法进行的监督检查活动。

第三十五条 城镇排水主管部门和其他有关部门应当建立城镇排水与污水处理信用

制度，对排水户、城镇排水与污水处理设施维护运营单位等监督管理对象实施信用管理，依法采取守信激励、失信惩戒措施。

第三十六条 任何单位和个人有权对违反本办法的行为进行投诉和举报。

城镇排水主管部门应当健全投诉举报机制，公布投诉举报方式，并对投诉举报的问题依法进行调查处理。

第三十七条 违反本办法规定的行为，《中华人民共和国水污染防治法》和国务院《城镇排水与污水处理条例》等法律、法规已经作出具体处罚规定的，从其规定。

第三十八条 在城镇排水与污水处理工作中，玩忽职守、滥用职权、徇私舞弊的，对直接负责的主管人员和其他直接责任人员依法给予处分；构成犯罪的，依法追究刑事责任。

第三十九条 本办法自2024年12月1日起施行。2010年9月17日内蒙古自治区人民政府令174号公布、根据2018年1月16日《内蒙古自治区人民政府关于修改部分政府规章的决定》（内蒙古自治区人民政府令 第230号）修正的《内蒙古自治区城镇污水处理厂运行监督管理办法》同时废止。

水资源管理篇

第一章　法律法规

第一节 国家相关法律法规

中华人民共和国水法

（1988年1月21日第六届全国人民代表大会常务委员会第二十四次会议通过 2002年8月29日第九届全国人民代表大会常务委员会第二十九次会议修订 根据2009年8月27日第十一届全国人民代表大会常务委员会第十次会议《关于修改部分法律的决定》第一次修正 根据2016年7月2日第十二届全国人民代表大会常务委员会第二十一次会议《关于修改〈中华人民共和国节约能源法〉等六部法律的决定》第二次修正）

第一章 总 则

第一条 为了合理开发、利用、节约和保护水资源，防治水害，实现水资源的可持续利用，适应国民经济和社会发展的需要，制定本法。

第二条 在中华人民共和国领域内开发、利用、节约、保护、管理水资源，防治水害，适用本法。

本法所称水资源，包括地表水和地下水。

第三条 水资源属于国家所有。水资源的所有权由国务院代表国家行使。农村集体经济组织的水塘和由农村集体经济组织修建管理的水库中的水，归各该农村集体经济组织使用。

第四条 开发、利用、节约、保护水资源和防治水害，应当全面规划、统筹兼顾、标本兼治、综合利用、讲求效益，发挥水资源的多种功能，协调好生活、生产经营和生态环境用水。

第五条 县级以上人民政府应当加强水利基础设施建设，并将其纳入本级国民经济和社会发展计划。

第六条 国家鼓励单位和个人依法开发、利用水资源，并保护其合法权益。开发、利用水资源的单位和个人有依法保护水资源的义务。

第七条 国家对水资源依法实行取水许可制度和有偿使用制度。但是，农村集体经济组织及其成员使用本集体经济组织的水塘、水库中的水的除外。国务院水行政主管部门负责全国取水许可制度和水资源有偿使用制度的组织实施。

第八条 国家厉行节约用水，大力推行节约用水措施，推广节约用水新技术、新工艺，发展节水型工业、农业和服务业，建立节水型社会。

各级人民政府应当采取措施，加强对节约用水的管理，建立节约用水技术开发推广体系，培育和发展节约用水产业。

单位和个人有节约用水的义务。

第九条 国家保护水资源，采取有效措施，保护植被，植树种草，涵养水源，防治水土流失和水体污染，改善生态环境。

第十条 国家鼓励和支持开发、利用、节约、保护、管理水资源和防治水害的先进科学技术的研究、推广和应用。

第十一条 在开发、利用、节约、保护、管理水资源和防治水害等方面成绩显著的单位和个人，由人民政府给予奖励。

第十二条 国家对水资源实行流域管理与行政区域管理相结合的管理体制。

国务院水行政主管部门负责全国水资源的统一管理和监督工作。

国务院水行政主管部门在国家确定的重要江河、湖泊设立的流域管理机构（以下简称流域管理机构），在所管辖的范围内行使法律、行政法规规定的和国务院水行政主管部门授予的水资源管理和监督职责。

县级以上地方人民政府水行政主管部门按照规定的权限，负责本行政区域内水资源的统一管理和监督工作。

第十三条 国务院有关部门按照职责分工，负责水资源开发、利用、节约和保护的有关工作。

县级以上地方人民政府有关部门按照职责分工，负责本行政区域内水资源开发、利用、节约和保护的有关工作。

第二章 水资源规划

第十四条 国家制定全国水资源战略规划。

开发、利用、节约、保护水资源和防治水害，应当按照流域、区域统一制定规划。规划分为流域规划和区域规划。流域规划包括流域综合规划和流域专业规划；区域规划包括区域综合规划和区域专业规划。

前款所称综合规划，是指根据经济社会发展需要和水资源开发利用现状编制的开发、利用、节约、保护水资源和防治水害的总体部署。前款所称专业规划，是指防洪、治涝、灌溉、航运、供水、水力发电、竹木流放、渔业、水资源保护、水土保持、防沙治沙、节约用水等规划。

第十五条 流域范围内的区域规划应当服从流域规划，专业规划应当服从综合规划。

流域综合规划和区域综合规划以及与土地利用关系密切的专业规划，应当与国民经济和社会发展规划以及土地利用总体规划、城市总体规划和环境保护规划相协调，兼顾各地区、各行业的需要。

第十六条 制定规划，必须进行水资源综合科学考察和调查评价。水资源综合科学考察和调查评价，由县级以上人民政府水行政主管部门会同同级有关部门组织进行。

县级以上人民政府应当加强水文、水资源信息系统建设。县级以上人民政府水行政主管部门和流域管理机构应当加强对水资源的动态监测。

基本水文资料应当按照国家有关规定予以公开。

第十七条 国家确定的重要江河、湖泊的流域综合规划，由国务院水行政主管部门会同国务院有关部门和有关省、自治区、直辖市人民政府编制，报国务院批准。跨省、自治区、直辖市的其他江河、湖泊的流域综合规划和区域综合规划，由有关流域管理机构会同江河、湖泊所在地的省、自治区、直辖市人民政府水行政主管部门和有关部门编制，分别经有关省、自治区、直辖市人民政府审查提出意见后，报国务院水行政主管部门审核；国务院水行政主管部门征求国务院有关部门意见后，报国务院或者其授权的部门批准。

前款规定以外的其他江河、湖泊的流域综合规划和区域综合规划，由县级以上地方人民政府水行政主管部门会同同级有关部门和有关地方人民政府编制，报本级人民政府或者其授权的部门批准，并报上一级水行政主管部门备案。

专业规划由县级以上人民政府有关部门编制，征求同级其他有关部门意见后，报本级人民政府批准。其中，防洪规划、水土保持规划的编制、批准，依照防洪法、水土保持法的有关规定执行。

第十八条 规划一经批准，必须严格执行。

经批准的规划需要修改时，必须按照规划编制程序经原批准机关批准。

第十九条 建设水工程，必须符合流域综合规划。在国家确定的重要江河、湖泊和跨省、自治区、直辖市的江河、湖泊上建设水工程，未取得有关流域管理机构签署的符合流域综合规划要求的规划同意书的，建设单位不得开工建设；在其他江河、湖泊上建设水工程，未取得县级以上地方人民政府水行政主管部门按照管理权限签署的符合流域综合规划要求的规划同意书的，建设单位不得开工建设。水工程建设涉及防洪的，依照防洪法的有关规定执行；涉及其他地区和行业的，建设单位应当事先征求有关地区和部门的意见。

第三章 水资源开发利用

第二十条 开发、利用水资源，应当坚持兴利与除害相结合，兼顾上下游、左右岸和有关地区之间的利益，充分发挥水资源的综合效益，并服从防洪的总体安排。

第二十一条 开发、利用水资源，应当首先满足城乡居民生活用水，并兼顾农业、工业、生态环境用水以及航运等需要。

在干旱和半干旱地区开发、利用水资源，应当充分考虑生态环境用水需要。

第二十二条 跨流域调水，应当进行全面规划和科学论证，统筹兼顾调出和调入流域的用水需要，防止对生态环境造成破坏。

第二十三条 地方各级人民政府应当结合本地区水资源的实际情况，按照地表水与地下水统一调度开发、开源与节流相结合、节流优先和污水处理再利用的原则，合理组织开发、综合利用水资源。

国民经济和社会发展规划以及城市总体规划的编制、重大建设项目的布局，应当与当地水资源条件和防洪要求相适应，并进行科学论证；在水资源不足的地区，应当对城市规模和建设耗水量大的工业、农业和服务业项目加以限制。

第二十四条 在水资源短缺的地区，国家鼓励对雨水和微咸水的收集、开发、利用和对海水的利用、淡化。

第二十五条 地方各级人民政府应当加强对灌溉、排涝、水土保持工作的领导，促进农业生产发展；在容易发生盐碱化和渍害的地区，应当采取措施，控制和降低地下水的水位。

农村集体经济组织或者其成员依法在本集体经济组织所有的集体土地或者承包土地上投资兴建水工程设施的，按照谁投资建设谁管理和谁受益的原则，对水工程设施及其蓄水进行管理和合理使用。

农村集体经济组织修建水库应当经县级以上地方人民政府水行政主管部门批准。

第二十六条 国家鼓励开发、利用水能资源。在水能丰富的河流，应当有计划地进行多目标梯级开发。

建设水力发电站，应当保护生态环境，兼顾防洪、供水、灌溉、航运、竹木流放和渔业等方面的需要。

第二十七条 国家鼓励开发、利用水运资源。在水生生物洄游通道、通航或者竹木流放的河流上修建永久性拦河闸坝，建设单位应当同时修建过鱼、过船、过木设施，或者经国务院授权的部门批准采取其他补救措施，并妥善安排施工和蓄水期间的水生生物保护、航运和竹木流放，所需费用由建设单位承担。

在不通航的河流或者人工水道上修建闸坝后可以通航的，闸坝建设单位应当同时修建过船设施或者预留过船设施位置。

第二十八条 任何单位和个人引水、截（蓄）水、排水，不得损害公共利益和他人的合法权益。

第二十九条 国家对水工程建设移民实行开发性移民的方针，按照前期补偿、补助与后期扶持相结合的原则，妥善安排移民的生产和生活，保护移民的合法权益。

移民安置应当与工程建设同步进行。建设单位应当根据安置地区的环境容量和可持续发展的原则，因地制宜，编制移民安置规划，经依法批准后，由有关地方人民政府组织实施。所需移民经费列入工程建设投资计划。

第四章 水资源、水域和水工程的保护

第三十条 县级以上人民政府水行政主管部门、流域管理机构以及其他有关部门在制定水资源开发、利用规划和调度水资源时，应当注意维持江河的合理流量和湖泊、水库以及地下水的合理水位，维护水体的自然净化能力。

第三十一条 从事水资源开发、利用、节约、保护和防治水害等水事活动，应当遵守经批准的规划；因违反规划造成江河和湖泊水域使用功能降低、地下水超采、地面沉降、水体污染的，应当承担治理责任。

开采矿藏或者建设地下工程，因疏干排水导致地下水水位下降、水源枯竭或者地面塌陷，采矿单位或者建设单位应当采取补救措施；对他人生活和生产造成损失的，依法给予补偿。

第三十二条 国务院水行政主管部门会同国务院环境保护行政主管部门、有关部门和有关省、自治区、直辖市人民政府，按照流域综合规划、水资源保护规划和经济社会发展要求，拟定国家确定的重要江河、湖泊的水功能区划，报国务院批准。跨省、自治区、直辖市的其他江河、湖泊的水功能区划，由有关流域管理机构会同江河、湖泊所在地的省、自治区、直辖市人民政府水行政主管部门、环境保护行政主管部门和其他有关部门拟定，分别经有关省、自治区、直辖市人民政府审查提出意见后，由国务院水行政主管部门会同国务院环境保护行政主管部门审核，报国务院或者其授权的部门批准。

前款规定以外的其他江河、湖泊的水功能区划，由县级以上地方人民政府水行政主管部门会同同级人民政府环境保护行政主管部门和有关部门拟定，报同级人民政府或者其授权的部门批准，并报上一级水行政主管部门和环境保护行政主管部门备案。

县级以上人民政府水行政主管部门或者流域管理机构应当按照水功能区对水质的要求和水体的自然净化能力，核定该水域的纳污能力，向环境保护行政主管部门提出该水域的限制排污总量意见。

县级以上地方人民政府水行政主管部门和流域管理机构应当对水功能区的水质状况进行监测，发现重点污染物排放总量超过控制指标的，或者水功能区的水质未达到水域使用功能对水质的要求的，应当及时报告有关人民政府采取治理措施，并向环境保护行政主管部门通报。

第三十三条 国家建立饮用水水源保护区制度。省、自治区、直辖市人民政府应当划定饮用水水源保护区，并采取措施，防止水源枯竭和水体污染，保证城乡居民饮用水安全。

第三十四条 禁止在饮用水水源保护区内设置排污口。

在江河、湖泊新建、改建或者扩大排污口，应当经过有管辖权的水行政主管部门或者流域管理机构同意，由环境保护行政主管部门负责对该建设项目的环境影响报告书进行审批。

第三十五条 从事工程建设，占用农业灌溉水源、灌排工程设施，或者对原有灌溉用水、供水水源有不利影响的，建设单位应当采取相应的补救措施；造成损失的，依法给予补偿。

第三十六条 在地下水超采地区，县级以上地方人民政府应当采取措施，严格控制开采地下水。在地下水严重超采地区，经省、自治区、直辖市人民政府批准，可以划定地下水禁止开采或者限制开采区。在沿海地区开采地下水，应当经过科学论证，并采取措施，防止地面沉降和海水入侵。

第三十七条 禁止在江河、湖泊、水库、运河、渠道内弃置、堆放阻碍行洪的物体和种植阻碍行洪的林木及高秆作物。

禁止在河道管理范围内建设妨碍行洪的建筑物、构筑物以及从事影响河势稳定、危害河岸堤防安全和其他妨碍河道行洪的活动。

第三十八条 在河道管理范围内建设桥梁、码头和其他拦河、跨河、临河建筑物、构筑物，铺设跨河管道、电缆，应当符合国家规定的防洪标准和其他有关的技术要求，工程建设方案应当依照防洪法的有关规定报经有关水行政主管部门审查同意。

因建设前款工程设施，需要扩建、改建、拆除或者损坏原有水工程设施的，建设单位应当负担扩建、改建的费用和损失补偿。但是，原有工程设施属于违法工程的除外。

第三十九条 国家实行河道采砂许可制度。河道采砂许可制度实施办法，由国务院规定。

在河道管理范围内采砂，影响河势稳定或者危及堤防安全的，有关县级以上人民政府水行政主管部门应当划定禁采区和规定禁采期，并予以公告。

第四十条 禁止围湖造地。已经围垦的，应当按照国家规定的防洪标准有计划地退地还湖。

禁止围垦河道。确需围垦的，应当经过科学论证，经省、自治区、直辖市人民政府水行政主管部门或者国务院水行政主管部门同意后，报本级人民政府批准。

第四十一条 单位和个人有保护水工程的义务，不得侵占、毁坏堤防、护岸、防汛、水文监测、水文地质监测等工程设施。

第四十二条 县级以上地方人民政府应当采取措施，保障本行政区域内水工程，特别是水坝和堤防的安全，限期消除险情。水行政主管部门应当加强对水工程安全的监督管理。

第四十三条 国家对水工程实施保护。国家所有的水工程应当按照国务院的规定划定工程管理和保护范围。

国务院水行政主管部门或者流域管理机构管理的水工程，由主管部门或者流域管理机构商有关省、自治区、直辖市人民政府划定工程管理和保护范围。

前款规定以外的其他水工程，应当按照省、自治区、直辖市人民政府的规定，划定工程保护范围和保护职责。

在水工程保护范围内，禁止从事影响水工程运行和危害水工程安全的爆破、打井、采石、取土等活动。

第五章 水资源配置和节约使用

第四十四条 国务院发展计划主管部门和国务院水行政主管部门负责全国水资源的宏观调配。全国的和跨省、自治区、直辖市的水中长期供求规划，由国务院水行政主管部门会同有关部门制订，经国务院发展计划主管部门审查批准后执行。地方的水中长期供求规划，由县级以上地方人民政府水行政主管部门会同同级有关部门依据上一级水中长期供求规划和本地区的实际情况制订，经本级人民政府发展计划主管部门审查批准后执行。

水中长期供求规划应当依据水的供求现状、国民经济和社会发展规划、流域规划、区域规划，按照水资源供需协调、综合平衡、保护生态、厉行节约、合理开源的原则制定。

第四十五条 调蓄径流和分配水量，应当依据流域规划和水中长期供求规划，以流域为单元制定水量分配方案。

跨省、自治区、直辖市的水量分配方案和旱情紧急情况下的水量调度预案，由流域管理机构商有关省、自治区、直辖市人民政府制订，报国务院或者其授权的部门批准后执行。其他跨行政区域的水量分配方案和旱情紧急情况下的水量调度预案，由共同的上一级人民政府水行政主管部门商有关地方人民政府制订，报本级人民政府批准后执行。

水量分配方案和旱情紧急情况下的水量调度预案经批准后，有关地方人民政府必须执行。

在不同行政区域之间的边界河流上建设水资源开发、利用项目，应当符合该流域经批准的水量分配方案，由有关县级以上地方人民政府报共同的上一级人民政府水行政主管部门或者有关流域管理机构批准。

第四十六条 县级以上地方人民政府水行政主管部门或者流域管理机构应当根据批准的水量分配方案和年度预测来水量，制定年度水量分配方案和调度计划，实施水量统一调度；有关地方人民政府必须服从。

国家确定的重要江河、湖泊的年度水量分配方案，应当纳入国家的国民经济和社会发展年度计划。

第四十七条 国家对用水实行总量控制和定额管理相结合的制度。

省、自治区、直辖市人民政府有关行业主管部门应当制订本行政区域内行业用水定额，报同级水行政主管部门和质量监督检验行政主管部门审核同意后，由省、自治区、直辖市人民政府公布，并报国务院水行政主管部门和国务院质量监督检验行政主管部门备案。

县级以上地方人民政府发展计划主管部门会同同级水行政主管部门，根据用水定额、经济技术条件以及水量分配方案确定的可供本行政区域使用的水量，制定年度用水计划，对本行政区域内的年度用水实行总量控制。

第四十八条 直接从江河、湖泊或者地下取用水资源的单位和个人，应当按照国家取水许可制度和水资源有偿使用制度的规定，向水行政主管部门或者流域管理机构申请领取取水许可证，并缴纳水资源费，取得取水权。但是，家庭生活和零星散养、圈养畜禽饮用等少量取水的除外。

实施取水许可制度和征收管理水资源费的具体办法，由国务院规定。

第四十九条 用水应当计量，并按照批准的用水计划用水。

用水实行计量收费和超定额累进加价制度。

第五十条 各级人民政府应当推行节水灌溉方式和节水技术，对农业蓄水、输水工程采取必要的防渗漏措施，提高农业用水效率。

第五十一条 工业用水应当采用先进技术、工艺和设备，增加循环用水次数，提高水的重复利用率。

国家逐步淘汰落后的、耗水量高的工艺、设备和产品，具体名录由国务院经济综合主管部门会同国务院水行政主管部门和有关部门制定并公布。生产者、销售者或者生产经营中的使用者应当在规定的时间内停止生产、销售或者使用列入名录的工艺、设备和产品。

第五十二条 城市人民政府应当因地制宜采取有效措施，推广节水型生活用水器具，降低城市供水管网漏失率，提高生活用水效率；加强城市污水集中处理，鼓励使用再生水，提高污水再生利用率。

第五十三条 新建、扩建、改建建设项目，应当制订节水措施方案，配套建设节水设施。节水设施应当与主体工程同时设计、同时施工、同时投产。

供水企业和自建供水设施的单位应当加强供水设施的维护管理，减少水的漏失。

第五十四条 各级人民政府应当积极采取措施，改善城乡居民的饮用水条件。

第五十五条 使用水工程供应的水，应当按照国家规定向供水单位缴纳水费。供水价格应当按照补偿成本、合理收益、优质优价、公平负担的原则确定。具体办法由省级以上人民政府价格主管部门会同同级水行政主管部门或者其他供水行政主管部门依据职权制定。

第六章　水事纠纷处理与执法监督检查

第五十六条 不同行政区域之间发生水事纠纷的，应当协商处理；协商不成的，由上一级人民政府裁决，有关各方必须遵照执行。在水事纠纷解决前，未经各方达成协议或者共同的上一级人民政府批准，在行政区域交界线两侧一定范围内，任何一方不得修建排水、阻水、取水和截（蓄）水工程，不得单方面改变水的现状。

第五十七条 单位之间、个人之间、单位与个人之间发生的水事纠纷，应当协商解决；当事人不愿协商或者协商不成的，可以申请县级以上地方人民政府或者其授权的部门调解，也可以直接向人民法院提起民事诉讼。县级以上地方人民政府或者其授权的部门调解不成的，当事人可以向人民法院提起民事诉讼。

在水事纠纷解决前，当事人不得单方面改变现状。

第五十八条 县级以上人民政府或者其授权的部门在处理水事纠纷时，有权采取临时处置措施，有关各方或者当事人必须服从。

第五十九条 县级以上人民政府水行政主管部门和流域管理机构应当对违反本法的行为加强监督检查并依法进行查处。

水政监督检查人员应当忠于职守，秉公执法。

第六十条 县级以上人民政府水行政主管部门、流域管理机构及其水政监督检查人员履行本法规定的监督检查职责时，有权采取下列措施：

（一）要求被检查单位提供有关文件、证照、资料；

（二）要求被检查单位就执行本法的有关问题作出说明；

（三）进入被检查单位的生产场所进行调查；

（四）责令被检查单位停止违反本法的行为，履行法定义务。

第六十一条 有关单位或者个人对水政监督检查人员的监督检查工作应当给予配

合，不得拒绝或者阻碍水政监督检查人员依法执行职务。

第六十二条 水政监督检查人员在履行监督检查职责时，应当向被检查单位或者个人出示执法证件。

第六十三条 县级以上人民政府或者上级水行政主管部门发现本级或者下级水行政主管部门在监督检查工作中有违法或者失职行为的，应当责令其限期改正。

第七章 法律责任

第六十四条 水行政主管部门或者其他有关部门以及水工程管理单位及其工作人员，利用职务上的便利收取他人财物、其他好处或者玩忽职守，对不符合法定条件的单位或者个人核发许可证、签署审查同意意见，不按照水量分配方案分配水量，不按照国家有关规定收取水资源费，不履行监督职责，或者发现违法行为不予查处，造成严重后果，构成犯罪的，对负有责任的主管人员和其他直接责任人员依照刑法的有关规定追究刑事责任；尚不够刑事处罚的，依法给予行政处分。

第六十五条 在河道管理范围内建设妨碍行洪的建筑物、构筑物，或者从事影响河势稳定、危害河岸堤防安全和其他妨碍河道行洪的活动的，由县级以上人民政府水行政主管部门或者流域管理机构依据职权，责令停止违法行为，限期拆除违法建筑物、构筑物，恢复原状；逾期不拆除、不恢复原状的，强行拆除，所需费用由违法单位或者个人负担，并处一万元以上十万元以下的罚款。

未经水行政主管部门或者流域管理机构同意，擅自修建水工程，或者建设桥梁、码头和其他拦河、跨河、临河建筑物、构筑物，铺设跨河管道、电缆，且防洪法未作规定的，由县级以上人民政府水行政主管部门或者流域管理机构依据职权，责令停止违法行为，限期补办有关手续；逾期不补办或者补办未被批准的，责令限期拆除违法建筑物、构筑物；逾期不拆除的，强行拆除，所需费用由违法单位或者个人负担，并处一万元以上十万元以下的罚款。

虽经水行政主管部门或者流域管理机构同意，但未按照要求修建前款所列工程设施的，由县级以上人民政府水行政主管部门或者流域管理机构依据职权，责令限期改正，按照情节轻重，处一万元以上十万元以下的罚款。

第六十六条 有下列行为之一，且防洪法未作规定的，由县级以上人民政府水行政主管部门或者流域管理机构依据职权，责令停止违法行为，限期清除障碍或者采取其他补救措施，处一万元以上五万元以下的罚款：

（一）在江河、湖泊、水库、运河、渠道内弃置、堆放阻碍行洪的物体和种植阻碍行洪的林木及高秆作物的；

（二）围湖造地或者未经批准围垦河道的。

第六十七条 在饮用水水源保护区内设置排污口的，由县级以上地方人民政府责令限期拆除、恢复原状；逾期不拆除、不恢复原状的，强行拆除、恢复原状，并处五万元以上十万元以下的罚款。

未经水行政主管部门或者流域管理机构审查同意，擅自在江河、湖泊新建、改建或者扩大排污口的，由县级以上人民政府水行政主管部门或者流域管理机构依据职权，责令停止违法行为，限期恢复原状，处五万元以上十万元以下的罚款。

第六十八条 生产、销售或者在生产经营中使用国家明令淘汰的落后的、耗水量高的工艺、设备和产品的，由县级以上地方人民政府经济综合主管部门责令停止生产、销售或者使用，处二万元以上十万元以下的罚款。

第六十九条 有下列行为之一的，由县级以上人民政府水行政主管部门或者流域管理机构依据职权，责令停止违法行为，限期采取补救措施，处二万元以上十万元以下的罚款；情节严重的，吊销其取水许可证：

（一）未经批准擅自取水的；

（二）未依照批准的取水许可规定条件取水的。

第七十条 拒不缴纳、拖延缴纳或者拖欠水资源费的，由县级以上人民政府水行政主管部门或者流域管理机构依据职权，责令限期缴纳；逾期不缴纳的，从滞纳之日起按日加收滞纳部分千分之二的滞纳金，并处应缴或者补缴水资源费一倍以上五倍以下的罚款。

第七十一条 建设项目的节水设施没有建成或者没有达到国家规定的要求，擅自投入使用的，由县级以上人民政府有关部门或者流域管理机构依据职权，责令停止使用，限期改正，处五万元以上十万元以下的罚款。

第七十二条 有下列行为之一，构成犯罪的，依照刑法的有关规定追究刑事责任；尚不够刑事处罚，且防洪法未作规定的，由县级以上地方人民政府水行政主管部门或者流域管理机构依据职权，责令停止违法行为，采取补救措施，处一万元以上五万元以下的罚款；违反治安管理处罚法的，由公安机关依法给予治安管理处罚；给他人造成损失的，依法承担赔偿责任：

（一）侵占、毁坏水工程及堤防、护岸等有关设施，毁坏防汛、水文监测、水文地质监测设施的；

（二）在水工程保护范围内，从事影响水工程运行和危害水工程安全的爆破、打井、采石、取土等活动的。

第七十三条 侵占、盗窃或者抢夺防汛物资，防洪排涝、农田水利、水文监测和测量以及其他水工程设备和器材，贪污或者挪用国家救灾、抢险、防汛、移民安置和补偿及其他水利建设款物，构成犯罪的，依照刑法的有关规定追究刑事责任。

第七十四条 在水事纠纷发生及其处理过程中煽动闹事、结伙斗殴、抢夺或者损坏公私财物、非法限制他人人身自由，构成犯罪的，依照刑法的有关规定追究刑事责任；尚不够刑事处罚的，由公安机关依法给予治安管理处罚。

第七十五条 不同行政区域之间发生水事纠纷，有下列行为之一的，对负有责任的主管人员和其他直接责任人员依法给予行政处分：

（一）拒不执行水量分配方案和水量调度预案的；

（二）拒不服从水量统一调度的；

（三）拒不执行上一级人民政府的裁决的；

（四）在水事纠纷解决前，未经各方达成协议或者上一级人民政府批准，单方面违反本法规定改变水的现状的。

第七十六条 引水、截（蓄）水、排水，损害公共利益或者他人合法权益的，依法承担民事责任。

第七十七条 对违反本法第三十九条有关河道采砂许可制度规定的行政处罚，由国务院规定。

第八章 附 则

第七十八条 中华人民共和国缔结或者参加的与国际或者国境边界河流、湖泊有关的国际条约、协定与中华人民共和国法律有不同规定的，适用国际条约、协定的规定。但是，中华人民共和国声明保留的条款除外。

第七十九条 本法所称水工程，是指在江河、湖泊和地下水源上开发、利用、控制、调配和保护水资源的各类工程。

第八十条 海水的开发、利用、保护和管理，依照有关法律的规定执行。

第八十一条 从事防洪活动，依照防洪法的规定执行。

水污染防治，依照水污染防治法的规定执行。

第八十二条 本法自 2002 年 10 月 1 日起施行。

地下水管理条例

（2021年9月15日国务院第149次常务会议通过　2021年10月21日中华人民共和国国务院令第748号公布　自2021年12月1日起施行）

第一章　总　则

第一条　为了加强地下水管理，防治地下水超采和污染，保障地下水质量和可持续利用，推进生态文明建设，根据《中华人民共和国水法》和《中华人民共和国水污染防治法》等法律，制定本条例。

第二条　地下水调查与规划、节约与保护、超采治理、污染防治、监督管理等活动，适用本条例。

本条例所称地下水，是指赋存于地表以下的水。

第三条　地下水管理坚持统筹规划、节水优先、高效利用、系统治理的原则。

第四条　国务院水行政主管部门负责全国地下水统一监督管理工作。国务院生态环境主管部门负责全国地下水污染防治监督管理工作。国务院自然资源等主管部门按照职责分工做好地下水调查、监测等相关工作。

第五条　县级以上地方人民政府对本行政区域内的地下水管理负责，应当将地下水管理纳入本级国民经济和社会发展规划，并采取控制开采量、防治污染等措施，维持地下水合理水位，保护地下水水质。

县级以上地方人民政府水行政主管部门按照管理权限，负责本行政区域内地下水统一监督管理工作。地方人民政府生态环境主管部门负责本行政区域内地下水污染防治监督管理工作。县级以上地方人民政府自然资源等主管部门按照职责分工做好本行政区域内地下水调查、监测等相关工作。

第六条　利用地下水的单位和个人应当加强地下水取水工程管理，节约、保护地下水，防止地下水污染。

第七条　国务院对省、自治区、直辖市地下水管理和保护情况实行目标责任制和考核评价制度。国务院有关部门按照职责分工负责考核评价工作的具体组织实施。

第八条　任何单位和个人都有权对损害地下水的行为进行监督、检举。

对在节约、保护和管理地下水工作中作出突出贡献的单位和个人，按照国家有关规定给予表彰和奖励。

第九条 国家加强对地下水节约和保护的宣传教育，鼓励、支持地下水先进科学技术的研究、推广和应用。

第二章 调查与规划

第十条 国家定期组织开展地下水状况调查评价工作。地下水状况调查评价包括地下水资源调查评价、地下水污染调查评价和水文地质勘查评价等内容。

第十一条 县级以上人民政府应当组织水行政、自然资源、生态环境等主管部门开展地下水状况调查评价工作。调查评价成果是编制地下水保护利用和污染防治等规划以及管理地下水的重要依据。调查评价成果应当依法向社会公布。

第十二条 县级以上人民政府水行政、自然资源、生态环境等主管部门根据地下水状况调查评价成果，统筹考虑经济社会发展需要、地下水资源状况、污染防治等因素，编制本级地下水保护利用和污染防治等规划，依法履行征求意见、论证评估等程序后向社会公布。

地下水保护利用和污染防治等规划是节约、保护、利用、修复治理地下水的基本依据。地下水保护利用和污染防治等规划应当服从水资源综合规划和环境保护规划。

第十三条 国民经济和社会发展规划以及国土空间规划等相关规划的编制、重大建设项目的布局，应当与地下水资源条件和地下水保护要求相适应，并进行科学论证。

第十四条 编制工业、农业、市政、能源、矿产资源开发等专项规划，涉及地下水的内容，应当与地下水保护利用和污染防治等规划相衔接。

第十五条 国家建立地下水储备制度。国务院水行政主管部门应当会同国务院自然资源、发展改革等主管部门，对地下水储备工作进行指导、协调和监督检查。

县级以上地方人民政府水行政主管部门应当会同本级人民政府自然资源、发展改革等主管部门，根据本行政区域内地下水条件、气候状况和水资源储备需要，制定动用地下水储备预案并报本级人民政府批准。

除特殊干旱年份以及发生重大突发事件外，不得动用地下水储备。

第三章 节约与保护

第十六条 国家实行地下水取水总量控制制度。国务院水行政主管部门会同国务院自然资源主管部门，根据各省、自治区、直辖市地下水可开采量和地表水水资源状况，制定并下达各省、自治区、直辖市地下水取水总量控制指标。

第十七条 省、自治区、直辖市人民政府水行政主管部门应当会同本级人民政府有关部门，根据国家下达的地下水取水总量控制指标，制定本行政区域内县级以上行政区域的地下水取水总量控制指标和地下水水位控制指标，经省、自治区、直辖市人民政府批准后下达实施，并报国务院水行政主管部门或者其授权的流域管理机构备案。

第十八条 省、自治区、直辖市人民政府水行政主管部门制定本行政区域内地下水取水总量控制指标和地下水水位控制指标时，涉及省际边界区域且属于同一水文地质单元的，应当与相邻省、自治区、直辖市人民政府水行政主管部门协商确定。协商不成的，由国务院水行政主管部门会同国务院有关部门确定。

第十九条 县级以上地方人民政府应当根据地下水取水总量控制指标、地下水水位控制指标和国家相关技术标准，合理确定本行政区域内地下水取水工程布局。

第二十条 县级以上地方人民政府水行政主管部门应当根据本行政区域内地下水取水总量控制指标、地下水水位控制指标以及科学分析测算的地下水需求量和用水结构，制定地下水年度取水计划，对本行政区域内的年度取用地下水实行总量控制，并报上一级人民政府水行政主管部门备案。

第二十一条 取用地下水的单位和个人应当遵守取水总量控制和定额管理要求，使用先进节约用水技术、工艺和设备，采取循环用水、综合利用及废水处理回用等措施，实施技术改造，降低用水消耗。

对下列工艺、设备和产品，应当在规定的期限内停止生产、销售、进口或者使用：

（一）列入淘汰落后的、耗水量高的工艺、设备和产品名录的；

（二）列入限期禁止采用的严重污染水环境的工艺名录和限期禁止生产、销售、进口、使用的严重污染水环境的设备名录的。

第二十二条 新建、改建、扩建地下水取水工程，应当同时安装计量设施。已有地下水取水工程未安装计量设施的，应当按照县级以上地方人民政府水行政主管部门规定的期限安装。

单位和个人取用地下水量达到取水规模以上的，应当安装地下水取水在线计量设施，并将计量数据实时传输到有管理权限的水行政主管部门。取水规模由省、自治区、直辖市人民政府水行政主管部门制定、公布，并报国务院水行政主管部门备案。

第二十三条 以地下水为灌溉水源的地区，县级以上地方人民政府应当采取保障建设投入、加大对企业信贷支持力度、建立健全基层水利服务体系等措施，鼓励发展节水农业，推广应用喷灌、微灌、管道输水灌溉、渠道防渗输水灌溉等节水灌溉技术，以及先进的农机、农艺和生物技术等，提高农业用水效率，节约农业用水。

第二十四条 国务院根据国民经济和社会发展需要，对取用地下水的单位和个人试点征收水资源税。地下水水资源税根据当地地下水资源状况、取用水类型和经济发展等情况实行差别税率，合理提高征收标准。征收水资源税的，停止征收水资源费。

尚未试点征收水资源税的省、自治区、直辖市，对同一类型取用水，地下水的水资源费征收标准应当高于地表水的标准，地下水超采区的水资源费征收标准应当高于非超采区的标准，地下水严重超采区的水资源费征收标准应当大幅高于非超采区的标准。

第二十五条 有下列情形之一的，对取用地下水的取水许可申请不予批准：

（一）不符合地下水取水总量控制、地下水水位控制要求；

（二）不符合限制开采区取用水规定；

（三）不符合行业用水定额和节水规定；

（四）不符合强制性国家标准；

（五）水资源紧缺或者生态脆弱地区新建、改建、扩建高耗水项目；

（六）违反法律、法规的规定开垦种植而取用地下水。

第二十六条 建设单位和个人应当采取措施防止地下工程建设对地下水补给、径流、排泄等造成重大不利影响。对开挖达到一定深度或者达到一定排水规模的地下工程，建设单位和个人应当于工程开工前，将工程建设方案和防止对地下水产生不利影响的措施方案报有管理权限的水行政主管部门备案。开挖深度和排水规模由省、自治区、直辖市人民政府制定、公布。

第二十七条 除下列情形外，禁止开采难以更新的地下水：

（一）应急供水取水；

（二）无替代水源地区的居民生活用水；

（三）为开展地下水监测、勘探、试验少量取水。

已经开采的，除前款规定的情形外，有关县级以上地方人民政府应当采取禁止开采、限制开采措施，逐步实现全面禁止开采；前款规定的情形消除后，应当立即停止取用地下水。

第二十八条 县级以上地方人民政府应当加强地下水水源补给保护，充分利用自然条件补充地下水，有效涵养地下水水源。

城乡建设应当统筹地下水水源涵养和回补需要，按照海绵城市建设的要求，推广海绵型建筑、道路、广场、公园、绿地等，逐步完善滞渗蓄排等相结合的雨洪水收集利用系统。河流、湖泊整治应当兼顾地下水水源涵养，加强水体自然形态保护和修复。

城市人民政府应当因地制宜采取有效措施，推广节水型生活用水器具，鼓励使用再生水，提高用水效率。

第二十九条 县级以上地方人民政府应当根据地下水水源条件和需要，建设应急备用饮用水水源，制定应急预案，确保需要时正常使用。

应急备用地下水水源结束应急使用后，应当立即停止取水。

第三十条 有关县级以上地方人民政府水行政主管部门会同本级人民政府有关部门编制重要泉域保护方案，明确保护范围、保护措施，报本级人民政府批准后实施。

对已经干涸但具有重要历史文化和生态价值的泉域，具备条件的，应当采取措施予以恢复。

第四章 超采治理

第三十一条 国务院水行政主管部门应当会同国务院自然资源主管部门根据地下水状况调查评价成果，组织划定全国地下水超采区，并依法向社会公布。

第三十二条 省、自治区、直辖市人民政府水行政主管部门应当会同本级人民政府自然资源等主管部门，统筹考虑地下水超采区划定、地下水利用情况以及地质环境条件等因素，组织划定本行政区域内地下水禁止开采区、限制开采区，经省、自治区、直辖市人民政府批准后公布，并报国务院水行政主管部门备案。

地下水禁止开采区、限制开采区划定后，确需调整的，应当按照原划定程序进行调整。

第三十三条 有下列情形之一的，应当划为地下水禁止开采区：

（一）已发生严重的地面沉降、地裂缝、海（咸）水入侵、植被退化等地质灾害或者生态损害的区域；

（二）地下水超采区内公共供水管网覆盖或者通过替代水源已经解决供水需求的区域；

（三）法律、法规规定禁止开采地下水的其他区域。

第三十四条 有下列情形之一的，应当划为地下水限制开采区：

（一）地下水开采量接近可开采量的区域；

（二）开采地下水可能引发地质灾害或者生态损害的区域；

（三）法律、法规规定限制开采地下水的其他区域。

第三十五条 除下列情形外，在地下水禁止开采区内禁止取用地下水：

（一）为保障地下工程施工安全和生产安全必须进行临时应急取（排）水；

（二）为消除对公共安全或者公共利益的危害临时应急取水；

（三）为开展地下水监测、勘探、试验少量取水。

除前款规定的情形外，在地下水限制开采区内禁止新增取用地下水，并逐步削减地下水取水量；前款规定的情形消除后，应当立即停止取用地下水。

第三十六条 省、自治区、直辖市人民政府水行政主管部门应当会同本级人民政府有关部门，编制本行政区域地下水超采综合治理方案，经省、自治区、直辖市人民政府批准后，报国务院水行政主管部门备案。

地下水超采综合治理方案应当明确治理目标、治理措施、保障措施等内容。

第三十七条 地下水超采区的县级以上地方人民政府应当加强节水型社会建设，通过加大海绵城市建设力度、调整种植结构、推广节水农业、加强工业节水、实施河湖地下水回补等措施，逐步实现地下水采补平衡。

国家在替代水源供给、公共供水管网建设、产业结构调整等方面，加大对地下水超采区地方人民政府的支持力度。

第三十八条 有关县级以上地方人民政府水行政主管部门应当会同本级人民政府自然资源主管部门加强对海（咸）水入侵的监测和预防。已经出现海（咸）水入侵的地区，应当采取综合治理措施。

第五章 污染防治

第三十九条 国务院生态环境主管部门应当会同国务院水行政、自然资源等主管部门，指导全国地下水污染防治重点区划定工作。省、自治区、直辖市人民政府生态环境主管部门应当会同本级人民政府水行政、自然资源等主管部门，根据本行政区域内地下水污染防治需要，划定地下水污染防治重点区。

第四十条 禁止下列污染或者可能污染地下水的行为：

（一）利用渗井、渗坑、裂隙、溶洞以及私设暗管等逃避监管的方式排放水污染物；

（二）利用岩层孔隙、裂隙、溶洞、废弃矿坑等贮存石化原料及产品、农药、危险废物、城镇污水处理设施产生的污泥和处理后的污泥或者其他有毒有害物质；

（三）利用无防渗漏措施的沟渠、坑塘等输送或者贮存含有毒污染物的废水、含病原体的污水和其他废弃物；

（四）法律、法规禁止的其他污染或者可能污染地下水的行为。

第四十一条 企业事业单位和其他生产经营者应当采取下列措施，防止地下水污染：

（一）兴建地下工程设施或者进行地下勘探、采矿等活动，依法编制的环境影响评价文件中，应当包括地下水污染防治的内容，并采取防护性措施；

（二）化学品生产企业以及工业集聚区、矿山开采区、尾矿库、危险废物处置场、垃圾填埋场等的运营、管理单位，应当采取防渗漏等措施，并建设地下水水质监测井进行监测；

（三）加油站等的地下油罐应当使用双层罐或者采取建造防渗池等其他有效措施，并进行防渗漏监测；

（四）存放可溶性剧毒废渣的场所，应当采取防水、防渗漏、防流失的措施；

（五）法律、法规规定应当采取的其他防止地下水污染的措施。

根据前款第二项规定的企业事业单位和其他生产经营者排放有毒有害物质情况，地方人民政府生态环境主管部门应当按照国务院生态环境主管部门的规定，商有关部门确定并公布地下水污染防治重点排污单位名录。地下水污染防治重点排污单位应当依法安装水污染物排放自动监测设备，与生态环境主管部门的监控设备联网，并保证监测设备正常运行。

第四十二条 在泉域保护范围以及岩溶强发育、存在较多落水洞和岩溶漏斗的区域内，不得新建、改建、扩建可能造成地下水污染的建设项目。

第四十三条 多层含水层开采、回灌地下水应当防止串层污染。

多层地下水的含水层水质差异大的，应当分层开采；对已受污染的潜水和承压水，不得混合开采。

已经造成地下水串层污染的，应当按照封填井技术要求限期回填串层开采井，并对造成的地下水污染进行治理和修复。

人工回灌补给地下水，应当符合相关的水质标准，不得使地下水水质恶化。

第四十四条 农业生产经营者等有关单位和个人应当科学、合理使用农药、肥料等农业投入品，农田灌溉用水应当符合相关水质标准，防止地下水污染。

县级以上地方人民政府及其有关部门应当加强农药、肥料等农业投入品使用指导和技术服务，鼓励和引导农业生产经营者等有关单位和个人合理使用农药、肥料等农业投入品，防止地下水污染。

第四十五条 依照《中华人民共和国土壤污染防治法》的有关规定，安全利用类和严格管控类农用地地块的土壤污染影响或者可能影响地下水安全的，制定防治污染的方案时，应当包括地下水污染防治的内容。

污染物含量超过土壤污染风险管控标准的建设用地地块，编制土壤污染风险评估报告时，应当包括地下水是否受到污染的内容；列入风险管控和修复名录的建设用地地块，采取的风险管控措施中应当包括地下水污染防治的内容。

对需要实施修复的农用地地块，以及列入风险管控和修复名录的建设用地地块，修复方案中应当包括地下水污染防治的内容。

第六章 监督管理

第四十六条 县级以上人民政府水行政、自然资源、生态环境等主管部门应当依照职责加强监督管理，完善协作配合机制。

国务院水行政、自然资源、生态环境等主管部门建立统一的国家地下水监测站网和地下水监测信息共享机制，对地下水进行动态监测。

县级以上地方人民政府水行政、自然资源、生态环境等主管部门根据需要完善地下水监测工作体系，加强地下水监测。

第四十七条 任何单位和个人不得侵占、毁坏或者擅自移动地下水监测设施设备及其标志。

新建、改建、扩建建设工程应当避开地下水监测设施设备；确实无法避开、需要拆除地下水监测设施设备的，应当由县级以上人民政府水行政、自然资源、生态环境等主管部门按照有关技术要求组织迁建，迁建费用由建设单位承担。

任何单位和个人不得篡改、伪造地下水监测数据。

第四十八条 建设地下水取水工程的单位和个人，应当在申请取水许可时附具地下水取水工程建设方案，并按照取水许可批准文件的要求，自行或者委托具有相应专业技术能力的单位进行施工。施工单位不得承揽应当取得但未取得取水许可的地下水取水工程。

以监测、勘探为目的的地下水取水工程，不需要申请取水许可，建设单位应当于施工前报有管辖权的水行政主管部门备案。

地下水取水工程的所有权人负责工程的安全管理。

第四十九条 县级以上地方人民政府水行政主管部门应当对本行政区域内的地下水取水工程登记造册，建立监督管理制度。

报废的矿井、钻井、地下水取水工程，或者未建成、已完成勘探任务、依法应当停止取水的地下水取水工程，应当由工程所有权人或者管理单位实施封井或者回填；所有权人或者管理单位应当将其封井或者回填情况告知县级以上地方人民政府水行政主管部门；无法确定所有权人或者管理单位的，由县级以上地方人民政府或者其授权的部门负责组织实施封井或者回填。

实施封井或者回填，应当符合国家有关技术标准。

第五十条 县级以上地方人民政府应当组织水行政、自然资源、生态环境等主管部门，划定集中式地下水饮用水水源地并公布名录，定期组织开展地下水饮用水水源地安全评估。

第五十一条 县级以上地方人民政府水行政主管部门应当会同本级人民政府自然资源等主管部门，根据水文地质条件和地下水保护要求，划定需要取水的地热能开发利用项目的禁止和限制取水范围。

禁止在集中式地下水饮用水水源地建设需要取水的地热能开发利用项目。禁止抽取难以更新的地下水用于需要取水的地热能开发利用项目。

建设需要取水的地热能开发利用项目，应当对取水和回灌进行计量，实行同一含水层等量取水和回灌，不得对地下水造成污染。达到取水规模以上的，应当安装取水和回灌在线计量设施，并将计量数据实时传输到有管理权限的水行政主管部门。取水规模由省、自治区、直辖市人民政府水行政主管部门制定、公布。

对不符合本条第一款、第二款、第三款规定的已建需要取水的地热能开发利用项目，取水单位和个人应当按照水行政主管部门的规定限期整改，整改不合格的，予以关闭。

第五十二条 矿产资源开采、地下工程建设疏干排水量达到规模的，应当依法申请取水许可，安装排水计量设施，定期向取水许可审批机关报送疏干排水量和地下水水位状况。疏干排水量规模由省、自治区、直辖市人民政府制定、公布。

为保障矿井等地下工程施工安全和生产安全必须进行临时应急取（排）水的，不需要申请取水许可。取（排）水单位和个人应当于临时应急取（排）水结束后 5 个工作日内，向有管理权限的县级以上地方人民政府水行政主管部门备案。

矿产资源开采、地下工程建设疏干排水应当优先利用，无法利用的应当达标排放。

第五十三条 县级以上人民政府水行政、生态环境等主管部门应当建立从事地下水节约、保护、利用活动的单位和个人的诚信档案，记录日常监督检查结果、违法行为查处等情况，并依法向社会公示。

第七章 法律责任

第五十四条 县级以上地方人民政府，县级以上人民政府水行政、生态环境、自然资源主管部门和其他负有地下水监督管理职责的部门有下列行为之一的，由上级机关责令改正，对负有责任的主管人员和其他直接责任人员依法给予处分：

（一）未采取有效措施导致本行政区域内地下水超采范围扩大，或者地下水污染状况未得到改善甚至恶化；

（二）未完成本行政区域内地下水取水总量控制指标和地下水水位控制指标；

（三）对地下水水位低于控制水位未采取相关措施；

（四）发现违法行为或者接到对违法行为的检举后未予查处；

（五）有其他滥用职权、玩忽职守、徇私舞弊等违法行为。

第五十五条 违反本条例规定，未经批准擅自取用地下水，或者利用渗井、渗坑、裂隙、溶洞以及私设暗管等逃避监管的方式排放水污染物等违法行为，依照《中华人民共和国水法》、《中华人民共和国水污染防治法》、《中华人民共和国土壤污染防治法》、《取水许可和水资源费征收管理条例》等法律、行政法规的规定处罚。

第五十六条 地下水取水工程未安装计量设施的，由县级以上地方人民政府水行政主管部门责令限期安装，并按照日最大取水能力计算的取水量计征相关费用，处 10 万元以上 50 万元以下罚款；情节严重的，吊销取水许可证。

计量设施不合格或者运行不正常的，由县级以上地方人民政府水行政主管部门责令限期更换或者修复；逾期不更换或者不修复的，按照日最大取水能力计算的取水量计征相关费用，处 10 万元以上 50 万元以下罚款；情节严重的，吊销取水许可证。

第五十七条 地下工程建设对地下水补给、径流、排泄等造成重大不利影响的，由县级以上地方人民政府水行政主管部门责令限期采取措施消除不利影响，处 10 万元以上 50 万元以下罚款；逾期不采取措施消除不利影响的，由县级以上地方人民政府水行政主管部门组织采取措施消除不利影响，所需费用由违法行为人承担。

地下工程建设应当于开工前将工程建设方案和防止对地下水产生不利影响的措施方案备案而未备案的，或者矿产资源开采、地下工程建设疏干排水应当定期报送疏干排水量和地下水水位状况而未报送的，由县级以上地方人民政府水行政主管部门责令限期补报；逾期不补报的，处 2 万元以上 10 万元以下罚款。

第五十八条 报废的矿井、钻井、地下水取水工程，或者未建成、已完成勘探任务、依法应当停止取水的地下水取水工程，未按照规定封井或者回填的，由县级以上地方人民政府或者其授权的部门责令封井或者回填，处 10 万元以上 50 万元以下罚款；不具备封井或者回填能力的，由县级以上地方人民政府或者其授权的部门组织封井或者回填，所需费用由违法行为人承担。

第五十九条 利用岩层孔隙、裂隙、溶洞、废弃矿坑等贮存石化原料及产品、农药、危险废物或者其他有毒有害物质的，由地方人民政府生态环境主管部门责令限期改正，处 10 万元以上 100 万元以下罚款。

利用岩层孔隙、裂隙、溶洞、废弃矿坑等贮存城镇污水处理设施产生的污泥和处理后的污泥的，由县级以上地方人民政府城镇排水主管部门责令限期改正，处 20 万元以上 200 万元以下罚款，对直接负责的主管人员和其他直接责任人员处 2 万元以上 10 万元以下罚款；造成严重后果的，处 200 万元以上 500 万元以下罚款，对直接负责的主管人员和其他直接责任人员处 5 万元以上 50 万元以下罚款。

在泉域保护范围以及岩溶强发育、存在较多落水洞和岩溶漏斗的区域内，新建、改建、扩建造成地下水污染的建设项目的，由地方人民政府生态环境主管部门处 10 万元以上 50 万元以下罚款，并报经有批准权的人民政府批准，责令拆除或者关闭。

第六十条 侵占、毁坏或者擅自移动地下水监测设施设备及其标志的，由县级以上地方人民政府水行政、自然资源、生态环境主管部门责令停止违法行为，限期采取补救措施，处 2 万元以上 10 万元以下罚款；逾期不采取补救措施的，由县级以上地方人民政府水行政、自然资源、生态环境主管部门组织补救，所需费用由违法行为人承担。

第六十一条 以监测、勘探为目的的地下水取水工程在施工前应当备案而未备案的，由县级以上地方人民政府水行政主管部门责令限期补办备案手续；逾期不补办备案手续的，责令限期封井或者回填，处 2 万元以上 10 万元以下罚款；逾期不封井或者回填的，由县级以上地方人民政府水行政主管部门组织封井或者回填，所需费用由违法行为人承担。

第六十二条 违反本条例规定，构成违反治安管理行为的，由公安机关依法给予治安管理处罚；构成犯罪的，依法追究刑事责任。

第八章　附　则

第六十三条　本条例下列用语含义是：

地下水取水工程，是指地下水取水井及其配套设施，包括水井、集水廊道、集水池、渗渠、注水井以及需要取水的地热能开发利用项目的取水井和回灌井等。

地下水超采区，是指地下水实际开采量超过可开采量，引起地下水水位持续下降、引发生态损害和地质灾害的区域。

难以更新的地下水，是指与大气降水和地表水体没有密切水力联系，无法补给或者补给非常缓慢的地下水。

第六十四条　本条例自 2021 年 12 月 1 日起施行。

中华人民共和国国务院令

第 776 号

《节约用水条例》已经 2024 年 2 月 23 日国务院第 26 次常务会议通过，现予公布，自 2024 年 5 月 1 日起施行。

总理　李　强

2024 年 3 月 9 日

节约用水条例

第一章　总　则

第一条　为了促进全社会节约用水，保障国家水安全，推进生态文明建设，推动高质量发展，根据《中华人民共和国水法》等有关法律，制定本条例。

第二条　本条例所称节约用水（以下简称节水），是指通过加强用水管理、转变用水方式，采取技术上可行、经济上合理的措施，降低水资源消耗、减少水资源损失、防止水资源浪费，合理、有效利用水资源的活动。

第三条　节水工作应当坚持中国共产党的领导，贯彻总体国家安全观，统筹发展和安全，遵循统筹规划、综合施策、因地制宜、分类指导的原则，坚持总量控制、科学配置、高效利用，坚持约束和激励相结合，建立政府主导、各方协同、市场调节、公众参与的节水机制。

第四条　国家厉行节水，坚持和落实节水优先方针，深入实施国家节水行动，全面建设节水型社会。

任何单位和个人都应当依法履行节水义务。

第五条　国家建立水资源刚性约束制度，坚持以水定城、以水定地、以水定人、以水定产，优化国土空间开发保护格局，促进人口和城市科学合理布局，构建与水资源承载能力相适应的现代产业体系。

第六条　县级以上人民政府应当将节水工作纳入国民经济和社会发展有关规划、年度计划，加强对节水工作的组织领导，完善并推动落实节水政策和保障措施，统筹研究和协调解决节水工作中的重大问题。

第七条 国务院水行政主管部门负责全国节水工作。国务院住房城乡建设主管部门按照职责分工指导城市节水工作。国务院发展改革、工业和信息化、农业农村、自然资源、市场监督管理、科技、教育、机关事务管理等主管部门按照职责分工做好节水有关工作。

县级以上地方人民政府有关部门按照职责分工做好节水工作。

第八条 国家完善鼓励和支持节水产业发展、科技创新的政策措施，加强节水科技创新能力建设和产业化应用，强化科技创新对促进节水的支撑作用。

第九条 国家加强节水宣传教育和科学普及，提升全民节水意识和节水技能，促进形成自觉节水的社会共识和良好风尚。

国务院有关部门、县级以上地方人民政府及其有关部门、乡镇人民政府、街道办事处应当组织开展多种形式的节水宣传教育和知识普及活动。

新闻媒体应当开展节水公益宣传，对浪费水资源的行为进行舆论监督。

第二章　用水管理

第十条 国务院有关部门按照职责分工，根据国民经济和社会发展规划、全国水资源战略规划编制全国节水规划。县级以上地方人民政府根据经济社会发展需要、水资源状况和上级节水规划，组织编制本行政区域的节水规划。

节水规划应当包括水资源状况评价、节水潜力分析、节水目标、主要任务和措施等内容。

第十一条 国务院水行政、标准化主管部门组织制定全国主要农作物、重点工业产品和服务业等的用水定额（以下称国家用水定额）。组织制定国家用水定额，应当征求国务院有关部门和省、自治区、直辖市人民政府的意见。

省、自治区、直辖市人民政府根据实际需要，可以制定严于国家用水定额的地方用水定额；国家用水定额未作规定的，可以补充制定地方用水定额。地方用水定额由省、自治区、直辖市人民政府有关行业主管部门提出，经同级水行政、标准化主管部门审核同意后，由省、自治区、直辖市人民政府公布，并报国务院水行政、标准化主管部门备案。

用水定额应当根据经济社会发展水平、水资源状况、产业结构变化和技术进步等情况适时修订。

第十二条 县级以上地方人民政府水行政主管部门会同有关部门，根据用水定额、经济技术条件以及水量分配方案、地下水控制指标等确定的可供本行政区域使用的水量，制定本行政区域年度用水计划，对年度用水实行总量控制。

第十三条 国家对用水达到一定规模的单位实行计划用水管理。

用水单位的用水计划应当根据用水定额、本行政区域年度用水计划制定。对直接取用地下水、地表水的用水单位，用水计划由县级以上地方人民政府水行政主管部门或者相应流域管理机构制定；对使用城市公共供水的用水单位，用水计划由城市节水主管部门会同城市供水主管部门制定。

用水单位计划用水管理的具体办法由省、自治区、直辖市人民政府制定。

第十四条 用水应当计量。对不同水源、不同用途的水应当分别计量。

县级以上地方人民政府应当加强农业灌溉用水计量设施建设。水资源严重短缺地区、地下水超采地区应当限期建设农业灌溉用水计量设施。农业灌溉用水暂不具备计量条件的，可以采用以电折水等间接方式进行计量。

任何单位和个人不得侵占、损毁、擅自移动用水计量设施，不得干扰用水计量。

第十五条 用水实行计量收费。国家建立促进节水的水价体系，完善与经济社会发展水平、水资源状况、用水定额、供水成本、用水户承受能力和节水要求等相适应的水价形成机制。

城镇居民生活用水和具备条件的农村居民生活用水实行阶梯水价，非居民用水实行超定额（超计划）累进加价。

农业水价应当依法统筹供水成本、水资源稀缺程度和农业用水户承受能力等因素合理制定，原则上不低于工程运行维护成本。对具备条件的农业灌溉用水，推进实行超定额累进加价。

再生水、海水淡化水的水价在地方人民政府统筹协调下由供需双方协商确定。

第十六条 水资源严重短缺地区、地下水超采地区应当严格控制高耗水产业项目建设，禁止新建并限期淘汰不符合国家产业政策的高耗水产业项目。

第十七条 国家对节水潜力大、使用面广的用水产品实行水效标识管理，并逐步淘汰水效等级较低的用水产品。水效标识管理办法由国务院发展改革主管部门会同国务院有关部门制定。

第十八条 国家鼓励对节水产品实施质量认证，通过认证的节水产品可以按照规定使用认证标志。认证基本规范、认证规则由国务院认证认可监督管理部门会同国务院有关部门制定。

第十九条 新建、改建、扩建建设项目，建设单位应当根据工程建设内容制定节水措施方案，配套建设节水设施。节水设施应当与主体工程同时设计、同时施工、同时投入使用。节水设施建设投资纳入建设项目总投资。

第二十条 国家逐步淘汰落后的、耗水量高的技术、工艺、设备和产品，具体名录由国务院发展改革主管部门会同国务院工业和信息化、水行政、住房城乡建设等有关部门制定并公布。

禁止生产、销售列入前款规定名录的技术、工艺、设备和产品。从事生产经营活动的使用者应当限期停止使用列入前款规定名录的技术、工艺、设备和产品。

第二十一条 国家建立健全节水标准体系。

国务院有关部门依法组织制定并适时修订有关节水的国家标准、行业标准。

国家鼓励有关社会团体、企业依法制定严于国家标准、行业标准的节水团体标准、企业标准。

第二十二条 国务院有关部门依法建立节水统计调查制度，定期公布节水统计信息。

第三章 节水措施

第二十三条 县级以上人民政府及其有关部门应当根据经济社会发展水平和水资源状况，引导农业生产经营主体合理调整种植养殖结构和农业用水结构，积极发展节水型农业，因地制宜发展旱作农业。

国家对水资源短缺地区发展节水型农业给予重点扶持。

第二十四条 国家支持耐旱农作物新品种以及土壤保墒、水肥一体化、养殖废水资源化利用等种植业、养殖业节水技术的研究和推广。

县级以上人民政府及其有关部门应当组织开展节水农业试验示范和技术培训，指导农业生产经营主体使用节水技术。

第二十五条 国家发展节水灌溉，推广喷灌、微灌、管道输水灌溉、渠道防渗输水灌溉、集雨补灌等节水灌溉技术，提高灌溉用水效率。水资源短缺地区、地下水超采地区应当优先发展节水灌溉。

县级以上人民政府及其有关部门应当支持和推动节水灌溉工程设施建设。新建灌溉工程设施应当符合节水灌溉工程技术标准。已经建成的灌溉工程设施不符合节水灌溉工程技术标准的，应当限期进行节水改造。

第二十六条 国家加快推进农村生活节水。

县级以上地方人民政府及其有关部门应当加强农村生活供水设施以及配套管网建设和改造，推广使用生活节水器具。

第二十七条 工业企业应当加强内部用水管理，建立节水管理制度，采用分质供水、高效冷却和洗涤、循环用水、废水处理回用等先进、适用节水技术、工艺和设备，降低单位产品（产值）耗水量，提高水资源重复利用率。高耗水工业企业用水水平超过用水定额的，应当限期进行节水改造。

工业企业的生产设备冷却水、空调冷却水、锅炉冷凝水应当回收利用。高耗水工业企业应当逐步推广废水深度处理回用技术措施。

第二十八条 新建、改建、扩建工业企业集聚的各类开发区、园区等（以下统称工业集聚区）应当统筹建设供水、排水、废水处理及循环利用设施，推动企业间串联用水、分质用水，实现一水多用和循环利用。

国家鼓励已经建成的工业集聚区开展以节水为重点内容的绿色高质量转型升级和循环化改造，加快节水及水循环利用设施建设。

第二十九条 县级以上地方人民政府应当加强对城市建成区内生产、生活、生态用水的统筹，将节水要求落实到城市规划、建设、治理的各个环节，全面推进节水型城市建设。

第三十条 公共供水企业和自建用水管网设施的单位应当加强供水、用水管网设施运行和维护管理，建立供水、用水管网设施漏损控制体系，采取措施控制水的漏损。超出供水管网设施漏损控制国家标准的漏水损失，不得计入公共供水企业定价成本。

县级以上地方人民政府有关部门应当加强对公共供水管网设施运行的监督管理，支持和推动老旧供水管网设施改造。

第三十一条 国家把节水作为推广绿色建筑的重要内容，推动降低建筑运行水耗。

新建、改建、扩建公共建筑应当使用节水器具。

第三十二条 公共机构应当发挥节水表率作用，建立健全节水管理制度，率先采用先进的节水技术、工艺、设备和产品，开展节水改造，积极建设节水型单位。

第三十三条 城镇园林绿化应当提高用水效率。

水资源短缺地区城镇园林绿化应当优先选用适合本地区的节水耐旱型植被，采用喷灌、微灌等节水灌溉方式。

水资源短缺地区应当严格控制人造河湖等景观用水。

第三十四条 县级以上地方人民政府应当根据水资源状况，将再生水、集蓄雨水、海水及海水淡化水、矿坑（井）水、微咸水等非常规水纳入水资源统一配置。

水资源短缺地区县级以上地方人民政府应当制定非常规水利用计划，提高非常规水利用比例，对具备使用非常规水条件但未合理使用的建设项目，不得批准其新增取水许可。

第三十五条 县级以上地方人民政府应当统筹规划、建设污水资源化利用基础设施，促进污水资源化利用。

城市绿化、道路清扫、车辆冲洗、建筑施工以及生态景观等用水，应当优先使用符合标准要求的再生水。

第三十六条 县级以上地方人民政府应当推进海绵城市建设，提高雨水资源化利用水平。

开展城市新区建设、旧城区改造和市政基础设施建设等，应当按照海绵城市建设要求，因地制宜规划、建设雨水滞渗、净化、利用和调蓄设施。

第三十七条 沿海地区应当积极开发利用海水资源。

沿海或者海岛淡水资源短缺地区新建、改建、扩建工业企业项目应当优先使用海水淡化水。具备条件的，可以将海水淡化水作为市政新增供水以及应急备用水源。

第四章 保障和监督

第三十八条 县级以上地方人民政府应当健全与节水成效、农业水价水平、财力状况相匹配的农业用水精准补贴机制和节水奖励机制。

对符合条件的节水项目，按照国家有关规定给予补助。

第三十九条 国家鼓励金融机构提供多种形式的节水金融服务，引导金融机构加大对节水项目的融资支持力度。

国家鼓励和引导社会资本按照市场化原则依法参与节水项目建设和运营，保护其合法权益。

第四十条 国家鼓励发展社会化、专业化、规范化的节水服务产业，支持节水服务机构创新节水服务模式，开展节水咨询、设计、检测、计量、技术改造、运行管理、产品认证等服务，引导和推动节水服务机构与用水单位或者个人签订节水管理合同，提供节水服务并以节水效益分享等方式获得合理收益。

国家鼓励农村集体经济组织、农民专业合作社、农民用水合作组织以及其他专业化服务组织参与农业节水服务。

第四十一条 国家培育和规范水权市场，支持开展多种形式的水权交易，健全水权交易系统，引导开展集中交易，完善水权交易规则，并逐步将水权交易纳入公共资源交易平台体系。

第四十二条 对节水成绩显著的单位和个人，按照国家有关规定给予表彰、奖励。

第四十三条 县级以上人民政府水行政、住房城乡建设、市场监督管理等主管部门应当按照职责分工，加强对用水活动的监督检查，依法查处违法行为。

有关部门履行监督检查职责时，有权采取下列措施：

（一）进入现场开展检查，调查了解有关情况；

（二）要求被检查单位或者个人就节水有关问题作出说明；

（三）要求被检查单位或者个人提供有关文件、资料，进行查阅或者复制；

（四）法律、行政法规规定的其他措施。

监督检查人员在履行监督检查职责时，应当主动出示执法证件。被检查单位和个人应当予以配合，不得拒绝、阻碍。

第四十四条 对浪费水资源的行为，任何单位和个人有权向有关部门举报，接到举报的部门应当依法及时处理。

第四十五条 国家实行节水责任制和节水考核评价制度，将节水目标完成情况纳入对地方人民政府及其负责人考核范围。

第五章 法律责任

第四十六条 侵占、损毁、擅自移动用水计量设施，或者干扰用水计量的，由县级以上地方人民政府水行政、住房城乡建设主管部门或者流域管理机构责令停止违法行为，限期采取补救措施，处1万元以上10万元以下的罚款；造成损失的，依法承担赔偿责任。

第四十七条 建设项目的节水设施没有建成或者没有达到国家规定的要求，擅自投入使用的，以及生产、销售或者在生产经营中使用国家明令淘汰的落后的、耗水量高的技术、工艺、设备和产品的，依照《中华人民共和国水法》有关规定给予处罚。

第四十八条 高耗水工业企业用水水平超过用水定额，未在规定的期限内进行节水改造的，由县级以上地方人民政府水行政主管部门或者流域管理机构责令改正，可以处10万元以下的罚款；拒不改正的，处10万元以上50万元以下的罚款，情节严重的，采取限制用水措施或者吊销其取水许可证。

第四十九条 工业企业的生产设备冷却水、空调冷却水、锅炉冷凝水未回收利用的，由县级以上地方人民政府水行政主管部门责令改正，可以处5万元以下的罚款；拒不改正的，处5万元以上10万元以下的罚款。

第五十条 县级以上人民政府及其有关部门的工作人员在节水工作中滥用职权、玩忽职守、徇私舞弊的，依法给予处分。

第五十一条 违反本条例规定，构成违反治安管理行为的，由公安机关依法给予治安管理处罚；构成犯罪的，依法追究刑事责任。

第六章 附 则

第五十二条 本条例自2024年5月1日起施行。

中华人民共和国国务院令

第 460 号

《取水许可和水资源费征收管理条例》已经 2006 年 1 月 24 日国务院第 123 次常务会议通过，现予公布，自 2006 年 4 月 15 日起施行。

总理　温家宝

二〇〇六年二月二十一日

取水许可和水资源费征收管理条例

（2006 年 2 月 21 日中华人民共和国国务院令第 460 号公布　根据 2017 年 3 月 1 日《国务院关于修改和废止部分行政法规的决定》修订）

第一章　总　则

第一条　为加强水资源管理和保护，促进水资源的节约与合理开发利用，根据《中华人民共和国水法》，制定本条例。

第二条　本条例所称取水，是指利用取水工程或者设施直接从江河、湖泊或者地下取用水资源。

取用水资源的单位和个人，除本条例第四条规定的情形外，都应当申请领取取水许可证，并缴纳水资源费。

本条例所称取水工程或者设施，是指闸、坝、渠道、人工河道、虹吸管、水泵、水井以及水电站等。

第三条　县级以上人民政府水行政主管部门按照分级管理权限，负责取水许可制度的组织实施和监督管理。

国务院水行政主管部门在国家确定的重要江河、湖泊设立的流域管理机构（以下简称流域管理机构），依照本条例规定和国务院水行政主管部门授权，负责所管辖范围内取水许可制度的组织实施和监督管理。

县级以上人民政府水行政主管部门、财政部门和价格主管部门依照本条例规定和管理权限，负责水资源费的征收、管理和监督。

第四条 下列情形不需要申请领取取水许可证：

（一）农村集体经济组织及其成员使用本集体经济组织的水塘、水库中的水的；

（二）家庭生活和零星散养、圈养畜禽饮用等少量取水的；

（三）为保障矿井等地下工程施工安全和生产安全必须进行临时应急取（排）水的；

（四）为消除对公共安全或者公共利益的危害临时应急取水的；

（五）为农业抗旱和维护生态与环境必须临时应急取水的。

前款第（二）项规定的少量取水的限额，由省、自治区、直辖市人民政府规定；第（三）项、第（四）项规定的取水，应当及时报县级以上地方人民政府水行政主管部门或者流域管理机构备案；第（五）项规定的取水，应当经县级以上人民政府水行政主管部门或者流域管理机构同意。

第五条 取水许可应当首先满足城乡居民生活用水，并兼顾农业、工业、生态与环境用水以及航运等需要。

省、自治区、直辖市人民政府可以依照本条例规定的职责权限，在同一流域或者区域内，根据实际情况对前款各项用水规定具体的先后顺序。

第六条 实施取水许可必须符合水资源综合规划、流域综合规划、水中长期供求规划和水功能区划，遵守依照《中华人民共和国水法》规定批准的水量分配方案；尚未制定水量分配方案的，应当遵守有关地方人民政府间签订的协议。

第七条 实施取水许可应当坚持地表水与地下水统筹考虑，开源与节流相结合、节流优先的原则，实行总量控制与定额管理相结合。

流域内批准取水的总耗水量不得超过本流域水资源可利用量。

行政区域内批准取水的总水量，不得超过流域管理机构或者上一级水行政主管部门下达的可供本行政区域取用的水量；其中，批准取用地下水的总水量，不得超过本行政区域地下水可开采量，并应当符合地下水开发利用规划的要求。制定地下水开发利用规划应当征求国土资源主管部门的意见。

第八条 取水许可和水资源费征收管理制度的实施应当遵循公开、公平、公正、高效和便民的原则。

第九条 任何单位和个人都有节约和保护水资源的义务。

对节约和保护水资源有突出贡献的单位和个人，由县级以上人民政府给予表彰和奖励。

第二章　取水的申请和受理

第十条　申请取水的单位或者个人（以下简称申请人），应当向具有审批权限的审批机关提出申请。申请利用多种水源，且各种水源的取水许可审批机关不同的，应当向其中最高一级审批机关提出申请。

取水许可权限属于流域管理机构的，应当向取水口所在地的省、自治区、直辖市人民政府水行政主管部门提出申请。省、自治区、直辖市人民政府水行政主管部门，应当自收到申请之日起 20 个工作日内提出意见，并连同全部申请材料转报流域管理机构；流域管理机构收到后，应当依照本条例第十三条的规定作出处理。

第十一条　申请取水应当提交下列材料：

（一）申请书；

（二）与第三者利害关系的相关说明；

（三）属于备案项目的，提供有关备案材料；

（四）国务院水行政主管部门规定的其他材料。

建设项目需要取水的，申请人还应当提交由具备建设项目水资源论证资质的单位编制的建设项目水资源论证报告书。论证报告书应当包括取水水源、用水合理性以及对生态与环境的影响等内容。

第十二条　申请书应当包括下列事项：

（一）申请人的名称（姓名）、地址；

（二）申请理由；

（三）取水的起始时间及期限；

（四）取水目的、取水量、年内各月的用水量等；

（五）水源及取水地点；

（六）取水方式、计量方式和节水措施；

（七）退水地点和退水中所含主要污染物以及污水处理措施；

（八）国务院水行政主管部门规定的其他事项。

第十三条　县级以上地方人民政府水行政主管部门或者流域管理机构，应当自收到取水申请之日起 5 个工作日内对申请材料进行审查，并根据下列不同情形分别作出处理：

（一）申请材料齐全、符合法定形式、属于本机关受理范围的，予以受理；

（二）提交的材料不完备或者申请书内容填注不明的，通知申请人补正；

（三）不属于本机关受理范围的，告知申请人向有受理权限的机关提出申请。

第三章 取水许可的审查和决定

第十四条 取水许可实行分级审批。

下列取水由流域管理机构审批：

（一）长江、黄河、淮河、海河、滦河、珠江、松花江、辽河、金沙江、汉江的干流和太湖以及其他跨省、自治区、直辖市河流、湖泊的指定河段限额以上的取水；

（二）国际跨界河流的指定河段和国际边界河流限额以上的取水；

（三）省际边界河流、湖泊限额以上的取水；

（四）跨省、自治区、直辖市行政区域的取水；

（五）由国务院或者国务院投资主管部门审批、核准的大型建设项目的取水；

（六）流域管理机构直接管理的河道（河段）、湖泊内的取水。

前款所称的指定河段和限额以及流域管理机构直接管理的河道（河段）、湖泊，由国务院水行政主管部门规定。

其他取水由县级以上地方人民政府水行政主管部门按照省、自治区、直辖市人民政府规定的审批权限审批。

第十五条 批准的水量分配方案或者签订的协议是确定流域与行政区域取水许可总量控制的依据。

跨省、自治区、直辖市的江河、湖泊，尚未制定水量分配方案或者尚未签订协议的，有关省、自治区、直辖市的取水许可总量控制指标，由流域管理机构根据流域水资源条件，依据水资源综合规划、流域综合规划和水中长期供求规划，结合各省、自治区、直辖市取水现状及供需情况，商有关省、自治区、直辖市人民政府水行政主管部门提出，报国务院水行政主管部门批准；设区的市、县（市）行政区域的取水许可总量控制指标，由省、自治区、直辖市人民政府水行政主管部门依据本省、自治区、直辖市取水许可总量控制指标，结合各地取水现状及供需情况制定，并报流域管理机构备案。

第十六条 按照行业用水定额核定的用水量是取水量审批的主要依据。

省、自治区、直辖市人民政府水行政主管部门和质量监督检验管理部门对本行政区域行业用水定额的制定负责指导并组织实施。

尚未制定本行政区域行业用水定额的，可以参照国务院有关行业主管部门制定的行业用水定额执行。

第十七条 审批机关受理取水申请后，应当对取水申请材料进行全面审查，并综合考虑取水可能对水资源的节约保护和经济社会发展带来的影响，决定是否批准取水申请。

第十八条 审批机关认为取水涉及社会公共利益需要听证的，应当向社会公告，并举行听证。

取水涉及申请人与他人之间重大利害关系的，审批机关在作出是否批准取水申请的决定前，应当告知申请人、利害关系人。申请人、利害关系人要求听证的，审批机关应当组织听证。

因取水申请引起争议或者诉讼的，审批机关应当书面通知申请人中止审批程序；争议解决或者诉讼终止后，恢复审批程序。

第十九条 审批机关应当自受理取水申请之日起45个工作日内决定批准或者不批准。决定批准的，应当同时签发取水申请批准文件。

对取用城市规划区地下水的取水申请，审批机关应当征求城市建设主管部门的意见，城市建设主管部门应当自收到征求意见材料之日起 5 个工作日内提出意见并转送取水审批机关。

本条第一款规定的审批期限，不包括举行听证和征求有关部门意见所需的时间。

第二十条 有下列情形之一的，审批机关不予批准，并在作出不批准的决定时，书面告知申请人不批准的理由和依据：

（一）在地下水禁采区取用地下水的；

（二）在取水许可总量已经达到取水许可控制总量的地区增加取水量的；

（三）可能对水功能区水域使用功能造成重大损害的；

（四）取水、退水布局不合理的；

（五）城市公共供水管网能够满足用水需要时，建设项目自备取水设施取用地下水的；

（六）可能对第三者或者社会公共利益产生重大损害的；

（七）属于备案项目，未报送备案的；

（八）法律、行政法规规定的其他情形。

审批的取水量不得超过取水工程或者设施设计的取水量。

第二十一条 取水申请经审批机关批准，申请人方可兴建取水工程或者设施。

第二十二条 取水申请批准后3年内，取水工程或者设施未开工建设，或者需由国家审批、核准的建设项目未取得国家审批、核准的，取水申请批准文件自行失效。

建设项目中取水事项有较大变更的，建设单位应当重新进行建设项目水资源论证，并重新申请取水。

第二十三条 取水工程或者设施竣工后，申请人应当按照国务院水行政主管部门的规定，向取水审批机关报送取水工程或者设施试运行情况等相关材料；经验收合格的，由审批机关核发取水许可证。

直接利用已有的取水工程或者设施取水的，经审批机关审查合格，发给取水许可证。

审批机关应当将发放取水许可证的情况及时通知取水口所在地县级人民政府水行政主管部门，并定期对取水许可证的发放情况予以公告。

第二十四条 取水许可证应当包括下列内容：

（一）取水单位或者个人的名称（姓名）；

（二）取水期限；

（三）取水量和取水用途；

（四）水源类型；

（五）取水、退水地点及退水方式、退水量。

前款第（三）项规定的取水量是在江河、湖泊、地下水多年平均水量情况下允许的取水单位或者个人的最大取水量。

取水许可证由国务院水行政主管部门统一制作，审批机关核发取水许可证只能收取工本费。

第二十五条 取水许可证有效期限一般为 5 年，最长不超过 10 年。有效期届满，需要延续的，取水单位或者个人应当在有效期届满 45 日前向原审批机关提出申请，原审批机关应当在有效期届满前，作出是否延续的决定。

第二十六条 取水单位或者个人要求变更取水许可证载明的事项的，应当依照本条例的规定向原审批机关申请，经原审批机关批准，办理有关变更手续。

第二十七条 依法获得取水权的单位或者个人，通过调整产品和产业结构、改革工艺、节水等措施节约水资源的，在取水许可的有效期和取水限额内，经原审批机关批准，可以依法有偿转让其节约的水资源，并到原审批机关办理取水权变更手续。具体办法由国务院水行政主管部门制定。

第四章 水资源费的征收和使用管理

第二十八条 取水单位或者个人应当缴纳水资源费。

取水单位或者个人应当按照经批准的年度取水计划取水。超计划或者超定额取水的，对超计划或者超定额部分累进收取水资源费。

水资源费征收标准由省、自治区、直辖市人民政府价格主管部门会同同级财政部门、水行政主管部门制定，报本级人民政府批准，并报国务院价格主管部门、财政部门和水行政主管部门备案。其中，由流域管理机构审批取水的中央直属和跨省、自治区、直辖市水利工程的水资源费征收标准，由国务院价格主管部门会同国务院财政部门、水行政主管部门制定。

第二十九条 制定水资源费征收标准，应当遵循下列原则：

（一）促进水资源的合理开发、利用、节约和保护；

（二）与当地水资源条件和经济社会发展水平相适应；

（三）统筹地表水和地下水的合理开发利用，防止地下水过量开采；

（四）充分考虑不同产业和行业的差别。

第三十条 各级地方人民政府应当采取措施，提高农业用水效率，发展节水型农业。

农业生产取水的水资源费征收标准应当根据当地水资源条件、农村经济发展状况和促进农业节约用水需要制定。农业生产取水的水资源费征收标准应当低于其他用水的水资源费征收标准，粮食作物的水资源费征收标准应当低于经济作物的水资源费征收标准。农业生产取水的水资源费征收的步骤和范围由省、自治区、直辖市人民政府规定。

第三十一条 水资源费由取水审批机关负责征收；其中，流域管理机构审批的，水资源费由取水口所在地省、自治区、直辖市人民政府水行政主管部门代为征收。

第三十二条 水资源费缴纳数额根据取水口所在地水资源费征收标准和实际取水量确定。

水力发电用水和火力发电贯流式冷却用水可以根据取水口所在地水资源费征收标准和实际发电量确定缴纳数额。

第三十三条 取水审批机关确定水资源费缴纳数额后，应当向取水单位或者个人送达水资源费缴纳通知单，取水单位或者个人应当自收到缴纳通知单之日起 7 日内办理缴纳手续。

直接从江河、湖泊或者地下取用水资源从事农业生产的，对超过省、自治区、直辖市规定的农业生产用水限额部分的水资源，由取水单位或者个人根据取水口所在地水资源费征收标准和实际取水量缴纳水资源费；符合规定的农业生产用水限额的取水，不缴纳水资源费。取用供水工程的水从事农业生产的，由用水单位或者个人按照实际用水量向供水工程单位缴纳水费，由供水工程单位统一缴纳水资源费；水资源费计入供水成本。

为了公共利益需要，按照国家批准的跨行政区域水量分配方案实施的临时应急调水，由调入区域的取用水的单位或者个人，根据所在地水资源费征收标准和实际取水量缴纳水资源费。

第三十四条 取水单位或者个人因特殊困难不能按期缴纳水资源费的，可以自收到水资源费缴纳通知单之日起 7 日内向发出缴纳通知单的水行政主管部门申请缓缴；发出缴纳通知单的水行政主管部门应当自收到缓缴申请之日起 5 个工作日内作出书面决定并通知申请人；期满未作决定的，视为同意。水资源费的缓缴期限最长不得超过 90 日。

第三十五条 征收的水资源费应当按照国务院财政部门的规定分别解缴中央和地方国库。因筹集水利工程基金，国务院对水资源费的提取、解缴另有规定的，从其规定。

第三十六条 征收的水资源费应当全额纳入财政预算，由财政部门按照批准的部门财政预算统筹安排，主要用于水资源的节约、保护和管理，也可以用于水资源的合理开发。

第三十七条 任何单位和个人不得截留、侵占或者挪用水资源费。

审计机关应当加强对水资源费使用和管理的审计监督。

第五章 监督管理

第三十八条 县级以上人民政府水行政主管部门或者流域管理机构应当依照本条例规定，加强对取水许可制度实施的监督管理。

县级以上人民政府水行政主管部门、财政部门和价格主管部门应当加强对水资源费征收、使用情况的监督管理。

第三十九条 年度水量分配方案和年度取水计划是年度取水总量控制的依据，应当根据批准的水量分配方案或者签订的协议，结合实际用水状况、行业用水定额、下一年度预测来水量等制定。

国家确定的重要江河、湖泊的流域年度水量分配方案和年度取水计划，由流域管理机构会同有关省、自治区、直辖市人民政府水行政主管部门制定。

县级以上各地方行政区域的年度水量分配方案和年度取水计划，由县级以上地方人民政府水行政主管部门根据上一级地方人民政府水行政主管部门或者流域管理机构下达的年度水量分配方案和年度取水计划制定。

第四十条 取水审批机关依照本地区下一年度取水计划、取水单位或者个人提出的下一年度取水计划建议，按照统筹协调、综合平衡、留有余地的原则，向取水单位或者个人下达下一年度取水计划。

取水单位或者个人因特殊原因需要调整年度取水计划的，应当经原审批机关同意。

第四十一条 有下列情形之一的，审批机关可以对取水单位或者个人的年度取水量予以限制：

（一）因自然原因，水资源不能满足本地区正常供水的；

（二）取水、退水对水功能区水域使用功能、生态与环境造成严重影响的；

（三）地下水严重超采或者因地下水开采引起地面沉降等地质灾害的；

（四）出现需要限制取水量的其他特殊情况的。

发生重大旱情时，审批机关可以对取水单位或者个人的取水量予以紧急限制。

第四十二条 取水单位或者个人应当在每年的 12 月 31 日前向审批机关报送本年度的取水情况和下一年度取水计划建议。

审批机关应当按年度将取用地下水的情况抄送同级国土资源主管部门，将取用城市规划区地下水的情况抄送同级城市建设主管部门。

审批机关依照本条例第四十一条第一款的规定，需要对取水单位或者个人的年度取水量予以限制的，应当在采取限制措施前及时书面通知取水单位或者个人。

第四十三条 取水单位或者个人应当依照国家技术标准安装计量设施，保证计量设施正常运行，并按照规定填报取水统计报表。

第四十四条 连续停止取水满 2 年的，由原审批机关注销取水许可证。由于不可抗力或者进行重大技术改造等原因造成停止取水满 2 年的，经原审批机关同意，可以保留取水许可证。

第四十五条 县级以上人民政府水行政主管部门或者流域管理机构在进行监督检查时，有权采取下列措施：

（一）要求被检查单位或者个人提供有关文件、证照、资料；

（二）要求被检查单位或者个人就执行本条例的有关问题作出说明；

（三）进入被检查单位或者个人的生产场所进行调查；

（四）责令被检查单位或者个人停止违反本条例的行为，履行法定义务。

监督检查人员在进行监督检查时，应当出示合法有效的行政执法证件。有关单位和个人对监督检查工作应当给予配合，不得拒绝或者阻碍监督检查人员依法执行公务。

第四十六条 县级以上地方人民政府水行政主管部门应当按照国务院水行政主管部门的规定，及时向上一级水行政主管部门或者所在流域的流域管理机构报送本行政区域上一年度取水许可证发放情况。

流域管理机构应当按照国务院水行政主管部门的规定，及时向国务院水行政主管部门报送其上一年度取水许可证发放情况，并同时抄送取水口所在地省、自治区、直辖市人民政府水行政主管部门。

上一级水行政主管部门或者流域管理机构发现越权审批、取水许可证核准的总取水量超过水量分配方案或者协议规定的数量、年度实际取水总量超过下达的年度水量分配方案和年度取水计划的，应当及时要求有关水行政主管部门或者流域管理机构纠正。

第六章 法律责任

第四十七条 县级以上地方人民政府水行政主管部门、流域管理机构或者其他有关部门及其工作人员，有下列行为之一的，由其上级行政机关或者监察机关责令改正；情节严重的，对直接负责的主管人员和其他直接责任人员依法给予行政处分；构成犯罪的，依法追究刑事责任：

（一）对符合法定条件的取水申请不予受理或者不在法定期限内批准的；

（二）对不符合法定条件的申请人签发取水申请批准文件或者发放取水许可证的；

（三）违反审批权限签发取水申请批准文件或者发放取水许可证的；

（四）对未取得取水申请批准文件的建设项目，擅自审批、核准的；

（五）不按照规定征收水资源费，或者对不符合缓缴条件而批准缓缴水资源费的；

（六）侵占、截留、挪用水资源费的；

（七）不履行监督职责，发现违法行为不予查处的；

（八）其他滥用职权、玩忽职守、徇私舞弊的行为。

前款第（六）项规定的被侵占、截留、挪用的水资源费，应当依法予以追缴。

第四十八条 未经批准擅自取水，或者未依照批准的取水许可规定条件取水的，依照《中华人民共和国水法》第六十九条规定处罚；给他人造成妨碍或者损失的，应当排除妨碍、赔偿损失。

第四十九条 未取得取水申请批准文件擅自建设取水工程或者设施的，责令停止违法行为，限期补办有关手续；逾期不补办或者补办未被批准的，责令限期拆除或者封闭其取水工程或者设施；逾期不拆除或者不封闭其取水工程或者设施的，由县级以上地方人民政府水行政主管部门或者流域管理机构组织拆除或者封闭，所需费用由违法行为人承担，可以处 5 万元以下罚款。

第五十条 申请人隐瞒有关情况或者提供虚假材料骗取取水申请批准文件或者取水许可证的，取水申请批准文件或者取水许可证无效，对申请人给予警告，责令其限期补缴应当缴纳的水资源费，处 2 万元以上 10 万元以下罚款；构成犯罪的，依法追究刑事责任。

第五十一条 拒不执行审批机关作出的取水量限制决定，或者未经批准擅自转让取水权的，责令停止违法行为，限期改正，处 2 万元以上 10 万元以下罚款；逾期拒不改正或者情节严重的，吊销取水许可证。

第五十二条 有下列行为之一的，责令停止违法行为，限期改正，处 5000 元以上 2 万元以下罚款；情节严重的，吊销取水许可证：

（一）不按照规定报送年度取水情况的；

（二）拒绝接受监督检查或者弄虚作假的；

（三）退水水质达不到规定要求的。

第五十三条 未安装计量设施的，责令限期安装，并按照日最大取水能力计算的取水量和水资源费征收标准计征水资源费，处 5000 元以上 2 万元以下罚款；情节严重的，吊销取水许可证。

计量设施不合格或者运行不正常的，责令限期更换或者修复；逾期不更换或者不修复的，按照日最大取水能力计算的取水量和水资源费征收标准计征水资源费，可以处 1 万元以下罚款；情节严重的，吊销取水许可证。

第五十四条 取水单位或者个人拒不缴纳、拖延缴纳或者拖欠水资源费的，依照《中华人民共和国水法》第七十条规定处罚。

第五十五条 对违反规定征收水资源费、取水许可证照费的，由价格主管部门依法予以行政处罚。

第五十六条　伪造、涂改、冒用取水申请批准文件、取水许可证的，责令改正，没收违法所得和非法财物，并处 2 万元以上 10 万元以下罚款；构成犯罪的，依法追究刑事责任。

第五十七条　本条例规定的行政处罚，由县级以上人民政府水行政主管部门或者流域管理机构按照规定的权限决定。

第七章　附　则

第五十八条　本条例自 2006 年 4 月 15 日起施行。1993 年 8 月 1 日国务院发布的《取水许可制度实施办法》同时废止。

第二节 内蒙古自治区相关规定

内蒙古自治区地下水保护和管理条例

（2021年11月16日内蒙古自治区第十三届人民代表大会常务委员会第三十一次会议通过 根据2024年3月26日内蒙古自治区第十四届人民代表大会常务委员会第九次会议《关于修改〈内蒙古自治区气象条例〉等7件地方性法规的决定》修正）

第一条 为了加强地下水保护和管理，保障地下水可持续利用，推进生态文明建设，根据《中华人民共和国水法》、国务院《地下水管理条例》等国家有关法律、法规，结合自治区实际，制定本条例。

第二条 在自治区行政区域内从事地下水保护、利用、管理及其相关工作，适用本条例。

本条例所称地下水，是指赋存于地表以下的水体，含地热水、矿泉水。

第三条 地下水保护和管理应当坚持中国共产党的领导，以铸牢中华民族共同体意识为工作主线，坚持以水定城、以水定地、以水定人、以水定产，遵循统筹规划、节水优先、高效利用、系统治理的原则。

第四条 自治区人民政府统筹全区地下水保护和管理工作。盟行政公署、设区的市人民政府指导监督本行政区域内地下水保护和管理工作。旗县级人民政府具体负责本行政区域内地下水保护和管理工作。

第五条 旗县级以上人民政府应当将地下水保护和管理纳入本级国民经济和社会发展规划，所需经费列入本级财政预算。

国民经济和社会发展规划以及国土空间规划等相关规划的编制、重大建设项目的布局，应当与地下水资源条件和地下水保护要求相适应，并进行科学论证。

自治区实行地下水保护管理目标责任制和考核评价制度。旗县级以上人民政府应当将地下水保护和管理目标完成情况纳入对下级人民政府及其负责人考核评价的内容。

第六条 旗县级以上人民政府水行政主管部门按照管理权限，负责本行政区域内地下水统一监督管理工作。

自治区人民政府、盟行政公署、设区的市人民政府生态环境主管部门负责本行政区域内地下水污染防治监督管理工作。

旗县级以上人民政府发展和改革、自然资源、农牧、林业和草原、住房和城乡建设、工业和信息化等有关部门按照职责分工，负责本行政区域内地下水保护和管理相关工作。

第七条 自治区人民政府水行政主管部门应当定期组织编制自治区地下水保护与利用规划，经征求有关部门意见，报自治区人民政府批准后实施。

编制工业、农牧业、市政、林业和草原、能源、土地、矿产资源开发等专项规划涉及地下水的，应当同地下水保护与利用规划等相衔接。

地下水保护与利用规划应当严格执行，不得擅自变更。确需变更的，应当按照规划编制程序报原批准机关批准。

第八条 自治区实行地下水取用水总量控制和水位控制制度。

自治区人民政府水行政主管部门应当根据经批准的地下水保护与利用规划，按照水文地质单元套旗县级行政区域划定管理单元，确定各管理单元规划水平年的地下水取用水总量控制指标、生态水位或者规划水平年水位控制指标，并报国务院水行政主管部门或者其授权的流域管理机构备案。

旗县级人民政府应当将各管理单元的地下水取用水总量控制指标分解到苏木乡镇和城乡生活、工业、农牧业、生态等行业，其中农牧业地下水取用水控制指标应当逐步分解到取用水户。

各管理单元取用地下水总量不得超过地下水取用水总量控制指标，地下水水位应当符合水位控制指标。对于地下水取用水总量、水位不符合管控指标要求的管理单元，旗县级人民政府应当采取治理措施，限期达到地下水取用水总量和水位控制要求。

第九条 地下水取用水总量控制指标应当根据各管理单元的地下水可开采量、生态水位管控要求确定。生态水位应当根据管理单元内维持主要原生植物种群生存需要的地下水水位埋深确定。

管理单元实际取用地下水总量数据通过计量监测、以电量折算水量等方式统计，水位数据根据地下水水位监测数据确定，由自治区人民政府水行政主管部门按年度组织开展评价，作为相关考核的依据。

第十条 编制城市总体规划、行业专项规划等，涉及取用地下水或者对地下水产生重大影响的，应当进行规划水资源论证，并符合管理单元地下水取用水总量控制指标和水位控制指标要求。规划水资源论证报告应当经有管理权限的旗县级以上人民政府水行政主管部门审查。

第十一条 取用地下水的单位和个人，应当申请领取取水许可证，有下列情形的除外：

（一）为家庭生活和零星散养、圈养畜禽饮用年取水1000立方米以下的；

（二）为保障矿井等地下工程施工安全和生产安全必须进行临时应急取（排）水的；

（三）为消除对公共安全或者公共利益的危害临时应急取用水的；

（四）为农牧业抗旱和维护生态与环境必须临时应急取水的；

（五）法律、行政法规规定不需要申请领取取水许可证的其他情形。

前款第二项、第三项规定的取水，应当于应急取（排）水结束后五个工作日内，向有管理权限的旗县级以上人民政府水行政主管部门备案。第四项规定的取水应当经有管理权限的旗县级以上人民政府水行政主管部门同意。应急情形消除后，取水单位或者个人应当立即停止取用地下水，并封停应急取水设施。

第十二条 对于地下水取用水总量超过控制指标或者水位不符合控制指标的管理单元，由自治区人民政府水行政主管部门将其所在旗县（市、区）确定为取水许可限批区域，并明确限批期限和整改要求。

在限批期内，除城乡居民生活或者供热管网补水等特殊情形外，应当暂停审批新增取用地下水。

在限批期内，被限批地区旗县级人民政府应当采取整改措施。整改完成后，经自治区人民政府水行政主管部门审核，解除限批。

第十三条 新建、改建、扩建农牧业地下水灌溉项目应当采用滴灌、喷灌等高效节水技术。已建农牧业地下水灌溉工程尚未采用高效节水技术的，应当逐步开展高效节水改造。

新建、改建、扩建工业和服务业项目用水水平不得低于国家或者自治区行业用水定额的先进值；尚未制定先进值的，应当不低于通用用水定额。用水水平低于通用用水定额的工业和服务业企业应当限期实施节水改造。

城市绿化优先使用再生水。严禁取用地下水用于城市水景观、水上娱乐项目和人工造雪。

第十四条 农牧业灌溉取用地下水的，由取用水户依法申请领取取水许可证，也可以由嘎查村民委员会或者农村集体经济组织、农牧民合作组织申请领取。

农牧业灌溉建设项目需要取用地下水的，由建设单位申请取水。

第十五条 建立旗县、苏木乡镇、嘎查村、机电井管理人员四级地下水保护与管理责任体系，明确工作责任。旗县、苏木乡镇、嘎查村的地下水保护与管理责任人由旗县级人民政府组织确定。

嘎查村应当根据需要配备专职或者兼职机电井管理人员，划定地下水管护责任区，对所辖农业机电井实行网格化管理。

机电井管理人员应当履行下列职责：

（一）巡查管护农业机电井，确保机电井以及计量监测设施正常运转；

（二）督促落实地下水保护和管理制度措施；

（三）制止、举报违反地下水保护和管理制度措施及其他破坏地下水的违法行为；

（四）配合有关部门开展地下水保护、管理具体工作。

第十六条 新建、改建、扩建火力发电、钢铁、纺织、造纸、石化和化工等高耗水工业项目禁止取用地下水。已建高耗水工业项目使用地下水的，应当采取节水措施，逐步减少地下水开采量。有条件的，应当将地下水水源替换为非常规水源或者地表水水源。

对水质有特殊要求的食品、药品等工业项目或者不具备其他水源供水条件的其他工业项目，符合地下水取用水总量和水位控制要求的，可以依法取用地下水。

第十七条 除不需要申请领取取水许可证的情形外，取水申请经审批机关批准后，申请人方可兴建地下水取水工程或者设施。

有下列情形之一的，不得新建、改建、扩建地下水取水工程或者设施：

（一）不符合管理单元地下水取用水总量和水位控制指标要求的；

（二）因地下水开采可能引起严重地质灾害、地下水污染或者对生态系统产生重大负面影响的；

（三）公共供水可以满足需要或者利用地表水、再生水等其他水源可以满足用水需要的；

（四）法律、行政法规规定的其他情形。

第十八条 矿产资源开采、地下工程建设疏干排水量达到规模的，应当依法申请取水许可，安装排水计量设施，定期向取水许可审批机关报送疏干排水量和地下水水位状况。疏干排水量规模由自治区人民政府制定、公布。

采矿单位和地下工程建设单位应当采取有效措施减少疏干排水量，优先利用疏干水作为生产用水，无法利用的应当达标排放。

矿产资源开采需要疏干排水的企业，应当建设使用地下水水位自动监测设施，监测数据上报有管理权限的水行政主管部门。

第十九条 不可更新或者难以更新的地下水应当作为战略储备或者应急水源，除经批准的应急生活用水、无替代水源地区的居民生活用水、地热水外，禁止开采。

地下水利用应当分层开采，不同含水层应当采取止水措施，不得多层混合开采。

第二十条 新建、改建、扩建地下水取水工程，应当同时安装计量设施。已有地下水取水工程未安装计量设施的，应当按照旗县级以上地方人民政府水行政主管部门规定的期限安装。

单位和个人取用地下水量达到取水规模以上的，应当安装使用地下水取水在线计量设施，并将计量数据实时传输到有管理权限的水行政主管部门；未达到取水规模的地下水取水单位和个人应当定期向有管理权限的水行政主管部门报送取用水数据；取水规模由自治区人民政府水行政主管部门制定、公布，并报国务院水行政主管部门备案。

第二十一条 农牧业灌溉取用地下水暂不具备计量条件的，可以采取以电量折算水量、以用电控制用水的方式进行取用水管理，供电部门应当向水行政主管部门提供农牧业灌溉机电井用电量数据等相关信息。

单位或者个人申请新装用电设施或者增容用电用于取用地下水进行农牧业灌溉的，应当申请取水。取水申请未经审批机关批准的，供电部门不得供电。

第二十二条 取用地下水的单位和个人，应当依法缴纳水资源税。

自治区实行超计划、超限额累进征收水资源税制度。自治区人民政府应当组织有关部门分类分区制定地下水水资源税征收标准。对同一类型取用水，地下水的水资源税征收标准应当高于地表水的标准、地下水超采区的水资源税征收标准应当高于非超采区的标准，地下水严重超采区的水资源税征收标准应当大幅高于非超采区的标准。

使用供水工程供应的水，应当向供水单位缴纳水费。居民生活用水实行阶梯水价制度，非居民生活用水实行超计划、超定额累进加价制度。

第二十三条 自治区人民政府水行政主管部门应当会同自然资源等部门，统筹考虑地下水超采、生态水位控制、地下水开发利用情况以及水文地质条件等因素，组织划定自治区行政区域内地下水禁采区、限采区，经自治区人民政府批准后向社会公布，并报国务院水行政主管部门备案。

禁采区、限采区划定后，确需调整的，应当按照原划定程序进行调整。

第二十四条 下列区域应当划为禁采区：

（一）已发生严重地质灾害或者生态损害的区域；

（二）地下水超采区内通过公共供水管网覆盖或者替代水源已经解决供水需求的区域；

（三）重大基础设施保护区域、重要文物保护范围、自然保护区的核心区和缓冲区；

（四）法律、行政法规规定其他需要划为禁采区的区域。

旗县级人民政府应当对禁采区内已有地下水取水工程予以限期封闭或者停止使用。

第二十五条 下列区域应当划为限采区：

（一）地下水开采量接近可开采量的区域；

（二）开采地下水可能引发地质灾害或者生态损害的区域；

（三）重要湿地、地质公园等特殊保护区；

（四）法律、行政法规规定其他需要划为限采区的区域。

第二十六条 在禁采区内，除下列情形外，禁止取用地下水：

（一）为保障地下工程施工安全和生产安全必须进行临时应急取（排）水；

（二）为消除对公共安全或者公共利益的危害临时应急取水；

（三）为开展地下水监测、勘探、试验少量取水。

在限采区内，除前款规定的情形外，禁止新增取用地下水，并逐步削减地下水取水量；前款规定的情形消除后，应当立即停止取用地下水。

第二十七条 自治区人民政府水行政主管部门应当会同有关部门，编制自治区行政区域地下水超采综合治理方案，经自治区人民政府批准后，报国务院水行政主管部门备案。

盟行政公署、设区的市人民政府，旗县级人民政府应当组织编制本行政区域地下水超采区治理方案，并采取调整产业结构、置换水源、节水改造、调整种植结构、退减灌溉面积等综合措施，有计划地逐年削减地下水超采量，限期达到采补平衡。

超采区地下水实现采补平衡的，旗县级人民政府应当持续按照管理单元生态水位控制要求，采取管控措施，逐步恢复到生态水位。

第二十八条 旗县级人民政府应当有计划地关闭公共供水范围内的自备井。

对水质水量有特殊要求的取用水户使用自备井的，应当经有管理权限的水行政主管部门批准。

第二十九条 禁止在集中式地下水饮用水水源地建设需要取水的地热能开发利用项目。禁止抽取难以更新地下水用于需要取水的地热能开发利用项目。

建设需要取水的地热能开发利用项目，应当安装取水和回灌在线计量监测设施，并将监测数据报送有管理权限的水行政主管部门。

建设需要取水的地热能开发利用项目，应当实行同一含水层等量取水和回灌，不得污染地下水。

第三十条 旗县级以上人民政府应当加强地下水水源保护，充分利用自然条件补充地下水，有效涵养地下水水源。

鼓励、支持单位和个人因地制宜，采取人工回灌、雨水渗透等措施，增加地下水的有效补给。人工回灌补给地下水的，不得恶化地下水水质。

城乡硬化地面应当采用透水性强的建筑材料和结构形式，增加雨水入渗对地下水的补给。河流、湖泊整治应当兼顾地下水水源涵养。

第三十一条 禁止下列污染或者可能污染地下水的行为：

（一）利用渗井、渗坑、裂隙、溶洞以及私设暗管等逃避监管的方式排放水污染物；

（二）利用岩层孔隙、裂隙、溶洞、废弃矿坑等贮存石化原料及产品、农药、危险废物、城镇污水处理设施产生的污泥和处理后的污泥或者其他有毒有害物质；

（三）利用无防渗漏措施的沟渠、坑塘等输送或者贮存含有毒污染物的废水、含病原体的污水和其他废弃物；

（四）法律、行政法规禁止的其他污染或者可能污染地下水的行为。

第三十二条 化学品生产企业和工业集聚区、矿山开采区、尾矿库、危险废物存放及处置场、垃圾填埋场等的运营或者管理单位，应当采取防渗漏等措施，并建设地下水水质监测井进行监测，防止污染地下水。

农村牧区建设生活垃圾集中堆存地的，应当同时建设符合要求的防渗工程。

第三十三条 报废的矿井、钻井、地下水取水工程，或者未建成、已完成勘探任务、依法应当停止取水的地下水取水工程，应当由工程所有权人或者管理单位实施封井或者回填；所有权人或者管理单位应当将其封井或者回填情况告知旗县级以上地方人民政府水行政主管部门；无法确定所有权人或者管理单位的，由旗县级以上地方人民政府或者其授权的部门负责组织实施封井或者回填。

实施封井或者回填，应当符合国家有关技术标准。

第三十四条 自治区人民政府水行政、自然资源、生态环境等部门应当按照各自职责，统筹建设地下水监测网络，合理布局地下水监测点位，对地下水水位、水质等进行动态监测，并建立地下水监测数据共享机制。

第三十五条 任何单位和个人不得侵占、毁坏或者擅自移动地下水监测设施设备及其标志。

新建、改建、扩建建设工程应当避开地下水监测设施设备；确实无法避开、需要拆除地下水监测设施设备的，应当由旗县级以上人民政府水行政、自然资源、生态环境等部门按照有关技术要求组织迁建，迁建费用由建设单位承担。

任何单位和个人不得篡改、伪造地下水监测数据。

第三十六条 任何单位和个人都有节约和保护地下水的义务，对浪费、污染和违法取用地下水的行为有权投诉、举报。

旗县级以上人民政府水行政主管部门和其他有关部门受理投诉、举报后，应当及时核实，依法查处，并将查处结果向投诉人、举报人反馈。

第三十七条 违反本条例规定的行为，《中华人民共和国水法》《中华人民共和国黄河保护法》《地下水管理条例》等国家有关法律、法规已经作出具体处罚规定的，从其规定。

第三十八条 违反本条例第十七条规定，新建、改建、扩建地下水取水工程或者设施的，由旗县级以上人民政府水行政主管部门责令停止违法行为，限期补办有关手续；逾期不补办或者补办未被批准的，责令限期拆除或者封闭；逾期不拆除或者不封闭的，可以申请人民法院强制拆除或者封闭，所需费用由违法者承担，并处5万元以上10万元以下罚款。

第三十九条 违反本条例第十八条第三款规定，矿产资源开采需要疏干排水的企业未建设地下水水位自动监测设施或者未按照要求报送监测数据的，由旗县级以上人民政府水行政主管部门处 2 万元以上 10 万元以下罚款。

第四十条 违反本条例第二十六条规定，在禁采区取用地下水或者在限采区新增取用地下水的，由旗县级以上人民政府水行政主管部门责令停止违法行为，限期采取补救措施，处 2 万元以上 10 万元以下罚款；情节严重的，吊销其取水许可证；给他人造成妨碍或者损失的，应当排除妨碍、赔偿损失。

第四十一条 违反本条例第二十九条第一款规定，在集中式地下水饮用水水源地建设需要取水的地热能开发利用项目或者抽取难以更新地下水用于需要取水的地热能开发利用项目的，由旗县级以上人民政府水行政主管部门责令停止违法行为，责令限期拆除或者封闭取水工程或者设施，处 10 万元以上 20 万元以下罚款；逾期不拆除或者不封闭的，可以申请人民法院予以强制拆除或者封闭，所需费用由违法者承担。

违反本条例第二十九条第三款规定，建设需要取水的地热能开发利用项目未按照规定取用地下水的，由旗县级以上人民政府水行政主管部门责令限期整改，整改不合格，予以关闭。

第四十二条 旗县级以上人民政府及水行政主管部门和其他负有地下水保护管理职责的部门及其工作人员，滥用职权、玩忽职守、徇私舞弊的，对负有直接责任的主管人员和其他责任人员依法给予处分；构成犯罪的，依法追究刑事责任。

第四十三条 本条例自 2022 年 1 月 1 日起施行。

内蒙古自治区节约用水条例

（2012年9月22日内蒙古自治区第十一届人民代表大会常务委员会第三十一次会议通过）

第一章 总 则

第一条 为加强节约用水管理，科学合理利用水资源，保障和促进经济社会可持续发展，根据《中华人民共和国水法》和国家有关法律、法规，结合自治区实际，制定本条例。

第二条 自治区行政区域内节约用水及其监督管理活动，适用本条例。

第三条 节约用水应当坚持统一规划、统筹兼顾、合理调配、高效利用的原则，实行总量控制和定额管理相结合的制度。

第四条 旗县级以上人民政府应当将节约用水工作纳入国民经济和社会发展规划，建立健全节约用水社会化服务体系，支持节约用水技术的研究和推广，培育和发展节水产业，鼓励对再生水、雨洪水、矿区疏干水、施工降排水等非常规水源的开发和利用，限制高耗水项目，建设节水型社会。

国民经济和社会发展规划、城市总体规划、重大建设项目的布局，应当从当地水资源状况出发，与当地水资源条件相适应。

第五条 旗县级以上人民政府水行政主管部门负责本行政区域节约用水的监督管理工作。

住房和城乡建设、发展和改革、质量技术监督、经济和信息化、环境保护等部门按照各自职责，负责节约用水的相关工作。

苏木乡镇人民政府和街道办事处应当做好本辖区内的节约用水工作。

第六条 旗县级以上人民政府及其有关部门应当加强节水教育和宣传，将节水教育纳入国民素质教育体系，制定节约用水的公益性宣传计划，定期开展宣传活动，提高全民节水意识。

新闻媒体应当将节约用水宣传纳入公益性宣传范围，配合水行政主管部门开展节约用水公益宣传，对浪费用水的行为进行舆论监督。

第七条 任何单位和个人都有节约用水的义务，有权制止、举报或者投诉浪费用水的行为。

第八条 旗县级以上人民政府应当对节约用水有突出贡献的单位和个人给予表彰奖励。

第二章 计划用水

第九条 旗县级以上人民政府水行政主管部门应当根据上一级节约用水规划和本行政区域水资源状况，编制本行政区域节约用水规划，征求同级发展和改革、住房和城乡建设、经济和信息化等部门意见后，报本级人民政府批准后公布实施。

第十条 自治区人民政府水行政主管部门和盟行政公署、设区的市人民政府水行政主管部门应当根据上一级水量分配方案，制定本行政区域水量分配方案，报本级人民政府批准后实施。

第十一条 自治区人民政府有关行业主管部门应当制定本行业用水定额，经自治区人民政府水行政主管部门和质量技术监督行政主管部门审核同意后，由自治区人民政府公布实施，并报国务院水行政主管部门和国务院质量监督检验行政主管部门备案。

无行业主管部门的用水定额由自治区人民政府水行政主管部门会同有关部门制定，由自治区人民政府公布实施，并报国务院水行政主管部门和国务院质量监督检验行政主管部门备案。

行业用水定额应当根据水资源状况和经济社会发展水平适时修订。

第十二条 旗县级以上人民政府发展和改革行政主管部门应当会同同级水行政主管部门，根据行业用水定额、经济技术条件以及水量分配方案确定的可供本行政区域使用的水量，制定年度用水计划，对本行政区域内的年度用水实行总量控制。

第十三条 取得取水许可的单位和个人应当在每年 12 月 31 日前向有管辖权的旗县级以上人民政府水行政主管部门报送本年度取水情况和下一年度取水计划建议。

有管辖权的旗县级以上人民政府水行政主管部门应当根据取水许可量、行业用水定额、取水单位或者个人申请和本行政区域年度用水计划等因素，核定取水单位或者个人年度取用水计划，并于每年 1 月 31 日前下达本年度取用水计划。

第十四条 取水单位或者个人应当按照核定的年度取用水计划取用水。

因特殊原因需要调整年度取用水计划的，取水单位或者个人应当经原审批机关同意。

第十五条 因建设施工等非生活用水临时取水的，建设单位应当提前三十日向有管辖权的旗县级以上人民政府水行政主管部门提出临时取水申请，确需施工降排水的，应当编制施工降排水方案，按照批准的方案和计划取水，并缴纳水资源费。

第十六条 旗县级以上人民政府水行政主管部门应当将非常规水源的开发和利用纳入节约用水规划，实行水资源统一配置。

第十七条 取水单位或者个人应当缴纳水资源费。超计划或者超定额取水的，对超计划或者超定额部分累进收取水资源费。

任何单位和个人不得擅自减免、缓征或者停征水资源费。

水资源费征收标准按照国家和自治区有关规定执行。

第十八条 用水实行计量收费，禁止实行包费制。居民生活用水实行阶梯式水价制度，非居民生活用水实行超计划、超定额累进加价制度。

居民生活用水阶梯式水价标准由自治区人民政府价格主管部门和盟行政公署、设区的市人民政府价格主管部门按照规定的权限和程序制定；非居民生活用水超计划、超定额累进加价标准由自治区人民政府价格主管部门按照规定的权限和程序制定。

第十九条 自治区对非常规水源利用项目实行水资源费和水价优惠政策。

第二十条 旗县级以上人民政府水行政主管部门应当建立用水情况通报制度，定期公布区域和行业用水情况，引导企事业单位和社会节约用水。

第三章 节约用水

第二十一条 各级人民政府应当推广应用微灌、喷灌、管道输水、渠道防渗等农业节水灌溉技术，提高用水效率。

农业用水管理和具体节水措施，依照《内蒙古自治区农业节水灌溉条例》的有关规定执行。

第二十二条 新建、改建、扩建的建设项目，应当制定节水措施方案，配套建设节水设施。节水设施应当与主体工程同时设计，同时施工，同时投产。

建设单位组织建设项目竣工验收时，应当验收节水设施；未经验收或者验收不合格的节水设施，不得投入使用。

节水设施包括节水器具、工艺、设备、计量设施、再生水回用系统和雨水收集利用系统。

第二十三条 取水单位或者个人应当采用节水型工艺、设备和产品。已安装使用国家明令淘汰耗水量高的工艺、设备和产品的，应当及时更换或者对其进行节水改造。

第二十四条 旗县级以上人民政府应当使本行政区域工业布局和产业结构与当地水资源条件、水环境容量相适应。

新建、改建、扩建的高耗水工业项目，禁止擅自使用地下水。

已建高耗水工业项目使用地下水的，应当采取节水措施，逐步减少地下水开采量。有条件的，应当将地下水水源替换为非常规水源或者地表水水源。

第二十五条 工业企业应当采取循环用水、分质用水以及废污水处理回用等措施，降低用水单耗，提高水的重复利用率，减少废污水排放量。

工业企业的设备冷却水、空调冷却水、锅炉冷凝水应当循环使用或者回收利用，不得直接排放。

第二十六条　生产纯净水、矿泉水、饮料、酒类等产品的企业应当采取节水措施，减少水的损耗，产水率不得低于国家标准；尾水应当回收利用，不得直接排放。

第二十七条　采矿企业应当制定节水方案，安装计量设施。具备条件的地区，疏干水应当回收利用。

采矿企业应当对因疏干排水导致地下水水位下降、水源枯竭或者地面塌陷采取补救措施；对他人生活和生产造成损失的，依法给予补偿。

第二十八条　建设施工单位应当采取工程和技术措施，减少施工降排水。具备条件的，施工降排水应当回收利用。

第二十九条　用水企业应当每三至五年进行一次水平衡测试。产品结构或者生产、用水工艺发生变化时，用水企业应当在半年内进行复测。测试结果应当报有管辖权的旗县级以上人民政府水行政主管部门。

第三十条　工业园区、经济技术开发区、高新技术开发区等各类开发区应当编制规划水资源论证报告书，实行供水、用水、排水统一管理。

第三十一条　服务业应当采取一水多用，循环用水等节约用水措施。

在水资源短缺或者地下水超采区域，限制高耗水服务业项目。

洗浴、洗车、水上娱乐、游泳场馆、高尔夫球场和人工滑雪场等经营场所应当采用节水技术和安装节水设施。

第三十二条　自来水供水企业和自建供水设施的企业对其管理的供水专用水库、引水渠道、取水口、泵站、井群、输（配）水管网、进户总水表、净（配）水厂、公用水站等设施，应当定期检查维修，降低供水设施漏失率。

第三十三条　园林绿化、环境卫生、消防、建设施工用水应当优先使用再生水和雨洪水。

园林绿化应当选用与当地气候条件相适应的耐旱型树木、花草，推广采用喷灌、微灌等节水灌溉方式，不得采用漫灌等高耗水灌溉方式。

禁止将地下水、自来水作为景观河、人工湖用水。

第三十四条　宾馆、饭店、住宅小区、学校、企事业单位和国家机关等，应当逐步建设中水回用系统和雨水集蓄利用设施。

用水单位和个人应当加强用水设施的维护保养，防止水的漏失。

第三十五条　旗县级以上人民政府应当加强城镇污水处理和再生水利用设施建设，完善公共再生水回用管网建设，根据不同用水需求，逐步实行分质供水。

城镇新区建设、旧城改造和市政基础设施建设，应当建设渗水地面和雨水集蓄利用设施。

第三十六条 自治区鼓励和扶持企事业单位和个人投资建设污水处理、再生水利用、矿区疏干水利用、施工降排水利用和雨水集蓄利用工程，提高非常规水源利用率。

第三十七条 自治区鼓励依法取得取水权的单位或者个人，通过调整产业、产品结构和改革工艺等节水措施节约水资源，并依法进行水的使用权有偿转让。

第四章 保障措施

第三十八条 旗县级以上人民政府应当将节约用水工作纳入政府工作目标责任制，逐级逐部门落实工作责任。

第三十九条 旗县级以上人民政府应当加大节约用水投入力度，建立健全节约用水投入机制，完善政府、企业、社会多元化投融资渠道，引导鼓励社会资金、民间资本投入节水产业。

旗县级以上人民政府应当鼓励支持节水技术研究开发、节水技术和产品的推广与应用。

第四十条 旗县级以上人民政府对非常规水源利用项目，应当优先立项。

销售再生水等资源综合利用产品，依照国家规定享受增值税优惠政策；企业从事符合条件的节水项目所得，以及购置节水专用设备的投资额，依法享受企业所得税优惠政策。

第四十一条 旗县级以上人民政府应当根据本行政区域实际情况，对农牧业节水项目和工业节水项目贷款安排财政贴息。

金融机构应当对符合贷款条件、具有偿还能力的节水项目，按照国家和自治区的相关规定优先安排贷款。

第四十二条 旗县级以上人民政府鼓励农民参与灌区管理，建立农民用水者协会，形成政府扶持、农民参与的农业供用水管理体制。

第四十三条 旗县级以上人民政府应当对农牧业节水项目优先立项，逐年增加农牧业节水灌溉投入，统一规划、建设节水灌溉工程。

旗县级以上人民政府应当将土地出让收益按照国家规定的比例用于农田草牧场水利建设。

第四十四条 旗县级以上人民政府水行政主管部门应当依法对取水单位或者个人取用水情况进行监督检查。有关单位或者个人应当给予配合，不得拒绝、阻碍。

第五章 法律责任

第四十五条 违反本条例规定的行为，《中华人民共和国水法》和国家有关法律、法规已经作出具体处罚规定的，从其规定。

第四十六条 违反本条例规定，有下列行为之一的，由旗县级以上人民政府水行政主管部门责令限期改正，并处以 5 万元以上 10 万元以下罚款：

（一）建设项目节水设施未经验收或者验收不合格，擅自投入使用的；

（二）新建、改建、扩建的高耗水工业项目擅自使用地下水的；

（三）工业企业的设备冷却水、空调冷却水、锅炉冷凝水未循环使用或者回收使用，直接排放的；

（四）生产纯净水、矿泉水、饮料、酒类等产品的企业未采取节水措施或者未将尾水回收利用的；

（五）水上娱乐、游泳场馆、高尔夫球场和人工滑雪场等经营场所未安装节水设施的；

（六）景观河、人工湖使用地下水、自来水的。

第四十七条 洗浴、洗车等经营场所未采用节水技术或者未安装节水设施的，由旗县级以上人民政府水行政主管部门责令限期改正，并处 5000 元以上 2 万元以下罚款。

第四十八条 水行政主管部门和其他有关部门工作人员有下列情形之一的，由其所在单位或者上级主管部门对直接负责的主管人员和其他直接责任人员，依法给予行政处分；构成犯罪的，依法追究刑事责任：

（一）未按照水量分配方案分配水量的；

（二）未依法核定、下达年度取用水计划的；

（三）不履行监督检查职责或者发现违法行为不予查处，造成严重后果的；

（四）有其他玩忽职守、滥用职权、徇私舞弊行为的。

第六章　附　则

第四十九条 本条例自 2012 年 12 月 1 日起施行。

内蒙古自治区农业节水灌溉条例

（2001 年 11 月 21 日内蒙古自治区第九届人民代表大会常务委员会第二十七次会议通过　根据 2020 年 11 月 26 日内蒙古自治区第十三届人民代表大会常务委员会第二十三次会议关于修改《内蒙古自治区耕地保养条例》等 4 件地方性法规的决定修正）

第一章　总　则

第一条　为了发展节水型农业，提高用水效率，促进水资源可持续利用，根据《中华人民共和国水法》和国家有关法律、法规，结合自治区实际，制定本条例。

第二条　本条例所称农业节水灌溉，是指在农田、草牧场、林地等灌溉过程中，采取工程措施、技术措施和行政、经济手段节约用水，提高水利用率的活动。

第三条　各级人民政府应当实行计划用水、节约用水和科学用水，建设节水型农业。

农业节水灌溉设施建设应当纳入本地区国民经济和社会发展计划，增加投入，保障农业节水灌溉持续发展。

第四条　农业节水灌溉要按照流域或者行政区域进行统一规划，分期实施。

第五条　旗县级以上人民政府水行政、农牧行政主管部门按照职责分工负责本行政区域内农业节水灌溉的监督管理。

第六条　各级人民政府应当支持和鼓励科研、生产单位和个人研究、开发、推广和利用先进的农业节水灌溉技术，降低水的消耗，提高水的利用率和水分生产率。

第七条　农业灌溉用水实行取水许可制度和有偿使用制度。

第八条　供水经营管理单位应当不断完善供水体制和经营机制，降低运行成本，提高供水效益，促进节约用水和科学用水。

依据法律、法规的规定可以进行水的使用权有偿转让。

第二章　农业节水灌溉规划

第九条　旗县级以上人民政府水行政主管部门根据当地国民经济和社会发展规划，负责组织编制本地区农业节水灌溉规划。跨行政区域的农业节水灌溉规划，由其共同的上一级水行政主管部门组织编制。在制定农业节水灌溉规划时，应当征求同级计划、农业、畜牧业、林业等部门的意见。

农业节水灌溉规划应当由具有相应资质的勘察设计单位编制，报同级人民政府审核，并报上一级水行政主管部门批准。

第十条 各级人民政府应当依据批准的农业节水灌溉规划，组织有关部门和地区分步实施。

农业节水灌溉规划的修改必须经原批准机关核准。

第十一条 旗县级以上人民政府水行政主管部门应当依据批准的农业节水灌溉规划，会同有关部门和地区制定农业节水灌溉年度实施计划，报同级人民政府批准，并报上一级水行政主管部门备案。

第三章 农业节水灌溉工程建设

第十二条 新建、改建、扩建的农业灌溉建设项目，在向水行政主管部门报送取水许可申请时，应当提交建设项目水资源论证报告书，不需要编制建设项目水资源论证报告书的，应当提交建设项目水资源论证表。

第十三条 农业节水灌溉建设项目，由项目建设单位依照批准的农业节水灌溉规划，做好项目立项、可行性研究、设计等前期工作。前期工作必须由具有相应资质的勘测设计单位承担。

农业节水灌溉建设项目的申报与审批按照国家和自治区有关基本建设程序和标准执行。

第十四条 列入国家和自治区计划的大中型农业灌溉建设项目，节水设施必须与主体工程同时设计、同时施工、同时启用。建设项目节水设施未按设计要求完成的，不得验收启用。

第十五条 农田水利建设项目，应当优先安排农业节水灌溉建设项目和节水改造项目。

第十六条 农业节水灌溉工程建设要实行项目法人责任制、招标投标制、施工监理制和工程质量终身负责制。

第四章 农业灌溉用水管理

第十七条 农业灌溉实行灌溉用水总量控制和定额管理相结合的制度。

旗县级以上人民政府水行政主管部门根据本地区用水状况、年度水源的预测、农业节水灌溉规划及上一级水行政主管部门下达的取水控制总量，制定本地区年度取水计划。

旗县级以上人民政府水行政主管部门根据本地区经济技术条件和水资源状况，按照国家和自治区的有关规定，会同有关部门制定地方农业灌溉用水定额，报本级人民政府批准，并报上级水行政主管部门备案。

第十八条 灌溉用水单位和个人应当安装计量设施，按照批准的灌溉用水定额实行计划用水，并按照规定向供水单位缴纳水费。

第十九条 供水经营管理单位应当健全水费收取制度，定期向用户公开用水量、水价和水费。推广基本水价和计量水价相结合的水价制度，禁止实行包费制；对超计划用水实行累进加价制；对采取节水措施在灌溉用水定额内实现节水的单位和个人要给予鼓励。

第二十条 集体、个人投资兴建的小型农业节水灌溉工程，实行自建、自有、自管、自用。

受益农户较多的灌溉工程，提倡按照水系或者渠系的受益范围，组建农牧民用水者协会等多种形式的自管组织，落实节水责任，加强自我管理和监督。

第五章 农业节水灌溉保障措施

第二十一条 各级人民政府应当加强农业节水宣传教育工作，提高干部群众农业灌溉节水意识。

第二十二条 各级人民政府应当支持和鼓励有关部门，研究推广渠系衬砌、管道输水、喷灌、滴灌与渗灌等农业节水灌溉技术，为发展农业节水灌溉提供新技术、新材料、新设备。

第二十三条 旗县级以上人民政府水行政主管部门及有关单位应当配备农业节水灌溉专业技术人员，做好农业节水灌溉工程设计、施工、管理、设备修理和零配件供应服务。

第二十四条 旗县级以上人民政府水行政主管部门要定期组织从事农业节水灌溉工程规划、设计、施工和管理的人员进行专业技术培训。

第二十五条 坚持水利节水措施与农艺节水措施相结合，加强农田水利基本建设，推行平整土地、缩块改畦、深耕深松、少耕免耕、耙耱保墒、地膜覆盖、化学保水等农艺措施，全面提高农业节水效益。

第二十六条 农业节水灌溉水源工程的新建、改建与扩建，必须按照国家规定申请取水许可，取得水的使用权。

第二十七条 农业节水灌溉建设所需资金按照受益者合理负担与政府扶持相结合的原则筹集。

农业、畜牧业、林业、水利、农业开发、扶贫等项目建设资金或者基金，要逐年增加用于节水灌溉建设的比例；财政、金融部门要通过划拨专项资金、贴息贷款等办法，支持集体和个人发展节水灌溉。具体办法由自治区人民政府制定。

第二十八条 鼓励采取租赁、承包和股份合作等形式，经营管理小型农田水利工程。

小型农田水利工程可以有偿转让，有偿转让回收的资金用于发展农业节水灌溉。

第二十九条 农业节水灌溉资金必须专款专用，主要用于：

（一）大中型农业节水灌溉工程建设投资和小型农业节水灌溉工程建设补助；

（二）农业节水灌溉工程更新改造、续建配套补助；

（三）修复自然灾害毁损的农业节水灌溉工程；

（四）节水设备、物料、配件周转金；

（五）节水贷款贴息；

（六）农业节水灌溉规划、设计、试验、示范、推广和管理费用。

第三十条 旗县级以上人民政府发展和改革、财政、农牧、水行政主管部门要保证农业节水灌溉建设资金足额落实，加强资金的管理。任何单位和个人不得截留、挤占、挪用农业节水灌溉建设资金。

旗县级以上人民政府审计部门应当加强对农业节水灌溉建设资金的审计监督。

第六章 法律责任

第三十一条 违反本条例规定的行为，国家有关法律、法规已经作出处罚规定的，从其规定。

第三十二条 违反本条例第十四条规定，由旗县级以上人民政府水行政主管部门责令停止使用，限期改正，并可以处 2 万元以下罚款。

第三十三条 违反本条例第十八条规定，拒不缴纳或者拖欠水费的，由旗县级以上人民政府水行政主管部门责令其限期缴纳；逾期不缴纳的，自滞纳之日起按日加收滞纳部分千分之二的滞纳金。

第三十四条 违反本条例第二十九条、第三十条规定，截留、挤占、挪用农业节水灌溉工程建设资金的，责令其限期归还，并由其所在单位或者上级主管部门对直接责任人员依法给予行政处分；构成犯罪的，依法追究刑事责任。

第三十五条 水行政主管部门及农业灌溉管理工作人员玩忽职守、滥用职权、徇私舞弊的，由其所在单位或者上级主管部门对直接负责的主管人员和直接责任人员依法给予行政处分；构成犯罪的，依法追究刑事责任。

第七章 附 则

第三十六条 本条例自 2002 年 5 月 1 日起施行。

内蒙古自治区实施《中华人民共和国水法》办法

（1991年4月20日内蒙古自治区第七届人民代表大会常务委员会第二十次会议通过 2004年5月27日内蒙古自治区第十届人民代表大会常务委员会第九次会议修订 根据2022年9月28日内蒙古自治区第十三届人民代表大会常务委员会第三十七次会议《关于修改〈内蒙古自治区动物防疫条例〉等4件地方性法规的决定》修正）

第一章 总 则

第一条 根据《中华人民共和国水法》，结合自治区实际，制定本办法。

第二条 在自治区行政区域内开发、利用、节约、保护和管理水资源，防治水害，适用本办法。

本办法所称水资源，包括地表水和地下水。

第三条 水资源属于国家所有。农村牧区集体经济组织的水塘和由农村牧区集体经济组织修建管理的水库中的水，归各该农村牧区集体经济组织使用。

自治区对水资源依法实行取水许可制度和有偿使用制度。但是，农村牧区集体经济组织及其成员使用本集体经济组织的水塘、水库中的水的除外。

第四条 自治区实行水资源刚性约束制度，坚持以水定城，以水定地，以水定人，以水定产，推进水资源可持续利用。

旗县级以上人民政府应当加强水资源开发、利用、节约、保护和水污染防治工作，将其纳入本级国民经济和社会发展规划，涉及国土空间、生态保护、工农业发展等相关规划的编制、重大建设项目的布局应当与本地区水资源条件以及节约保护和防洪要求相适应。旗县级以上人民政府应当加大水利基础设施建设资金投入，加强防治水土流失和水资源保护，发展节水工业、农业和服务业，建立节水型社会。

任何单位和个人都有保护水资源和节约用水的义务。

第五条 自治区人民政府水行政主管部门负责自治区行政区域内水资源的统一管理和监督工作。

旗县级以上人民政府水行政主管部门按照规定权限，负责本行政区域内水资源统一管理和监督工作。

旗县级以上人民政府有关部门按照职责分工，负责本行政区域内水资源开发、利用、节约和保护的有关工作。

第二章 水资源规划与配置

第六条 开发、利用、节约、保护水资源和防治水害，应当进行水资源综合科学考察和调查评价，按照流域、区域统一制定规划。流域、区域规划包括综合规划和专业规划。

综合规划按下列规定进行编制：

（一）黄河、辽河、嫩江内蒙古段重要一级支流及自治区重要湖泊的综合规划，由自治区人民政府水行政主管部门会同同级有关部门和有关人民政府编制，报自治区人民政府批准，并报国务院水行政主管部门备案；

（二）自治区内跨行政区域的流域、区域综合规划，由共同的上一级人民政府水行政主管部门会同同级有关部门和江河、湖泊所在地的人民政府编制，报本级人民政府批准，并报负责编制规划的上一级水行政主管部门备案；

（三）其他江河、湖泊的流域、区域综合规划，由江河、湖泊所在地的旗县级人民政府水行政主管部门会同同级有关部门编制，报本级人民政府批准，并报上一级水行政主管部门备案。

专业规划的编制，由旗县级以上人民政府确定的部门按照有关法律、行政法规规定执行。

第七条 自治区人民政府发展和改革行政主管部门和水行政主管部门负责全区水资源的宏观调配。

旗县级以上人民政府水行政主管部门应当会同有关部门依据上一级水中长期供求规划和本地区的实际情况，制订本行政区域的水中长期供求规划，经本级人民政府发展和改革行政主管部门审查批准后执行。

第八条 旗县级以上人民政府水行政主管部门应当依据流域、区域规划和水中长期供求规划以及本地区水的供求现状编制水量分配方案和旱情紧急情况下的水量调度预案，报本级人民政府批准。

自治区范围内跨行政区域河流水量分配方案和旱情紧急情况下的水量调度预案由共同的上一级人民政府水行政主管部门征求有关地区和部门的意见后编制，报本级人民政府批准。

水量分配方案涉及的用水总量不得超过上一级水量分配方案确定的区域用水总量。

经批准的水量分配方案确需修改或者调整的，应当按照方案制定程序经原批准机关批准。

有调蓄功能的水工程，应当按照水量分配方案和年度水量调度计划进行蓄水和泄水。

第三章 水资源开发利用与管理

第九条 开发、利用水资源，应当首先满足城乡居民生活用水，并兼顾农牧业、工业、生态环境用水的需要。

在干旱和半干旱地区开发、利用水资源，应当充分考虑生态环境用水需要，鼓励对雨水进行收集、开发、利用。

各级人民政府应当加强污水集中处理，鼓励使用再生水，实现污水处理再利用。

第十条 各级人民政府应当采取措施，加强农村牧区人畜饮水及城镇供水工程的建设与管理，保证工程质量，提高经营管理水平，改善城乡居民的饮用水条件，提供安全、洁净的生活饮用水。

第十一条 牧区开发、利用水资源，应当优先满足人畜饮水，兼顾饲草料基地用水，促进生产方式的转变和生态环境的改善，增强水资源可持续利用的能力。

牧区水利建设资金按照国家和自治区扶持与受益者合理承担相结合的方式筹集。各级人民政府及其有关部门应当加强牧区水利建设，保证建设资金足额落实。

第十二条 直接从江河、湖泊或者地下取用水资源的单位和个人，应当申请领取取水许可证，并按照国家和自治区有关规定缴纳水资源税。但是，家庭生活和零星散养、圈养畜禽饮用等少量取水的除外。

取水许可证实行分级管理，具体办法由自治区人民政府制定。

第十三条 直接从江河、湖泊或者地下取用水资源并需申请取水许可证的新建、改建、扩建的建设项目，建设单位应当依法进行建设项目水资源论证。建设项目水资源论证报告书是办理取水许可的技术依据。

涉及水资源论证等事项的涉水区域评估，按照国家和自治区有关规定执行。

第十四条 取用水单位和个人应当按照取水许可证规定的水量、地点和用途取用水，水行政主管部门检查取用水情况时，应当如实提供取用水量测定数据等有关资料。取用水单位和个人需要变更取水许可事项的，必须按照有关规定重新办理取水许可申请，经原审批机关批准。

第十五条 鼓励获得取水权的单位和个人，通过调整产业、产品结构和改革工艺等节水措施节约水资源，并依法逐步进行水的使用权有偿转让。

第四章 水资源、水域和水工程保护

第十六条 开发利用地表水，应当维持江河的合理流量和湖泊、水库的合理水位，维护水体的自然净化能力，防止对生态环境造成破坏。

第十七条 自治区实行地下水取用水总量控制和水位控制制度。开采地下水应当符合地下水保护与利用规划和年度计划中确定的可开采总量并满足地下水污染防治要求。造成地下水超采、地面沉降、水体污染的，应当承担治理责任。

第十八条 开采矿藏或者建设地下工程必须疏干排水的，建设或者生产单位应当采取回灌补源及回收利用措施。因疏干排水导致地下水位下降、水源枯竭或者地面塌陷，给他人生活和生产造成损失的，由建设或者生产单位依法给予补偿。

第十九条 需要取水的地热能开发利用项目的单位，应当依法办理取水许可证和采矿许可证，并按照确定的开采限量和节水方案开采。

第二十条 各级人民政府应当加强江河源头保护，涵养水源，防治水土流失，改善生态环境。

禁止在江河、湖泊、水库、渠道等水域管理范围内弃倒垃圾和其他污染水源的物品。

第二十一条 对生活饮用水地下水源应当加强保护，饮用水水源保护区由自治区人民政府依法划定，在饮用水水源保护区内禁止设置排污口。

在江河、湖泊、水库、渠道新建、改建或者扩大排污口，应当经有管辖权的行政主管部门同意。

第二十二条 各级人民政府及有关部门和单位应当加强污水处理工程建设。工业污水、城乡居民生活污水、畜禽养殖和农副产品加工单位产生的污水应当按照有关法律、法规进行处理，并达标排放。

污水排放至河道、湖泊、水库、渠道等水域管理范围内的，不得超过国家或者自治区规定的水污染物排放标准和重点水污染物排放总量控制指标。

第二十三条 旗县级以上人民政府应当按照国家规定将水质监测结果向社会公布。

旗县级以上人民政府相关行政主管部门应当按照水功能区对水质的要求和水体的自然净化能力，核定该水域的纳污能力，提出该水域的限制排污总量意见。

旗县级以上人民政府应当组织相关行政主管部门加强水资源信息系统建设和水资源的动态监测工作，定期发布水资源信息。

第二十四条 利用水域从事旅游开发的，应当符合水功能区划和水环境保护功能区划的要求，不得污染水体和影响行洪安全。

第二十五条 旗县级以上人民政府应当加强水工程的管理保护，按照自治区有关规定划定水工程的管理和保护范围。

在河道管理范围内进行工程建设，应当依照有关规定报经水行政主管部门审查同意。

单位和个人有保护水工程的义务，不得侵占、毁坏水工程及堤防、护岸等有关设施。不得从事影响水工程运行和危害水工程安全的活动。

第五章 节约用水

第二十六条 旗县级以上人民政府水行政主管部门负责拟定节水政策，编制节水规划，会同有关部门制定节水有关标准，组织、指导和监督节约用水工作。

第二十七条 旗县级以上人民政府水行政主管部门应当会同有关部门编制本行政区域的节水规划，报本级人民政府批准，并报上一级水行政主管部门或者流域管理机构备案。

第二十八条 自治区对用水实行总量控制和定额管理相结合的制度。

旗县级以上人民政府发展和改革部门应当会同同级水行政主管部门，根据用水定额、经济技术条件以及水量分配方案，制定年度用水计划，并报上一级水行政主管部门备案，对本行政区域内的年度用水实行总量控制。

自治区行业用水定额应当符合国家有关技术标准和技术通则要求，用水定额根据节水技术的推广应用和产业结构、产品结构的调整，由自治区人民政府适时修订。

第二十九条 用水应当计量，并按照批准的用水计划用水。

用水实行计量收费和超定额累进加价制度。

第三十条 在公共供水管网覆盖范围内，禁止批准新建自备水源。对原有的自备水源应当加强节水监督管理，并逐步压减地下水取水量。

供水企业、用水单位应当对供水和用水设施、设备、器具进行定期维修、保养，加强供水管网的管理与技术改造，防止输水过程中的漏失。

供水经营管理单位应当定期向用水户公开用水量和用水价。

第三十一条 各级人民政府应当通过工程措施和非工程措施，发展节水型农业，提高水的利用效率和效益。

工业企业应当通过节水技术改造，发展节水型工业。在水资源短缺的地区，严格限制引进高耗水、高污染的工业项目及设备。

全面推广节水设施、设备，用水量达到规模以上的服务业实行计划用水。城市生态景观、园林绿化、消防、工业生产、环境卫生、车辆冲洗和建筑施工等行业，应当优先使用再生水，提升再生水利用水平。

第三十二条 新建、改建、扩建建设项目应当制定节水措施方案，配套建设节水设施。节水设施应当与主体工程同时设计、同时施工、同时验收使用。

已经建成的建设项目，未配套节水设施的，应当限期进行节水设施的配套建设；逐步更换改造城镇公共与民用建筑已安装使用的不符合节水标准的用水器具、设备。

第三十三条 规划建设城市生活污水集中排放和处理设施时，应当同时安排污水处理回用设施的建设。

第六章 水事纠纷处理与执法监督检查

第三十四条 各级人民政府及有关部门应当采取措施，预防和制止水事纠纷。

旗县级以上人民政府或者其授权的部门在处理水事纠纷时，依法采取临时处置措施，有关各方或者当事人必须服从。

在水事纠纷解决前，当事人不得单方面改变现状。

第三十五条 旗县级以上人民政府水行政主管部门应当建立水政监察制度，配备必要的执法装备和人员，依法实施监督检查。

第三十六条 有关单位和个人对水政监察人员的监督检查工作应当给予配合，不得拒绝或者阻碍水政监察人员依法执行职务。

水政监察人员在履行监督检查职责时，应当出示有关执法证件，依照法定程序执法。

第三十七条 旗县级以上人民政府或者上级水行政主管部门发现本级或者下级水行政主管部门在监督检查工作中有违法或者失职行为的，应当责令其限期改正。

第七章 法律责任

第三十八条 违反本办法规定的行为，《中华人民共和国水法》等国家有关法律、法规已经作出具体处罚规定的，从其规定。

第三十九条 水行政主管部门或者其他有关部门以及水工程管理单位及其工作人员，违反本办法有关规定，有下列行为之一的，由有关部门按管理权限对直接负责的主管人员和其他直接责任人员依法给予处分；构成犯罪的，依法追究刑事责任：

（一）对不符合法定条件的单位或者个人核发许可证、签署审查同意意见的；

（二）对符合法定条件的取水申请单位和个人，未在规定期限内办理许可审批手续的；

（三）不按照规定收取水资源税的；

（四）拒不执行水量分配方案和水量调度预案的；

（五）不按照径流调蓄计划或者水量分配方案蓄水或者泄水的；

（六）不履行监督检查职责或者发现违法行为不予查处，造成严重后果的；

（七）利用职务便利收取他人财物或者其他好处的。

第八章 附 则

第四十条 本办法自 2004 年 8 月 1 日起施行。

巴彦淖尔市河套灌区水利工程保护条例

（2017 年 4 月 27 日巴彦淖尔市第三届人民代表大会常务委员会第三十一次会议通过 2017 年 7 月 22 日内蒙古自治区第十二届人民代表大会常务委员会第三十四次会议批准）

第一章 总 则

第一条 为了加强巴彦淖尔市河套灌区（下称灌区）水利工程的科学管理和有效保护，保障水利工程正常运行，充分发挥水利工程综合效益，根据《中华人民共和国水法》、《农田水利条例》和《内蒙古自治区水工程管理保护办法》等法律、法规，结合灌区实际，制定本条例。

第二条 本条例适用于灌区水利工程的运行管理和保护。

本条例所称灌区水利工程，是指为防治灌区旱、涝、渍、污和盐碱灾害，改善灌区生态环境，改善农业生产条件，建设的灌溉、排水等工程设施和其他相关设施。

第三条 各级人民政府应当加强对本行政区域内水利工程运行管理和保护工作的领导。

市人民政府水行政主管部门负责灌区水利工程运行管理和保护的监督，依法保障水利工程设施的正常使用。

各旗县区人民政府水行政主管部门按照规定权限，负责本行政区域内水利工程运行管理、保护和监督。

各级人民政府发展和改革、财政、国土资源、住建、环境保护、交通运输、公安、农牧业、林业、安全生产监督、民政、经信等部门应当按照各自职责做好水利工程管理保护的相关工作。

第四条 各级人民政府水行政主管部门应当加强农田灌溉排水的监督与指导，大力推行节水灌溉，严格执行计划用水和定额管理，保障河套灌区生活、生产和生态环境用水安全。

各级水管组织应当加快实施灌区节水改造工程，提高用水效率，建设生态节水型灌区。推进灌区信息化建设，提高灌区现代化管理水平。

第五条 旗县级以上人民政府对灌区水利工程建设、管理和保护工作中做出显著成绩的单位和个人，给予表彰和奖励。

第二章 工程管理

第六条 灌区水利工程实行统一管理和分级管理、专业单位管理和用水户自我管理相结合的方式。

灌区水利工程管理单位负责分干渠以上的渠道、干沟以上沟道、跨旗县区的分干沟沟道及其建筑物等水利工程的管理保护和维修养护。

各旗县区人民政府水行政主管部门和受益的农民用水合作组织，按照谁管理谁负责的原则，对支渠以下的渠道、旗县区境内的分干沟以下沟道及其建筑物等水利工程进行管理保护和维修养护。

第七条 各旗县区人民政府应当依据《内蒙古自治区水工程管理保护办法》和自治区有关规定，对灌区水利工程划定必要的水利工程管理范围和保护范围，并在其范围界限埋设界桩等明显标识。

水利工程管理范围是指根据水利工程管理需要划定的，由水利工程管理单位使用的水土资源范围；水利工程保护范围是指为保证水利工程安全，在管理范围之外所划定的区域。

第八条 编制灌区水利工程规划应当统筹考虑经济社会发展水平、水土资源供需平衡、农业生产需求、灌溉排水发展需求、生态环境保护等因素。在编制或者变更城镇规划和农村牧区规划时，涉及防洪、排涝、取水、灌区工程保护等事项，应当征求有管辖权的水行政主管部门以及水利工程管理单位的意见。

第九条 各级人民政府应当加强基层水管组织的能力建设，引导农民用水合作组织规范运行。各级人民政府水行政主管部门应当加强对基层水管组织的工作监管和技术指导，督促工程管护主体履行管护责任。

第十条 灌区水利工程管理单位和农民用水合作组织，应当按照操作规程及规范对所管理的水闸、扬水站等调（提）水建筑物进行操作；负责所管渠道的调水、配水、防汛、灌溉管理和水费收缴工作；为水行政主管部门提供相关基础统计数据。

第十一条 灌区灌溉用水实行总量控制和定额管理相结合的制度。灌排水工程管理单位在编制用水计划和调度运行方案时，应当按照核定的工程控制指标执行，严禁超指标运行。

第十二条 在灌区水利工程管理范围和保护范围内修建建筑物及设施的，建设单位的工程建设方案应当征得水利工程管理单位同意，报经有管辖权的水行政主管部门批准后实施。

第十三条 任何单位和个人利用水库、渠沟道水域等水利工程开展的旅游、水产养殖等经营活动，应当经主管单位核准同意，并不得危害水利工程安全和污染水体。

第十四条 任何单位和个人不得干扰和阻碍水利工程管理单位正常工作。禁止非水利工程管理单位人员擅自操作水利工程设备。

第十五条 灌区水利工程管理单位或者水利工程经营管理者，负责水利工程的安全管理工作，应当在必要的位置设立各类明显的警示标志，并保证其完好。

第三章 工程保护

第十六条 灌区水利工程依法实行维修养护，并加强规范化管理，保证其完整、安全。

政府投资建设的大中型灌区水利工程，按照工程管理权限确定的单位负责运行维护，鼓励通过多种方式引进社会力量参与运行维护。

政府投资建设或者财政补助建设的小型灌区水利工程，按照规定交由农民用水合作组织、个人使用和管理的，由受益者或者受委托单位、个人负责运行维护。

第十七条 灌区水利工程管护推行管养分离，应当逐步实行专业化、物业化、社会化及自主管理等多种形式，提高维修养护技术和设备水平，降低运行成本。

第十八条 鼓励和引导农村集体经济组织、农民用水合作组织、农民和其他社会力量进行农田水利工程建设、运营和维护，保护农田水利工程设施，节约用水，保护生态环境，其合法权益受法律保护。

第十九条 旗县级以上人民政府应当建立灌区水利工程运行维护经费合理负担机制，水利工程使用权人应当落实运行维护经费，保障运行维护工作正常进行。

第二十条 各级人民政府水行政主管部门应当根据当年水利工程运行情况，制定下一年度维修养护计划，报同级人民政府批准后组织实施。

第二十一条 负责灌区水利工程运行维护的单位和个人应当建立健全运行维护制度，加强对水利工程的日常巡查、维修和养护，按照有关规定进行调度，保障水利工程正常运行。

第二十二条 各级人民政府水行政主管部门和水利工程所有权人应当督促相关单位和个人履行运行维护责任。

任何单位和个人有权向水行政主管部门或者灌区水利工程所有权人报告影响水利工程正常运行的情形。接到报告的部门或者单位应当督促负责运行维护的单位和个人及时处理。

第二十三条 在灌区水利工程管理范围和保护范围内，禁止任何单位和个人实施下列行为：

（一）进行影响水利工程正常运行和危害水利工程及设施安全的爆破、打井、筑坟、采石、取土等活动；

（二）进行妨碍水利工程管理的游泳、潜水、捕鱼、倾倒垃圾、排放污水等行为；

（三）损毁水利工程建筑物及其附属设施的其他行为。

第二十四条 禁止任何单位和个人擅自在各级渠沟道上引水、阻水、拦截水或者以其他方式影响水利工程的正常运行。禁止在渠沟道旱台进行植树、种草以外的其他耕作行为。

第二十五条 任何单位和个人不得侵占、毁坏、擅自移动和使用测流量水、水文水质监测、信息化等设施。因工程建设确需迁移和使用的，建设单位应当在建设项目立项和使用前，报经水行政主管部门同意，所需费用由建设单位承担。

第二十六条 经水行政主管部门审查同意，在流经城区、乡镇、村庄的渠沟道段落修建的市政、交通运输、景观等工程，由建设单位承担建设、管理和安全维护职责。

第四章 法律责任

第二十七条 各级人民政府水行政主管部门或者其他有关部门以及灌区水利工程管理单位的工作人员违反本条例规定，玩忽职守、滥用职权、徇私舞弊的，由其所在单位或者上级主管机关依法给予行政处分；构成犯罪的，依法追究刑事责任。

第二十八条 违反本条例第十二条、第二十三条、第二十四条规定的，依照《中华人民共和国水法》有关规定处理。在水利工程管理范围内游泳、潜水、捕鱼、倾倒垃圾的，责令停止违法行为，处200元以上1000元以下罚款。

第二十九条 违反本条例第十三条规定危害水利工程安全的，责令停止违法行为，采取补救措施，处1万元以上5万元以下罚款。造成水污染的，按照《中华人民共和国水污染防治法》有关规定处理。

第三十条 违反本条例第十四条规定，擅自操作水利工程设备造成损失的，责令停止违法行为，采取补救措施，赔偿损失，处5万元以下罚款。

第三十一条 违反本条例第二十五条规定，侵占、毁坏、擅自移动和使用测流量水、水文水质监测、信息化等设施的，责令停止违法行为，限期恢复原状或者采取补救措施，处5万元以下罚款。

第三十二条 在灌区水利工程管理范围和保护范围内的水行政处罚，由各级人民政府水行政主管部门在职责范围内实施。

第五章 附 则

第三十三条 本条例所称水利工程，具体是指开发、利用、控制、调配和保护水资源的各类工程。包括引水渠道、排水沟道、水库（含塘坝）、水电站、水涵闸、堤防、护岸、泵站、渡槽、桥梁、水质监测设施、信息化设施、灌溉用机电井、高效节水设备等各类水利工程建筑物、水文监测工程、水土保持工程等。

第三十四条 本条例所称农民用水合作组织，是指某一灌溉区域内由农民依法自愿组成，实行自我服务、自主经营、民主管理、独立核算，具有法人资格的社会团体。

第三十五条 本条例自 2017 年 10 月 1 日起施行。

第二章　政策文件

第一节 国家相关政策文件

中华人民共和国水利部令

第 23 号

《水行政许可实施办法》已经 2005 年 6 月 22 日水利部部务会议审议通过，现予公布，自公布之日起施行。

部长 汪恕诚

二〇〇五年七月八日

水行政许可实施办法

第一章 总 则

第一条 为了规范水行政许可，保护公民、法人和其他组织的合法权益，维护公共利益和社会秩序，保障和监督水行政许可实施机关有效实施水行政管理，根据《中华人民共和国行政许可法》、《中华人民共和国水法》、《中华人民共和国防洪法》、《中华人民共和国水土保持法》等法律法规，制定本办法。

第二条 本办法所称水行政许可，是指水行政许可实施机关根据公民、法人或者其他组织的申请，经依法审查，准予其从事特定水事活动的行为。

本办法所称水行政许可实施机关，是指县级以上人民政府水行政主管部门、法律法规授权的流域管理机构或者其他行使水行政许可权的组织。

第三条 水行政许可的规定、实施和监督检查，适用本办法。

上级水行政主管部门对下级水行政主管部门，以及水行政主管部门对其直接管理的事业单位的人事、财务、外事等事项的审批，不属于水行政许可，不适用本办法。

第四条 实施水行政许可，应当依照有关法律、法规、规章和本办法规定的权限、范围、条件、程序和期限。

第五条 实施水行政许可，应当遵循公开、公平、公正的原则。

水行政许可实施机关应当公布水行政许可的权限、范围、条件、程序和期限等规定；应当公开水行政许可的实施过程和水行政许可决定的内容。但是，涉及国家秘密、商业秘密或者个人隐私的除外。

水行政许可实施机关应当建立核查、回避、听证、科学决策等制度，保障实施水行政许可的公平和公正。符合法定条件、标准的，申请人有依法取得水行政许可的平等权利，水行政许可实施机关不得歧视。

第六条 实施水行政许可，应当遵循便民、高效的原则。

水行政许可实施机关应当精简办事环节，推行便民措施，提高办事效率，提供优质服务。

第七条 实施水行政许可，应当为公民、法人或者其他组织依法行使陈述权、申辩权、损害赔偿权、申请行政复议权提供便利条件。

公民、法人或者其他组织有权就水行政许可的实施情况向有关水行政许可实施机关或者其他机关提出意见、建议、投诉、批评、检举或者控告；水行政许可实施机关应当认真进行审查，发现水行政许可有错的，应当主动改正。

第八条 水行政许可实施机关实施水行政许可，应当自觉接受县级以上人民政府和上级水行政主管部门的监督以及社会监督。

水行政许可实施机关应当对公民、法人或者其他组织从事水行政许可事项的活动实施有效监督。

第二章 水行政许可的规定

第九条 在法律、行政法规和国务院决定设定的水行政许可事项范围内，国务院水行政主管部门可以制定规章，对实施该水行政许可的程序、条件、期限、须提交的材料目录等作出具体规定。

水行政许可实施机关可以根据法律、行政法规、国务院决定和有关规章，以规范性文件的形式对水行政许可执行中的具体问题予以明确。

规章和规范性文件对实施上位法规定的行政许可作出的具体规定，不得增设水行政许可和增设违反上位法的其他条件。

第十条 县级以上地方人民政府水行政主管部门或者流域管理机构认为需要增设新的在全国统一实施的水行政许可，或者认为法律、行政法规、国务院决定设定的水行政许可不必要、不合理，需要修改或者废止的，可以向国务院水行政主管部门提出意见和建议。

国务院水行政主管部门认为需要增设新的水行政许可，或者认为法律、行政法规、国务院决定设定的水行政许可不必要、不合理，需要修改或者废止的，可以向国务院提出立法建议。

第十一条 起草法律草案、法规草案和省、自治区、直辖市人民政府规章草案，拟设定水行政许可的，承担起草任务的水行政主管部门应当采取听证会、论证会等形式听取意见，全面评价设定该水行政许可的必要性、可行性、对经济和社会可能产生的影响，并向制定机关说明评价意见以及听取和采纳意见的情况。

水行政许可实施机关应当对水行政许可的实施情况及存在的必要性适时进行评价，并将评价意见报送该水行政许可的设定机关。

水行政许可评价管理办法由国务院水行政主管部门另行制定。

第三章　水行政许可的实施机关

第十二条 水行政许可由县级以上人民政府水行政主管部门在其法定职权范围内实施。

国务院水行政主管部门在国家确定的重要江河、湖泊设立的流域管理机构以及其他法律法规授权的组织，在法律、法规授权范围内，以自己的名义实施水行政许可。

水行政许可实施机关的内设机构不得以自己的名义实施水行政许可。

第十三条 水行政许可实施机关在其法定职权范围内，依照法律、法规、规章的规定，可以委托其他县级以上人民政府水行政主管部门等行政机关实施水行政许可。委托机关应当将受委托机关和受委托实施水行政许可的内容予以公告。

委托机关对受委托机关实施水行政许可的行为应当负责监督，并对该行为的后果承担法律责任。

受委托机关在委托范围内，以委托机关名义实施水行政许可；不得再委托其他组织或者个人实施水行政许可。

第十四条 水行政许可需要水行政许可实施机关内设的多个机构办理的，应当确定一个机构统一受理水行政许可申请、统一送达水行政许可决定，或者设立专门的水行政许可办事机构，集中办理水行政许可事项。

第十五条 水行政许可实施机关的法制工作机构归口管理水行政许可工作。但是，水行政许可实施机关另有规定的除外。

第十六条 水行政许可实施机关的法制工作机构或者其他水行政许可归口管理机构，承办下列事项：

（一）组织制订水行政许可制度；

（二）审查涉及水行政许可的法律、法规、规章和规范性文件草案；

（三）审查和评价水行政许可的设定；

（四）指导、协调、监督检查水行政许可的实施情况；

（五）承办有关水行政许可的行政复议、行政应诉案件；

（六）法律、法规、规章规定和水行政许可实施机关交办的其他水行政许可归口管理工作。

第四章　水行政许可的申请和受理

第十七条　公民、法人或者其他组织从事特定水事活动，依法需要取得水行政许可的，应当直接向有水行政许可权的水行政许可实施机关提出申请。但是，本办法第三十三条第二款规定的情形除外。

第十八条　申请水行政许可，可以由申请人到水行政许可实施机关的办公场所，以书面形式提出，也可以通过信函、电报、电传、传真、电子数据交换和电子邮件等方式提出。以电报、电传、传真、电子数据交换和电子邮件等方式提出的，申请人应当自提交申请之日起 3 日内提供能够证明其申请文件效力的材料；逾期未能提供的，视为放弃本次申请。

第十九条　申请水行政许可，需要使用格式文本的，水行政许可实施机关应当向申请人提供，格式文本中不得包含与申请水行政许可事项没有直接关系的内容。

第二十条　申请人可以委托代理人提出水行政许可申请。但是，依照法律、法规、规章应当由申请人本人到水行政许可实施机关的办公场所提出水行政许可申请的除外。

申请人委托代理人提出水行政许可申请的，应当出具授权委托书。委托人为自然人的，应当在授权委托书上签名；委托人为法人或者其他组织的，应当由法定代表人或者主要负责人在授权委托书上签名并加盖公章。授权委托书应当载明下列事项：

（一）委托人和代理人的基本情况；

（二）代为提出水行政许可申请、递交有关材料、收受法律文书、接受询问等代理事项和代理权限；

（三）代理起止日期。

第二十一条　水行政许可实施机关应当将法律、法规、规章规定的有关水行政许可的事项、依据、条件、数量、程序、期限、需要提交的全部材料的目录、申请书和授权委托书等格式文本及填写说明在办公场所公示。

水行政许可实施机关应当逐步推行电子政务，在网站上公示前款所列事项，为申请人采取数据电文等方式提出水行政许可申请、查询水行政许可办理情况和结果等提供必要便利。

水行政许可实施机关应当根据申请人的要求，对公示内容予以说明、解释。

第二十二条　申请人应当按照有关法律、法规、规章要求如实提交申请书、有关证明文件和其他相关材料，并对其申请材料实质内容的真实性负责。水行政许可实施机关不得要求申请人提交与其申请的水行政许可事项无关的技术资料和其他材料。

第二十三条 水行政许可实施机关收到水行政许可申请后，应当对下列事项进行审查：

（一）申请事项是否依法需要取得水行政许可；

（二）申请事项是否属于本机关的职权范围；

（三）申请人是否具有依法不得提出水行政许可申请的情形；

（四）申请材料是否齐全、符合法定形式。

第二十四条 水行政许可实施机关对水行政许可申请审查后，应当根据下列情况分别作出处理：

（一）申请事项依法不需要取得水行政许可的，应当即时制作《水行政许可申请不受理告知书》，告知申请人不受理；

（二）申请事项依法不属于本机关职权范围或者具有依法不得提出水行政许可申请的情形的，应当即时制作《水行政许可申请不予受理决定书》。其中，申请事项依法不属于本机关职权范围的，应当告知申请人向有关行政机关申请；

（三）申请材料存在文字、计算、装订等非实质内容错误的，应当允许申请人当场更正，但应当对更正内容签字或者盖章确认；

（四）申请材料不齐全或者不符合法定形式的，应当当场或者在5日内制作《水行政许可申请补正通知书》，1次告知申请人需要补正的全部内容，逾期不告知的，自收到申请材料之日起即为受理；

（五）申请事项属于本机关职权范围，申请材料齐全、符合法定形式，或者申请人按照要求提交全部补正申请材料的，应当制作《水行政许可申请受理通知书》。

水行政许可实施机关作出的《水行政许可申请受理通知书》、《水行政许可申请不受理告知书》和《水行政许可申请补正通知书》等文书，应当加盖本机关专用印章和注明日期。

第二十五条 省级以上人民政府水行政主管部门可以根据特定水行政许可的特点，规定在本行政区域内，在一定期限内集中受理水行政许可申请，并将受理期限予以公告。

流域管理机构参照前款执行。

第二十六条 流域管理机构可以根据水行政许可的具体情况和便民的需要，委托其所属管理机构或者地方水行政主管部门代为受理水行政许可申请，并予以公告。

第五章 水行政许可的审查、决定、变更和延续

第二十七条 水行政许可实施机关受理水行政许可申请后应当进行审查。审查一般

以书面形式进行。

除能够当场作出水行政许可决定的外，根据法定条件和程序，需要对申请材料的实质内容进行核查的，应当指派 2 名以上工作人员进行。核查过程中需要进行现场检查或者调查询问有关人员的，应当制作笔录，由核查方与被核查方签字确认；被核查方拒绝签字的，应当在笔录中记明。

第二十八条 水行政许可实施机关审查水行政许可申请时，发现该水行政许可事项直接关系他人重大利益的，应当告知申请人和利害关系人。其中，对于申请人和能够确定的利害关系人，应当直接送达《水行政许可陈述和申辩告知书》；利害关系人为不确定多数人的，应当公告告知。

告知书或者公告应当确定申请人和利害关系人陈述和申辩的合理期限，并说明该水行政许可的有关情况，但涉及国家秘密、商业秘密或者个人隐私的部分除外。申请人、利害关系人要求陈述和申辩的，应当听取，并制作笔录。申请人、利害关系人提出的事实、理由经审核成立的，应当采纳。

第二十九条 法律、法规、规章规定实施水行政许可应当听证的事项，或者水行政许可实施机关认为需要听证的其他涉及公共利益的重大水行政许可事项，水行政许可实施机关应当向社会公告，并举行听证。

水行政许可直接涉及申请人与他人之间重大利益关系的，水行政许可实施机关在作出水行政许可决定前，应当制作《水行政许可听证告知书》，告知申请人、利害关系人享有要求听证的权利。

水行政许可听证的具体规定由国务院水行政主管部门另行制定。

第三十条 办理水行政许可事项的工作人员是申请人、利害关系人的近亲属，或者与申请人、利害关系人有其他关系，可能影响公正的，应当自行申请回避。

申请人认为办理水行政许可事项的工作人员是水行政许可事项的利害关系人或者是利害关系人的近亲属，或者与利害关系人有其他关系，可能影响公正的，有权申请其回避。

利害关系人认为办理水行政许可事项的工作人员是申请人的近亲属，或者与申请人有其他关系，可能影响公正的，有权申请其回避。

办理水行政许可事项的工作人员的回避由水行政许可实施机关内承办该水行政许可的机构负责人决定，承办机构负责人的回避由水行政许可实施机关负责人决定。

第三十一条 水行政许可实施机关可以根据法律、法规、规章的规定和水行政许可的需要，对水行政许可事项进行专家评审或者技术评估，并将评审或者评估意见作为水行政许可决定的参考依据。

水行政许可实施机关可以根据法律、法规、规章的规定和水行政许可的需要，征求有关水行政主管部门或者其他行政机关的意见。

第三十二条 水行政许可实施机关审查水行政许可申请后，除当场作出水行政许可决定的外，应当在法定期限内按照法律、法规、规章和本办法规定的程序作出如下水行政许可决定：

（一）水行政许可申请符合法律、法规、规章规定的条件、标准的，依法作出准予水行政许可的书面决定，制作《准予水行政许可决定书》，并应当在办公场所、指定报刊或者网站上公开，公众有权查阅；

（二）水行政许可申请不符合法律、法规、规章规定的条件、标准的，依法作出不予水行政许可的书面决定，制作《不予水行政许可决定书》，应当说明理由，并告知申请人享有依法申请行政复议或者提起行政诉讼的权利和复议机关、受诉法院、时效等具体事项。

第三十三条 除可以当场作出水行政许可决定的外，水行政许可实施机关应当自受理水行政许可申请之日起20日内作出水行政许可决定。因水行政许可事项重大、复杂或者具有其他正当理由，20日内不能作出决定的，经本机关负责人批准，可以延长10日，并应当制作《水行政许可延期告知书》，将延长期限的理由告知申请人。

依照法律、法规、规章规定，应当先经下级水行政许可实施机关审查后，报送上级水行政许可实施机关决定的水行政许可，下级水行政许可实施机关应当按照本办法的规定受理和审查，并应当自受理之日起20日内将审查意见和全部申请材料，直接报送上级水行政许可实施机关审查决定。上级水行政许可实施机关不得要求申请人重复提供申请材料，并应当自收到下级水行政许可实施机关报送的初步审查意见和全部申请材料之日起20日内作出水行政许可决定。

法律、法规对水行政许可期限另有规定的，依照其规定。

第三十四条 申请人在水行政许可实施机关作出水行政许可决定之前，可以书面申请撤回水行政许可申请。

第三十五条 水行政许可实施机关作出准予水行政许可的决定，需要颁发水行政许可证件、证书的，应当自作出水行政许可决定之日起10日内向申请人颁发、送达。

第三十六条 水行政许可实施机关作出水行政许可决定，依法需要听证、招标、拍卖、检验、检测、鉴定、评估和专家评审的，所需时间不计算在本办法规定的期限内，但应当制作《水行政许可除外时间告知书》，将所需时间书面告知申请人。

第三十七条 水行政许可的适用范围没有地域限制的，申请人取得的水行政许可在全国范围内有效；水行政许可的适用范围有地域限制的，《准予水行政许可决定书》或者水行政许可证件、证书上应当注明。

水行政许可有期限的，《准予水行政许可决定书》或者水行政许可证件、证书上应当注明其有效期限。

第三十八条 水行政许可实施机关应当依照民事诉讼法的有关规定，送达水行政许可法律文书、证件和证书。

第三十九条 被许可人在取得水行政许可后，因姓名（名称）、住所、法定代表人（主要负责人）等发生变化，要求变更水行政许可事项的，应当向作出水行政许可决定的水行政许可实施机关提出变更申请，并提交有关证明文件。

水行政许可实施机关应当对变更申请进行审查，并于收到变更申请之日起10日内作出决定。符合法定条件、标准的，应当准予变更，制作《准予变更水行政许可决定书》，并依法办理变更手续；因有关事项的变更，会导致被许可人不再符合法律、法规、规章规定的准予水行政许可的条件、标准的，水行政许可实施机关不得准予变更，并制作《不予变更水行政许可决定书》。

依法取得的水行政许可，不得转让。法律、法规另有规定的除外。

第四十条 被许可人需要延续依法取得的水行政许可的有效期限的，应当在该水行政许可有效期届满30日前向作出水行政许可决定的水行政许可实施机关提出申请。但是，法律、法规、规章另有规定的，依照其规定。

水行政许可实施机关对延续申请进行审查后，应当作出决定。仍符合取得水行政许可的条件的，准予延续，制作《准予延续水行政许可决定书》；不再符合取得水行政许可的条件的，不予延续，制作《不予延续水行政许可决定书》。

前款决定应当在该水行政许可有效期届满前作出；逾期未作决定的，视为准予延续。

第四十一条 水行政许可实施机关不得擅自改变已经生效的水行政许可。

水行政许可所依据的法律、法规、规章修改或者废止，或者准予水行政许可所依据的客观情况发生重大变化的，为了公共利益的需要，水行政许可实施机关可以依法变更或者撤回已经生效的水行政许可。由此给公民、法人或者其他组织造成财产损失的，应当依法给予补偿。

第六章 水行政许可的费用

第四十二条 水行政许可实施机关实施水行政许可和对水行政许可事项进行监督检查，不得收取任何费用。但是，法律、行政法规另有规定的，依照其规定。

水行政许可实施机关提供水行政许可申请书等格式文本，不得收费。

水行政许可实施机关实施水行政许可所需经费，应当列入本机关年度预算，实行预算管理。

第四十三条 水行政许可实施机关实施水行政许可，依照法律、行政法规收取费用的，应当按照公布的法定项目和标准收费；所收取的费用必须全部上缴国库，不得以任何形式截留、挪用、私分或者变相私分。

第七章 水行政许可的监督检查

第四十四条 上级水行政主管部门应当采取执法检查、处理投诉、责任追究或者个案督办等方式加强对下级水行政许可实施机关实施水行政许可的监督检查，及时纠正水行政许可实施中的违法行为。

第四十五条 水行政许可实施机关应当建立健全监督制度，按照管理权限和职责分工，对公民、法人或者其他组织从事水行政许可事项的活动履行监督检查责任。

省、自治区、直辖市人民政府水行政主管部门应当依法明确本行政区域内各级水行政主管部门的具体监督检查职责，流域管理机构应当依法明确其下属管理机构的具体监督检查职责。

第四十六条 监督检查一般采用核查反映被许可人从事水行政许可事项活动情况的有关材料进行。可以根据监督检查的需要对被许可人生产经营场所依法进行实地检查。检查时，可以依法查阅或者要求被许可人报送有关材料；被许可人应当如实提供有关情况和材料。

水行政许可实施机关依法实施监督检查时，应当将监督检查的情况和处理结果予以记录，由监督检查人员签字后归档，公众有权查阅。

第四十七条 水行政许可实施机关实施监督检查，不得妨碍被许可人正常的生产经营活动，不得索取或者收受被许可人的财物，不得谋取其他利益，并应当保守与此有关的国家秘密、商业秘密和个人隐私。

第四十八条 被许可人在作出水行政许可决定的水行政许可实施机关管辖区域外违法从事水行政许可事项活动的，由违法行为发生地的水行政许可实施机关按照管辖权限依法进行处理，并于 5 日内将被许可人的违法事实、处理结果抄告作出水行政许可决定的水行政许可实施机关。

第四十九条 任何个人和组织发现违法从事水行政许可事项的活动，有权向水行政许可实施机关举报，水行政许可实施机关应当及时核实、处理。

第五十条 有下列情形之一的，作出水行政许可决定的水行政许可实施机关，或者其上级水行政主管部门，根据利害关系人的请求或者依据职权，可以撤销水行政许可：

（一）水行政许可实施机关工作人员滥用职权、玩忽职守作出准予水行政许可决定的；

（二）超越法定职权作出准予水行政许可决定的；

（三）违反法定程序作出准予水行政许可决定的；

（四）对不具备申请资格或者不符合法定条件的申请人准予水行政许可的；

（五）依照法律、法规、规章可以撤销水行政许可的其他情形。

被许可人以欺骗、贿赂等不正当手段取得水行政许可的，应当予以撤销。

依照前两款的规定撤销水行政许可，可能对公共利益造成重大损害的，不予撤销。

依照本条第一款的规定撤销水行政许可，被许可人的合法权益受到损害的，应当依法给予赔偿。依照本条第二款的规定撤销水行政许可的，被许可人基于水行政许可取得的利益不受保护。

第五十一条 有下列情形之一的，水行政许可实施机关应当依法办理有关水行政许可的注销手续：

（一）水行政许可有效期届满未申请延续或者未获准延续的；

（二）赋予公民特定资格的水行政许可，该公民死亡或者丧失行为能力的；

（三）法人或者其他组织依法终止的；

（四）水行政许可依法被撤销、撤回，或者水行政许可证件、证书等依法被吊销的；

（五）因不可抗力导致水行政许可事项无法实施的；

（六）法律、法规规定的应当注销水行政许可的其他情形。

第八章 法律责任

第五十二条 县级以上地方人民政府水行政主管部门，违反《行政许可法》第十七条规定设定水行政许可的，有关机关应当责令其限期改正或者依法予以撤销。

流域管理机构有前款行为的，由国务院水行政主管部门依照前款处理。

第五十三条 水行政许可实施机关及其工作人员违法实施水行政许可的，依照《行政许可法》第七十二条、第七十三条、第七十四条、第七十五条、第七十七条规定予以处理。

第五十四条 水行政许可实施机关违法实施水行政许可，给当事人的合法权益造成损害的，应当依照国家赔偿法的规定给予赔偿。

水行政许可实施机关因违法实施水行政许可承担赔偿责任的，可以责令有故意或者重大过失的主管人员以及直接责任人员承担部分或者全部赔偿费用。

第五十五条 水行政许可申请人隐瞒有关情况或者提供虚假材料申请水行政许可的，水行政许可实施机关应当不予受理或者不予水行政许可，并给予警告；水行政许可申请属于直接关系防洪安全、水利工程安全、水生态环境安全、人民群众生命财产安全事项的，申请人在 1 年内不得再次申请该水行政许可。

第五十六条 被许可人以欺骗、贿赂等不正当手段取得水行政许可的，除可能对公共利益造成重大损害的，水行政许可实施机关应当予以撤销，并给予警告。被许可人从事非经营活动的，可以处 1 千元以下罚款；被许可人从事经营活动，有违法所得的，可以处违法所得 3 倍以下罚款，但是最高不得超过 3 万元，没有违法所得的，可以处 1 万元以下罚款，法律、法规另有规定的除外。取得的水行政许可属于直接关系防洪安全、水利工程安全、水生态环境安全、人民群众生命财产安全事项的，申请人在 3 年内不得再次申请该水行政许可；构成犯罪的，依法追究刑事责任。

第五十七条 被许可人有《行政许可法》第八十条规定的行为之一的，水行政许可实施机关根据情节轻重，应当给予警告或者降低水行政许可资格（质）等级。被许可人从事非经营活动的，可以处 1 千元以下罚款；被许可人从事经营活动，有违法所得的，可以处违法所得 3 倍以下罚款，但是最高不得超过 3 万元，没有违法所得的，可以处 1 万元以下罚款，法律、法规另有规定的除外；构成犯罪的，依法追究刑事责任。

第五十八条 公民、法人或者其他组织未经水行政许可，擅自从事依法应当取得水行政许可的活动的，水行政许可实施机关应当责令停止违法行为，并给予警告。当事人从事非经营活动的，可以处 1 千元以下罚款；当事人从事经营活动，有违法所得的，可以处违法所得 3 倍以下罚款，但是最高不得超过 3 万元，没有违法所得的，可以处 1 万元以下罚款，法律、法规另有规定的除外；构成犯罪的，依法追究刑事责任。

第九章 附 则

第五十九条 本办法规定的水行政许可实施机关实施水行政许可的期限以工作日计算，不含法定节假日。

第六十条 水行政许可法律文书示范格式文本由国务院水行政主管部门另行制定。

第六十一条 本办法由国务院水行政主管部门负责解释。

第六十二条 本办法自发布之日起施行。

中华人民共和国水利部令

第 55 号

《水行政处罚实施办法》已经 2023 年 1 月 5 日水利部部务会议审议通过，现予公布，自 2023 年 5 月 1 日起施行。

部长　李国英

2023 年 3 月 10 日

水行政处罚实施办法

第一章　总　则

第一条　为了规范水行政处罚行为，保障和监督行政机关有效实施水行政管理，维护公共利益和社会秩序，保护公民、法人或者其他组织的合法权益，根据《中华人民共和国行政处罚法》、《中华人民共和国水法》等有关法律、法规，制定本办法。

第二条　公民、法人或者其他组织违反水行政管理秩序的行为，依法给予水行政处罚的，由县级以上人民政府水行政主管部门或者法律、法规授权的组织（以下统称水行政处罚机关）依照法律、法规、规章和本办法的规定实施。

第三条　水行政处罚遵循公正、公开的原则。实施水行政处罚必须以事实为依据，与违法行为的事实、性质、情节以及社会危害程度相当。对违法行为给予水行政处罚的规定必须公布；未经公布的，不得作为水行政处罚的依据。

实施水行政处罚，纠正违法行为，应当坚持处罚与教育相结合，教育公民、法人或者其他组织自觉守法。

第四条　水行政处罚的种类：

（一）警告、通报批评；

（二）罚款、没收违法所得、没收非法财物；

（三）暂扣许可证件、降低资质等级、吊销许可证件；

（四）限制开展生产经营活动、责令停产停业、责令关闭、限制从业；

（五）法律、行政法规规定的其他水行政处罚。

第二章 水行政处罚的实施机关和执法队伍

第五条 下列水行政处罚机关在法定授权范围内以自己的名义独立行使水行政处罚权：

（一）县级以上人民政府水行政主管部门；

（二）国务院水行政主管部门在国家确定的重要江河、湖泊设立的流域管理机构（以下简称流域管理机构）及其所属管理机构；

（三）省、自治区、直辖市决定行使水行政处罚权的乡镇人民政府、街道办事处；

（四）法律、法规授权的其他组织。

第六条 县级以上人民政府水行政主管部门可以在其法定权限内委托符合本办法第七条规定条件的水政监察专职执法队伍、水行政执法专职机构或者其他组织实施水行政处罚。

受委托组织在委托权限内，以委托水行政主管部门名义实施水行政处罚；不得再委托其他组织或者个人实施水行政处罚。

第七条 受委托组织应当符合下列条件：

（一）依法成立并具有管理公共事务职能；

（二）具有熟悉有关法律、法规、规章和水利业务，并取得行政执法资格的工作人员；

（三）需要进行技术检查或者技术鉴定的，应当有条件组织进行相应的技术检查或者技术鉴定。

第八条 委托实施水行政处罚，委托水行政主管部门应当同受委托组织签署委托书。委托书应当载明下列事项：

（一）委托水行政主管部门和受委托组织的名称、地址、法定代表人姓名、统一社会信用代码；

（二）委托实施水行政处罚的具体事项、权限和委托期限；

（三）违反委托事项应承担的责任；

（四）其他需载明的事项。

委托水行政主管部门和受委托组织应当将委托书向社会公布。

受委托组织实施水行政处罚，不得超越委托书载明的权限和期限。

委托水行政主管部门发现受委托组织不符合委托条件的，应当解除委托，收回委托书并向社会公布。

第九条 委托水行政主管部门应当对受委托组织实施水行政处罚的行为负责监督，并对该行为的后果承担法律责任。

第三章 水行政处罚的管辖和适用

第十条 水行政处罚由违法行为发生地的水行政处罚机关管辖。

流域管理机构及其所属管理机构按照法律、行政法规、部门规章的规定和国务院水行政主管部门授予的权限管辖水行政处罚。

法律、行政法规、部门规章另有规定的，从其规定。

第十一条 水行政处罚由县级以上地方人民政府具有水行政处罚权的行政机关管辖。法律、行政法规另有规定的，从其规定。

第十二条 对当事人的同一违法行为，两个以上水行政处罚机关都有管辖权的，由最先立案的水行政处罚机关管辖。

两个以上水行政处罚机关发生管辖争议的，应当在七个工作日内协商解决，协商不成的，报请共同的上一级水行政主管部门指定管辖；也可以直接由共同的上一级水行政主管部门指定管辖。

省际边界发生管辖争议的，应当在七个工作日内协商解决，协商不成的，报请国务院水行政主管部门或者由国务院水行政主管部门授权违法行为发生地所属流域管理机构指定管辖；也可以由国务院水行政主管部门指定流域管理机构负责查处。

指定管辖机关应当在接到申请之日起七个工作日内作出管辖决定，并对指定管辖案件执行情况进行监督。

第十三条 水行政处罚机关实施行政处罚时，应当责令当事人改正或者限期改正违法行为。

第十四条 对当事人的同一个违法行为，不得给予两次以上罚款的行政处罚。同一个违法行为违反多个法律规范应当给予罚款处罚的，按照罚款数额高的规定处罚。

两个以上当事人共同实施违法行为的，应当根据违法情节和性质，分别给予水行政处罚。

第十五条 当事人有下列情形之一，应当从轻或者减轻水行政处罚：

（一）主动消除或者减轻违法行为危害后果的；

（二）受他人胁迫或者诱骗实施违法行为的；

（三）主动供述水行政处罚机关尚未掌握的违法行为的；

（四）配合水行政处罚机关查处违法行为有立功表现的；

（五）法律、法规、规章规定的其他应当从轻或者减轻水行政处罚的。

违法行为轻微并及时改正，没有造成危害后果的，不予水行政处罚。初次违法且危害后果轻微并及时改正的，可以不予水行政处罚。对当事人的违法行为依法不予水行政处罚的，应当对当事人进行教育并记录在案。

第十六条 县级以上地方人民政府水行政主管部门和流域管理机构可以依法制定管辖范围的水行政处罚裁量基准。

下级水行政主管部门制定的水行政处罚裁量基准与上级水行政主管部门制定的水行政处罚裁量基准冲突的，应当适用上级水行政主管部门制定的水行政处罚裁量基准。

水行政处罚裁量基准应当向社会公布。

水行政处罚机关应当规范行使水行政处罚裁量权，坚持过罚相当、宽严相济，避免畸轻畸重、显失公平。

第十七条 水事违法行为在二年内未被发现的，不再给予水行政处罚；涉及公民生命健康安全且有危害后果的，上述期限延长至五年。法律另有规定的除外。

前款规定的期限，从违法行为发生之日起计算；违法行为有连续或者继续状态的，从行为终了之日起计算。

第四章　水行政处罚的决定

第一节　一般规定

第十八条 水行政处罚机关应当公示执法主体、人员、职责、权限、立案依据、实施程序和救济渠道等信息。

第十九条 水行政处罚应当由两名以上具有行政执法资格的执法人员实施。

水行政执法人员与案件有直接利害关系或者有其他关系可能影响公正执法的，应当回避，当事人也有权申请其回避。当事人提出回避申请的，水行政处罚机关应当依法审查，由水行政处罚机关负责人决定。决定作出之前，不停止调查。

第二十条 水行政处罚机关在作出水行政处罚决定之前，应当书面告知当事人拟作出的水行政处罚内容及事实、理由、依据，并告知当事人依法享有陈述、申辩、要求听证等权利。不得限制或者变相限制当事人享有的陈述权、申辩权。

第二十一条 水行政处罚机关在告知当事人拟作出的水行政处罚决定后，当事人申请陈述、申辩的，应当充分听取当事人的陈述、申辩，对当事人提出的事实、理由和证据进行复核。当事人提出的事实、理由或者证据成立的，水行政处罚机关应当采纳。

水行政处罚机关未向当事人告知拟作出的水行政处罚内容及事实、理由、依据，或者拒绝听取当事人的陈述、申辩，不得作出水行政处罚决定。当事人明确放弃或者未在规定期限内行使陈述权、申辩权的除外。

水行政处罚机关不得因当事人陈述、申辩而给予更重的处罚。

第二十二条 水行政处罚的启动、调查取证、审核、决定、送达、执行等应当进行全过程记录并归档保存。

查封扣押财产、强制拆除等直接涉及生命健康、重大财产权益的现场执法活动和执法办案场所，应当进行全程音像记录。

第二十三条 水行政处罚机关应当在行政处罚决定作出之日起七个工作日内，公开执法机关、执法对象、执法类别、执法结论等信息。危及防洪安全、供水安全或者水生态安全等后果严重、具有一定社会影响的案件，其行政处罚决定书应当依法公开，接受社会监督。

公开的水行政处罚决定被依法变更、撤销、确认违法或者确认无效的，水行政处罚机关应当在三个工作日内撤回处罚决定信息，并公开说明理由。

涉及国家秘密、商业秘密、个人隐私的，依照相关法律法规规定处理。

第二十四条 水行政处罚证据包括书证、物证、视听资料、电子数据、证人证言、当事人的陈述、鉴定意见、勘验笔录和现场笔录。

证据收集应当严格遵守法定程序。证据经查证属实后方可作为认定案件事实的根据。

采用暴力、威胁等非法手段取得的证据，不得作为认定案件事实的根据。

第二十五条 水行政处罚机关依照法律、行政法规规定利用电子技术监控设备收集、固定违法事实的，应当经过法制和技术审核，确保电子技术监控设备符合标准、设置合理、标志明显，设置地点应当向社会公布。

电子技术监控设备记录违法事实应当真实、清晰、完整、准确。

第二十六条 水行政处罚机关及其工作人员对实施行政处罚过程中知悉的国家秘密、商业秘密或者个人隐私，应当依法予以保密。

第二节 简易程序

第二十七条 违法事实确凿并有法定依据，对公民处以二百元以下、对法人或者其他组织处以三千元以下罚款或者警告的，可以当场作出水行政处罚决定。

第二十八条 当场作出水行政处罚决定的，水行政执法人员应当遵守下列程序：

（一）向当事人出示行政执法证件。

（二）当场收集违法证据。

（三）告知当事人违法事实、处罚理由和依据，并告知当事人依法享有陈述和申辩的权利。

（四）听取当事人的陈述和申辩。对当事人提出的事实、理由和证据进行复核，当事人明确放弃陈述或者申辩权利的除外。

（五）填写预定格式、编有号码的水行政处罚决定书，并由水行政执法人员签名或者盖章。

（六）将水行政处罚决定书当场交付当事人，当事人拒绝签收的，应当在水行政处罚决定书上注明。

（七）在五个工作日内（在水上当场处罚，自抵岸之日起五个工作日内）将水行政处罚决定书报所属水行政处罚机关备案。

前款处罚决定书应当载明当事人的违法行为，水行政处罚的种类和依据、罚款数额、时间、地点，申请行政复议、提起行政诉讼的途径和期限以及水行政处罚机关名称。

第三节 普通程序

第二十九条 除本办法第二十七条规定的可以当场作出的水行政处罚外，水行政处罚机关对依据水行政监督检查或者通过投诉举报、其他机关移送、上级机关交办等途径发现的违法行为线索，应当在十个工作日内予以核查。案情复杂等特殊情况无法按期完成核查的，经本机关负责人批准，可以延长五个工作日。

公民、法人或者其他组织有符合下列条件的违法行为的，水行政处罚机关应当予以立案：

（一）有涉嫌违法的事实；

（二）依法应当给予水行政处罚；

（三）属于本水行政处罚机关管辖；

（四）违法行为未超过追责期限。

第三十条 水行政执法人员依法调查案件，应当遵守下列程序：

（一）向当事人出示行政执法证件；

（二）告知当事人要调查的范围或者事项以及其享有陈述权、申辩权以及申请回避的权利；

（三）询问当事人、证人、与案件有利害关系的第三人，进行现场勘验、检查；

（四）制作调查询问、勘验检查笔录。

第三十一条 水行政执法人员可以要求当事人及其他有关单位、个人在一定期限内提供证明材料或者与涉嫌违法行为有关的其他材料，并由材料提供人在有关材料上签名或者盖章。

当事人采取暴力、威胁的方式阻碍调查取证的，水行政处罚机关可以提请有关部门协助。

调查取证过程中，无法通知当事人、当事人不到场或者拒绝配合调查，水行政执法人员可以采取录音、录像或者邀请有关人员作为见证人等方式记录在案。

第三十二条 水行政执法人员收集证据时，可以采取抽样取证的方法。在证据可能灭失或者以后难以取得的情况下，经水行政处罚机关负责人批准，可以先行登记保存。情况紧急，需要当场采取先行登记保存措施的，水行政执法人员应当在二十四小时内向水行政处罚机关负责人报告，并及时补办批准手续。水行政处罚机关负责人认为不应当采取先行登记保存措施的，应当立即解除。

第三十三条 水行政执法人员先行登记保存有关证据，应当当场清点，开具清单，由当事人和水行政执法人员签名或者盖章，并当场交付先行登记保存证据通知书。当事人不在场或者拒绝到场、拒绝签收的，可以邀请有关人员作为见证人签名或者盖章，采用录音、录像等方式予以记录，并由两名以上水行政执法人员在清单上注明情况。

登记保存物品时，在原地保存可能妨害公共秩序、公共安全或者对证据保存不利的，可以异地保存。

先行登记保存期间，当事人或者有关人员不得销毁或者转移证据。

第三十四条 对于先行登记保存的证据，应当在七个工作日内分别作出以下处理决定：

（一）需要采取记录、复制、拍照、录像等证据保全措施的，采取证据保全措施；

（二）需要进行检测、检验、鉴定、评估、认定的，送交有关机构检测、检验、鉴定、评估、认定；

（三）依法应当由有关部门处理的，移交有关部门；

（四）不需要继续登记保存的，解除先行登记保存；

（五）依法需要对船舶、车辆等物品采取查封、扣押的，依照法定程序查封、扣押；

（六）法律、法规规定的其他处理方式。

逾期未采取相关措施的，先行登记保存措施自动解除。

第三十五条 有下列情形之一，经水行政处罚机关负责人批准，中止案件调查，并制作中止调查决定书：

（一）水行政处罚决定必须以相关案件的裁判结果或者其他行政决定为依据，而相关案件尚未审结或者其他行政决定尚未作出的；

（二）涉及法律适用等问题，需要送请有权机关作出解释或者确认的；

（三）因不可抗力致使案件暂时无法调查的；

（四）因当事人下落不明致使案件暂时无法调查的；

（五）其他应当中止调查的情形。

中止调查的原因消除后，应当立即恢复案件调查。

第三十六条 有下列情形之一，经水行政处罚机关负责人批准，终止调查，并制作终止调查决定书：

（一）违法行为已过追责期限的；

（二）涉嫌违法的公民死亡或者法人、其他组织终止，并且无权利义务承受人，致使案件调查无法继续进行的；

（三）其他需要终止调查的情形。

第三十七条 案件调查终结，水行政执法人员应当及时提交调查报告。调查报告应当包括当事人的基本情况、违法事实、违法后果、相关证据、法律依据等，并提出依法是否应当给予水行政处罚以及给予何种水行政处罚的处理意见。

第三十八条 调查终结，水行政处罚机关负责人应当对调查结果进行审查，根据不同情况，分别作出下列决定：

（一）确有应受水行政处罚的违法行为的，根据情节轻重及具体情况，作出水行政处罚决定；

（二）违法行为轻微，依法可以不予水行政处罚的，不予水行政处罚；

（三）违法事实不能成立的，不予水行政处罚；

（四）违法行为涉嫌犯罪的，移送司法机关。

第三十九条 有下列情形之一，在水行政处罚机关负责人作出水行政处罚的决定之前，应当进行法制审核；未经法制审核或者审核未通过的，不得作出决定：

（一）涉及防洪安全、供水安全、水生态安全等重大公共利益的；

（二）直接关系当事人或者第三人重大权益，经过听证程序的；

（三）案件情况疑难复杂、涉及多个法律关系的；

（四）法律、法规规定应当进行法制审核的其他情形。

前款规定情形以外的，可以根据案件情况进行法制审核。

法制审核由水行政处罚机关法制工作机构负责；未设置法制工作机构的，由水行政处罚机关确定承担法制审核工作的其他机构或者专门人员负责。

案件调查人员不得同时作为该案件的法制审核人员。

第四十条 法制审核内容：

（一）水行政处罚主体是否合法，水行政执法人员是否具备执法资格；

（二）水行政处罚程序是否合法；

（三）案件事实是否清楚，证据是否合法充分；

（四）适用法律、法规、规章是否准确，裁量基准运用是否适当；

（五）水行政处罚是否按照法定或者委托权限实施；

（六）水行政处罚文书是否完备、规范；

（七）违法行为是否涉嫌犯罪、需要移送司法机关；

（八）法律、法规规定应当审核的其他内容。

第四十一条 有下列情形之一，在作出水行政处罚决定前，水行政处罚机关负责人应当集体讨论：

（一）拟作出较大数额罚款、没收较大数额违法所得、没收较大价值非法财物决定的；

（二）拟作出限制开展生产经营活动、降低资质等级、吊销许可证件、责令停产停业、责令关闭、限制从业决定的；

（三）水行政处罚机关负责人认为应当提交集体讨论的其他案件。

前款第（一）项所称“较大数额”、“较大价值”，对公民是指人民币（或者等值物品价值）五千元以上、对法人或者其他组织是指人民币（或者等值物品价值）五万元以上。地方性法规、地方政府规章另有规定的，从其规定。

第四十二条 水行政处罚机关给予水行政处罚，应当制作水行政处罚决定书。水行政处罚决定书应当载明下列事项：

（一）当事人的姓名或者名称、地址；

（二）违反法律、法规、规章的事实和证据，以及当事人陈述、申辩和听证情况；

（三）水行政处罚的种类和依据；

（四）水行政处罚的履行方式和期限；

（五）申请行政复议、提起行政诉讼的途径和期限；

（六）作出水行政处罚决定的水行政处罚机关名称和作出决定的日期。

对同一当事人的两个或者两个以上水事违法行为，可以分别制作水行政处罚决定书，也可以列入同一水行政处罚决定书。

第四十三条 水行政处罚机关应当自立案之日起九十日内作出水行政处罚决定。因案情复杂或者其他原因，不能在规定期限内作出水行政处罚决定的，经本机关负责人批准，可以延长六十日。

案件办理过程中，中止调查、听证、公告、检测、检验、鉴定、评估、认定、送达等时间不计入前款规定的期限。

第四十四条 水行政处罚机关送达水行政执法文书，可以采取下列方式：直接送达、留置送达、邮寄送达、委托送达、电子送达、转交送达、公告送达或者其他方式。送达水行政执法文书应当使用送达回证并存档。

第四十五条 水行政执法文书应当在宣告后当场交付当事人；当事人不在场的，水行政处罚机关应当在七个工作日内依照《中华人民共和国民事诉讼法》的有关规定，将水行政处罚决定书送达当事人，由当事人在送达回证上签名或者盖章，并注明签收日期。签收日期为送达日期。

当事人拒绝接收水行政执法文书的，送达人可以邀请有关基层组织或者所在单位的代表到场见证，在送达回证上注明拒收事由和日期，由送达人、见证人签名或者盖章，把水行政执法文书留在当事人的住所；也可以将水行政执法文书留在当事人的住所，并采取拍照、录像等方式记录送达过程，即视为送达。

邮寄送达的，交由国家邮政机构邮寄。以回执上注明的收件日期为送达日期。

当事人同意并签订确认书的，水行政处罚机关可以采取传真、电子邮件、即时通讯信息等方式送达，到达受送达人特定系统的日期为送达日期。

当事人下落不明，或者采用其他方式无法送达的，水行政处罚机关可以通过本机关或者本级人民政府网站公告送达，也可以根据需要在当地主要新闻媒体公告或者在当事人住所地、经营场所公告送达。

第四节　听证程序

第四十六条　水行政处罚机关拟作出下列水行政处罚决定，应当告知当事人有要求听证的权利，当事人要求听证的，水行政处罚机关应当组织听证：

（一）较大数额罚款、没收较大数额违法所得、没收较大价值非法财物；

（二）降低资质等级、吊销许可证件、责令停产停业、责令关闭、限制从业；

（三）其他较重的水行政处罚；

（四）法律、法规、规章规定的其他情形。

前款第（一）项所称“较大数额”、“较大价值”，对公民是指人民币（或者等值物品价值）一万元以上、对法人或者其他组织是指人民币（或者等值物品价值）八万元以上。地方性法规、地方政府规章另有规定的，从其规定。

第四十七条　听证应当由水行政处罚机关法制工作机构或者相应机构负责，依照以下程序组织：

（一）当事人要求听证的，应当在水行政处罚机关告知后五个工作日内提出。

（二）在举行听证会的七个工作日前应当向当事人及有关人员送达水行政处罚听证通知书，告知举行听证的时间、地点、听证人员名单及当事人可以申请回避和委托代理人等事项。

（三）当事人可以亲自参加听证，也可以委托一至二人代理。当事人委托代理人参加听证的，应当提交授权委托书。当事人及其代理人应当按期参加听证，无正当理由拒不出席听证或者未经许可中途退出听证的，视为放弃听证权利，终止听证。

（四）听证参加人由听证主持人、听证员、记录员、案件调查人员、当事人及其委托代理人、证人以及与案件处理结果有直接利害关系的第三人等组成。听证主持人、听证员、记录员应当由水行政处罚机关指定的法制工作机构或者相应机构工作人员等非本案调查人员担任。

（五）当事人认为听证主持人、听证员、记录员与本案有直接利害关系的，有权申请回避。

（六）除涉及国家秘密、商业秘密或者个人隐私依法予以保密外，听证公开举行。

（七）举行听证时，案件调查人员提出当事人违法的事实、证据和水行政处罚建议，当事人进行申辩和质证。

（八）听证应当制作笔录并交当事人或者其代理人核对无误后签字或者盖章。当事人或者其代理人拒绝签字、盖章的，由听证主持人在笔录中注明。

第四十八条 听证结束后，水行政处罚机关应当根据听证笔录，依照本办法第三十八条的规定，作出决定。

第五章 水行政处罚的执行和结案

第四十九条 水行政处罚决定作出后，当事人应当履行。

当事人对水行政处罚决定不服的，可以依法申请行政复议或者提起行政诉讼。申请行政复议或者提起行政诉讼的，水行政处罚不停止执行，法律另有规定的除外。

当事人申请行政复议或者提起行政诉讼的，加处罚款的数额在行政复议或者行政诉讼期间不予计算。

第五十条 除当场收缴的罚款外，作出水行政处罚决定的水行政处罚机关及其执法人员不得自行收缴罚款。

当事人应当自收到水行政处罚决定书之日起十五日内，到指定的银行或者通过电子支付系统缴纳罚款。

第五十一条 当场作出水行政处罚决定，依法给予一百元以下罚款或者不当场收缴罚款事后难以执行的，水行政执法人员可以当场收缴罚款。

当事人提出异议的，不停止当场执行。法律、法规另有规定的除外。

在边远、水上、交通不便地区，水行政处罚机关及其水行政执法人员依法作出罚款决定后，当事人到指定银行或者通过电子支付系统缴纳罚款确有困难，经当事人提出，水行政处罚机关及其水行政执法人员可以当场收缴罚款。收缴罚款后应当向被处罚人出具相关凭证。

第五十二条 水行政执法人员当场收缴的罚款，应当自收缴罚款之日起二个工作日内，交至水行政处罚机关；在水上当场收缴的罚款，应当自抵岸之日起二个工作日内交至水行政处罚机关；水行政处罚机关应当在二个工作日内将罚款缴付指定的银行。

第五十三条 当事人确有经济困难，需要延期或者分期缴纳罚款的，应当提出书面申请，经作出水行政处罚决定的水行政处罚机关批准后，可以暂缓或者分期缴纳。

第五十四条 当事人逾期不履行水行政处罚决定的，作出水行政处罚决定的水行政处罚机关可以采取下列措施：

（一）到期不缴纳罚款的，每日按罚款数额的百分之三加处罚款，加处罚款的数额不得超出罚款的数额；

（二）根据法律规定，将查封、扣押的财物拍卖、依法处理抵缴罚款；

（三）根据法律规定，申请人民法院强制执行或者采取其他行政强制执行方式。

水行政处罚机关批准延期、分期缴纳罚款的，申请人民法院强制执行的期限，自暂缓或者分期缴纳罚款期限结束之日起计算。

第五十五条 水行政处罚机关申请人民法院强制执行前，有理由认为被执行人可能逃避执行的，可以申请人民法院采取财产保全措施。

第五十六条 有下列情形之一，水行政执法人员应当制作结案审批表，经水行政处罚机关负责人批准后结案：

（一）水行政处罚决定执行完毕的；

（二）已经依法申请人民法院强制执行，人民法院依法受理的；

（三）决定不予水行政处罚的；

（四）案件已经移送管辖并依法受理的；

（五）终止调查的；

（六）水行政处罚决定被依法撤销的；

（七）水行政处罚决定终结执行的；

（八）水行政处罚机关认为可以结案的其他情形。

第五十七条 案件承办人员应当在普通程序结案后三十日内，或者简易程序结案后十五日内，将案件材料立卷，并符合下列要求：

（一）一案一卷，案卷可以分正卷、副卷；

（二）与案件相关的各类文书应当齐全，手续完备；

（三）案卷装订应当规范有序，符合档案管理要求。

立卷完成后应当立即统一归档。案卷保管及查阅，按档案管理有关规定执行。任何单位、个人不得非法伪造、涂改、增加、抽取案卷材料。

第六章　水行政处罚的保障和监督

第五十八条 县级以上人民政府水行政主管部门应当加强水行政执法队伍建设，合理配置与行政处罚职责相适应的执法人员；对水行政处罚权划转或者赋权到综合行政执法的地区，明晰行业监管与综合执法的职责边界，指导和监督综合行政执法部门开展水行政处罚。

县级以上地方人民政府水行政主管部门和流域管理机构应当依法为执法人员办理工伤保险、意外伤害保险；根据执法需要，合理配置执法装备，规划建设执法基地，提升水行政执法信息化水平。县级以上人民政府水行政主管部门应当结合执法实际，将执法装备需求提请本级人民政府纳入财政预算。

第五十九条 水行政处罚机关应当建立健全跨区域联动机制、跨部门联合机制、与刑事司法衔接机制、与检察公益诉讼协作机制，推进涉水领域侵害国家利益或者社会公共利益重大水事案件查处，提升水行政执法效能。

第六十条 水行政处罚机关应当建立健全水行政处罚监督制度，加强对下级水行政处罚机关实施水行政处罚的监督。

水行政处罚权交由乡镇人民政府、街道办事处行使的，县级人民政府水行政主管部门应当加强业务指导和监督，建立健全案件移送和协调协作机制。

对违法情节严重、社会影响恶劣、危害后果严重、涉案人员较多的事件，上级水行政处罚机关应当实行挂牌督办。省际边界重大涉水违法事件由国务院水行政主管部门、违法行为发生地所属流域管理机构或者国务院水行政主管部门指定的流域管理机构挂牌督办。

第六十一条 县级以上人民政府水行政主管部门应当建立健全水行政执法评议制度，定期组织开展水行政执法评议、考核。

第六十二条 水行政处罚机关及其执法人员违法实施水行政处罚的，按照《中华人民共和国行政处罚法》的规定，追究法律责任。

第七章 附 则

第六十三条 其他行政机关行使水行政处罚职权的，按照本办法的规定执行。

第六十四条 本办法自 2023 年 5 月 1 日起施行。1997 年 12 月 26 日发布的《水行政处罚实施办法》同时废止。

水利部 自然资源部关于印发《地下水保护利用管理办法》的通知

（水资管〔2023〕214号）

各省、自治区、直辖市水利（水务）厅（局）、自然资源主管部门，新疆生产建设兵团水利局、自然资源局，各流域管理机构：

为贯彻落实《地下水管理条例》，加强地下水保护开发利用管理，保障地下水可持续利用，水利部、自然资源部研究制定了《地下水保护利用管理办法》，现印发你们，请遵照执行。

水　利　部
自然资源部
2023年6月28日

地下水保护利用管理办法

第一章 总 则

第一条 为加强地下水保护和开发利用管理，保障地下水资源可持续利用，推进生态文明建设，根据《中华人民共和国水法》《地下水管理条例》《取水许可和水资源费征收管理条例》等有关法律法规，制定本办法。

第二条 开发利用地下水的单位和个人，以及从事地下水节约保护、开发利用管理、地下水资源调查评价等活动的水行政、自然资源主管部门和水利部所属流域管理机构（以下简称流域管理机构）及其工作人员，应当遵守本办法。

第三条 水利部负责全国地下水统一监督管理工作。自然资源部按照职责分工做好地下水调查、监测等相关工作。

流域管理机构依照法律法规和水利部授权，负责管辖范围内地下水有关监督管理工作。

按照省、自治区、直辖市人民政府规定的分级管理权限，县级以上地方人民政府水行政主管部门负责本行政区域内地下水统一监督管理工作，县级以上地方人民政府自然资源主管部门按照职责分工做好本行政区域内地下水调查、监测等相关工作。

第二章 调查评价与规划

第四条 县级以上人民政府水行政、自然资源等主管部门应当按照职责分工，依法开展地下水资源调查评价工作。地下水资源调查评价可开展年度调查评价和周期调查评价。周期调查评价中，地下水超采治理地区可每五年开展一次，其他地区可每十年开展一次。

第五条 县级以上人民政府水行政主管部门应按照本级人民政府和上一级人民政府水行政主管部门部署，会同同级自然资源部门编制地下水保护利用规划，依法履行征求意见、论证评估等程序并报告本级人民政府或其授权的部门后向社会公布，并报上一级人民政府水行政主管部门备案。

省级人民政府水行政主管部门编制的地下水保护利用规划，应征求所涉流域管理机构的意见。

地下水保护利用规划需要修订的，按原程序批复实施。

第六条 地下水保护利用规划应当服从水资源综合规划、流域综合规划和上一级地下水保护利用规划。地下水保护利用规划应包括地下水资源及其开发利用现状、区域水文地质条件、存在问题、地下水保护利用目标、主要任务和措施等，对辖区地下水合理利用、有效保护及治理修复等作出系统部署。

地下水保护利用规划一经批准，必须严格执行，确需修改的，按照规划编制程序报原批准机关批准。

第七条 区域经济和社会发展规划、国土空间规划、重大建设项目的布局等开发利用地下水，应当与地下水资源条件、地下水保护要求相适应。区域工业、农业、畜牧业、林草业、市政、能源、交通运输、旅游、自然资源开发等专项规划涉及开发利用地下水的内容，应当与地下水保护利用规划相衔接。

区域工业、农业、畜牧业、林草业、市政、能源、交通运输、旅游、自然资源开发等专项规划和开发区、新区规划等，涉及地下水开发利用的，应当进行规划水资源论证，对地下水需水规模及其合理性、水资源配置方案的可行性和可靠性、对地下水环境和重要生态系统的影响等进行分析评估，提出论证意见和规划优化调整的建议。

第八条 水利部会同自然资源部等部门制定地下水储备有关制度、标准、规程规范。

县级以上地方人民政府水行政主管部门会同本级人民政府自然资源等主管部门，明确地下水储备布局，划定储备范围，明确储备含水层位、储备量及水质状况，制定动用地下水储备预案。

特殊干旱年份以及重大突发事件时动用地下水储备应由县级以上地方人民政府水行政主管部门报本级人民政府批准后实施，并报上一级水行政主管部门及流域管理机构备案。

第三章 节约保护与开发利用

第九条 设区的市级、县级行政区域内地下水取水总量不得超过省、自治区、直辖市水行政主管部门会同本级自然资源等有关部门制定，经省、自治区、直辖市人民政府批准后下达实施的地下水取水总量控制指标。

超采区地下水水位控制指标的制定应统筹考虑不同来水情况，以及地下水水位变化可能引起的地下水污染、生态和地质环境影响。

水利部负责组织制定地下水取水总量控制指标和地下水水位控制指标确定技术标准。流域管理机构对流域内属于同一水文地质单元的相邻省、自治区、直辖市的地下水取用水总量控制指标和地下水水位控制指标协商确定情况予以指导和监督。县级以上人民政府水行政主管部门，应根据管理工作需要，编制地下水取水总量控制、水位控制管理方案。

第十条 县级以上人民政府下达的地下水取水总量控制指标和地下水水位控制指标，应作为地下水目标责任制、考核评价、地下水取水许可管理和地下水超采综合治理的重要依据。

县级以上人民政府水行政主管部门会同同级自然资源主管部门对指标实施情况进行监测。流域管理机构对流域管理范围内有关省、自治区、直辖市的指标实施情况进行监督管理。

第十一条 不符合地下水取水总量控制、地下水水位控制要求的地区应当暂停审批新增取用地下水，开展本行政区域内地下水取水工程布局分析评估及优化调整，制定区域地下水取水总量压减方案，逐步削减地下水取水量，限期整改。

第十二条 取用地下水的取水许可证有效期届满需要延续的，取水许可审批机关应当对原审批的许可取水量、实际取水量、节水水平、当地水资源供需状况等情况进行评估。有《地下水管理条例》第二十五条规定的六种情形之一的，不予延续。

《地下水管理条例》实施前已取得取水许可证，但不符合《地下水管理条例》第二十五条规定的，有管辖权的水行政主管部门应责令限期整改，逾期整改不到位的，不予延续。

第十三条 以监测、勘探为目的的地下水取水工程，不需要申请取水许可，建设单位应当于施工前报县级以上地方人民政府水行政主管部门备案。

备案应当包括以下材料：

（一）取水单位或者个人的法定身份证明文件；

（二）取水工程建设方案；

（三）水文地质条件；

（四）取水地点、取水的目的；

（五）取水的起始时间、取水量；

（六）退水地点、退水方式、退水量；

（七）防止对地下水产生不利影响的措施；

（八）水利部规定的其他事项。

第十四条 建设需要取水的地热能开发利用项目，应开展水资源论证，向具有管理权限的水行政主管部门申领取水许可。

第十五条 县级以上地方人民政府水行政主管部门负责本行政区域内地下水备用水源取用水管理，制定应急预案，明确应急备用水源取水情形、取水量、取水用途、取水地点、取水层位、保护和管理措施等。

应急备用水源取水工程应当依法办理取水许可手续，按要求安装计量设施，定期维护，应急备用水源应当建立完整详细的维护、运行、用水记录台账。

应急备用地下水水源结束使用后，应当立即停止取水，经当地水行政主管部门检查后按要求封存或热备。

不得擅自将应急备用水源转为常态化取水。确有必要将应急备用水源转为常态化取水的，应按照有关规定重新申请取水许可。

第十六条 县级以上地方人民政府水行政主管部门应定期组织开展本行政区域内地下水取水工程核查，根据其使用情况按在用、封填、应急备用（封存）、应急备用（热备）等进行分类登记，并按要求纳入相关信息系统，对不符合管理要求的取水工程应责令整改或关停。

第十七条 县级以上地方人民政府水行政主管部门应当加强地下水超采区内自备井管理，建立自备井台账，提出应予关停清单，制定限期关停计划，并定期开展核查。

第十八条 地下水取水工程报废、未建成或者完成勘探、试验任务的，工程所有权人或管理单位应当在停止取水、施工或者勘探、试验任务结束之日起15个工作日内按照有关标准规范实施地下水取水工程封存或封填，并到当地水行政主管部门登记。

对年久失修、地下水质量较差的取水工程，应当永久封填，并按要求及时注销取水许可证；对条件尚好、水质水量有保证的取水工程经有管辖权的水行政主管部门同意后可封存备用。县级以上水行政主管部门应建立地下水封存备用取水工程启用制度，确保在特殊情况下按照规定程序启用。

第十九条 采矿疏干排水管理应纳入区域地下水保护利用规划。

除为保障矿井等地下工程施工安全和生产安全必须进行临时应急取（排）水外，开采矿产资源或者建设地下工程需要疏干的地下水量，达到规模的，应当依法申请取水许可，取（排）水纳入区域地下水取水总量控制指标。疏干排水量规模由省、自治区、直辖市人民政府制定、公布。

开采矿产资源或者建设地下工程的单位和个人，应当优先利用疏干水作为生产用水，对能利用而不利用的，有管辖权的水行政主管部门，应当对其提出限期整改；对充分利用后仍有剩余且确需外排的疏干水，应经处理满足相关管理要求后排放，需设置入河排污口的，应依法办理入河排污口设置审批手续。

为保障矿井等地下工程施工安全和生产安全必须进行临时应急取（排）水，应按要求向有管辖权限的县级以上地方人民政府水行政主管部门备案。备案材料包括：

（一）取水单位或者个人的法定身份证明文件；

（二）取水地点、取水的目的、取水方式、取水的起始时间、取水量等；

（三）取水水质、退水地点、退水方式、退水量。

第四章　超采治理

第二十条 水利部会同自然资源部组织各省、自治区、直辖市水行政、自然资源主管部门，划定全国地下水超采区，对各省、自治区、直辖市地下水超采划定成果进行审核。通过审核的，由水利部会同自然资源部公布。

地下水超采治理地区每五年开展一次地下水超采区划定，其他地区每十年开展一次。水利部组织开展地下水超采区动态评估，跟踪地下水超采变化情况。

地下水超采区划定后，省、自治区、直辖市人民政府水行政主管部门可根据地下水超采治理情况，会同本级自然资源主管部门，组织编制地下水超采区调整报告，向水利部提出地下水超采区复核申请。水利部会同自然资源部对省、自治区、直辖市地下水超采情况予以复核确认后，可对超采区进行调整，并依法向社会公布。

第二十一条 地下水禁止开采区内，不得新建、改建、扩建地下水取水工程，县级以上地方人民政府水行政主管部门应当限期关闭地下水禁止开采区内已建地下水取水工程。

地下水限制开采区，应逐步削减地下水取水量。省、自治区、直辖市水行政主管部门根据区域地下水保护及超采治理要求，制定地下水取水量削减方案。为保障民生需求和支撑高质量发展或者对用水有特殊要求确需取用地下水的新建项目，许可水量或用水指标应通过核减其他取水户地下水取水量或通过用水权交易获得。

需要取水的地热能开发利用项目的禁止和限制取水范围由省、自治区、直辖市水行政主管部门按照《地下水管理条例》第五十一条组织划定。

第二十二条 省、自治区、直辖市地下水超采综合治理方案应符合国家地下水保护利用规划和地下水管理保护的要求。

县级以上地方水行政主管部门应当会同本级有关部门，依据省、自治区、直辖市地下水超采综合治理方案，编制本行政区域地下水超采综合治理方案，报本级人民政府批准后实施，并报上级水行政主管部门备案。

第二十三条 区域地下水超采综合治理方案编制应坚持问题导向，提出行政区域地下水超采治理目标、治理措施、保障措施等，明确责任主体和完成时限。区域内与地下水开采密切相关的重要泉域保护和海咸水入侵防治等任务，应一并纳入治理方案。

县级人民政府水行政主管部门依据地下水超采综合治理方案编制年度工作计划，并报本级人民政府批准实施。

第二十四条 县级以上地方人民政府应加强地下水超采区的节水管理，健全完善节水制度和节水激励机制，落实节水工作责任，地下水超采区内严格限制使用地下水发展高耗水工业和服务业，适度压减高耗水农作物，鼓励通过节水改造、水源置换、休耕雨养、种植结构调整等措施压减农业取用地下水。

鼓励和支持地下水超采区内取用地下水的单位和个人开展节水技术研究开发，推进节水科技成果转化应用，推广节水新技术，优先使用先进的节水工艺、设备和产品，提高用水效率，大力推动再生水、海水及淡化海水、集蓄雨水、微咸水、矿坑水等非常规水源利用。

第二十五条 存在超采问题的省、自治区、直辖市人民政府水行政主管部门应会同同级自然资源等部门及时总结辖区内地下水超采综合治理成效，将治理成效上报水利部。

第二十六条 县级以上地方人民政府水行政、自然资源等主管部门应积极采取措施，在有条件的地区，科学论证地下水回补可行性，依据有关规定标准，合理开展地下水回补、人工回灌，加强地下水水源涵养。

第五章 监测计量

第二十七条 地下水取水工程应当按照法律、法规的规定和国家、行业技术标准安装满足精度、数据传输上报要求的取水计量设施；已建农业灌溉地下水取水工程暂不具备安装计量设施条件的，可按相关标准规定采用以电折水等方式进行计量。

矿产资源开采、地下工程建设疏干排水应当安装计量设施，准确掌握排水量、回用量，并按要求布设地下水位监测设施。

建设需要取水的地热能开发利用项目，勘探开发单位应当安装取水和回灌在线计量设施，并将计量数据实时传输到有管辖权限的水行政主管部门。

第二十八条 水利部、自然资源部等有关部门，根据地下水控制指标管理、地下水超采治理、地下水储备监督等要求，完善国家地下水监测站网，开展地下水动态监测。

省、自治区、直辖市人民政府水行政、自然资源等主管部门根据需要完善地下水监测工作体系，对地下水超采区、生态脆弱区、集中式地下水饮用水水源地、重点泉域、海（咸）水入侵区、地下水储备区、水位变化易导致水质异常的区域等实施重点监测，按上级主管部门要求及时提供地下水水位、水量、水质等监测信息。

第二十九条 取水单位和个人应当按有关计量法律法规和标准规定，建立计量设施档案，做好计量器具的检定校准，并向有管辖权的水行政主管部门报备。

第三十条 取水单位和个人应当对取用水数据真实性、准确性、完整性和及时性负责，不得篡改、伪造地下水取用水计量监测及统计数据。

第六章 监督与考核

第三十一条 水利部会同自然资源部建立地下水超采区水位变化通报机制，以国家地下水监测工程监测数据为基础，地方地下水监测工程监测数据为补充，在综合分析超采区地下水位变幅的情况下，按季度对超采区有关地市地下水水位变化情况进行通报。

水利部根据水位降幅和排名情况，对相关地市人民政府分别采取点名、会商、约谈等方式，督促指导地下水超采治理工作。

省、自治区、直辖市人民政府水行政主管部门会同自然资源主管部门可建立辖区内地下水水位变化通报机制。

第三十二条 县级以上地方人民政府水行政主管部门应当加强对行政区域内地下水开发利用的监督检查和水政执法，会同有关部门建立联合查处机制，发现违规取水，责令立即停止违法行为，并依法依规进行查处。

被检查单位或者个人应当如实报告情况，并提供必要数据资料。

第三十三条 流域管理机构应当依据相关法律法规及水利部授权，加强对流域范围内地方人民政府水行政主管部门地下水节约保护、开发利用、超采治理，以及管理工作情况的监督检查，按发现问题严重程度和出现频次及时向有关水行政主管部门印发问题整改清单，督促整改落实。

省、自治区、直辖市人民政府水行政主管部门应加强对辖区内市、县级人民政府水行政主管部门地下水管理与保护工作情况的监督检查，建立问题整改清单，监督整改落实。

第三十四条 根据年度监督检查发现问题的数量、性质、严重程度，上级地方人民政府水行政主管部门应按照有关规定对有关责任单位和责任人实施责任追究，或者提出责任追究建议，必要时可向有关地方人民政府通报，并提出责任追究建议。

第三十五条 县级以上地方人民政府水行政主管部门应当及时公开本行政区域地下水取水总量控制和水位控制指标等相关信息，为公民、法人和其他组织参与监督地下水管理保护提供便利。

第三十六条 水利部会同有关部门把地下水管理与保护工作及目标完成情况纳入最严格水资源管理制度考核，按年度组织实施对各省、自治区、直辖市的考核评价，考核结果按照有关程序报请审定后向社会公告。

第七章 罚 则

第三十七条 水行政、自然资源等主管部门及其工作人员，违反本办法规定的，按照《中华人民共和国水法》《地下水管理条例》《取水许可和水资源费征收管理条例》有关规定予以处理。

第三十八条 取水单位或者个人违反本办法规定的，按照《中华人民共和国水法》《地下水管理条例》《取水许可和水资源费征收管理条例》有关规定予以处罚。

第八章 附 则

第三十九条 地方各级水行政主管部门可参照本办法，会同本级人民政府自然资源等主管部门结合工作实际制定相关制度。

第四十条 本办法自印发之日起施行。

国务院关于加强城市供水节水和水污染防治工作的通知

（国发〔2000〕36号）

各省、自治区、直辖市人民政府，国务院各部委、各直属机构：

我国是水资源短缺的国家，城市缺水问题尤为突出。随着经济发展和城市化进程的加快，当前相当部分城市水资源短缺，城市缺水范围不断扩大，缺水程度日趋严重；与此同时，水价不合理、节水措施不落实和水污染严重等问题也比较突出。为切实加强和改进城市供水、节水和水污染防治工作，促进经济社会的可持续发展，现就有关问题通知如下：

一、提高认识，统一思想

（一）水资源可持续利用是我国经济社会发展的战略问题，核心是提高用水效率。解决城市缺水的问题，直接关系到人民群众的生活，关系到社会的稳定，关系到城市的可持续发展。这既是我国当前经济社会发展的一项紧迫任务，也是关系现代化建设长远发展的重大问题。各地区、各部门要高度重视，采取切实有力的措施，认真做好城市供水、节水和水污染防治工作。

（二）做好城市供水、节水和水污染防治工作，必须坚持开源与节流并重、节流优先、治污为本、科学开源、综合利用的原则，为城市建设和经济发展提供安全可靠的供水保障和良好的水环境，以水资源的可持续利用，支持和保障城市经济社会的可持续发展。

二、统一规划，优化配置，多渠道保障城市供水

（一）各地区研究制定流域和区域水资源规划，要优先考虑和安排城市用水。要依据流域和区域水资源规划，尽快组织制定城市水资源综合利用规划，并将其作为城市总体规划的组成部分，纳入城市经济和社会发展规划。城市水资源综合利用规划应包括水资源中长期供求、供水水源、节水、污水资源化、水资源保护等专项规划。水资源极度短缺的城市，要在综合考虑当地水资源挖潜、大力节水和水污染治理的基础上，依据流域水资源规划实施跨流域调水。

（二）加强城市水资源的统一规划和管理，重点加强地下水资源开发利用的统一管理。要科学确定供水水源次序，城市用水要做到先地表水、后地下水，先当地水、后过境水。逐步改变过去一个水系、一个水库、一条河道的单一水源向城市供水的方式，采取“多

库串联，水系联网，地表水与地下水联调，优化配置水资源”的方式。建立枯水期及连续枯水期应急管理制度，编制供水应急预案，提高城市供水保证率。严格控制并逐步减少地下水的开采量，建立河湖闸坝放水调控制度，保证城市河湖环境用水。严格限制城市自来水可供区域内的各种自备水源。今后，在城市公共供水管网覆盖范围内，原则上不再批准新建自备水源，对原有的自备水源要提高水资源费征收额度，逐步递减许可取水量直至完全取消。地下水已严重超采的城市，严禁新建任何取用地下水的供水设施，不再新批并逐步压减地下水取水单位和取水量。

（三）大力提倡城市污水回用等非传统水资源的开发利用，并纳入水资源的统一管理和调配。干旱缺水地区的城市要重视雨水、洪水和微咸水的开发利用，沿海城市要重视海水淡化处理和直接利用。

三、坚持把节约用水放在首位，努力建设节水型城市

（一）城市建设和工农业生产布局要充分考虑水资源的承受能力。各地区特别是设市城市的人民政府要根据本地区水资源状况、水环境容量和城市功能，合理确定城市规模，调整优化城市经济结构和产业布局。要以创建节水型城市为目标，大力开展城市节约用水活动。城市节约用水要做到“三同时、四到位”，即建设项目的主体工程与节水措施同时设计、同时施工、同时投入使用；取水用水单位必须做到用水计划到位、节水目标到位、节水措施到位、管水制度到位。有条件的城市要逐步建立行业万元国内生产总值用水量的参照体系，促进产业结构调整和节水技术的推广应用。缺水城市要限期关停并转一批耗水量大的工业企业，严格限制高耗水型工业项目建设和农业粗放型用水，尽快形成节水型经济结构。工业用水重复利用率低于40%的城市，在达标之前不得新增工业用水量，并限制其新建供水工程项目。

（二）加大国家有关节水技术政策和技术标准的贯彻执行力度，制定并推行节水型用水器具的强制性标准。积极推广节水型用水器具的应用，提高生活用水效率，节约水资源。要制定政策，鼓励居民家庭更换使用节水型器具，尽快淘汰不符合节水标准的生活用水器具。所有新建、改建、扩建的公共和民用建筑中，均不得继续使用不符合节水标准的用水器具；凡达不到节水标准的，经城市人民政府批准，可不予供水。各单位现有房屋建筑中安装使用的不符合节水标准的用水器具，必须在2005年以前全部更换为节水型器具。

（三）采取有效措施，加快城市供水管网技术改造，降低管网漏失率。20万人口以上城市要在2002年底前，完成对供水管网的全面普查，建立完备的供水管网技术档案，制定管网改造计划。对运行使用年限超过50年，以及旧城区严重老化的供水管网，争取在2005年前完成更新改造工作。

四、坚决治理水污染，加强水环境保护

（一）认真贯彻执行《中华人民共和国水污染防治法》，限期改善地表水水质。严格按照有关规定和城市总体规划的有关要求，组织编制水污染防治规划，划分水功能区，确定污染物排放容量，实行水污染物总量控制，并分解到排污单位。各直辖市、省会城市、经济特区城市、沿海开放城市及重点旅游城市的地表水水环境质量，必须达到国家规定的标准。“十五”期间，所有设市城市都要制定改善水质的计划，并实施跨地区河流水质达标管理制度。要组织制定饮用水水源保护规划，依法划定饮用水水源保护区，严禁在饮用水水源保护区内进行各项开发建设活动，禁止一切排污行为，重点保护好城市生活饮用水水源地。20 万人口以上城市应在 2002 年底前，建立实施供水水源地水质旬报制度，并在北京、上海等 47 个环保重点城市实施生活饮用水水源水环境质量公报制度。

（二）加强对地下水资源的保护。因地下水资源超采出现大范围地面沉降或海咸水倒灌的城市，要划定超采区范围，向社会公布，并规划建设替代水源和地下水人工回灌工程。城市绿地建设、河道砌衬和非道路覆盖等，应兼顾自然水生态系统循环的需要。要积极开展农业面源污染防治，特别是畜禽和水产养殖污染的综合治理。要严格执行《中华人民共和国水法》和《中华人民共和国防洪法》，严禁向湖滨、河岸、水体倾倒固体废弃物，并限期整治和清理河道。

（三）积极推行清洁生产，进一步削减污染物排放量，加大对工业污染源的治理。工业污染防治是城市水污染防治工作的一项重要任务。要大力推行清洁生产，加快工业污染防治从以末端治理为主向生产全过程控制的转变。进一步加大“一控双达标”工作力度。对不能达标排放的企业，要责令其限期停产整顿或关闭。“十五”期间，要使工业企业由主要污染物达标排放转向全面达标排放。

（四）“十五”期间，所有设市城市都必须建设污水处理设施。到 2005 年，50 万以上人口的城市，污水处理率应达到 60%以上；到 2010 年，所有设市城市的污水处理率应不低于 60%，直辖市、省会城市、计划单列市以及重点风景旅游城市的污水处理率不低于 70%。今后，城市在新建供水设施的同时，要规划建设相应的污水处理设施；缺水地区在规划建设城市污水处理设施时，还要同时安排污水回用设施的建设；城市大型公共建筑和公共供水管网覆盖范围外的自备水源单位，都应当建立中水系统，并在试点基础上逐步扩大居住小区中水系统建设。要加强对城市污水处理设施和回用设施运营的监督管理。

五、健全机制，加快水价改革步伐

（一）积极引入市场机制，拓展融资渠道，鼓励和吸引社会资金和外资投向城市污水

处理和回用设施项目的建设和运营，加快城市污水处理设施的建设步伐。国家将采取积极有效的措施筹集建设资金，进一步加大建设投资力度，对小城镇及西部地区污水处理设施建设给予资金倾斜；对各地收取的污水处理费，免征增值税；对城市供水和污水处理工程所购置的设备可加速折旧。各地要继续落实好国家投资的城市污水处理工程项目的配套资金；对收取的污水处理费实行专款专用、滚动使用，采取有效措施，确保城市污水处理设施的正常运营和建设贷款及债券本息的偿还。

（二）逐步提高水价是节约用水的最有效措施。要加快城市水价改革步伐，尽快理顺供水价格，逐步建立激励节约用水的科学、完善的水价机制。要提高地下水资源费征收标准，控制地下水开采量。地方各级人民政府特别是城市人民政府要根据国家有关规定，尽快制订本行政区域内的用水定额和城市水价调整方案，并结合本地区经济发展水平和水资源的供求情况，适时调整。在逐步提高水价的同时，可继续实行计划用水和定额管理，对超计划和超定额用水要实行累进加价收费制度；缺水城市，要实行高额累进加价制度。

（三）全国所有设市城市都要按照有关规定尽快开征污水处理费。各地在调整城市供水价格和污水处理费标准时，要优先将污水处理费的征收标准调整到保本微利的水平，满足污水处理设施建设和运营的需要。供水和污水处理企业也要不断深化改革，转换经济机制，加强管理，降低成本。国务院有关部门要抓紧研究确定回用污水的合理价格，促进和鼓励污水的再利用。

六、加强领导，完善法规，提高城市供水、节水和水污染防治工作水平

（一）各地区、各有关部门要切实加强对城市供水、节水和水污染防治工作的组织领导，把这项工作纳入国民经济和社会发展计划，统筹安排，综合部署。地方各级人民政府的主要领导，特别是城市人民政府的主要领导，要对城市供水、节水和水污染防治工作负总责。国务院各有关部门要严格按照国家有关法律法规规定的程序和职责分工，加强协作，密切配合，及时协调解决工作中遇到的矛盾和问题。

（二）各地区、各有关部门在制定和实施水资源规划中，要明确目标，优化项目，落实措施，协调行动。要把有关水资源的保护、开发、利用等各个环节协调统一起来，统筹考虑城市防洪、排涝、供水、节水、治理水污染、污水回收利用，以及城市水环境保护等各种水的问题，妥善安排居民生活、工农业生产和生态环境等不同的用水需求，处理好各种用水矛盾。

（三）强化取水许可和排污许可制度，建立建设项目水资源论证制度和用水、节水评估制度。各地要加强取水许可监督管理和年审工作，严格取水许可审批，凡需要办理取水许可的建设项目都必须进行水资源论证。今后城市新建和改扩建的工程项目，在项目可行性研究报告中，应有用水、节水评估的内容。要严格执行环境影响评价制度，实行污染物排放总量控制及排污许可制度，排污必须经过许可。

（四）按照社会主义市场经济发展和加强城市供水、节水和水污染防治工作的要求，加快立法步伐，进一步补充、修改和完善有关法律法规，尽快建立起符合我国国情的、科学的城市供水、节水和水污染防治法律法规体系。各地区、各有关部门要坚决依法办事，严格执法，进一步加大执法监督力度，逐步将城市供水、节水和水污染防治工作纳入法制化、规范化轨道。

（五）各地区、各部门和各新闻单位要采取各种有效形式，开展广泛、深入、持久的宣传教育，使全体公民掌握科学的水知识，树立正确的水观念。加强水资源严重短缺的国情教育，增强全社会对水的忧患意识，使广大群众懂得保护水资源、水环境是每个公民的责任。转变落后的用水观念和用水习惯，把建设节水防污型城市目标变成广大干部群众共同的自觉行动。要加强舆论监督，对浪费水、破坏水质的行为公开曝光。同时，大力宣传和推广科学用水、节约用水的好方法，在全社会形成节约用水、合理用水、防治水污染、保护水资源良好的生产和生活方式。

国务院

二〇〇〇年十一月七日

水利部关于印发《河长湖长履职规范（试行）》的通知

（水河湖函〔2021〕72号）

各省、自治区、直辖市人民政府，各计划单列市人民政府，新疆生产建设兵团：

《河长湖长履职规范（试行）》已经全面推行河湖长制工作部际联席会议审议通过，现印发给你们，请结合实际认真贯彻落实。

水利部

2021年5月26日

河长湖长履职规范（试行）

第一章 总 则

第一条 为深入落实中共中央办公厅、国务院办公厅《关于全面推行河长制的意见》《关于在湖泊实施湖长制的指导意见》（以下简称《意见》《指导意见》）精神，进一步细化各级河长湖长职责任务，规范各级河长湖长履职行为，发挥各级河长湖长履职作用，推动河湖长制落地生根见实效，制定本规范。

第二条 本规范适用于省、市、县级总河长及省、市、县、乡级河长湖长，各地因地制宜设立的村级河长湖长参照执行。

第三条 本规范严格遵循《意见》《指导意见》的规定，分类细化各级河长湖长的具体职责和任务；结合各地近年来推行河湖长制的实践经验，有针对性规定各级河长湖长的履职重点和履职方式。

第四条 各级河长湖长要严格按照《意见》明确的基本原则履职尽责，结合本地实际，创新工作方式，突出工作重点，抓住主要矛盾，用好监督考核“指挥棒”，提升履职成效。

第五条 本规范为指导性文件，各地可结合实际进一步细化实化，增强实践性和指导性，促进各级河长湖长依法依规履行职责。

第二章 主要职责

第六条 总河长负责组织领导本行政区域内河湖管理和保护工作，是本行政区域全面推行河湖长制工作的第一责任人，对本行政区域内的河湖管理和保护负总责。

第七条 最高层级河长湖长对相应河湖管理和保护负总责，分级分段（片）河长湖长对本辖区内相应河湖管理和保护负直接责任。

各级河长湖长负责组织领导相应河湖的管理和保护工作，包括水资源保护、水域岸线管理、水污染防治、水环境治理等，牵头组织对侵占河道、围垦湖泊、超标排污、违法养殖、非法采砂、破坏航道、电毒炸鱼等突出问题依法进行清理整治，协调解决重大问题；统筹协调湖泊与入湖河流的管理保护工作，对跨行政区域的河湖明晰管理责任，协调上下游、左右岸实行联防联控；对相关部门（单位）和下一级河长湖长履职情况进行督导，对目标任务完成情况进行考核，强化激励问责。

第三章 主要任务

第八条 总河长审定河湖管理和保护中的重大事项、河湖长制重要制度文件，审定本级河长制办公室职责、河湖长制组成部门（单位）责任清单，推动建立部门（单位）间协调联动机制；主持研究部署河湖管理和保护重点任务、重大专项行动，协调解决河湖长制推进过程中涉及全局性的重大问题；组织督导落实河湖长制监督考核与激励问责制度；督导河长湖长体系动态管理，及时向社会公告；完成上级总河长交办的任务。

第九条 省级河长湖长审定并组织实施相应河湖“一河（湖）一策”方案，组织开展相应河湖突出问题专项整治，协调解决相应河湖管理和保护中的重大问题；明晰相应河湖上下游、左右岸、干支流地区管理和保护目标任务，推动建立流域统筹、区域协同、部门联动的河湖联防联控机制；组织对省级相关部门（单位）和下一级河长湖长履职情况进行督导，对目标任务完成情况进行考核；完成省级总河长交办的任务。

第十条 市、县级河长湖长定期或不定期巡查河湖，审定并组织实施相应河湖“一河（湖）一策”方案或细化实施方案，组织开展相应河湖突出问题专项治理和专项整治行动；协调和督促相关部门（单位）制定、实施相应河湖管理保护和治理规划，协调解决规划落实中的重大问题；组织开展相应河湖问题整治，督促下一级河长湖长及本级相关部门（单位）处理和解决河湖出现的问题、依法依规查处相关违法行为；组织对本级相关部门（单位）和下一级河长湖长履职情况进行督导，对年度任务完成情况进行考核；组织研究解决河湖管理和保护中的有关问题；完成上级河长湖长及本级总河长交办的任务。

第十一条 乡级河长湖长开展河湖经常性巡查，对巡查发现的问题组织整改，不能解决的问题及时向相关上级河长湖长或河长制办公室、有关部门（单位）报告；组织开展河湖日常清漂、保洁等，配合上级河长湖长、有关部门（单位）开展河湖问题清理整治或执法行动；完成上级河长湖长交办的任务。

第十二条 村级河长湖长组织订立河湖保护村规民约，开展河湖日常巡查，对发现的涉河湖违法违规行为进行劝阻、制止，不能解决的问题及时向相关上级河长湖长或河长制办公室、有关部门（单位）报告；完成上级河长湖长交办的任务。

第四章 履职方式

第一节 加强组织领导

第十三条 总河长牵头建立健全党政领导负责制为核心的责任体系，建立全面推行河湖长制工作领导机制；主持研究河湖长制推行中的重大政策措施，主持审议河湖管理和保护中的重大事项、重要制度、重点任务；结合本地实际，主持召开总河长会议、河湖长制工作会议或签发文件部署安排重点任务，以总河长令部署开展河湖突出问题专项整治行动。

第十四条 省级河长湖长因地制宜牵头建立相应河湖管理和保护工作联席会议制度；主持召开河长会议或专题会议，研究落实相应河湖管理和保护有关政策措施，审议相应河湖治理保护方案，协调相应河湖管理和保护的目标任务，安排年度重点任务；指导督促本级河长制办公室、有关部门（单位）、下级河长湖长履行相应河湖管理和保护职责。相应河湖为流域管理机构直接管理的，流域管理机构负责同志或其所属省级管理机构负责同志作为成员参加协调机制。

第十五条 市、县级河长湖长牵头组织细化相应河湖管理和保护目标任务，并分解落实到有关部门（单位）；督促指导本级河长制办公室、有关部门（单位）、下级河长湖长开展相应河湖管理和保护工作。相应河湖为流域管理机构直接管理的，要加强与流域管理机构所属河湖管理单位的沟通协调，强化协同配合。

第十六条 乡级河长湖长组织领导相应河湖日常巡查和管护工作，指导监督村级河长湖长开展河湖巡查。

第二节 开展河湖巡查调研

第十七条 总河长、各级河长湖长定期或不定期开展河湖巡查调研活动，动态掌握河湖健康状况，及时协调解决河湖管理和保护中的问题。

原则上，总河长每年不少于 1 次，省级河长湖长每年不少于 2 次，市级河长湖长每年不少于 3 次（每半年不少于 1 次），县级河长湖长每季度不少于 1 次，乡级河长湖长每月不少于 1 次，村级河长湖长每周不少于 1 次。具体要求由县级及以上总河长结合实际组织制定。

第十八条 省、市、县级河长湖长开展河湖巡查调研要以解决问题为导向，可根据实际情况现场办公，协调统一各方意见，研究问题整治措施，明确问题整治要求。巡查调研前，可安排河长制办公室、有关部门（单位）先行明查暗访，掌握河湖存在的突出问题，征询有关地方需要协调解决的重大问题，了解基层干部职工和群众意见。

第十九条 乡、村级河长湖长开展河湖巡查要以发现问题为导向，重点巡查生产经营活动频繁的河段（湖片），重点检查河湖日常管护情况，及时劝阻、制止涉河湖违法违规行为，不能解决的要及时报告上级河长湖长或河长制办公室、有关部门（单位）。

第二十条 针对问题较多的河段（湖片），有关河长湖长应当加密巡查频次，加大检查力度，及时协调督促解决问题。

第三节 整治突出问题

第二十一条 县级河长湖长组织河长制办公室、有关部门（单位）开展相应河湖问题自查自纠，省、市级河长湖长组织河长制办公室、有关部门（单位）加强抽查检查，查清问题底数，建立问题台账。

乡、村级河长湖长结合日常巡查河湖，及时上报巡查发现的问题。

第二十二条 河长制办公室、有关部门（单位）排查发现并提请解决的批量河湖突出问题，总河长或县级及以上河长湖长组织集中交办分办问题整治任务，明确牵头部门（单位）和责任人，提出整治标准、完成时限要求等。

上级交办、媒体曝光和群众举报的，以及同级党委和政府、人大、政协、纪检监察机关转办的河湖突出问题，总河长、县级及以上河长湖长视问题性质、严重程度作出批示，要求有关地方、河长湖长、部门（单位）限期组织整改落实。问题性质严重、影响恶劣的，责成有关部门（单位）、地方依法追究违法违规主体的责任，依纪依规问责相关责任人。

第二十三条 针对问题体量大、沉积时间长、利益关系复杂、整改成本高等河湖重大问题，总河长或县级及以上河长湖长召开专题会议研究对策措施，协调统一意见，提出切实可行的整治方案。

第二十四条 省级河长湖长加强对河湖问题整改的指导督促，适时组织河长制办公室、有关部门（单位）开展随机性抽查，重大问题蹲点检查，指导完善问题整治方案，督促限时整改落实。

市、县级河长湖长组织有关部门（单位）限时完成问题整治任务，加强跟踪检查，严格销号管理，确保问题整改落实到位。对性质严重、影响恶劣的突出问题，依法追究违法违规主体的责任，依纪依规问责相关责任人。

乡、村级河长湖长要积极协助上级河长湖长、有关部门（单位）开展问题整改落实工作。

第二十五条 需要对河湖水资源、水域岸线、水污染、水环境、水生态等实施系统保护和治理修复的，县级及以上河长湖长要指导督促同级河长制办公室组织编制“一河（湖）一策”方案或细化实施方案，提出问题清单、目标清单、任务清单、措施清单、责任清单，分步推进实施系统治理。

第四节 推动跨行政区域河湖联防联治

第二十六条 跨行政区域河湖设立共同的上级河长湖长的，最高层级河长湖长按照“一盘棋”思路，统筹协调管理和保护目标，明晰河湖上下游、左右岸、干支流地区的管理责任，推动河湖跨界地区建立联合会商、信息共享、协同治理、联合执法等联防联控机制，协同落实管理和保护任务。

第二十七条 跨行政区域未设立共同的上级河长湖长的，各行政区域河长湖长按照“河流下游主动对接上游，左岸主动对接右岸，湖泊占有水域面积大的主动对接水域面积小的”原则，组织与相关地方河长湖长及有关部门（单位）沟通协调，协调统一河湖管理和保护目标任务，签订联合共治协议，实现区域间联防联治。

第五节 组织总结考核

第二十八条 推行河湖长制工作述职制度，总河长审阅或适时听取本级河长湖长、河长制组成部门（单位）主要负责同志和下一级总河长的履职情况报告。乡级及以上河长湖长每年听取或审阅相应河湖管理和保护有关部门（单位）和相应河湖的下一级河长湖长履行职责情况报告。

第二十九条 严格落实河湖长考核制度，总河长组织对本级河湖长制组成部门（单位）和下一级地方落实河湖长制情况进行考核，县级及以上河长湖长组织对相应河湖的下一级河长湖长履职情况进行考核。考核工作由本级河长制办公室承担。

第三十条 强化考核结果应用，考核结果提交本级党委和政府考核办公室、组织部门，作为地方党政领导干部综合考核评价的重要依据。目标任务完成且考核结果优秀的，给予激励；目标任务落实不到位的，或者考核不合格的，组织考核的总河长、河长湖长及时约谈提醒或提请问责被考核对象。

第三十一条 总河长审定本行政区域全面推行河湖长制工作年度总结报告。各省、自治区、直辖市要按照《意见》《指导意见》要求，每年 1 月底前将上年度贯彻落实河湖长制情况报党中央、国务院。

住房和城乡建设部办公厅　国家发展改革委办公厅关于加强公共供水管网漏损控制的通知

（建办城〔2022〕2号）

各省、自治区住房和城乡建设厅、发展改革委，直辖市住房和城乡建设（管）委（城市管理局）、水务局、发展改革委，海南省水务厅，新疆生产建设兵团住房和城乡建设局、发展改革委：

随着城镇化发展，我国城市和县城供水管网设施建设成效明显，公共供水普及率不断提升，但不少城市和县城供水管网漏损率较高。为进一步加强公共供水管网漏损控制，提高水资源利用效率，现就有关事项通知如下：

一、总体要求

（一）工作思路。

以习近平新时代中国特色社会主义思想为指导，坚持人民城市人民建、人民城市为人民，按照建设韧性城市的要求，坚持节水优先，尽力而为、量力而行，科学合理确定城市和县城公共供水管网漏损控制目标。坚持问题导向，结合实际需要和实施可能，区分轻重缓急，科学规划任务项目，合理安排建设时序，老城区结合更新改造抓紧补齐供水管网短板，新城区高起点规划、高标准建设供水管网。坚持市场主导、政府引导，进一步完善供水价格形成机制和激励机制，构建精准、高效、安全、长效的供水管网漏损控制模式。

（二）主要目标。

到2025年，城市和县城供水管网设施进一步完善，管网压力调控水平进一步提高，激励机制和建设改造、运行维护管理机制进一步健全，供水管网漏损控制水平进一步提升，长效机制基本形成。城市公共供水管网漏损率达到漏损控制及评定标准确定的一级评定标准的地区，进一步降低漏损率；未达到一级评定标准的地区，控制到一级评定标准以内；全国城市公共供水管网漏损率力争控制在9%以内。

二、工作任务

（一）实施供水管网改造工程。

结合城市更新、老旧小区改造、二次供水设施改造和一户一表改造等，对超过使用年限、材质落后或受损失修的供水管网进行更新改造，确保建设质量。采用先进适用、质量可靠的供水管网管材。直径 100 毫米及以上管道，鼓励采用钢管、球墨铸铁管等优质管材；直径 80 毫米及以下管道，鼓励采用薄壁不锈钢管；新建和改造供水管网要使用柔性接口。新建供水管网要严格按照有关标准和规范规划建设。

（二）推动供水管网分区计量工程。

依据《城镇供水管网分区计量管理工作指南》，按需选择供水管网分区计量实施路线，开展工程建设。在管线建设改造、设备安装及分区计量系统建设中，积极推广采用先进的流量计量设备、阀门、水压水质监测设备和数据采集与传输装置，逐步实现供水管网网格化、精细化管理。实施“一户一表”改造。完善市政、绿化、消防、环卫等用水计量体系。

（三）推进供水管网压力调控工程。

积极推动供水管网压力调控工程，统筹布局供水管网区域集中调蓄加压设施，切实提高调控水平。供水管网压力分布差异大的，供水企业应安装在线管网压力监测设备，优化布置压力监测点，准确识别管网压力高压区与低压区，优化调控水厂加压压力。供水管网高压区，应在供水管网关键节点配置压力调节装备；供水管网低压区，应通过形成供水环网、进行二次增压等方式保障供水压力，逐步实现管网压力时空均衡。

（四）开展供水管网智能化建设工程。

推动供水企业在完成供水管网信息化基础上，实施智能化改造，供水管网建设、改造过程中可同步敷设有关传感器，建立基于物联网的供水智能化管理平台。对供水设施运行状态和水量、水压、水质等信息进行实时监测，精准识别管网漏损点位，进行管网压力区域智能调节，逐步提高城市供水管网漏损的信息化、智慧化管理水平。推广典型地区城市供水管网智能化改造和运行管理经验。

（五）完善供水管网管理制度。

建立从科研、规划、投资、建设到运行、管理、养护的一体化机制，完善制度，提高运行维护管理水平。推动供水企业将供水管网地理信息系统、营收、表务、调度管理与漏损控制等数据互通、平台共享，力争达到统一收集、统一管理、统一运营。供水企业进一步完善管网漏损控制管理制度，规范工作流程，落实运行维护管理要求，严格实施绩效考核，确保责任落实到位。加强区域运行调度、日常巡检、检漏听漏、施工抢修等管网漏损控制从业人员能力建设，不断提升专业技能和管理水平。鼓励各地结合实际积极探索将居住社区共有供水管网设施依法委托供水企业实行专业化统一管理。

三、组织实施

（一）强化责任落实。

督促城市（县）人民政府切实落实供水管网漏损控制主体责任，进一步理顺地下市政基础设施建设管理协调机制，提高地下市政基础设施管理水平，降低对供水管网稳定运行的影响。城市供水主管部门要组织开展供水管网现状调查，摸清漏损状况及突出问题，制定漏损控制中长期目标，确定年度建设任务和时序安排，提出项目清单，明确实施主体，完善运行维护方案，细化保障措施。供水企业要落实落细直接责任，狠抓建设任务落地，积极实施供水管网漏损治理工程；加强绩效管理，改革经营模式，实施水厂生产和管网营销两个环节的水量分开核算，取消“包费制”供水，坚决杜绝“人情水”。省级住房和城乡建设主管部门会同省级发展改革部门指导行政区域内供水管网漏损控制工作。住房和城乡建设部会同国家发展改革委等有关部门，将漏损控制目标制定及落实情况纳入有关考核。

（二）加大投入力度。

供水企业要统筹整合相关渠道资金，加大投入力度，加强供水管网建设、改造、运行维护资金保障。地方政府可加大对供水管网漏损控制工程的投资补助。鼓励符合条件的城市和县城供水项目发行地方政府专项债券和公司信用类债券。鼓励加大信贷资金支持力度，因地制宜引入社会资本，创新供水领域投融资模式。鼓励符合条件的城市和县城供水管网项目申报基础设施领域不动产投资信托基金（REITs）试点项目。各地要根据财政承受能力和政府投资能力合理规划、有序实施建设项目，防范地方政府债务风险。

（三）推进激励机制建设。

建立健全充分反映供水成本、激励提升供水水质、促进节约用水的城镇供水价格形成机制，开展供水成本核定及供水企业成本监审时，明确管网漏损率原则上按照一级评定标准计算，管网漏损率大于一级评定标准的，超出部分不得计入成本。依托国家、地方科技计划（专项、基金）等，支持供水管网漏损控制领域先进适用技术研发和成果转化。各地要进一步研究制定激励政策，对成效显著的供水管网漏损控制工程给予奖励和支持。

（四）推广合同节水模式。

鼓励采用合同节水管理模式开展供水管网漏损控制工程，供水企业与节水服务机构以签订节水服务合同等形式，明确节水量或降低漏损率等指标，约定工程实施内容和商业回报模式。鼓励节水服务机构与供水企业在节水效果保证型、用水费用托管型、节水效益分享型等模式基础上，创新发展合同节水管理新模式。推动第三方服务市场发展，完善对从事漏损控制企业的税收、信贷等优惠政策，支持采用合同节水商业模式控制管网漏损。

四、中央预算内投资支持开展公共供水管网漏损治理试点

国家发展改革委会同住房和城乡建设部遴选一批积极性高、示范效应好、预期成效佳的城市和县城开展公共供水管网漏损治理试点，实施公共供水管网漏损治理工程，总结推广典型经验。试点城市和县城应制定公共供水管网漏损治理实施方案，明确目标任务、项目清单和时间表。中央预算内资金对试点地区的公共供水管网漏损治理项目，予以适当支持。

住房和城乡建设部办公厅

国家发展和改革委员会办公厅

2022 年 1 月 19 日

（此件公开发布）

水利部　国家发展改革委　财政部　科技部　工业和信息化部　住房城乡建设部　中国人民银行　市场监管总局　国管局　联合印发《关于推广合同节水管理的若干措施》的通知

（水节约〔2023〕242号）

各省、自治区、直辖市水利（水务）厅（局）、发展改革委、财政厅（局）、科技厅（委、局）、工业和信息化主管部门、住房城乡建设厅（委、管委、局）、人民银行上海总部、各分行、营业管理部、各省会（首府）城市中心支行、各副省级城市中心支行，市场监管局（厅、委）、机关事务管理局，新疆生产建设兵团水利局、发展改革委、财政局、科技局、工业和信息化委、住房城乡建设局、市场监管局、机关事务管理局：

为深入贯彻习近平总书记“节水优先、空间均衡、系统治理、两手发力”治水思路，落实全面节约战略，大力推广合同节水管理，水利部、国家发展改革委、财政部、科技部、工业和信息化部、住房城乡建设部、中国人民银行、市场监管总局、国管局制定了《关于推广合同节水管理的若干措施》，现印发给你们，请结合实际，认真贯彻落实。

水利部 国家发展改革委 财政部
科技部 工业和信息化部 住房城乡建设部
中国人民银行 市场监管总局 国管局
2023年7月31日

关于推广合同节水管理的若干措施

合同节水管理是节水服务企业与用水单位签订合同，通过集成先进节水技术、提供节水改造和管理等服务，以分享节水效益方式收回投资、获取收益的节水服务机制。为贯彻习近平总书记“节水优先、空间均衡、系统治理、两手发力”治水思路，落实全面节约战略，按照《中华人民共和国国民经济和社会发展第十四个五年规划和2035年远景目标纲要》和《国家节水行动方案》要求，激发市场活力、强化政策引领，大力推广合同节水管理，提出以下措施。

一、激发合同节水管理市场活力

（一）强化水资源刚性约束。坚持以水定城、以水定地、以水定人、以水定产，大力发展节水产业，推动农业节水增效、工业节水减排、城镇节水降损，全面建设节水型社会。严格取水许可、计划用水和定额管理，坚决抑制不合理用水需求。鼓励用水单位通过合同节水管理实施节水改造，提升水资源节约集约利用能力。

（二）实施差别化水价政策。推进水利工程供水价格改革，合理制定水利工程供水价格。深入推进农业水价综合改革，区分粮食作物、经济作物、养殖业等，在终端用水环节探索实行分类水价，建立并落实好精准补贴和节水奖励机制。全面实行非居民用水超计划、超定额累进加价和居民生活用水阶梯水价制度，分类统筹考虑供水成本、用水效率、承受能力等因素，合理确定阶梯水量，适度拉大分档价差。

（三）鼓励开展用水权交易。加快用水权初始分配，逐步将用水权交易纳入公共资源交易平台体系，推进用水权市场化交易。积极推动农业灌溉、重点用水行业等领域实施合同节水管理项目节约的水量，通过用水权转让、收储等方式进行交易，收益归用水单位所有，或由用水单位和节水服务企业按合同约定分享。

二、强化合同节水管理技术支撑

（四）完善用水计量设施。计量行政部门要督促公共机构、公共建筑、农业、工业、服务业等领域用水单位按照有关标准切实完善取用水计量设施，对用水计量设施依法进行检定或校准。重点用水单位要安装用水在线监测计量设施。鼓励建设用水信息化管理平台，加强用水计量设施的量值溯源管理，提升数据质量，提高用水节水管理的智能化、精细化水平。

（五）建立完善节水技术与产品目录。支持节水技术研发推广，建立健全节水技术标准体系。鼓励符合标准、技术成熟、质量过硬的节水技术、产品和装备纳入《国家成熟适用节水技术推广目录》《国家鼓励的工业节水工艺、技术和装备目录》《首台（套）重大技术装备推广应用指导目录》《政府集中采购目录》等。

（六）推广使用先进节水技术与产品。鼓励各地出台政策，支持用水单位、节水服务企业等优先采购使用纳入国家相关推广和指导目录、水效等级高、通过节水认证的节水产品、技术和装备。

三、提升节水服务企业能力

（七）培育节水服务企业。鼓励水利（水务）企业、节水设备制造企业、信息技术企业、高等院校、科研院所等，利用自身优势，组建专业化节水服务企业，按照《合同节水管理技术通则》（GB/T 34149—2017）及相关要求，面向市场提供节水服务。支持符合条件的节水服务企业申报高新技术企业、“专精特新”中小企业。

（八）发展节水技术服务。加强节水人才培养，培育发展节水认证、节水咨询、水平衡测试、节水量评估等第三方节水服务机构，推动节水技术服务创新发展，建立健全合同节水管理产业链。

（九）加强节水服务行业管理。鼓励各地对节水服务企业、第三方节水服务机构等实行诚信激励，依法依规实行失信惩戒，推进行业组织建设，规范节水服务行为，提升节水服务质量。

四、加强财税金融支持

（十）加强财政资金支持。中央预算内投资、中央财政水利发展资金对合同节水管理项目予以适当支持。财政预算单位实施合同节水管理项目支付给节水服务企业的经费，可根据预算管理规定作为费用合理列支。采用合同节水管理实施的节水项目，可按相关税收优惠目录享受税收优惠政策。各地要多渠道落实节约用水资金，有条件的地区可采取投资补助、以奖代补等方式支持合同节水管理项目。

（十一）加大金融信贷支持。支持金融机构按市场化原则，对节水型灌区、节水型企业、公共机构节水型单位、水效领跑者，以及从事节水的产业、项目与服务等给予绿色信贷支持。鼓励金融机构推出符合合同节水管理需求的绿色信贷产品。鼓励社会资本通过市场化方式设立节水服务产业基金。支持符合条件的节水服务企业通过发行绿色债券等方式拓宽企业融资渠道。

五、做好合同节水管理组织实施

（十二）加强组织领导。各地要将推广合同节水管理作为发展节水产业、推进节水工作的重要举措，加强组织领导，充分发挥节约用水工作协调机制作用，统筹推进各项政策措施落地见效，推动合同节水管理创新链、产业链、资金链、政策链融合发展。

（十三）典型示范引领。在公共机构、公共建筑、农业、工业、服务业、园林绿化等领域，结合县域节水型社会达标建设、节约型公共机构示范创建、节水型单位（灌区、企业、园区）创建、绿色建筑创建、农业节水灌溉、工业水效提升行动等工作，大力推广合同节水管理，遴选发布合同节水管理典型案例，发挥示范引领作用。鼓励因地制宜采取节水效益分享型、节水效果保证型、用水费用托管型以及“效果保证+效益分享”“合同节水+水权交易”等创新模式，实施合同节水管理。

（十四）完善信息平台。发挥“互联网+合同节水管理”作用，加强政策标准、典型案例、项目需求、企业资讯以及先进节水技术产品等信息推广，推动信息共享、资源共用、供需对接，促进合同节水管理项目落地见效。

（十五）加大宣传力度。各地区各部门要加强对合同节水管理实施情况的跟踪分析，及时总结提炼合同节水管理政策措施、经验成效、典型案例等，通过网络媒体、报刊杂志等多种形式加大宣传力度，为进一步推广合同节水管理营造良好氛围。

附件 1：关于推广合同节水管理的若干措施-会议审议意见采纳情况表（略）

附件 2：水利部重大决策事项合法性审查意见（略）

附件 3：水利部重大决策社会稳定风险评估情况表（略）

水利部关于实施黄河流域深度节水控水行动的意见

（水节约〔2021〕263号）

黄河水利委员会，山西省、内蒙古自治区、山东省、河南省、四川省、陕西省、甘肃省、青海省、宁夏回族自治区水利厅：

为深入贯彻习近平总书记关于黄河流域生态保护和高质量发展的重要讲话和指示批示精神，加快落实《黄河流域生态保护和高质量发展规划纲要》，全面实施黄河流域深度节水控水行动，深挖全流域节水潜力，大力提升全流域用水效率，现制定以下意见。

一、总体要求

（一）指导思想

以习近平新时代中国特色社会主义思想为指导，深入贯彻黄河流域生态保护和高质量发展战略，落实《国家节水行动方案》，坚持量水而行、节水为重，把水资源作为最大的刚性约束，坚决抑制不合理用水需求，深度开展节水控水，降低水资源开发利用强度，加快形成节水型生产生活方式，实现黄河流域用水方式由粗放低效向节约集约的根本转变，以节约用水扩大发展空间。

（二）基本原则

严格管控、两手发力。立足全流域缺水水情，严格实行用水总量控制和定额管理，强化节水指标刚性约束，加强节水目标责任考核和责任追究，发挥水价水权在促进节约用水方面的调节作用，推进水资源节约集约利用。

对标先进、全面提升。按照达到或接近国内外先进用水水平的原则，制定各领域节水标准和政策制度，健全节水体制机制，加快普及先进节水技术，全面提升全社会用水效率。

整体布局、突出重点。根据黄河流域上中下游不同水资源条件、产业结构和用水水平，统筹布局，综合施策，聚焦高耗水领域和重点用水单位，加快推进节水规范化和精细化管理。

统一部署、协同推进。水利部加强统一领导和部署，指导和推动有关省区落实责任，强化部门沟通协调，上下联动、紧密协作，共同推进行动见效。

（三）主要目标

到2025年，黄河流域建成行业用水定额体系，全面实行规模以上用水单位计划用水管理，全社会节水意识显著增强，节水型社会建设取得明显成效。万元 GDP 用水量比 2020 年下降 16%，万元工业增加值用水量比 2020 年下降 16%，农田灌溉水有效利用系数提高到 0.586，非常规水源利用量增加到 20 亿立方米，县（区）级行政区基本达到节水型社会标准。

到 2030 年，建成完善的节水政策法规和技术标准体系，形成健全的市场调节机制，节水护水惜水成为全社会自觉行动，流域内各区域用水效率达到国际类似地区先进水平，全面建成节水型社会。

二、强化用水总量强度控制

（一）严格用水总量指标约束

黄河流域要健全省、市、县三级行政区用水总量管控指标体系，将用水总量控制指标落实到地表水源和地下水源。完善流域跨行政区界断面、水量分配重要控制断面、地下水等监测体系。各地区取用的地表水总量，不得超过水量分配方案明确的地表水可用水量，主要控制断面下泄流量应满足基本生态流量要求；开采的地下水总量，不得超过地下水可用水量，并符合地下水水位控制要求。水资源超载地区按规定暂停新增取水许可。对涉及水资源开发利用的工程规划和重大产业、项目布局规划以及各类开发区（新区、工业园区）规划开展规划水资源论证，通过水资源刚性约束指标管控限制高耗水产业发展，坚决杜绝以引黄调蓄为名建设水景观项目。

（二）强化用水强度指标管控

健全省、市、县三级行政区用水强度控制指标体系。制定覆盖主要用水行业的省级用水定额。率先在火电行业开展用水定额对标达标，并逐步在其他行业领域开展。开展超定额用水核查行动，督促超用水定额的单位采取节水措施，限期达标。加强农业生产和城乡居民生活用水管理，逐步将水效控制在定额范围。2025 年前，已建火电、钢铁、化工、建材等工业和机关、学校、宾馆等服务业用水单位用水水平全部达到国家定额通用值标准，新建项目全部达到国家定额先进值标准。

（三）开展节水目标责任考核

建立健全节水目标责任制，完善监督考核工作机制。制定深度节水控水行动年度工作计划，并将具体工作纳入实行最严格水资源管理制度考核。积极协调相关部门把节约用水纳入当地国民经济和社会发展规划，将节水作为约束性指标纳入当地党政领导班子和领导干部政绩考核范围。节水考核结果与国务院督查激励工作挂钩，考核不合格的地区将不得列入水利部拟予激励的地方名单。

（四）严把建设项目节水关

在取水项目取水许可阶段，要将节水评价作为水资源论证的重要内容，对项目节水水平进行严格审核把关，严格控制高耗水项目建设。已批准取水许可的项目，因用水工艺、技术、设备落后未达到现行节水标准的，要督促相关单位限期进行节水改造，改造后仍达不到现行节水标准的，延续取水许可时不予批准。加强节水评价后续监管，跟踪落实节水措施方案。新建、改建、扩建的取水项目，严格落实节水设施“三同时”制度。

三、深度实施农业节水增效

（一）促进农业用水压减

坚持以水定地、以水定产，严格控制农业用水总量，合理减少作物非生育期灌溉水量。联合有关部门在宁蒙引黄灌区严格控制农业灌溉面积增长，优化种植结构，减少高耗水作物种植面积；在汾渭平原地下水超采灌区实施保护性耕作，推广轮作技术模式，严控取用地下水灌溉，压减地下水开采；在鲁豫引黄灌区控制引黄规模，大力发展节水灌溉。在黄河上中游因水制宜推广旱作节水技术，发展旱作节水农业。

（二）推进大中型灌区续建配套和现代化改造

积极推动黄河上游甘肃黄河高抽灌区和宁蒙引黄灌区、中游汾渭灌区、下游引黄灌区等重点灌区续建配套和现代化改造，推进灌区用水量测设施配套建设，加强灌区用水管理，提高输配水效率。按照“成熟一批，建设一批”的原则，实施大中型灌区现代化建设。结合高标准农田建设，积极推广微灌、管灌、喷灌等高效节水灌溉技术。完善灌溉试验站网体系，科学收集灌溉基础数据，为推广适宜的节水灌溉制度和技术提供支撑。

（三）深化农业水价综合改革

加快推动完善农业水价形成机制，推动灌区供水成本核算和价格调整，建立农业用水精准补贴和节水奖励机制，引导社会资本参与灌区建设与运营管理，逐步扩大农业水价综合改革面积。到2025年，全面完成农业水价综合改革任务。

四、深度实施工业节水减排

（一）推动节水型企业和园区建设

建立促进节水型企业、节水型工业园区建设的激励政策，大力推动节水型企业和节水型工业园区建设，对照国家标准，引导工业企业实施节水技术改造，工业园区实行企业间串联用水、梯级用水、循环用水，促进工业废水“近零排放”，对达标企业、园区组织开展抽查和复评。到2025年，火电、钢铁、化工行业规模以上企业全部建成节水型企业，建成一批节水型园区。

（二）推广先进工业节水技术装备

按照国家发布的高耗水工艺、技术、装备鼓励目录和淘汰目录，推动工业企业应用高效冷却、无水清洗、循环用水、废污水再生利用、高耗水生产工艺替代等节水工艺和技术，淘汰落后的技术装备。建立健全节水装备及产品的质量评级和市场准入制度。在火电、钢铁、化工等行业大力推广循环用水技术，到2025年工业用水重复利用率达到98%以上。黄河上游新建火电机组全面采用空冷技术。

五、深度实施城乡生活节水

（一）推进城乡居民生活节水

研究制订节水器具推广补贴政策，引导消费者主动选购节水器具，提高节水器具普及率。完善农村集中供水和节水配套设施建设，逐步推行计量收费。制定节水型社区、节水型乡村建设标准，引导城乡居民形成节水型生活方式。

（二）强化服务业节水管理

对照节水型公共机构标准，推进政府机关、学校、医院等单位开展对标达标建设，示范引领全社会节水。到2025年，地级以上城市政府机构率先建成节水机关，普通高等院校力争全面建成节水高校。严控高耗水服务业用水，洗浴、洗车、宾馆等行业强制安装节水器具设备，提高水循环利用率。限期更换机场、车站、高速公路服务区等公共建筑的非节水型用水器具。

六、加快非常规水源利用

（一）积极开发利用再生水

将再生水纳入水资源统一配置，实行再生水配额管理，县级以上水行政主管部门应当逐步明确年度再生水最低利用额度。对再生水管网覆盖范围内、水量水质满足要求的工业和服务业项目，新建的要严格审批新增取水许可，已建的要核减用水计划。工业冷却、服务业非接触性用水、市政杂用和景观用水应优先使用再生水，农业灌溉鼓励使用水质符合条件的再生水。

（二）优化利用矿井水

重要采矿区、重大涌水矿区应建设矿井水处理利用设施，矿区生产必须充分使用矿井水，矿区生活优先使用矿井水。在城市规划中推动将矿井水纳入地方供水规划，向周边城镇居民和工业企业供水。在办理取水许可时，优先考虑配置矿井水，对未合理利用矿井水的企业，应当督促其限期改正。

（三）推进雨水集蓄利用

黄河流域新建小区、城市道路、公共绿地等要因地制宜配套建设雨水集蓄利用设施，加强雨水在旱作农业、工业生产、城市杂用、生态景观等方面的应用。总结雨水高效收集和利用模式，加强雨水集蓄利用技术创新与示范推广。

七、严格用水单位监督管理

（一）全面实行计划用水管理

加强对规模以上单位用水总量指标的控制，将区域用水计划分解下达至用水单位，实现年用水量 1 万立方米以上的工业和服务业单位计划用水管理全覆盖。积极探索推进流域内农业计划用水管理工作，逐步明确灌区的年度计划用水量并分解到地。实施计划用水监督检查，规范计划用水的核定、下达和加价收费管理，督促未依据定额核定或未按规定下达用水计划的有关部门依法严格整改，推动落实超计划用水累进加价制度。

（二）加强各行业用水计量监控

加快农业用水计量设施建设，到 2023 年大中型灌区渠首取水口实现计量全覆盖，有条件的重要引、退水口门实现在线计量监测，小型灌区渠首用水计量率显著提升。对农业灌溉机井要积极采用 IC 卡、以电折水等多种方式完善用水计量。协调有关部门逐步推进工业和服务业用水智能计量。建立黄河流域节水信息化平台，采集分析各类用水单位的水量等信息，对纳入国家、省、市三级名录的重点监控用水单位逐步实现在线监控，提升智慧决策水平。

（三）积极开展用水审计

在年用水量 10 万立方米以上且年超计划用水 10%以上的企事业单位开展用水审计，对照用水定额指标和有关标准对用水的各个环节进行剖析、审核，开展水平衡测试，分析水量平衡关系和用水效率情况，督促存在问题的单位采取措施挖掘节水潜力，引导用水单位水效达到定额标准。

八、广泛开展节水宣传教育

（一）加大节水宣传力度

加强流域水情教育，结合“世界水日”和“中国水周”等开展形式多样的节水宣传活动，向公众宣传水法规，解读节水政策，普及节水知识，提高公众对节约用水的认知度和认可度。完善公众参与机制，鼓励公众自觉参与节水行动，推动节水进企业、进校园、进机关、进社区、进家庭，引领全社会形成珍惜水、节约水和爱护水的良好风尚。

（二）创新节水宣传形式

积极探索宣传新模式，充分发挥传统媒体主渠道和新媒体生力军作用，提高节水宣传的吸引力和传播力。注重整合宣传教育资源，与文明办、普法办、共青团、妇联、工会等建立合作机制，扩大节水宣传影响力和覆盖面，切实提高节水宣传的针对性和有效性。

（三）深化节水教育培训

充分发挥重点水利工程、水情教育基地、水文化馆等平台作用，制作并向社会公众推介相关专题宣传片，组织开展各具特色的节水教育实践活动，引导公众特别是在校学生树立节水理念，养成节水习惯。针对不同类型用水主体和从事节水的基层工作人员，组织开展节水培训和讲座，提升用水管理水平。

九、保障措施

（一）加强组织领导

《黄河流域生态保护和高质量发展规划纲要》规划范围内的各县级以上地方水行政主管部门要加强深度节水控水工作的组织领导，按照《国家节水行动方案》要求，积极协调有关部门推动建立节约用水工作部门协调机制，协调解决节水工作中的重点难点问题，统筹推进区域节水工作。各省级水行政主管部门要制定区域年度节水控水工作任务清单，加强指导，狠抓工作任务落实。水利部将加强监督检查，对工作落实不力的，依法依规严肃问责，确保节水控水落地见效。

（二）健全激励机制

研究拓宽节水投资渠道，建立节水支持政策，落实国家节水税收优惠措施。对推动黄河流域深度节水控水工作表现优秀的单位和个人可按有关规定予以表彰。在节水型单位中遴选发布水效领跑者，发挥节水先进标杆的示范引领作用。

（三）完善市场机制

在公共机构、公共领域、高耗水工业、高耗水服务业、农业灌溉等领域，进一步推行合同节水管理，发展节水服务产业。协调有关部门严格水效标识市场监管，规范节水产品生产和流通。加快推进水资源税改革，发挥水资源税对用水需求的调节作用。积极开展水权交易和水市场建设，鼓励和引导相关主体通过国家级水权交易平台转让节水量。

水利部

2021 年 8 月 30 日

国家发展改革委等部门
关于进一步加强水资源节约集约利用的意见

（发改环资〔2023〕1193号）

各省、自治区、直辖市、新疆生产建设兵团发展改革委、水利（水务）厅（局）、住房和城乡建设厅（委、管委、局）、工业和信息化主管部门、农业农村（农牧）厅（局、委）、自然资源主管部门、生态环境厅（局）：

为全面贯彻党的二十大精神，实施全面节约战略，加快形成节水型生产生活方式，建设节水型社会，推进生态文明建设，促进高质量发展，我们会同教育部、科技部、财政部、国家卫生健康委、市场监管总局、国管局、国家能源局、国家林草局，提出以下意见。

一、总体要求

（一）指导思想。以习近平新时代中国特色社会主义思想为指导，全面贯彻党的二十大精神，深入贯彻习近平总书记关于治水的重要论述，落实“节水优先、空间均衡、系统治理、两手发力”治水思路，完整、准确、全面贯彻新发展理念，加快构建新发展格局，深入实施国家节水行动，坚持“四水四定”，健全节水制度政策，推进水资源总量管理、科学配置、全面节约、循环利用，大力推动农业、工业、城镇等重点领域节水，加强非常规水源利用，发展节水产业，建设节水型社会，促进经济社会发展全面绿色转型，加快建设美丽中国。

（二）主要目标。到2025年，全国年用水总量控制在6400亿立方米以内，万元国内生产总值用水量较2020年下降16%左右，农田灌溉水有效利用系数达到0.58以上，万元工业增加值用水量较2020年降低16%。到2030年，节水制度体系、市场调节机制和技术支撑能力不断增强，用水效率和效益进一步提高。

二、落实最严格水资源管理制度

（三）严格用水总量和强度双控。加强省、市、县三级行政区域用水总量和强度控制指标管理。加快开展跨行政区江河流域水量分配，明确各区域取自不同河湖及调水工程的地表水可用水量。加快明确以县级行政区为单元的地下水取水总量和水位控制指标。各地根据本地区可用水量，合理配置本地区生活、农业、工业和河道外生态环境用水。

坚持先节水后调水，把节水作为受水区的根本出路。

（四）强化取水管理。推行规划水资源论证，严格建设项目水资源论证。各级取水许可审批机关要按照各地区的可用水量和建设项目水资源论证情况，依法审批取水许可。依法规范取水行为，重点整治未经批准擅自取水、未依照批准的取水许可规定条件取水等违法问题。在水资源超载地区，依据有关规定暂停新增取水许可。规范自备井管理，依法关闭公共供水管网覆盖范围内或者通过替代水源已经解决供水需求的区域内的自备井。

（五）严格节水管理。健全用水定额体系，做好用水定额动态评估和更新，切实发挥用水定额在规划编制、水资源论证、节水评价、节水改造等方面的约束调节作用。在黄河流域、严重缺水地区逐步推行高耗水工业服务业强制性用水定额管理。落实《计划用水管理办法》，推动年用水量 1 万立方米及以上的工业服务业单位计划用水管理全覆盖。开展节水评价，从源头把好规划和建设项目节水关。推动县域节水型社会达标建设提质升级，到 2025 年，南水北调东中线工程受水区和北方 60%以上、南方 40%以上县（区）级行政区达到节水型社会标准。

三、加强农业农村节水

（六）坚持以水定地。统筹考虑水资源条件和粮食安全，优化调整农业生产结构，推进适水种植。西北等干旱地区压减高耗水作物种植，扩大低耗水高耐旱作物种植，因地制宜推行轮作休耕。地下水超采地区禁止新增开采难以更新的地下水用于农业灌溉，已经开采的要加快发展节水农业、旱作农业，减少地下水超采，逐步实现全面禁采。

（七）发展节水农业。持续推进高标准农田建设和节水型灌区建设，加快灌区续建配套和现代化改造，缺水地区推广喷灌、微灌、低压管灌等高效节水灌溉及水肥一体化等节水技术，加强用水精细化、智能化管理。发展旱作农业，推广深松蓄水、覆膜保墒、集雨补灌等旱作节水技术。加快牧区水利建设，发展节水高效灌溉饲草基地。缺水地区推广设施养殖、循环水养殖等水产养殖模式，推广尾水循环利用。推广节水型机械干清粪等技术和工艺。

（八）提高农村节水能力。加强农村生活供用水设施建设改造，配备安装计量设备，推广计量收费。扎实推进农村厕所革命，推广使用节水型改厕器具。因地制宜建设分散式生活污水收集处理回用设施，推广“生物+生态”污水处理技术，处理达标后就近灌溉回用和生活杂用。

四、强化工业节水

（九）坚持以水定产。强化水资源水环境承载力约束，根据可用水量，合理规划工业发展布局和规模，优化调整产业结构。水资源超载地区、严重缺水地区，依法依规有序压减高耗水产业规模，严格限制新上高耗水项目取水许可。缺水地区取水许可向先进制造业、战略性新兴产业等低耗水高产出产业倾斜。

（十）强化企业和园区集约用水。推进企业和园区用水系统集成优化，鼓励串联用水、分质用水，实现一水多用和梯级利用，打造节水型企业和园区，实施重点用水企业和园区水效领跑者引领行动。推动企业和园区完善节水管理制度，建立智慧用水管理平台。开展工业废水循环利用试点示范，引导重点行业、重点地区加强工业废水处理后回用。到 2025 年，规模以上工业用水重复利用率力争达到 94%左右。

（十一）实施节水改造。开展工业企业水平衡测试、用水绩效评价和水效对标行动，引导企业实施节水改造。制定重点用水行业水效标杆水平和基准水平，并定期更新。发布国家鼓励的工业节水工艺、技术和装备目录，编制典型应用案例。缺水地区、地下水超采地区新建、改建、扩建项目，应当制定节水方案，配套建设节水设施，并与主体工程同时设计、同时施工、同时投入使用。

五、厉行城镇节水

（十二）坚持以水定城定人。以区域水资源承载能力为基础，科学设定城市功能定位，合理规划人口发展规模、城市空间结构，强化城镇开发边界管控，优化产业和基础设施布局，推动人口均衡发展、城市集约发展与水资源开发利用相协调。防止城市建设片面追求规模和“摊大饼”式无序蔓延。深入开展国家节水型城市创建。

（十三）遏制用水浪费。从严控制高耗水服务业用水，严格用水定额管理。洗车、高尔夫球场、人工滑雪场等特种行业全面推广低耗水、循环用水等节水技术工艺，优先利用再生水、集蓄雨水等非常规水源，限制使用地下水。开展公共供水管网漏损治理，完善检漏制度，实施管网改造、分区计量、压力调控、智能化建设等工程，持续推进重点城市（县城）公共供水管网漏损治理。到 2025 年，城市公共供水管网漏损率控制在 9%以内。

（十四）公共机构率先垂范。制定《公共机构节约用水管理办法》，强化用水计划和定额管理。具备条件的公共机构定期开展水平衡测试，实施节水技术改造，新建、改建、扩建公共机构建筑全面推行使用节水器具。提高公共机构用水计量信息化水平，推广智能水表，逐步实现数据自动采集、统计信息直报、管网检漏智能化。在机关、学校、医院等重点领域实施水效领跑者引领行动，深入推进节水型高校建设。倡导减少瓶装饮用水浪费。

六、推进生态景观节水

（十五）坚持以水定绿。坚持山水林田湖草沙一体化保护和系统治理，考虑水资源承载能力，宜林则林、宜草则草、宜荒则荒，统筹推进水源涵养、国土绿化、防沙治沙、湿地修复、水土保持。干旱半干旱地区以雨养、节水为导向，以恢复灌草植被为主，推广乔灌草结合的绿化模式，合理配置林草植被类型和密度，统筹安排公益林灌溉用水。合理配置三北工程国家重大战略林草生态用水。城镇绿化要根据当地自然条件和水资源禀赋科学选择植物，缺水地区宜选用耐旱型植物。合理配置绿化用水，优先使用符合标准的再生水、雨水、矿井水，推广节水灌溉。

（十六）严控景观用水。严禁违背自然规律挖湖造景，限制盲目扩大景观和娱乐场地的水域面积。黄河流域严控新建亲水公园。缺水地区住宅小区、单位内部的景观用水禁止使用地下水、限制使用自来水。在不引起地下水污染、地下水超采、生态和地质环境问题前提下，合理利用城市可更新的浅层地下水用于生态用水。

七、推广非常规水源利用

（十七）加强污水资源化利用。推行非常规水源纳入水资源统一配置。鼓励具备条件的地方充分利用非常规水源，缺水城市应积极拓展再生水利用领域和规模。坚持以需定供、分质用水、就近利用，推进再生水用于工业生产、市政杂用、国土绿化、生态补水等。开展典型地区再生水利用配置试点。实施区域再生水循环利用工程。缺水地区新建城区提前规划布局再生水管网，老城区结合城市更新改造及河道生态补水需要，因地制宜建设集中或分布式污水收集再生设施。西北地区推广再生水“冬储夏用”，依托自然河湖水系科学规划建设中水库。到2025年，全国地级及以上缺水城市再生水利用率达到25%以上，黄河流域中下游力争达到30%，京津冀地区达到35%以上。

（十八）推动海水、矿井水、雨水等非常规水源利用。沿海缺水地区、海岛要将海水淡化水作为生活补充水源、市政新增供水及重要应急备用水源，工业园区、高耗水产业充分配置海水淡化水。统筹规划建设海水淡化工程，探索推动海水淡化水进入市政供水管网。鼓励海水作为火力发电、钢铁等行业的直接冷却水。推进煤炭绿色开采、保水开采，做好地下水保护，减少矿井疏干水量。矿区生产优先利用矿井水，将满足标准的矿井水用于周边工业生产、国土绿化、生活杂用、生态补水，统筹建设处理回用设施和管网。缺水地区探索实施煤炭生产矿井水配额制。西北干旱地区，采取适用的淡化技术，分区分类利用微咸水。结合土壤盐渍化防治，鼓励微咸水采用直接利用、咸淡混用和咸淡轮用等方式用于国土绿化和农业灌溉。缺水地区鼓励配套建设雨水收集利用设施。将海绵城市建设理念融入相关规划，提升雨水集蓄利用能力。农村地区结合地形集蓄雨水，用于农业灌溉、牲畜用水等。

八、发展节水产业

（十九）加强技术研发应用。围绕水资源高效循环利用、智慧节水灌溉、水肥高效利用、海水淡化利用、矿井水利用等领域，持续实施重点科技专项，开展关键技术和重大装备研发。推进产学研用深度融合的节水技术创新体系建设，支持举办节水创新发展大会及高新技术成果展，推进技术产业化。推进智慧节水，强化数字孪生、大数据、人工智能等新一代信息技术在节水业务中的应用研究。

（二十）推广节水产品。提高节水产品供给能力，推广使用节水型坐便器、淋浴器、水嘴、净水机等用水产品，加快淘汰不符合水效标准要求的产品。实施水效标识，将节水产品认证纳入统一绿色产品认证标识体系，推行绿色产品政府采购。依法打击水效虚标，规范市场行为。鼓励绿色建筑选用更高水效的产品。鼓励有条件的地方实施推广补贴政策。

（二十一）发展节水服务产业。积极开展用水权交易，将节水改造和合同节水管理取得的节水量纳入用水权交易，推动非常规水源市场化交易。完善用水权交易激励和投融资机制，落实交易收益分配制度，保护节水参与方合理收益权利。在公共机构、高耗水行业、供水管网漏损控制等领域推广合同节水管理。鼓励第三方节水服务企业参与节水咨询、检测认证、水平衡测试、用水绩效评价、技术改造、运行管理，提供社会化、专业化、规范化节水服务，通过节水效益分享等方式回收投资和获得合理利润。

九、保障措施

（二十二）健全标准计量体系。完善节水标准体系，加快制修订产品水效、行业用水定额、非常规水源利用等标准。加快推进非农业取水口和大中型灌区取水口计量全覆盖，地表水年许可水量 50 万立方米以上、地下水年许可水量 5 万立方米以上的非农业取水口以及 5 万亩以上大中型灌区渠首取水口要实现在线计量。大中型灌区应在产权分界点安装计量设施，在实施灌溉的高标准农田和高效节水灌溉项目区因地制宜配套实用易行的计量设施，进一步细化计量单元。取水单位、用水户应当使用经检定合格的水计量设施。

（二十三）完善经济政策。全面深化水价改革，深入推进农业水价综合改革，健全城镇供水价格形成和动态调整机制，推行居民阶梯水价、非居民用水及特种用水超定额累进加价。稳步推进水资源税改革，对试点地区取用地表水或者地下水的单位和个人征收水资源税，并停止征收水资源费。落实节水税收优惠政策。中央财政资金、中央预算内投资支持符合条件的节水项目。落实农业用水精准补贴、节水奖励和维修养护资金。拓宽投融资渠道，引导和规范社会资本参与节水项目建设运营。鼓励地方、企业通过“以奖代补”方式实现节水绩效。

（二十四）加强组织协调。充分发挥节约用水工作部际协调机制作用。各部门各司其职，加强沟通协调，做好行业和地区指导，抓好意见落实。将节水纳入经济社会发展综合评价体系和政绩考核。强化最严格水资源管理制度考核。鼓励有条件的地区将节水列为省级督查激励事项。加强国情水情教育，将节水纳入国民素质教育和中小学教育活动，加强节水科普，开展节水宣传，做好节水培训。

国家发展改革委

水利部

住房城乡建设部

工业和信息化部

农业农村部

自然资源部

生态环境部

2023 年 9 月 1 日

关于印发黄河流域水资源节约集约利用实施方案的通知

（发改环资〔2021〕1767号）

山西省、内蒙古自治区、山东省、河南省、四川省、陕西省、甘肃省、青海省、宁夏回族自治区发展改革委、水利厅、住房和城乡建设厅、工业和信息化主管部门、农业农村（农牧）厅，水利部黄河水利委员会：

为深入贯彻习近平生态文明思想，落实习近平总书记关于推动黄河流域生态保护和高质量发展的重要讲话和指示批示精神，落实《黄河流域生态保护和高质量发展规划纲要》，打好黄河流域深度节水控水攻坚战，提升水资源节约集约利用水平，国家发展改革委、水利部、住房和城乡建设部、工业和信息化部、农业农村部制定了本方案，经推动黄河流域生态保护和高质量发展领导小组办公室衔接审核，现就有关要求通知如下。

一、总体要求

（一）指导思想。以习近平新时代中国特色社会主义思想为指导，深入贯彻习近平生态文明思想，全面贯彻党的十九大和十九届二中、三中、四中、五中、六中全会精神，立足新发展阶段，完整、准确、全面贯彻新发展理念，构建新发展格局，坚定走生态优先、绿色低碳的高质量发展道路，坚持系统观念，把水资源作为最大的刚性约束，全方位贯彻“四水四定”，实施黄河流域及引黄调水工程受水区深度节水控水，精打细算用好水资源，从严从细管好水资源，坚持政府和市场两手发力，大力推动全社会节水，加快形成水资源节约集约利用的产业结构、生产方式、生活方式、空间格局，以节约用水扩大发展空间，实现人与自然和谐共生，促进黄河流域生态保护和高质量发展。

（二）主要目标。到2025年，黄河流域万元GDP用水量控制在47立方米以下，比2020年下降16%；农田灌溉水有效利用系数达到0.58以上；上游地级及以上缺水城市再生水利用率达到25%以上，中下游力争达到30%；城市公共供水管网漏损率控制在9%以内。黄河流域水资源消耗总量和强度双控体系基本建立，流域水资源配置进一步优化，重点领域节水取得明显成效，非常规水源利用全面推进。

二、强化水资源刚性约束

（一）贯彻“四水四定”。坚持“以水定城、以水定地、以水定人、以水定产”，以水资源刚性约束倒逼发展方式转变。优化国土空间格局，结合水资源禀赋，合理确定黄河流域经济、产业布局和城市发展规模，加大对重大生产力布局的统筹力度。强化城镇开发边界管控，城市群和都市圈要集约高效发展，不能盲目扩张。水资源短缺和超载地区，限制新建各类开发区和发展高耗水服务行业，不搞中小城镇"摊大饼发展"。从严控制建设引黄调蓄工程。坚决遏制"造湖大跃进"，黄河干支流严禁脱离实际建设人工湖、人造水景观。合理确定灌溉规模，引导适水种植、量水生产，推进农牧业生产向水资源优势地区集中。水资源短缺和超载地区调整种植结构，压减高耗水作物规模。年均降雨量小于 400 毫米地区，严格限制大规模种树营造景观林。充分考虑水资源约束，科学引导人口流动。推进工业企业向园区集聚，沿黄重点地区拟建工业项目，一律按要求进入合规工业园区。严格控制高耗水项目盲目上马。

（二）严格用水指标管理。县级以上人民政府制定年度取用水计划，年用水量 1 万立方米以上的工业和服务业单位实现计划用水全覆盖。健全省、市、县行政区用水总量和强度控制指标体系。推动将用水总量控制指标落实到具体河流和水源。分解落实并考核县级以上地方各级行政区万元 GDP 用水量、农田灌溉水有效利用系数、公共供水管网漏损率等指标。强化用水定额在规划编制、取水许可方面的刚性约束作用。水资源超载地区制定水资源超载治理方案。

（三）严格用水过程管理。严格取水许可管理，强化动态监管，全面推广取水许可电子证照应用。水资源超载地区按规定要求暂停新增取水许可。具备使用非常规水源条件但未有效利用的项目和采用已淘汰工艺、技术和装备的项目，不予批准取水许可。工业、生活和服务业取用地表水年许可水量 50 万立方米以上、取用地下水年许可水量 5 万立方米以上的取水单位或个人，调水工程及大中型灌区渠首取水口，应当安装取用水在线监测计量设施，并将监测计算结果实时传输到取水主管部门。严格实行计划用水监督管理，开展重点地区、领域、行业、产品专项监督检查。落实用水统计管理要求，全面加强对农业、工业、生活、生态环境补水等用水量的统计管理。

三、优化流域水资源配置

（一）优化黄河分水方案。坚持生态优先，大稳定、小调整，优化细化《黄河可供水量分配方案》（黄河"八七"分水方案），下游地区更多使用南水北调供水，腾出适当水量用于增加生态流量和保障中上游省份生活等基本用水需求。确定重点河湖主要控制断面生态流量保障目标。按照优先保障基本生态用水原则，推进大通河、窟野河等跨省主要支流水量分配。推动省内黄河分水指标细化和跨市县河流水量分配。

（二）强化流域水资源调度。建立健全干流和主要支流生态流量监测预警机制，根据水资源本底条件、水文气象变化和经济社会发展情况等，统筹干支流水资源调度。做好与南水北调工程、大运河相关河段水资源调配工作的衔接。开展龙羊峡、刘家峡、三门峡等黄河干流骨干水库协调调度，推进渭河、汾河、湟水河、洮河等主要支流水量调度。强制推动将非常规水纳入统一配置，实行区域配额管理，逐年提高利用比例，并严格考核。

（三）做好地下水采补平衡。加强黄河流域地下水开发利用管控，实施重点区域地下水超采综合治理，加大中下游地下水超采漏斗治理力度。统筹考虑地下水、地表水联合配置与时空合理利用，有效控制、合理削减地下水开采量。加强超采地区地下水监测，实行地下水取水总量和水位双控，实施节水工程、水源置换工程、地下水补源工程，推动实现地下水位回升。

四、推动重点领域节水

（一）强化农业节水。

推行节水灌溉。以甘肃黄河高抽灌区、宁蒙灌区、汾渭平原、下游引黄灌区为重点，实施节水改造，按规划开展高标准农田建设，推广喷灌、微灌、低压管灌等高效节水灌溉技术。深入开展节水型灌区创建工作。水资源短缺和超载地区原则上不再扩大灌溉面积和新增灌溉用水量，因国家战略确需新增的，严格进行水资源论证，并由相关流域管理机构审批取水许可。

发展旱作农业。黄河上中游地区发展高效旱作农业，推广玉米—豆类轮作、生态农业和农林牧复合模式，加快选育推广抗旱抗逆等节水品种，完善充分利用降水的垄沟覆膜栽培技术体系，扩大低耗水和耐旱作物种植比例。下游河南、山东等粮食主产区，加强小麦、玉米节水抗旱品种选育，推广测墒灌溉、保水剂应用、水肥一体化等节水措施。

开展畜牧渔业节水。稳步推进牧区高效节水灌溉饲草料地建设。引导畜禽规模养殖场节约场舍冲洗用水。发展节水渔业，积极推广水产养殖节水减排新技术，积极推广循环水养殖、稻渔综合种养等节水减排新技术，鼓励水产养殖尾水资源化利用。

（二）加强工业节水。

优化产业结构。大力发展战略性新兴产业，鼓励高产出低耗水新型产业发展，培育壮大绿色发展动能。严把项目准入关，严格高耗水项目审批、备案和核准。不符合产业政策、规划环评、水耗等有关要求的工业项目严禁上马，已备案尚未开工的拟建高耗水项目开展重新评估，属于落后产能的已建高耗水项目坚决淘汰。

开展节水改造。引导企业水效对标达标，开展节水改造，提升用水效率。在钢铁、石化化工、建材、有色等行业开展重点用水企业水效领跑者引领行动。推广应用高效冷却、无水清洗、循环用水、废水资源化利用等技术工艺，提高用水重复利用率。

推广园区集约用水。鼓励工业园区内企业间分质串联用水，梯级用水。推广产城融合废水高效循环利用模式。兰州—西宁城市群、宁夏沿黄城市群、呼包鄂榆城市群、关中平原城市群、山西中部城市群等地区，新建园区应统筹供排水及循环利用设施建设，实现工业废水循环利用和分级回用。

（三）厉行生活节水。

建设节水型城市。充分发挥国家节水型城市示范带动作用，以建设节水型城市为抓手，系统提升城市节水水平。到 2025 年，黄河流域缺水城市全部达到国家节水型城市标准。加快推进县域节水型社会达标建设。新改扩建公共建筑必须采用节水器具，限期淘汰不符合水效标准要求的用水器具。

实行供水管网漏损控制。结合老旧小区、厂区、街区和城中村改造，加压调蓄设施改造和一户一表改造等，优先对超过合理使用年限、材质落后或受损失修的供水管网进行更新改造。完善供水管网检漏制度，实施分区计量工程，开展智能化改造，对设施进行实时监测，精准识别管网漏损点位。建设一批供水管网漏损控制示范城市，实施供水管网漏损治理工程。

开展农村生活节水。完善农村集中供水和节水配套设施建设，有条件的地方实行计量收费。结合村镇生活供水设施及配套管网建设与改造、农村厕所革命等，推广普及农村生活节水器具。

五、推进非常规水源利用

（一）强化再生水利用。以现有污水处理厂为基础，合理布局污水再生利用设施，推广再生水用于工业生产、市政杂用和生态补水等。鼓励结合组团式城市发展，建设分布式污水处理及再生利用设施。推进区域污水资源化利用。开展污水资源化利用示范城市建设。高尔夫球场、人工滑雪场、洗车等特种行业优先使用再生水。鼓励工业园区与市政再生水生产运营单位合作，实施点对点供水。

（二）促进雨水利用。将海绵城市建设理念融入城市规划建设管理各环节，提升雨水资源涵养能力和综合利用水平。在城市公园、居住社区、建筑、绿地、道路广场等新改扩建过程中合理推广雨水渗滞、调蓄、利用等设施，减少雨水地表径流外排，推进就地消纳、就地利用。因地制宜推进新型雨水集蓄利用工程，建设屋顶绿化、植草沟、下沉式绿地、地下调蓄池等设施。鼓励黄河上游雨养旱作农业区通过雨水净化、集雨补灌等发展集雨增效现代农业示范区。

（三）推动矿井水、苦咸水、海水淡化水利用。推进陇东、宁东、蒙西、陕北、晋西等能源基地的煤炭矿井水综合利用。在矿井疏干水质符合《农田灌溉水质标准》（GB 5084—2021）前提下，具备条件地区可推广用于农业灌溉。到 2025 年，黄河流域矿井水利用率达到 68%以上。根据当地苦咸水特点，采取适用的苦咸水淡化技术，解决部分城乡供水、工业生产、畜牧业和水产养殖的用水需求。在盐分指标符合要求的前提下，鼓励采用直接利用、咸淡混用和咸淡轮用等方式，将苦咸水用于农业灌溉和景观绿化。推动沿海缺水地区将海水淡化水作为生活补充水源、市政新增供水及重要应急备用水源，逐年提高海水淡化水在水资源配置中的占比。

六、推动减污降碳协同增效

在流域、区域和城市尺度上，构建健康的自然水循环和社会水循环，实现水城共融、人水和谐。坚持“节水即减排”“节水即治污”理念，在取水、用水、水处理、污水资源化利用等全过程中强化节水，减少新鲜水取用量、污水产生量和处理量，降低城市水系统运行过程中的能耗物耗等。探索“供—排—净—治”设施建设运维一体化改革，强化城市水系统管理体系化水平。示范推广资源能源标杆再生水厂，减少污水处理能源消耗和碳排放。鼓励具备条件的供水、水处理企业，因地制宜发展沼气发电、分布式光伏发电，推广区域热电冷联供。结合城市更新行动和新型城市基础设施建设等，提升数字化智能化管理水平，推进水资源节约集约利用。

七、健全保障措施

（一）强化责任落实。坚持正确政绩观，准确把握保护和发展关系，打好深度节水控水攻坚战，沿黄河开发建设必须严守资源特别是水资源开发利用上限。按照省级统筹、市县负责要求，系统谋划黄河流域水资源节约集约利用工作。黄河流域各省（区）合理明确本地区目标任务，各市县人民政府担负主体责任，将节水作为约束性指标纳入当地党政领导班子和领导干部政绩考核范围。完善基层节水载体（企业、单位、灌区等）、县（区）、市各级节水评价规范，健全主体责任指标体系和考核激励政策。

（二）健全政策措施。健全黄河流域节水法律法规，完善节水标准体系，严格执行高耗水用水定额和用水产品水效标准，推进节水认证。完善用水权交易制度，在建立健全统一的水权交易系统和开展集中交易的基础上，逐步纳入公共资源交易平台体系。强化水权交易监管，推进区域水权、取水权、灌区用水户用水权交易。用好财税杠杆、发挥价格机制作用，倒逼提升节水效果。建立健全充分反映供水成本、激励提升供水质量、促进节约用水的城镇供水价格形成机制，实行居民用水阶梯水价和非居民用水超定额累进加价制度。深入推进农业水价综合改革，建立健全农业用水精准补贴和节水奖励机制。合理制定特种用水价格政策。鼓励发展具有竞争力的第三方节水服务企业，推广合同节水管理模式，拓展合同节水管理服务范围和深度。完善节水激励政策，引导社会资本积极参与，培育节水产业。

（三）加强宣传引导。结合世界水日、中国水周、全国城市节约用水宣传周等，加大节水宣传力度，普及节水知识，倡导节约用水。充分发挥水博物馆、水科技馆、水文化馆、重点水利工程等平台作用，组织开展各具特色的宣传实践。推进节水教育进校园、进社区、进企业、进机关，提高用水付费意识和节水支付意愿，引导广大群众增强水资源节约与保护的思想认识和行动自觉，形成全社会节约用水的良好氛围。

国家发展改革委

水利部

住房和城乡建设部

工业和信息化部

农业农村部

2021 年 12 月 6 日

水利部 国家发展改革委
关于印发“十四五”用水总量和强度双控目标的通知

（水节约〔2022〕113号）

各省、自治区、直辖市水利（水务）厅（局）、发展改革委：

为持续实施水资源消耗总量和强度双控行动，根据《国家节水行动方案》和《实行最严格水资源管理制度考核办法》相关要求，水利部商国家发展改革委组织制定了各省、自治区、直辖市“十四五”用水总量和强度双控目标，现印发你们，请严格贯彻执行，并于2022年4月底前将各个年度的用水强度控制目标（含非常规水源利用量）报水利部备案，逾期未备案的按五年平均降幅（增幅）考虑。各个年度的用水总量控制目标同“十四五”期末用水总量控制目标。

水利部

国家发展改革委

2022年3月11日

行政区	用水总量（亿立方米）	其中：非常规水源利用量（亿立方米）	万元国内生产总值用水量比2020年下降（%）	万元工业增加值用水量比2020年下降（%）	农田灌溉水有效利用系数
北京	42.5	12.0	10.0	10.0	0.753
天津	35.0	6.4	10.0	10.0	0.725
河北	206.0	14.2	15.0	13.0	0.678
山西	85.0	6.0	12.0	10.0	0.580
内蒙古	196.3	7.4	12.0	13.0	0.579
辽宁	140.0	6.3	14.0	12.0	0.593
吉林	137.3	3.4	16.0	13.0	0.610
黑龙江	363.3	2.0	12.0	13.0	0.613
上海	112.0	0.2	16.0	16.0	0.740
江苏	620.0	15.2	17.0	19.0	0.625
浙江	186.8	5.2	16.0	18.0	0.615
安徽	306.0	7.0	18.0	18.0	0.580
福建	189.9	2.2	20.0	18.0	0.574
江西	262.3	3.7	20.0	18.0	0.527
山东	241.1	15.0	16.0	10.0	0.651
河南	260.7	12.4	16.0	10.0	0.629
湖北	318.0	4.0	16.0	16.0	0.545
湖南	334.5	3.0	17.0	12.0	0.570
广东	435.0	5.0	16.0	10.0	0.535
广西	301.0	3.6	16.0	16.0	0.524
海南	53.0	0.4	18.0	12.0	0.580
重庆	79.9	5.0	15.0	15.0	0.515
四川	270.0	6.1	16.0	16.0	0.505
贵州	117.0	1.2	16.0	20.0	0.503
云南	177.0	4.1	20.0	16.0	0.520
西藏	37.1	0.2	19.0	16.0	0.463
陕西	107.0	5.0	12.0	10.0	0.585
甘肃	120.9	5.2	13.0	10.0	0.590
青海	29.6	1.2	10.0	10.0	0.510
宁夏	72.8	2.0	15.0	10.0	0.590
新疆	563.0	5.4	20.0	12.0	0.585
全国	6400	170	16.0	16.0	0.580

注：非常规水源利用量为最低利用量。

水利部关于印发《中小河流治理建设管理办法》的通知

（水建设〔2023〕215 号）

各流域管理机构，各省、自治区、直辖市水利（水务）厅（局），各计划单列市水利（水务）局，新疆生产建设兵团水利局，各有关单位：

《中小河流治理建设管理办法》已经部务会议审议通过，现印发给你们，请认真遵照执行。

水利部

2023 年 7 月 1 日

中小河流治理建设管理办法

第一章 总 则

第一条 为推进以流域为单元的中小河流系统治理，规范建设管理，充分发挥工程效益，制定本办法。

第二条 本办法适用于以提升防洪减灾能力为主要内容的流域面积 200—3000 平方公里的中小河流治理项目。

第三条 中小河流治理应遵循以下原则：

坚持人民至上，生命至上。统筹发展和安全，把保护人民生命财产安全放在系统治理的首要位置，切实提升中小河流行洪和防洪能力。

坚持系统治理，整体规划。以流域为单元，统筹上下游、左右岸、干支流，与流域综合规划、防洪规划和区域规划相协调，逐流域规划、逐流域治理，治理一条，见效一条。

坚持因地制宜，生态安全。尊重河流自然属性，科学确定治理标准和治理方案，处理好河流治理与生态保护的关系，实现人水和谐。

坚持数字赋能，智慧管理。逐流域、逐河流、逐项目建档立卡，实现中小河流治理全过程信息化管理，提升治理管理数字化、网络化、智能化水平。

第四条 水利部指导全国中小河流治理工作。水利部所属流域管理机构（以下统称流域管理机构）对流域内中小河流治理工作进行指导监督。各省、自治区、直辖市（以下统称各省）人民政府对辖区内中小河流治理工作负总责。各级河长按照职责，加强中小河流治理管理保护。

第五条 依托全国水利一张图，统一建设中小河流治理信息综合管理系统，实现河流及项目信息入库上图，根据需要同步建设中小河流监测预警设施，提升中小河流治理信息化管理水平，为数字孪生水利建设提供支撑。

第二章 前期工作

第六条 水利部组织编制全国中小河流治理总体方案（以下简称总体方案），确定中小河流治理总体目标、任务和布局。省级水行政主管部门要以流域为单元，组织编制逐河流治理方案，跨省河流治理方案由流域管理机构负责组织相关省份编制。逐河流治理方案经逐级审核汇总形成省级、流域分区、全国三个层面中小河流治理总体方案。

第七条 根据总体方案，水利部组织编制全国中小河流治理实施方案（以下简称实施方案），原则上以 5 年为编制周期，确定全国中小河流治理的阶段目标和任务。依据实施方案，省级水行政主管部门组织编制本省中小河流治理实施方案，经流域管理机构审核后报水利部备案入库。

第八条 实施方案内的项目依据河流治理方案和有关技术规程规范，可直接编制项目初步设计报告。项目初步设计报告由县级以上水行政主管部门（或项目法人）按规定选择具备相应资质的勘察设计单位编制，确保中小河流治理勘察设计工作质量。

第九条 中小河流治理项目初步设计报告审批权限及程序按照各省有关规定执行。省级水行政主管部门应加强对本省中小河流治理项目初步设计工作的技术指导及监督检查。各流域管理机构应对流域内的中小河流治理项目初步设计报告及批复进行抽查，跨省中小河流治理项目初步设计报告审批前，应报送流域管理机构进行复核。

第三章 年度任务管理

第十条 各省、计划单列市及新疆生产建设兵团水行政主管部门每年应提前组织编制下一年度中小河流治理任务建议，商同级财政部门，提出拟实施治理河流和项目清单，并按照轻重缓急排序，8 月上旬报水利部，并抄送流域管理机构。纳入年度治理任务建议的河流和项目，应具备以下条件：

（一）河流及其项目已纳入全国中小河流治理实施方案；

（二）河流原则上具备 3 年内完成整河流治理的条件；

（三）项目在占地、移民、环保等方面无重大制约因素；

（四）项目完成初步设计报告批复；

（五）项目建设资金能够足额落实，并当年开工、当年完成年度治理任务。

近年重大洪涝灾害频发，保护对象重要的河流优先纳入年度治理任务。

第十一条 水利部综合考虑各省、计划单列市及新疆生产建设兵团年度治理任务建议和流域管理机构复核意见，经各省、计划单列市及新疆生产建设兵团水行政主管部门确认，提出分省年度治理河流及项目任务清单安排建议。

第十二条 各省、计划单列市及新疆生产建设兵团水行政主管部门应商同级财政部门将中央财政补助资金及时分解落实到年度治理河流及项目，并按规定报水利部备案入库，抄送有关流域管理机构，完成河流及项目信息上图。已入库上图的河流和项目原则上不得调整，确需调整的报送流域管理机构复核，由省、计划单列市及新疆生产建设兵团水行政主管部门商同级财政部门同意后，联合行文报水利部、财政部备案。

第十三条 各地要保障财政投入，足额落实地方建设资金；鼓励各地发挥中央资金补助、贴息等引导撬动作用，创新项目投融资机制，多渠道筹集中小河流治理资金。

第四章　建设管理

第十四条　中小河流治理项目建设要严格执行国家有关规定，实行项目法人责任制、招标投标制、建设监理制和合同管理制。

第十五条　项目法人应由县级以上人民政府或其授权的部门组建，对工程建设的质量、安全、进度和资金使用负首要责任，按照有关规定择优选择具备相应资质的设计、施工、监理等单位。

第十六条　项目初步设计报告一经批复，应严格执行。确需调整的，应严格履行设计变更审批程序。重大设计变更、一般设计变更的划分按照水利工程设计变更管理的相关规定执行。

第十七条　项目法人、勘察、设计、施工、监理、质量检测等参建单位及其参建人员应严格执行国家质量安全的相关法律法规和标准规范，健全质量和安全管理体系，加强中小河流治理项目质量和安全管理，对工程质量和安全承担相应责任。中小河流治理项目依法依规实行工程质量终身责任制。

第十八条　项目法人是项目安全度汛工作的首要责任单位，对跨汛期施工项目，应组织参建单位制定施工期安全度汛方案和超标准洪水应急预案，完善应急处置和安全防范措施，落实抢险队伍和抢险物资，穿（破）堤工程及临时工程的防洪标准应符合相关规范要求，确保在建项目度汛安全。

第十九条　地方水行政主管部门及项目法人要明确信息报送责任部门和责任人，及时更新中小河流治理信息综合管理系统相关信息，逐级严格审核，确保信息准确、完整。

各省、计划单列市及新疆生产建设兵团水行政主管部门每年 1 月底前，向水利部报送上一年度中小河流治理项目实施情况总结报告，并抄送流域管理机构。

第五章　验收销号管理

第二十条　对具备验收条件的中小河流治理项目应及时组织验收。竣工验收由项目法人提出申请，在项目全部完成并经过一个汛期运行后的 6 个月内完成。具体验收程序按照水利工程项目验收管理相关规定执行，竣工验收成果 1 个月内报省、计划单列市及新疆生产建设兵团水行政主管部门备案，涉及跨省河流的应同时报流域管理机构备案。项目竣工验收后，应在 1 个月内通过中小河流治理信息综合管理系统报备项目验收资料文件，并更新项目信息。

第二十一条　逐河流治理方案所涉及项目全部竣工验收后，由省级水行政主管部门复核，并在中小河流治理信息综合管理系统中进行任务销号。跨省河流方案所涉及项目全部竣工验收后，相关省份分别报送流域管理机构复核，由流域管理机构在中小河流治理信息综合管理系统中进行任务销号。

第六章 监督检查

第二十二条 水利部组织流域管理机构分省对中小河流治理工作进行监督指导。省级水行政主管部门对检查发现的问题建立台账，明确责任单位和责任人，提出整改意见和完成时限，并督促完成整改。

第二十三条 各省、计划单列市及新疆生产建设兵团水行政主管部门应加强对管辖范围内中小河流治理及项目的监督检查，包括项目前期工作、年度任务、建设管理、质量安全、安全度汛、信息报送、项目验收、治理任务销号等。对检查发现的问题，应督促项目法人及相关单位及时整改，对整改不力的，可根据情节轻重，依法依规对相关单位和责任人实施责任追究，并按照有关规定纳入水利建设市场主体不良行为记录信息，加强信用监管。

第二十四条 水利部将中小河流治理逐河流治理实施、年度治理河流及项目备案、年度治理任务及投资完成情况作为水利发展资金绩效评价的重要内容，与下一年度任务安排挂钩。

第七章 附 则

第二十五条 地方投资建设的中小河流治理项目参照本办法执行。各省、计划单列市及新疆生产建设兵团水行政主管部门可根据本办法，结合当地实际，制定具体建设管理办法或实施细则。

第二十六条 本办法由水利部负责解释。

第二十七条 本办法自印发之日起施行。

第二节　内蒙古自治区相关政策文件

内蒙古自治区水利厅关于印发《内蒙古自治区“十四五”水资源配置利用规划》和《内蒙古自治区“十四五”节水型社会建设规划》的通知

（内水资〔2021〕212号）

各盟行政公署、市人民政府，自治区各委、办、厅、局，各大企业、事业单位：

经自治区人民政府同意，现将《内蒙古自治区“十四五”水资源配置利用规划》和《内蒙古自治区“十四五”节水型社会建设规划》印发给你们，请结合实际，认真贯彻落实。

附件：1. 内蒙古自治区“十四五”水资源配置利用规划

2. 内蒙古自治区“十四五”节水型社会建设规划

3. 内蒙古自治区十四五水资源配置利用规划政策解读（略）

4. 内蒙古自治区“十四五”节水型社会建设规划政策解读（略）

附件 1：

内蒙古自治区“十四五”水资源配置利用规划

（2021 年 12 月）

前　言

内蒙古自治区位于我国北部边疆，横跨东北、华北、西北地区，在维护全国生态安全中占有重要政治地位和战略地位。内蒙古自治区水资源禀赋差，时空分布不均，水资源短缺已成为制约全区经济社会高质量发展的瓶颈问题。为深入贯彻落实习近平生态文明思想和习近平总书记“节水优先、空间均衡、系统治理、两手发力”治水思路，强化水资源刚性约束，优化水资源配置，促进区域国民经济发展、国土空间和产业布局与水资源承载能力相适应，编制本规划。

第一章　现状与形势

第一节　水资源及开发利用状况

内蒙古自治区地处祖国的北部边疆，由东北向西南以大兴安岭、燕山、阴山、贺兰山、龙首山、北山为界线形成了农业、牧业过渡地带和内、外流水系的分界线。全区外流水系主要有额尔古纳河、嫩江、辽河、滦河、海河、黄河，内陆河水系主要有乌拉盖河、塔布河、艾布盖河、额济纳河等。全区涉及松花江、辽河、海河、黄河和西北诸河五个水资源一级区。

内蒙古自治区水资源禀赋差，时空分布不均，与人口、耕地及经济发展不相匹配。全区多年平均年降水量为 274.6 毫米，多年平均水资源总量为 515.72 亿立方米，其中地表水资源量为 370.02 亿立方米，地下水资源量 145.70 亿立方米。松花江、辽河、海河、黄河、西北诸河流域自产水资源量分别占全区水资源总量的 67%、13%、0.9%、10%和 9.1%。

根据 2020 年《内蒙古自治区水资源公报》，全区供用水总量约为 194.41 亿立方米。从供水水源来看，地表水供水量为 105.71 亿立方米占总供水量的 54.4%，地下水供水量为 81.56 亿立方米占总供水量的 42%，其他水源供水量为 7.12 亿立方米占总供水量的 3.6%。从用水行业来看，生活用水量为 11.62 亿立方米，占总用水量的 6%；农业用水量为 139.98 亿立方米，占总用水量的 72%；工业用水量为 13.41 亿立方米，占总用水量的 6.9%；生态环境用水量为 29.41 亿立方米，占总用水量的 15.1%。现状供用水量情况见下表。

全区 2020 年供用水量统计表

单位：亿立方米

分区名称		供用水总量	供水量			用水量			
			地表水	地下水	其他水	生活	农业	工业	生态环境
全区		194.41	105.71	81.59	7.12	11.62	139.98	13.41	29.41
行政区域	呼和浩特市	10.09	4.19	5.11	0.79	2.15	5.67	1.17	1.10
	包头市	10.54	6.56	3.32	0.67	1.28	5.84	2.82	0.60
	乌海市	2.69	1.63	0.77	0.30	0.37	0.60	0.89	0.83
	赤峰市	22.13	7.62	13.54	0.97	1.65	18.03	0.98	1.46
	通辽市	27.26	0.56	26.18	0.52	1.24	24.87	0.69	0.47
	鄂尔多斯市	17.27	6.62	8.47	2.18	0.99	11.38	3.47	1.42
	呼伦贝尔市	17.54	13.74	3.11	0.69	1.15	6.32	1.06	9.01
	巴彦淖尔市	52.89	45.78	6.79	0.31	0.68	47.9	0.61	3.70
	乌兰察布市	4.65	0.21	4.16	0.27	0.77	3.32	0.44	0.12
	兴安盟	12.59	8.25	4.29	0.05	0.58	11.33	0.23	0.46
	锡林郭勒盟	3.86	0.24	3.37	0.25	0.53	2.54	0.53	0.26
	阿拉善盟	12.91	10.30	2.48	0.13	0.21	2.19	0.52	9.99
流域	松花江	30.68	22.08	7.71	0.89	1.78	17.85	1.58	9.45
	辽河	48.04	7.54	39.19	1.32	2.83	42.41	1.35	1.44
	海河	1.41	0.22	1.12	0.08	0.21	0.89	0.28	0.04
	黄河	93.71	65.76	23.63	4.30	5.48	70.92	9.31	7.99
	西北诸河	20.58	10.12	9.93	0.53	1.30	7.89	0.89	10.49

第二节 “十三五”水资源管理成效

“十三五”时期，自治区各地区各部门认真贯彻落实习近平总书记“节水优先、空间均衡、系统治理、两手发力”新时期治水思路，按照“合理分水、管住用水、系统治水”要求，全面实施最严格水资源管理制度，强化水资源刚性约束，深入落实国家节水行动计划，水资源利用效率和效益不断提升，地下水超采治理取得积极进展，重点河湖水生态治理初见成效。

水资源管理制度体系进一步完善。自治区实行最严格水资源管理考核制度初步建立，自治区政府制定印发了考核办法，按年度制定下达考核方案。水权转让和水权交易制度进一步完善。实施水资源税制度改革，出台了试点实施办法、水资源税额标准等系列规范性文件。印发实施《内蒙古自治区人民政府关于规范灌溉机电井管理工作的通知》，赤峰市出台《地下水管理条例》，为严格地下水管理提供制度保证。

用水总量管控进一步增强。完成自治区第三次水资源调查评价。将用水总量、用水效率和水功能区纳污“三条红线”控制指标逐级细化分解到盟市、旗县，建立起覆盖三级的最严格水资源管理制度考核指标体系。推进重点河流水量分配，截至2020年底，全区共完成9条跨盟市河流水量分配。推行工业园区规划水资源论证制度，促进区域工业布局与水资源承载能力相适应。严格取用水监管，启动开展全区取用水工程核查登记和取用水专项整治行动。扎实推进“放管服”改革，全面实施取水许可电子证照制度。最严格水资源管理制度年度考核工作深入开展。2020年全区用水总量为194.41亿立方米，未超过国家下达的211.57亿立方米管控指标。

水资源利用效率不断提高。大力推进节水型社会建设，印发实施《内蒙古自治区节水行动计划》。2020年全区万元国内生产总值用水量较2015年下降25.36%，万元工业增加值用水量较2015年下降34.83%，农田灌溉水有效利用系数由2015年的0.522提高到0.564。加大非常规水利用，再生水和疏干水利用量达到7.33亿立方米，较2015年增长1倍多。积极推进水资源费税制度改革，水资源税征收额度逐年提升，2020年达到31.05亿元。推进水权转让和交易改革，黄河流域共转让水量4.43亿立方米，先后解决了253个工业项目的用水指标问题，为沿黄灌区筹措了50多亿元节水改造资金，提高了沿黄地区生态用水保障程度，取得了“多赢”的效果。

地下水超采治理取得阶段性成效。制定印发《自治区地下水生态保护和治理实施纲要》。全区33个超采区中有30个已达到治理目标并销号，3个大型超采区达到2020年阶段性治理目标，形成5.9亿立方米/年的压采能力。建立全区地下水水位变化情况通报制度。

水生态保护与修复成效初步显现。以“一湖两海”内蒙古西辽河流域等重点区域水生态治理与修复为重点，以点带面全面加强水生态保护。深入推进西辽河流域“量水而行”，开展“十大行动”，相继制定印发《水资源管控措施》等7项制度文件，对流域水量重新进行分配，2020年首次实施水量调度，向干流河道下泄生态水量3700万立方米。深入实施察汗淖尔流域生态保护与治理，对流域内喷灌圈和湿地周边及超采区内机电井进行了拆除或者封停。加强生态流量管控，开展大黑河生态流量管控试点，建立重点河湖生态流量（水量）保障名录库，分批分级开展保障工作，黄河干流头道拐，嫩江流域雅鲁河、洮儿河等重要省界断面生态流量（水量）全部达到管控目标要求。实施重点河湖和生态脆弱区生态补水，开工建设岱海应急生态补水工程，“十三五期间”共向乌梁素海、岱海、泊江海、红碱淖等重点湖泊补水24亿立方米，对乌兰布和、库布齐沙漠实施生态补水 1.81 亿立方米，大幅减少泥沙入黄，生态“锁边”作用明显。与 2015 年相比，全区生态用水量增长了 1.8 倍，达到 29.41 亿立方米。“一湖两海”等重点湖泊水面维持在合理区间，东居延海连续 16 年“碧波荡漾”，水域面积均维持在 40 平方公里以上，水生植物和珍稀鸟类等生存环境有效改善。

水资源管理能力有所提升。完善地下水水位监测网络，全区共建成国控、区控地下水监测井 1963 眼，地下水水位监测骨干网络基本建成。基本建成内蒙古国家水资源监控系统，对重点取用水户取用水情况实现在线监测，在西辽河流域率先开展农业灌溉用地下水“以电折水”，通过以电量折算水量的方式实现农业灌溉机电井在线计量。2016 年中央环保督查及 2018 年“回头看”整改任务全部完成并销号。

第三节 存在的问题和面临的形势

（一）水资源禀赋条件差，时空分布不均

全区水资源总体上东南多、西北少，山区多、平原少。多年平均降水量由东北 500 毫米向西南 50 毫米逐步递减，多年平均水面蒸发量由不足 400 毫米逐渐增至 2500 毫米以上。全区年降水量在 400 毫米以下干旱、半干旱区面积占 81.0%。人均水资源量 2032 立方米，除松花江流域外，其余地区人均水资源量仅为 800 立方米左右，约为全国平均水平的 2/5、世界平均水平的 1/8。松花江区面积占全区面积的 27%、人口约占全区的 17%、耕地约占全区的 32%，水资源总量占全区的 67%；辽河区、海河区和黄河区面积占全区的 26%、人口约占全区的 71%、耕地占全区的 57%，水资源总量占全区的 24%；西北诸河区面积占全区面积的 47%、人口约占全区的 12%、耕地约占全区的 11%，水资源总量占全区的 9%，该区域生态环境极为脆弱。

（二）部分区域水资源开发利用过度

2000 年以来，随着社会经济发展对水资源需求的不断增加，水资源开发利用率也不断提高。西辽河流域等局部地区出现地下水超采，黄河流域水资源开发利用程度达 85% 以上，接近临界超载。由于区水资源的过度开发，导致区域地下水水位下降，加剧了河道断流、湖泊湿地萎缩态势。

（三）用水效率有待进一步提高，用水结构需进一步优化

2020 年自治区万元 GDP 用水量 99.5 立方米，劣于全国 57.2 立方米平均水平。河套灌区等大中型灌区仍有一定的节水空间，部分老旧工业企业用水工艺较为落后，用水效率仍较低。农业是我区最大的用水户占总用水量的 72%，比全国农业用水平均占比 62.6% 高 10 个百分点，亟需优化调整用水结构。

（四）水资源监管基础仍然薄弱

水资源管理信息化程度不够高，重要河流断面水量及流量监测站网布设不足，部分

区域地下水监测站网密度偏低；农业灌溉机电井计量监测率远不能满足管理需要，水资源、节水管理精细化、规范化程度距离最严格水资源管理制度要求还有较大差距。

习近平总书记多次对强化水资源刚性约束、促进水资源集约节约利用作出重要指示批示。2014 年 3 月 14 日，习近平总书记在中央财经领导小组第五次会议上明确提出“节水优先、空间均衡、系统治理、两手发力”的新时期水利工作思路；在 2019 年 9 月 18 日黄河流域生态保护和高质量发展座谈会上重要讲话中强调要坚持以水定城、以水定地、以水定人、以水定产，把水资源作为最大的刚性约束；在 2021 年 10 月 22 日在深入推进黄河流域生态保护和高质量发展座谈会上再次强调，要全方位贯彻“四水四定”原则，走好水安全有效保障、水资源高效利用、水生态明显改善的集约节约发展之路，要精打细算用好水资源，从严从细管好水资源。

“十四五”是开启全面建设社会主义现代化国家新征程、向第二个百年奋斗目标进军的第一个五年，也是内蒙古走好以生态优先、绿色发展为导向的高质量发展新路子、实现新的更大发展的关键时期。在新发展阶段实现更高质量的发展就必须坚持“量水而行”，着力破解水资源在支撑保障作用中的不平衡、不充分问题，加快实现从供水管理向需水管理转变，从粗放用水方式向集约用水方式转变，从过度开发水资源向主动保护水资源转变，从单一治理向系统治理转变，使水资源成为经济社会发展的刚性约束，促进经济转型升级和高质量发展，提高水资源安全保障能力，更高水平满足人民群众对美好生活的向往。

第二章　指导思想、原则和目标

第一节　指导思想

以习近平新时代中国特色社会主义思想为指导，深入贯彻落实党的十九大和十九届二中、三中、四中、五中、六中全会精神，认真践行习近平生态文明思想，全面落实习近平总书记关于水利工作和关于内蒙古重要讲话重要指标批示精神，立足新发展阶段，完整、准确、全面贯彻新发展理念，落实最严格水资源管理制度，强化水资源刚性约束，优化水资源配置，切实把“以水定城、以水定地、以水定人、以水定产”要求落到实处，促进区域国民经济和社会发展、国土空间、城市规划、人口和产业布局规模与水资源承载能力相适应，为扎实走好以生态优先、绿色发展为导向的高质量发展新路子、加快建设“两个屏障”“两个基地”“一个桥头堡”提供水资源安全保障。

第二节　基本原则

——以水定需、量水而行。牢固树立“量水而行”发展理念，区域经济社会发展要把水资源作为最大的刚性约束，以水而定，量水而行，坚决抑制不合理用水需求，努力形成促进自治区生态保护和高质量发展的水资源合理配置和高效利用新格局。

——总量控制、生态优先。确定区域用水总量管控指标时，预先留足河道等生态基本流量（水量），用水总量管控指标不超过区域地表水分水量、地下水可开采量之和。

——节水优先、突出重点。推进各领域、各行业深度节水控水，区域水资源配置方案充分考虑“十四五”期间农业、工业、生活节水潜力。以农业节水为重点，着力推进河套灌区等大中型灌区、井灌区节水改造，节约水量优先用于生态和回补超采地下水。提高再生水、疏干水等非常规水源利用量和利用率。

——用途管控、优化配置。统筹协调生活、生产和生态用水，合理配置当地水、外调水、非常规水。优质水源优先保障城乡居民生活。工业生产优先配置再生水、疏干水，工业项目新增使用黄河干流水通过水权转让或者水权交易方式取得。除松花江、嫩江流域外，不再新增农业灌溉用水，有计划退减超用水量。

第三节 总体目标

（一）“十四五”水资源管控目标

到 2025 年，全区用水总量控制在 196 亿立方米之内，万元国内生产总值（GDP）用水量较 2020 年下降 12%以上，万元工业增加值用水量较 2020 年下降 13%以上，农田灌溉水有效利用系数达到 0.579 以上，用水效率和效益显著提高，用水结构进一步优化，水生态问题得以缓解，水资源安全保障水平明显提高。水资源管控目标及各盟市水资源利用上限详见下表。

2025 年全区水资源管控目标表

分类		单位	2025 年	属性
用水总量		亿立方米	196	约束性
用水效率	万元 GDP 用水量（较 2020 年下降率）	%	≥12	约束性
	万元工业增加值用水量（较 2020 年下降率）	%	≥13	约束性
	农田灌溉水有效利用系数	无量纲	≥0.579	约束性

注：（1）用水总量指标中不包含河湖应急生态补水量；

（2）2025 年用水总量和用水效率指标为初步测算值，最终以国家正式下达指标为准。

2025 年各盟市水资源利用上限

单位：亿立方米

区域		水资源利用上限	地表水利用上限	地下水利用上限	其他水源
全区		195.76	94.91	92.96	7.88
行政区域	呼和浩特市	10.76	4.68	5.01	1.06
	包头市	9.82	5.29	3.37	1.17
	乌海市	2.17	0.90	0.94	0.33
	赤峰市	19.93	5.97	13.38	0.58
	通辽市	26.81	1.74	24.39	0.67
	鄂尔多斯市	19.19	6.57	11.43	1.20
	呼伦贝尔市	18.15	10.39	7.25	0.51
	巴彦淖尔市	48.38	40.39	6.88	1.12
	乌兰察布市	6.21	0.77	5.04	0.40
	兴安盟	19.94	10.88	8.83	0.24
	锡林郭勒盟	4.73	0.47	3.89	0.37
	阿拉善盟	9.66	6.86	2.57	0.22
流域	松花江	38.80	21.36	16.59	0.85
	辽河	45.46	7.09	37.21	1.16
	海河	1.76	0.26	1.63	0.05
	黄河	90.05	58.50	27.66	4.99
	西北诸河	19.69	7.70	9.87	0.84

注：（1）松花江流域涉及盟市本次确定的地下水用水量超出国家最终下达指标部分，占用该盟市的河流地表水量分配指标。

（2）西辽河水资源管控指标采用水利部《内蒙古西辽河流域“量水而行”以水定需方案》指标；考虑工程建设期，赤峰市不含辽西北内蒙古支线供水指标。

（3）黄河跨盟市二期和三期水权转换指标 1.8 亿 m^3 未分配至盟市，不含除乌梁素海、岱海外的黄河年度生态应急补水指标。

（4）“一湖两海”和黑河生态补水采用已有相关规划确定成果。

（二）“十四五”各管理单元地下水利用上限

将全区地下水按照水文地质单元套旗县区划分为 371 个地下水管理单元，确定每个管理单元 2025 年地下水利用上限详见下表。

2025 年地下水管理单元地下水利用上限

单位：万立方米

序号	所在行政分区		地下水Ⅱ级类型区		地下水利用上限
	地级	县级	名称	类型	
1	呼和浩特市	新城区	土默川平原区	一般平原区	5324.78
2	呼和浩特市	新城区	阴山山脉一般山丘区	一般山丘区	109.47
3	呼和浩特市	回民区	土默川平原区	一般平原区	555.09
4	呼和浩特市	回民区	阴山山脉一般山丘区	一般山丘区	32.00
5	呼和浩特市	玉泉区	土默川平原区	一般平原区	443.77
6	呼和浩特市	赛罕区	土默川平原区	一般平原区	11732.89
7	呼和浩特市	赛罕区	阴山山脉一般山丘区	一般山丘区	139.72
8	呼和浩特市	土默特左旗	土默川平原区	一般平原区	14569.58
9	呼和浩特市	土默特左旗	阴山山脉一般山丘区	一般山丘区	79.34
10	呼和浩特市	托克托县	土默川平原区	一般平原区	3764.93
11	呼和浩特市	和林格尔县	土默川平原区	一般平原区	3767.52
12	呼和浩特市	和林格尔县	宝贝河山间平原区	山间平原区	507.73
13	呼和浩特市	和林格尔县	红河山间平原区	山间平原区	2098.92
14	呼和浩特市	和林格尔县	阴山山脉一般山丘区	一般山丘区	284.10
15	呼和浩特市	清水河县	土默川平原区	一般平原区	189.86
16	呼和浩特市	清水河县	清水河山间平原区	山间平原区	212.50
17	呼和浩特市	清水河县	红河山间平原区	山间平原区	759.70
18	呼和浩特市	清水河县	清水河岩溶山丘区	岩溶山区	120.20
19	呼和浩特市	清水河县	阴山山脉一般山丘区	一般山丘区	334.54
20	呼和浩特市	武川县	大青山北部高平原区	内陆盆地平原区	684.97
21	呼和浩特市	武川县	武川山间平原区	山间平原区	2341.12
22	呼和浩特市	武川县	阴山山脉一般山丘区	一般山丘区	1215.98
23	呼和浩特市	武川县	大青山北部山区	一般山丘区	837.29
24	包头市	东河区	土默川平原区	一般平原区	4966.62
25	包头市	东河区	阴山山脉一般山丘区	一般山丘区	103.33
26	包头市	昆都仑区	土默川平原区	一般平原区	2534.24
27	包头市	昆都仑区	阴山山脉一般山丘区	一般山丘区	48.41
28	包头市	青山区	土默川平原区	一般平原区	1387.45
29	包头市	青山区	阴山山脉一般山丘区	一般山丘区	87.46
30	包头市	九原区	土默川平原区	一般平原区	4195.83
31	包头市	九原区	阴山山脉一般山丘区	一般山丘区	186.52
32	包头市	石拐区	土默川平原区	一般平原区	148.14
33	包头市	石拐区	五当沟山间平原区	山间平原区	177.52
34	包头市	石拐区	阴山山脉一般山丘区	一般山丘区	587.93
35	包头市	白云鄂博矿区	大青山北部高平原区	内陆盆地平原区	244.97

序号	所在行政分区		地下水Ⅱ级类型区		地下水利用上限
	地级	县级	名称	类型	
36	包头市	白云鄂博矿区	大青山北部山区	一般山丘区	27.73
37	包头市	土默特右旗	土默川平原区	一般平原区	7753.22
38	包头市	土默特右旗	阴山山脉一般山丘区	一般山丘区	191.82
39	包头市	固阳县	固阳山间平原区	山间平原区	3949.34
40	包头市	固阳县	阴山山脉一般山丘区	一般山丘区	1310.74
41	包头市	固阳县	大青山北部山区	一般山丘区	915.08
42	包头市	达茂旗	大青山北部高平原区	内陆盆地平原区	1414.26
43	包头市	达茂旗	阴山山脉一般山丘区	一般山丘区	359.29
44	包头市	达茂旗	大青山北部山区	一般山丘区	3069.08
45	乌海市	海勃湾区	桌子山西麓平原区	一般平原区	3583.49
46	乌海市	海勃湾区	桌子山岩溶山丘区	岩溶山区	0.00
47	乌海市	海勃湾区	桌子山一般山丘区	一般山丘区	0.00
48	乌海市	海南区	都思兔河平原区	一般平原区	154.93
49	乌海市	海南区	桌子山西麓平原区	一般平原区	144.01
50	乌海市	海南区	桌子山岩溶山丘区	岩溶山区	2690.33
51	乌海市	海南区	桌子山一般山丘区	一般山丘区	0.00
52	乌海市	乌达区	贺兰山东麓平原区	一般平原区	2780.30
53	乌海市	乌达区	贺兰山一般山丘区	一般山丘区	0.00
54	赤峰市	红山区	英金河	山间平原区	1825.90
55	赤峰市	红山区	大兴安岭山区	一般山丘区	1834.68
56	赤峰市	元宝山区	英金河	山间平原区	858.50
57	赤峰市	元宝山区	老哈河山间	山间平原区	6391.96
58	赤峰市	元宝山区	大兴安岭山区	一般山丘区	1199.73
59	赤峰市	松山区	英金河	山间平原区	6354.90
60	赤峰市	松山区	老哈河山间	山间平原区	3814.34
61	赤峰市	松山区	大兴安岭山区	一般山丘区	3317.94
62	赤峰市	阿鲁科尔沁旗	西拉木伦河	一般平原区	536.77
63	赤峰市	阿鲁科尔沁旗	黑木伦河河口以上	一般平原区	2923.76
64	赤峰市	阿鲁科尔沁旗	新开河	一般平原区	2284.40
65	赤峰市	阿鲁科尔沁旗	哈黑尔郭勒河山间河谷	山间平原区	4907.50
66	赤峰市	阿鲁科尔沁旗	天山东河山间河谷	山间平原区	2049.00
67	赤峰市	阿鲁科尔沁旗	乌力吉木仁河山间河谷	山间平原区	3455.80
68	赤峰市	阿鲁科尔沁旗	大兴安岭山区	一般山丘区	2704.20
69	赤峰市	阿鲁科尔沁旗	锡盟东北部山丘区	一般山丘区	0.00
70	赤峰市	巴林左旗	查干木伦河	山间平原区	451.02
71	赤峰市	巴林左旗	乌力吉木仁河山间河谷	山间平原区	4208.42

序号	所在行政分区		地下水Ⅱ级类型区		地下水利用上限
	地级	县级	名称	类型	
72	赤峰市	巴林左旗	大兴安岭山区	一般山丘区	2205.00
73	赤峰市	巴林左旗	锡盟东北部山丘区	一般山丘区	0.00
74	赤峰市	巴林右旗	西拉木伦河	一般平原区	3776.50
75	赤峰市	巴林右旗	黑木伦河河口以上	一般平原区	609.49
76	赤峰市	巴林右旗	查干木伦河	山间平原区	3620.52
77	赤峰市	巴林右旗	西拉木伦河山间	山间平原区	748.60
78	赤峰市	巴林右旗	乌力吉木仁河山间河谷	山间平原区	645.74
79	赤峰市	巴林右旗	大兴安岭山区	一般山丘区	3392.58
80	赤峰市	林西县	查干木伦河	山间平原区	4601.84
81	赤峰市	林西县	西拉木伦河山间	山间平原区	621.34
82	赤峰市	林西县	大兴安岭山区	一般山丘区	2412.89
83	赤峰市	克什克腾旗	锡盟东北部高平原区	内陆盆地平原区	43.46
84	赤峰市	克什克腾旗	锡盟南部浑善达克沙地区	沙漠区	313.60
85	赤峰市	克什克腾旗	查干木伦河	山间平原区	1035.39
86	赤峰市	克什克腾旗	西拉木伦河山间	山间平原区	2742.56
87	赤峰市	克什克腾旗	大兴安岭山区	一般山丘区	4096.25
88	赤峰市	克什克腾旗	滦河一般山丘区	一般山丘区	12.95
89	赤峰市	克什克腾旗	锡盟东北部山丘区	一般山丘区	76.24
90	赤峰市	克什克腾旗	锡盟南部山丘区	一般山丘区	239.85
91	赤峰市	翁牛特旗	西拉木伦河	一般平原区	5543.25
92	赤峰市	翁牛特旗	老哈河	一般平原区	2894.41
93	赤峰市	翁牛特旗	西拉木伦河山间	山间平原区	6607.37
94	赤峰市	翁牛特旗	老哈河山间	山间平原区	5243.55
95	赤峰市	翁牛特旗	大兴安岭山区	一般山丘区	4867.68
96	赤峰市	喀喇沁旗	英金河	山间平原区	2012.25
97	赤峰市	喀喇沁旗	老哈河山间	山间平原区	1180.44
98	赤峰市	喀喇沁旗	大兴安岭山区	一般山丘区	931.62
99	赤峰市	宁城县	老哈河山间	山间平原区	7328.82
100	赤峰市	宁城县	大兴安岭山区	一般山丘区	1711.27
101	赤峰市	敖汉旗	老哈河	一般平原区	375.58
102	赤峰市	敖汉旗	教来河	一般平原区	5874.63
103	赤峰市	敖汉旗	老哈河山间	山间平原区	1348.46
104	赤峰市	敖汉旗	教来河山间	山间平原区	2296.11
105	赤峰市	敖汉旗	大兴安岭山区	一般山丘区	5254.53
106	通辽市	科尔沁区	教来河	一般平原区	8928.24
107	通辽市	科尔沁区	西辽河下游干流区间	一般平原区	33194.40
108	通辽市	科尔沁左翼中旗	霍林河	一般平原区	1022.09

序号	所在行政分区		地下水Ⅱ级类型区		地下水利用上限
	地级	县级	名称	类型	
109	通辽市	科尔沁左翼中旗	黑木伦河河口以下	一般平原区	10926.07
110	通辽市	科尔沁左翼中旗	新开河	一般平原区	39910.39
111	通辽市	科尔沁左翼中旗	教来河	一般平原区	886.67
112	通辽市	科尔沁左翼中旗	西辽河下游干流区间	一般平原区	7768.92
113	通辽市	科尔沁左翼后旗	教来河	一般平原区	2369.33
114	通辽市	科尔沁左翼后旗	西辽河下游干流区间	一般平原区	12191.99
115	通辽市	科尔沁左翼后旗	二龙山水库以下	一般平原区	1962.96
116	通辽市	科尔沁左翼后旗	石佛寺水库以下区间	一般平原区	265.20
117	通辽市	科尔沁左翼后旗	柳河	一般平原区	327.41
118	通辽市	科尔沁左翼后旗	石佛寺水库以上区间	一般平原区	1579.91
119	通辽市	开鲁县	西拉木伦河	一般平原区	320.88
120	通辽市	开鲁县	黑木伦河河口以下	一般平原区	3964.20
121	通辽市	开鲁县	新开河	一般平原区	16434.68
122	通辽市	开鲁县	教来河	一般平原区	1019.94
123	通辽市	开鲁县	西辽河下游干流区间	一般平原区	11486.61
124	通辽市	库伦旗	教来河	一般平原区	1339.84
125	通辽市	库伦旗	柳河	一般平原区	3417.75
126	通辽市	库伦旗	大兴安岭山区	一般山丘区	453.51
127	通辽市	奈曼旗	老哈河	一般平原区	2508.71
128	通辽市	奈曼旗	教来河	一般平原区	37262.55
129	通辽市	奈曼旗	西辽河下游干流区间	一般平原区	2639.05
130	通辽市	奈曼旗	柳河	一般平原区	334.78
131	通辽市	奈曼旗	大凌河	一般平原区	608.41
132	通辽市	奈曼旗	大兴安岭山区	一般山丘区	3159.22
133	通辽市	扎鲁特旗	黑木伦河河口以下	一般平原区	18532.07
134	通辽市	扎鲁特旗	霍林河山间	山间平原区	300.25
135	通辽市	扎鲁特旗	哈黑尔郭勒河山间河谷	山间平原区	80.47
136	通辽市	扎鲁特旗	乌额格其河山间河谷	山间平原区	5241.10
137	通辽市	扎鲁特旗	白音巨流河山间河谷	山间平原区	1814.37
138	通辽市	扎鲁特旗	大兴安岭山区	一般山丘区	9617.24
139	通辽市	扎鲁特旗	锡盟东北部山丘区	一般山丘区	144.34
140	通辽市	霍林郭勒市	霍林河山间	山间平原区	1803.04
141	通辽市	霍林郭勒市	大兴安岭山区	一般山丘区	87.73
142	通辽市	霍林郭勒市	锡盟东北部山丘区	一般山丘区	0.00
143	鄂尔多斯市	东胜区	鄂尔多斯平原区	一般平原区	2866.20
144	鄂尔多斯市	东胜区	黑赖沟—皇甫川一般山丘区	一般山丘区	667.92
145	鄂尔多斯市	康巴什区	鄂尔多斯平原区	一般平原区	180.32

序号	所在行政分区		地下水Ⅱ级类型区		地下水利用上限
	地级	县级	名称	类型	
146	鄂尔多斯市	康巴什区	黑赖沟—皇甫川一般山丘区	一般山丘区	269.93
147	鄂尔多斯市	达拉特旗	黄河南岸平原区	一般平原区	24085.74
148	鄂尔多斯市	达拉特旗	库布齐沙漠区	沙漠区	0.42
149	鄂尔多斯市	达拉特旗	黑赖沟—皇甫川一般山丘区	一般山丘区	1088.36
150	鄂尔多斯市	准格尔旗	黄河南岸平原区	一般平原区	726.34
151	鄂尔多斯市	准格尔旗	库布齐沙漠区	沙漠区	572.30
152	鄂尔多斯市	准格尔旗	黑赖沟—皇甫川岩溶山丘区	岩溶山区	5157.37
153	鄂尔多斯市	准格尔旗	黑赖沟—皇甫川一般山丘区	一般山丘区	2012.31
154	鄂尔多斯市	鄂托克前旗	鄂尔多斯平原区	一般平原区	6315.07
155	鄂尔多斯市	鄂托克前旗	毛乌素沙漠区	沙漠区	7579.39
156	鄂尔多斯市	鄂托克旗	鄂尔多斯平原区	一般平原区	11306.36
157	鄂尔多斯市	鄂托克旗	黄河南岸平原区	一般平原区	1521.73
158	鄂尔多斯市	鄂托克旗	毛乌素沙漠区	沙漠区	35.30
159	鄂尔多斯市	鄂托克旗	桌子山一般山丘区	一般山丘区	68.38
160	鄂尔多斯市	鄂托克旗	桌子山岩溶山丘区	岩溶山区	423.17
161	鄂尔多斯市	杭锦旗	黄河南岸平原区	一般平原区	2312.00
162	鄂尔多斯市	杭锦旗	鄂尔多斯平原区	一般平原区	6720.75
163	鄂尔多斯市	杭锦旗	库布齐沙漠区	沙漠区	1228.24
164	鄂尔多斯市	杭锦旗	黑赖沟—皇甫川一般山丘区	一般山丘区	520.90
165	鄂尔多斯市	伊金霍洛旗	鄂尔多斯平原区	一般平原区	10509.73
166	鄂尔多斯市	伊金霍洛旗	毛乌素沙漠区	沙漠区	384.43
167	鄂尔多斯市	伊金霍洛旗	黑赖沟—皇甫川一般山丘区	一般山丘区	2446.40
168	鄂尔多斯市	乌审旗	鄂尔多斯平原区	一般平原区	1038.52
169	鄂尔多斯市	乌审旗	毛乌素沙漠区	沙漠区	24268.67
170	呼伦贝尔市	海拉尔区	伊敏河	一般平原区	1736.32
171	呼伦贝尔市	海拉尔区	伊敏河口以上干流	一般平原区	3076.02
172	呼伦贝尔市	海拉尔区	伊敏河口以下干流区间	一般平原区	76.23
173	呼伦贝尔市	海拉尔区	伊敏河口以上干流山间	山间平原区	634.29
174	呼伦贝尔市	海拉尔区	大兴安岭山区	一般山丘区	228.40
175	呼伦贝尔市	扎赉诺尔区	呼伦湖至海拉尔河口区间	一般平原区	967.43

序号	所在行政分区		地下水Ⅱ级类型区		地下水利用上限
	地级	县级	名称	类型	
176	呼伦贝尔市	扎赉诺尔区	呼伦湖以西低山丘陵区	一般山丘区	45.59
177	呼伦贝尔市	阿荣旗	诺敏河山间	山间平原区	2591.49
178	呼伦贝尔市	阿荣旗	阿伦河	山间平原区	3896.90
179	呼伦贝尔市	阿荣旗	音河	山间平原区	840.96
180	呼伦贝尔市	阿荣旗	大兴安岭山区	一般山丘区	4523.64
181	呼伦贝尔市	莫力达瓦达斡尔族自治旗	诺敏河	一般平原区	656.30
182	呼伦贝尔市	莫力达瓦达斡尔族自治旗	尼尔基至塔哈区间	一般平原区	121.29
183	呼伦贝尔市	莫力达瓦达斡尔族自治旗	甘河	山间平原区	643.77
184	呼伦贝尔市	莫力达瓦达斡尔族自治旗	固固河水库至尼尔基水库区间	山间平原区	55.20
185	呼伦贝尔市	莫力达瓦达斡尔族自治旗	诺敏河山间	山间平原区	924.31
186	呼伦贝尔市	莫力达瓦达斡尔族自治旗	大兴安岭山区	一般山丘区	1133.64
187	呼伦贝尔市	鄂伦春自治旗	固固河水库以上	山间平原区	752.62
188	呼伦贝尔市	鄂伦春自治旗	甘河	山间平原区	2011.22
189	呼伦贝尔市	鄂伦春自治旗	诺敏河山间	山间平原区	307.75
190	呼伦贝尔市	鄂伦春自治旗	大兴安岭山区	一般山丘区	247.83
191	呼伦贝尔市	鄂温克族自治旗	伊敏河	一般平原区	2653.55
192	呼伦贝尔市	鄂温克族自治旗	伊敏河口以上干流	一般平原区	377.98
193	呼伦贝尔市	鄂温克族自治旗	辉河闭流区	一般平原区	2999.03
194	呼伦贝尔市	鄂温克族自治旗	伊敏河口以下干流区间	一般平原区	0.00
195	呼伦贝尔市	鄂温克族自治旗	伊敏河口以上干流山间	山间平原区	0.00
196	呼伦贝尔市	鄂温克族自治旗	大兴安岭山区	一般山丘区	1507.64
197	呼伦贝尔市	陈巴尔虎旗	伊敏河口以上干流	一般平原区	700.65
198	呼伦贝尔市	陈巴尔虎旗	辉河闭流区	一般平原区	0.00
199	呼伦贝尔市	陈巴尔虎旗	伊敏河口以下干流区间	一般平原区	4887.14
200	呼伦贝尔市	陈巴尔虎旗	额尔古纳河干流区间（海拉尔河口至洛古河口）	一般平原区	0.00
201	呼伦贝尔市	陈巴尔虎旗	伊敏河口以上干流山间	山间平原区	25.40

序号	所在行政分区		地下水Ⅱ级类型区		地下水利用上限
	地级	县级	名称	类型	
202	呼伦贝尔市	陈巴尔虎旗	伊敏河口以下干流区间山间	山间平原区	37.52
203	呼伦贝尔市	陈巴尔虎旗	根河	山间平原区	0.00
204	呼伦贝尔市	陈巴尔虎旗	额尔古纳河干流区间（海拉尔河口至洛古河口）山间	山间平原区	0.00
205	呼伦贝尔市	陈巴尔虎旗	大兴安岭山区	一般山丘区	1426.83
206	呼伦贝尔市	新巴尔虎左旗	乌尔逊河	一般平原区	751.64
207	呼伦贝尔市	新巴尔虎左旗	呼伦湖	一般平原区	0.00
208	呼伦贝尔市	新巴尔虎左旗	呼伦湖至海拉尔河口区间	一般平原区	489.92
209	呼伦贝尔市	新巴尔虎左旗	辉河闭流区	一般平原区	885.51
210	呼伦贝尔市	新巴尔虎左旗	伊敏河口以下干流区间	一般平原区	277.12
211	呼伦贝尔市	新巴尔虎左旗	额尔古纳河干流区间（海拉尔河口至洛古河口）	一般平原区	80.83
212	呼伦贝尔市	新巴尔虎左旗	乌尔逊河山间	山间平原区	93.31
213	呼伦贝尔市	新巴尔虎左旗	大兴安岭山区	一般山丘区	122.78
214	呼伦贝尔市	新巴尔虎右旗	乌尔逊河	一般平原区	1380.09
215	呼伦贝尔市	新巴尔虎右旗	呼伦湖	一般平原区	0.00
216	呼伦贝尔市	新巴尔虎右旗	呼伦湖水系内流区	一般平原区	0.00
217	呼伦贝尔市	新巴尔虎右旗	克鲁伦河山间	山间平原区	500.46
218	呼伦贝尔市	新巴尔虎右旗	呼伦湖以东低山丘陵区	一般山丘区	0.00
219	呼伦贝尔市	新巴尔虎右旗	呼伦湖以西低山丘陵区	一般山丘区	1523.94
220	呼伦贝尔市	满洲里市	呼伦湖至海拉尔河口区间	一般平原区	645.05
221	呼伦贝尔市	满洲里市	伊敏河口以下干流区间	一般平原区	0.00
222	呼伦贝尔市	满洲里市	呼伦湖以西低山丘陵区	一般山丘区	2580.20
223	呼伦贝尔市	牙克石市	伊敏河口以上干流山间	山间平原区	4620.16
224	呼伦贝尔市	牙克石市	根河	山间平原区	934.84
225	呼伦贝尔市	牙克石市	雅鲁河山间	山间平原区	0.00
226	呼伦贝尔市	牙克石市	绰尔河山间	山间平原区	306.10
227	呼伦贝尔市	牙克石市	大兴安岭山区	一般山丘区	2835.86

序号	所在行政分区		地下水Ⅱ级类型区		地下水利用上限
	地级	县级	名称	类型	
228	呼伦贝尔市	扎兰屯市	音河	山间平原区	48.04
229	呼伦贝尔市	扎兰屯市	雅鲁河山间	山间平原区	5639.45
230	呼伦贝尔市	扎兰屯市	绰尔河山间	山间平原区	1184.54
231	呼伦贝尔市	扎兰屯市	大兴安岭山区	一般山丘区	3965.18
232	呼伦贝尔市	额尔古纳市	根河	山间平原区	233.44
233	呼伦贝尔市	额尔古纳市	激流河	山间平原区	441.04
234	呼伦贝尔市	额尔古纳市	额尔古纳河干流区间（海拉尔河口至洛古河口）山间	山间平原区	318.87
235	呼伦贝尔市	额尔古纳市	大兴安岭山区	一般山丘区	443.32
236	呼伦贝尔市	根河市	根河	山间平原区	437.06
237	呼伦贝尔市	根河市	激流河	山间平原区	1245.67
238	呼伦贝尔市	根河市	额尔古纳河干流区间（海拉尔河口至洛古河口）山间	山间平原区	416.73
239	呼伦贝尔市	根河市	大兴安岭山区	一般山丘区	0.00
240	巴彦淖尔市	临河区	河套平原区	一般平原区	7581.86
241	巴彦淖尔市	五原县	河套平原区	一般平原区	4414.06
242	巴彦淖尔市	磴口县	河套平原区	一般平原区	656.47
243	巴彦淖尔市	磴口县	乌兰布和沙漠区	沙漠区	7836.45
244	巴彦淖尔市	磴口县	巴盟后山区	一般山丘区	123.45
245	巴彦淖尔市	乌拉特前旗	河套平原区	一般平原区	19339.59
246	巴彦淖尔市	乌拉特前旗	明安川山间平原区	山间平原区	747.40
247	巴彦淖尔市	乌拉特前旗	阴山山脉一般山丘区	一般山丘区	2287.16
248	巴彦淖尔市	乌拉特中旗	河套平原区	一般平原区	10625.58
249	巴彦淖尔市	乌拉特中旗	巴盟后山高平原区	内陆盆地平原区	791.53
250	巴彦淖尔市	乌拉特中旗	海流图山间平原区	山间平原区	2261.47
251	巴彦淖尔市	乌拉特中旗	阴山山脉一般山丘区	一般山丘区	2563.94
252	巴彦淖尔市	乌拉特中旗	巴盟后山区	一般山丘区	118.73
253	巴彦淖尔市	乌拉特后旗	河套平原区	一般平原区	2869.89
254	巴彦淖尔市	乌拉特后旗	巴盟后山高平原区	内陆盆地平原区	1456.35
255	巴彦淖尔市	乌拉特后旗	阴山山脉一般山丘区	一般山丘区	67.95
256	巴彦淖尔市	乌拉特后旗	巴盟后山区	一般山丘区	67.43
257	巴彦淖尔市	杭锦后旗	河套平原区	一般平原区	4762.18
258	巴彦淖尔市	杭锦后旗	乌兰布和沙漠区	沙漠区	184.13
259	乌兰察布市	集宁区	乌盟东南部内陆盆地平原区	内陆盆地平原区	1406.64
260	乌兰察布市	集宁区	乌盟东南部山丘区	一般山丘区	0.00
261	乌兰察布市	丰镇市	乌盟东南部内陆盆地平原区	内陆盆地平原区	148.34

序号	所在行政分区		地下水Ⅱ级类型区		地下水利用上限
	地级	县级	名称	类型	
262	乌兰察布市	丰镇市	御河山间平原区	山间平原区	2054.66
263	乌兰察布市	丰镇市	海河一般山丘区	一般山丘区	942.03
264	乌兰察布市	丰镇市	乌盟东南部山丘区	一般山丘区	133.51
265	乌兰察布市	卓资县	乌盟东南部内陆盆地平原区	内陆盆地平原区	187.62
266	乌兰察布市	卓资县	大黑河山间平原区	山间平原区	1288.38
267	乌兰察布市	卓资县	阴山山脉一般山丘区	一般山丘区	463.11
268	乌兰察布市	卓资县	乌盟东南部山丘区	一般山丘区	395.49
269	乌兰察布市	化德县	乌盟东南部内陆盆地平原区	内陆盆地平原区	610.58
270	乌兰察布市	化德县	乌盟东南部山丘区	一般山丘区	1171.23
271	乌兰察布市	商都县	乌盟东南部内陆盆地平原区	内陆盆地平原区	5311.32
272	乌兰察布市	商都县	乌盟东南部山丘区	一般山丘区	1163.30
273	乌兰察布市	兴和县	乌盟东南部内陆盆地平原区	内陆盆地平原区	796.77
274	乌兰察布市	兴和县	洋河山间平原区	山间平原区	3020.23
275	乌兰察布市	兴和县	海河一般山丘区	一般山丘区	1284.23
276	乌兰察布市	兴和县	乌盟东南部山丘区	一般山丘区	1096.25
277	乌兰察布市	凉城县	土默川平原区	一般平原区	378.53
278	乌兰察布市	凉城县	乌盟东南部内陆盆地平原区	内陆盆地平原区	1409.60
279	乌兰察布市	凉城县	御河山间平原区	山间平原区	208.88
280	乌兰察布市	凉城县	海河一般山丘区	一般山丘区	67.15
281	乌兰察布市	凉城县	阴山山脉一般山丘区	一般山丘区	914.70
282	乌兰察布市	凉城县	乌盟东南部山丘区	一般山丘区	458.40
283	乌兰察布市	察哈尔右翼前旗	乌盟东南部内陆盆地平原区	内陆盆地平原区	4690.14
284	乌兰察布市	察哈尔右翼前旗	海河一般山丘区	一般山丘区	221.83
285	乌兰察布市	察哈尔右翼前旗	乌盟东南部山丘区	一般山丘区	261.01
286	乌兰察布市	察哈尔右翼中旗	乌盟东南部内陆盆地平原区	内陆盆地平原区	4872.86
287	乌兰察布市	察哈尔右翼中旗	阴山山脉一般山丘区	一般山丘区	426.54
288	乌兰察布市	察哈尔右翼中旗	乌盟东南部山丘区	一般山丘区	1958.05
289	乌兰察布市	察哈尔右翼后旗	乌盟东南部内陆盆地平原区	内陆盆地平原区	2405.72
290	乌兰察布市	察哈尔右翼后旗	乌盟东南部山丘区	一般山丘区	1348.92
291	乌兰察布市	四子王旗	大青山北部高平原区	内陆盆地平原区	6079.32
292	乌兰察布市	四子王旗	大青山北部山区	一般山丘区	3261.82

序号	所在行政分区		地下水Ⅱ级类型区		地下水利用上限
	地级	县级	名称	类型	
293	兴安盟	乌兰浩特市	洮尔河	一般平原区	415.17
294	兴安盟	乌兰浩特市	洮尔河山间	山间平原区	7142.49
295	兴安盟	乌兰浩特市	大兴安岭山区	一般山丘区	2821.47
296	兴安盟	阿尔山市	乌尔逊河山间	山间平原区	1093.57
297	兴安盟	阿尔山市	绰尔河山间	山间平原区	0.00
298	兴安盟	阿尔山市	洮尔河山间	山间平原区	293.81
299	兴安盟	阿尔山市	大兴安岭山区	一般山丘区	30.62
300	兴安盟	科尔沁右翼前旗	洮尔河	一般平原区	0.00
301	兴安盟	科尔沁右翼前旗	洮尔河山间	山间平原区	4698.58
302	兴安盟	科尔沁右翼前旗	大兴安岭山区	一般山丘区	6640.22
303	兴安盟	科尔沁右翼前旗	锡盟东北部山丘区	一般山丘区	0.00
304	兴安盟	科尔沁右翼中旗	洮尔河	一般平原区	1181.61
305	兴安盟	科尔沁右翼中旗	霍林河	一般平原区	6225.99
306	兴安盟	科尔沁右翼中旗	黑木伦河河口以下	一般平原区	5548.32
307	兴安盟	科尔沁右翼中旗	霍林河山间	山间平原区	3797.96
308	兴安盟	科尔沁右翼中旗	大兴安岭山区	一般山丘区	4134.94
309	兴安盟	科尔沁右翼中旗	锡盟东北部山丘区	一般山丘区	7.83
310	兴安盟	扎赉特旗	雅鲁河	一般平原区	41.09
311	兴安盟	扎赉特旗	绰尔河	一般平原区	8538.46
312	兴安盟	扎赉特旗	塔哈至江桥区间	一般平原区	1765.17
313	兴安盟	扎赉特旗	洮尔河	一般平原区	5568.16
314	兴安盟	扎赉特旗	雅鲁河山间	山间平原区	1463.77
315	兴安盟	扎赉特旗	绰尔河山间	山间平原区	2489.58
316	兴安盟	扎赉特旗	洮尔河山间	山间平原区	911.68
317	兴安盟	扎赉特旗	大兴安岭山区	一般山丘区	5743.56
318	兴安盟	突泉县	洮尔河	一般平原区	3208.17
319	兴安盟	突泉县	洮尔河山间	山间平原区	8194.68
320	兴安盟	突泉县	大兴安岭山区	一般山丘区	6298.08
321	锡林郭勒盟	二连浩特市	锡盟西部高平原区	内陆盆地平原区	543.44
322	锡林郭勒盟	二连浩特市	锡盟西部山丘区	一般山丘区	0.00
323	锡林郭勒盟	锡林浩特市	锡盟东北部高平原区	内陆盆地平原区	4526.66
324	锡林郭勒盟	锡林浩特市	锡盟南部浑善达克沙地区	沙漠区	155.99
325	锡林郭勒盟	锡林浩特市	锡盟东北部山丘区	一般山丘区	824.09
326	锡林郭勒盟	阿巴嘎旗	锡盟西部高平原区	内陆盆地平原区	748.43
327	锡林郭勒盟	阿巴嘎旗	锡盟南部浑善达克沙地区	沙漠区	96.55
328	锡林郭勒盟	阿巴嘎旗	锡盟西部山丘区	一般山丘区	105.06
329	锡林郭勒盟	阿巴嘎旗	锡盟南部山丘区	一般山丘区	221.16

序号	所在行政分区		地下水Ⅱ级类型区		地下水利用上限
	地级	县级	名称	类型	
330	锡林郭勒盟	苏尼特左旗	锡盟西部高平原区	内陆盆地平原区	756.72
331	锡林郭勒盟	苏尼特左旗	锡盟南部浑善达克沙地区	沙漠区	0.00
332	锡林郭勒盟	苏尼特左旗	锡盟西部山丘区	一般山丘区	191.94
333	锡林郭勒盟	苏尼特左旗	锡盟南部山丘区	一般山丘区	205.58
334	锡林郭勒盟	苏尼特右旗	锡盟西部高平原区	内陆盆地平原区	1044.14
335	锡林郭勒盟	苏尼特右旗	锡盟南部浑善达克沙地区	沙漠区	1522.23
336	锡林郭勒盟	苏尼特右旗	锡盟西部山丘区	一般山丘区	84.19
337	锡林郭勒盟	苏尼特右旗	锡盟南部山丘区	一般山丘区	545.12
338	锡林郭勒盟	东乌珠穆沁旗	锡盟东北部高平原区	内陆盆地平原区	3492.51
339	锡林郭勒盟	东乌珠穆沁旗	大兴安岭山区	一般山丘区	0.00
340	锡林郭勒盟	东乌珠穆沁旗	锡盟东北部山丘区	一般山丘区	2273.48
341	锡林郭勒盟	西乌珠穆沁旗	锡盟东北部高平原区	内陆盆地平原区	1988.90
342	锡林郭勒盟	西乌珠穆沁旗	大兴安岭山区	一般山丘区	0.00
343	锡林郭勒盟	西乌珠穆沁旗	锡盟东北部山丘区	一般山丘区	1153.21
344	锡林郭勒盟	太仆寺旗	锡盟南部浑善达克沙地区	沙漠区	2117.70
345	锡林郭勒盟	太仆寺旗	闪电河山间平原区	山间平原区	294.23
346	锡林郭勒盟	太仆寺旗	滦河一般山丘区	一般山丘区	1811.38
347	锡林郭勒盟	太仆寺旗	锡盟南部山丘区	一般山丘区	4154.92
348	锡林郭勒盟	镶黄旗	锡盟南部浑善达克沙地区	沙漠区	286.50
349	锡林郭勒盟	镶黄旗	锡盟南部山丘区	一般山丘区	410.37
350	锡林郭勒盟	正镶白旗	锡盟南部浑善达克沙地区	沙漠区	287.52
351	锡林郭勒盟	正镶白旗	锡盟南部山丘区	一般山丘区	1470.64
352	锡林郭勒盟	正蓝旗	锡盟南部浑善达克沙地区	沙漠区	972.07
353	锡林郭勒盟	正蓝旗	闪电河山间平原区	山间平原区	696.29
354	锡林郭勒盟	正蓝旗	黑风河山间平原区	山间平原区	58.34
355	锡林郭勒盟	正蓝旗	滦河一般山丘区	一般山丘区	725.02
356	锡林郭勒盟	正蓝旗	锡盟南部山丘区	一般山丘区	111.59
357	锡林郭勒盟	多伦县	闪电河山间平原区	山间平原区	483.26
358	锡林郭勒盟	多伦县	黑风河山间平原区	山间平原区	627.64
359	锡林郭勒盟	多伦县	滦河山间平原区	山间平原区	1581.87
360	锡林郭勒盟	多伦县	滦河一般山丘区	一般山丘区	2334.76
361	阿拉善盟	阿拉善左旗	阿拉善平原区	一般平原区	0.00
362	阿拉善盟	阿拉善左旗	贺兰山东麓平原区	一般平原区	3308.16

序号	所在行政分区		地下水Ⅱ级类型区		地下水利用上限
	地级	县级	名称	类型	
363	阿拉善盟	阿拉善左旗	乌兰布和沙漠区	沙漠区	234.48
364	阿拉善盟	阿拉善左旗	河西荒漠区	沙漠区	13909.01
365	阿拉善盟	阿拉善左旗	贺兰山一般山丘区	一般山丘区	389.05
366	阿拉善盟	阿拉善左旗	贺兰山岩溶山丘区	岩溶山区	41.67
367	阿拉善盟	阿拉善左旗	河西山区	一般山丘区	197.30
368	阿拉善盟	阿拉善右旗	河西荒漠区	沙漠区	2289.82
369	阿拉善盟	阿拉善右旗	河西山区	一般山丘区	1451.55
370	阿拉善盟	额济纳旗	黑河	沙漠区	3861.14
371	阿拉善盟	额济纳旗	黑河山区	一般山丘区	2.82
总计					929637

第三章　水资源配置方案

第一节　水资源配置思路

合理配置利用地表水，严格管控地下水，将疏干水、再生水等非常规水源纳入水资源统一配置。优质地下水优先保障城镇生活用水；工业生产用水优先配置非常规水源，逐步置换工业取用地下水。扣除城镇、工业和生态用水后，进行农业灌溉水量的配置，逐步压减农业用水总量。超采（载）地区禁止新增取用地下水，加大生态基本需水保障力度。

松花江流域在充分保障生态用水的前提下，在分水指标内适当加大地表水利用量。着力保障呼伦湖生态恢复用水。利用已建的红花尔基水库和扎敦水库保障呼伦贝尔城市发展用水。加快推进尼尔基下游内蒙古灌区、绰勒水库下游灌区工程建设，保障粮食安全。加快引绰济辽二期工程建设，调出部分水量解决西辽河流域水资源供需矛盾和地下水超采问题。加快推进引嫩济锡（霍）工程前期工作，争取早日为内蒙古高原东部脆弱生态保护提供水资源保障。谋划布局重大引调水工程，利用其丰富的水资源解决自治区水资源空间不均衡问题。

辽河流域重点落实内蒙古西辽河流域“量水而行”相关要求，加强农业用水管理，开展地下水超采治理。流域内不再新增农业灌溉用水，通过优化产业结构、退耕还林还草、轮灌、退灌、调整种植结构等多种措施压减超用水量，科尔沁大型地下水超采区2025 年底前达到采补平衡。西辽河流域 2025 年总用水量控制在自治区下达管控目标之内，2030 年底前全部退还超用的地表水和地下水。实施西辽河常态化水量调度，在着力保障合理用水的同时，加大对河道、湿地和地下水的补给。引绰济辽工程建成未达效前，充分利用其输水能力回补西辽河平原地下水。加快辽西北内蒙古支线工程建设，保障赤峰、通辽南部城镇和工业用水，缓解水资源供求紧张局面。在充分节水和抑制需求的前提下，研究从外流域调水保障本流域可持续发展的可行性。

海河流域重点加强农业用水管理，流域内不再新增农业灌溉用水，通过发展高效节水、调整用水结构等方式保障城市和经济发展用水。加强锡林河等重点河流生态保护，达到生态流量（水量）保障要求。

黄河流域重点落实黄河流域生态保护和高质量发展、西部大开发等国家战略，强化水资源刚性约束，落实“四水四定”要求，提高水资源集约节约利用水平，着力打好“节水控水攻坚战”，推动流域经济社会发展与水资源承载能力相适应。流域内不再新增农业灌溉用水，工业发展使用黄河干流水通过水权转让或者交易取得水指标。各盟市特别是呼和浩特市和包头市应当加大再生水在工业和城镇绿化方面的利用，加快建设河套灌区等现代化灌区建设。完善水权交易制度，继续推进实施盟市间水权转换，优化调整用水结构。呼和浩特市城区和乌拉特前旗大型地下水超采区 2025 年底前实现采补平衡。提高黄河水量调度精细化、科学化调度水平，统筹好“三生”用水，积极协调黄委会争取应急生态补水指标，对乌梁素海、岱海和乌兰布和沙漠、库布齐沙漠边缘等生态脆弱区实施生态补水。全力配合国家推动南水北调西线工程前期论证工作，提高黄河流域水资源保障能力。

西北诸河区以生态保护为主。重点推进岱海、察汗淖尔等内陆湖泊湿地和锡林河等河流生态保护，巩固黑河居延海治理成果。内蒙古察汗淖尔流域 2025 年前达到地下水采补平衡。流域内不再新增农业灌溉用水。远期引嫩济锡（霍）工程建成后，替代调入区城市和工业供水水源，降低内陆河湖水资源开发强度，逐步恢复下游河流、湖泊、湿地、草原和沙地生态。

第二节　各盟市水资源配置方案

根据 2025 年各盟市水资源管控指标，结合区域水资源禀赋条件、供水能力、节水潜力、地下水超采治理目标等，提出各盟市水资源优化配置方案。到 2025 年全区配置水量为 195.76 亿立方米（不含湖泊应急生态补水），其中地表水 94.91 亿立方米占 48.48%，地下水 92.96 亿立方米占 47.49%，其他水源 7.89 亿立方米占 4.03%。按行业划分，生活配置 12.96 亿立方米占 6.62%，农业配置 142.4 亿立方米占 72.74%，工业配置 17.74 亿立方米占 9.06%，生态配置 22.66 亿立方米占 11.58%，2025 年分行业水量配置方案详见下表。

各盟市可在不同水源水资源利用上限范围内，根据经济社会发展、产业规模和产业布局调整，对不同行业水资源配置方案进行优化调整。

2025年分行业水量配置方案

单位：亿立方米

分区	项目	用水总量					生活			农业					工业					生态				
		总量	地表水	地下水 水量	地下水 其中疏干水	其他水	总量	地表水	地下水	总量	地表水	地下水 水量	地下水 其中疏干水	其他水	总量	地表水	地下水 水量	地下水 其中疏干水	其他水	总量	地表水	地下水 水量	地下水 其中疏干水	其他水
全区		195.76	94.91	92.96	2.67	7.89	12.96	3.50	9.46	142.40	64.53	77.04	0.07	0.83	17.74	8.37	5.29	2.38	4.08	22.66	18.52	1.16	0.22	2.97
行政区域	呼和浩特市	10.76	4.68	5.01	0.00	1.06	1.87	0.89	0.98	6.19	2.29	3.85	0.00	0.05	1.42	1.08	0.18	0.00	0.16	1.27	0.42	0.00	0.00	0.85
	包头市	9.82	5.29	3.37	0.00	1.17	1.41	0.87	0.54	4.99	2.46	2.52	0.00	0.01	3.01	1.90	0.28	0.00	0.84	0.41	0.06	0.04	0.00	0.32
	乌海市	2.17	0.90	0.94	0.07	0.33	0.39	0.00	0.39	0.57	0.50	0.07	0.00	0.00	1.01	0.40	0.34	0.07	0.26	0.20	0.00	0.13	0.00	0.07
	赤峰市	19.93	5.97	13.38	0.47	0.58	2.04	0.32	1.72	15.00	4.26	10.74	0.07	0.00	1.40	0.46	0.73	0.40	0.22	1.48	0.93	0.19	0.00	0.37
	通辽市	26.81	1.74	24.39	0.07	0.67	1.82	0.81	1.01	23.76	0.45	23.31	0.00	0.00	0.83	0.29	0.07	0.07	0.47	0.40	0.19	0.00	0.00	0.21
	鄂尔多斯市	19.19	6.57	11.43	1.41	1.20	1.08	0.00	1.08	11.94	3.25	8.45	0.00	0.24	4.99	2.92	1.59	1.23	0.48	1.18	0.39	0.31	0.18	0.47
	呼伦贝尔市	18.15	10.39	7.25	0.47	0.51	1.35	0.38	0.96	9.69	4.30	5.39	0.00	0.00	1.70	0.36	0.90	0.47	0.44	5.42	5.35	0.00	0.00	0.07

分区	项目	用水总量					生活			农业					工业					生态				
		总量	地表水	地下水		其他水	总量	地表水	地下水	总量	地表水	地下水		其他水	总量	地表水	地下水		其他水	总量	地表水	地下水		其他水
				水量	其中疏干水							水量	其中疏干水				水量	其中疏干水				水量	其中疏干水	
行政区域	巴彦淖尔市	48.38	40.39	6.88	0.02	1.12	0.81	0.20	0.61	42.19	35.83	5.83	0.00	0.53	0.95	0.04	0.43	0.02	0.48	4.43	4.32	0.00	0.00	0.11
	乌兰察布市	6.21	0.77	5.04	0.00	0.40	0.77	0.00	0.77	4.33	0.19	4.14	0.00	0.00	0.53	0.11	0.12	0.00	0.30	0.58	0.47	0.01	0.00	0.10
	兴安盟	19.94	10.88	8.83	0.01	0.24	0.61	0.00	0.61	18.54	10.49	8.05	0.00	0.00	0.38	0.05	0.09	0.01	0.24	0.41	0.33	0.08	0.00	0.00
	锡林郭勒盟	4.73	0.47	3.88	0.14	0.37	0.53	0.00	0.53	2.94	0.03	2.91	0.00	0.00	0.92	0.42	0.41	0.10	0.10	0.34	0.02	0.04	0.04	0.28
	阿拉善盟	9.66	6.86	2.57	0.01	0.22	0.28	0.02	0.27	2.26	0.47	1.79	0.00	0.00	0.58	0.34	0.15	0.01	0.09	6.53	6.04	0.36	0.00	0.13
流域	松花江	38.80	21.36	16.59	0.54	0.85	2.08	0.38	1.69	28.57	14.79	13.77	0.00	0.00	2.30	0.49	1.04	0.54	0.77	5.85	5.69	0.08	0.00	0.09
	辽河	45.46	7.09	37.21	0.47	1.16	3.73	1.13	2.61	38.39	4.70	33.69	0.07	0.00	1.98	0.66	0.73	0.40	0.60	1.36	0.61	0.19	0.00	0.56
	海河	1.76	0.32	1.33	0.00	0.11	0.24	0.00	0.24	1.13	0.07	1.06	0.00	0.00	0.33	0.25	0.03	0.00	0.05	0.06	0.00	0.00	0.00	0.06
	黄河	90.05	58.12	26.94	1.50	4.98	5.57	1.96	3.61	65.14	44.35	19.97	0.00	0.82	11.67	6.61	2.77	1.32	2.29	7.66	5.20	0.60	0.18	1.87
	西北诸河	19.69	8.02	10.88	0.16	0.79	1.33	0.02	1.31	9.17	0.61	8.55	0.00	0.01	1.45	0.36	0.72	0.12	0.37	7.73	7.03	0.30	0.04	0.40

第三节 农业灌溉水资源可承载能力

以农业灌溉配置水量为基础，估算全区水资源可承载灌溉面积为 5395 万亩，其中地表水可承载灌溉面积 1969 万亩，按照全区均采取膜下滴灌高效节水灌溉方式，地下水可承载灌溉面积 3426 万亩。根据粮食生长和降水关系研究成果，我区降水量在 200 毫米以下地区，单靠降水无法种植粮食，建议这部分地区予以退耕。各盟市农业灌溉可承载面积详见下表。

各盟市农业灌溉可承载面积

盟市	农业灌溉可承载面积（万亩）				
	地表水面积	地下水			合计
		可用农业灌溉水量（亿立方米）	亩均灌溉水量	可承载灌溉面积	
呼和浩特市	159	2.19	152	144	303
包头市	165	1.07	165	65	230
乌海市	11	0	280	0	11
赤峰市	131	6.59	115	666	797
通辽市	17	16.73	167	1003	1020
鄂尔多斯市	153	6.6	240	281	434
呼伦贝尔市	306	3.71	95	334	640
兴安盟	114	4.69	210	442	556
巴彦淖尔市	782	4.66	140	234	1016
乌兰察布市	3	2.51	120	192	195
锡林郭勒盟	1	0.62	150	51	52
阿拉善盟	127	0.41	310	14	141
全区	1969	49.78		3426	5395

注：（1）农业灌溉可承载面积包含农田、饲草料地、林地等全部灌溉面积，各盟市可根据实际灌溉定额调整农业可承载灌溉面积。

（2）河套灌区等沿黄灌区地表水面积中不含井渠结合面积。

（3）松花江流域各盟市地表水面积中含尼尔基灌区、晓奇子水库下游灌区等规划新增灌溉面积。

第四章 水资源管控措施

第一节 牢固树立“量水而行”发展理念

要从实现中华民族伟大复兴和永续发展的战略高度，坚决落实“以水定城、以水定地、以水定人、以水定产”，强化水资源刚性约束，统筹好生活、工业、农业和生态等不同行业之间的水量配置关系，全面推进节水型社会的建设，倒逼发展规模、产业结构和布局优化。加强城镇开发边界管控，防止城市“摊大饼”式无序扩张。优化国土空间开发格局，合理确定土地用途，优化草、林、田布局，建立与水土资源条件相适应的农林牧结构体系，在林草交错区、农牧交错带实施退耕还林还草。促进人口科学合理布局，支持生态功能区人口逐步有序转移。优化产业结构，产业倒逼产业转型升级，逐步形成经济社会发展与水资源均衡匹配的新格局。

第二节　落实水资源最大刚性约束

严格用水总量控制。自治区将用水总量、地表水用水总量指标分解落实到各盟市，将地下水用水总量和水位管控指标分解落实到水文地质单元套旗县（区）管理单元。各盟市政府要按照适度从紧的原则，将自治区下达的地下水用水总量控制指标逐级分解落实到行业，农业灌溉用水总量控制指标要分解到行政村或者自然村、到井或者户。要以总量控制指标为上限，合理确定农业灌溉规模；水资源超载（超采）地区要制定水量退减方案，非法用地要坚决予以退灌，限期达到采补平衡并逐步恢复到生态水位。

推行规划水资源论证或区域评估。制定区域国民经济与社会发展总体规划、城镇规划、行业规划、园区规划等推行规划水资源论证或者水资源区域评估，促进城乡布局、农业灌溉、人口规模、产业结构、生态建设等与水资源禀赋条件及承载能力相适应。

严格取用水监管。严格取用水审批，对不符合产业准入和区域用水资源管控指标、产品不符合行业用水定额标准等水资源管控要求的项目，一律不予审批新增取水。对水资源超载地区暂停新增取水许可审批。严格禁止盲目扩大水景观（人工湖、人造湿地等）及无序开荒，严格禁止擅自扩大灌溉面积。加快实施取水许可“一网通办”和电子证照应用。加快推进取用水管理专项整治。重点完善农业灌溉用地下水计量体系，在全区范围推广农业灌溉用地下水“以电折水”。探索开展水电联管方式，加强农业用地下水监管。对未经批准擅自新增取水的行为依法严肃惩处。

加强地下水管理和超采区治理。推动落实国家《地下水管理条例》和《内蒙古自治区地下水保护和管理条例》。重点推动内蒙古西辽河流域、察汗淖尔流域、鄂尔多斯台地以及科尔沁区、呼和浩特市、乌拉特前旗 3 个大型超采区地下水超采区治理，采取调整产业结构和农业种植结构、节水改造、水源置换、退地减水等措施，压减地下水超采量。开展地下水量水而行试点旗县建设，推动建立“分水到户、计量到井、取水限量、用水缴费、超用加价”的水资源管理机制。开展新一轮地下水超采区划定。

积极推进引调水工程建设。谋划推进引调水工程建设，均衡水资源空间布局。加快引绰济辽工程建设，全面提高东部地区水资源调配能力，保障沿线城市和工业园区用水需求。加快推进“LXB 供水内蒙古支线”“引绰济辽二期”等工程前期工作，开展“引嫩济锡（霍）工程”前期规划论证，在东中部构建北水南调、东西互济的水系连通格局，着力保障中东部地区通辽市、锡林郭勒盟等边疆地区用水需求。积极配合国家开展南水北调西线前期论证工作。加快推进黄河流域盟市间二期水权转让和以沙换水工程进度。

第三节　实施深度节水行动

推进农业节水增效。加大重点中型灌区配套建设和河套灌区等大中型灌区现代化改造力度。大力推广井灌区滴灌技术，积极推广农业节水措施和水肥一体化技术，促进农业用水精细化管理。在保障国家粮食安全的前提下，优化调整种植结构。在大兴安岭—阴山山脉一线以北草原地区实施退耕还草；在乌兰察布地区和锡林郭勒盟西南部干旱缺水区，压减高耗水作物，扩大低耗水和耐旱作物种植比例，选育推广耐旱农作物新品种；在西辽河平原、土默特川平原、狼山—乌拉山山前等地下水超采地区，实施退灌和轮作休耕，适度退减灌溉面积。

推进工业节水减排。严格控制新建、扩建高耗水项目，促进火力发电等高耗水行业节水改造。对超过取用水定额标准的企业分类分步限期实施节水改造。推进现有企业和园区开展以节水为重点内容的绿色高质量转型升级和循环化改造，促进企业间串联用水、分质用水，一水多用和循环利用。新建企业和园区要统筹供排水、水处理及循环利用设施建设，推动企业间的用水系统集成优化。

推进城镇节水降损。推进节水型城市建设，实施公共供水管网建设改造，逐步降低管网漏损率。加快城镇污水处理与回用设施建设与改造，提高污水处理率与再生利用水平，城镇生态景观、工业生产、城市绿化等应优先使用再生水。深入开展公共领域节水，新建公共建筑应当安装节水器具，推动城镇居民家庭节水，普及推广节水型用水器具。推动县域节水型社会建设和节水型公共机构、节水型高校、节水型企业等节水载体建设。严控高耗水服务业用水。

深化水资源税和水价改革。推进水资源税改革，实行差别化税率，完善税收征管模式。持续推进生活用水和工业用水水价改革，落实阶梯水价和超定额累进加价制度。推动农业水价综合改革落地见效，建立健全农业水价形成机制和精准补贴机制，配额内用水执行基本水价，超配额用水加价收费，完善奖惩机制。地方人民政府要按照补偿成本、合理盈利原则，提出本地区农业灌溉用水政府指导价，推行用水缴费制度。

第四节　加强水生态保护和修复

建立健全河湖生态流量（水量）保障管控机制。完善自治区生态流量（水量）保障重点河湖名录，制定重点河湖生态流量保障实施方案，明确重点河湖生态流量目标、责任主体和主要任务、保障措施。继续实施重点河湖人工生态补水。到 2025 年，松花江干流及主要支流、内蒙古黄河干流及主要支流重点管控断面生态流量（水量）得到保障，重要湖泊生态水位和水面面积维持在合理区间。

第五节 提升水资源监督管理能力

完善水资源管理法规制度。完善节约用水、水资源调度利用、地下水治理保护等方面的法规或者规章。强化水法规、水资源管理制度的落实，将依法管理贯穿在水资源管理的全过程，提高执法能力，规范行政执法行为，全面提升水资源管理的法治化、规范化、制度化水平。健全完善流域与区域、区域与区域、水利部门与其他部门联合执法机制，继续完善水行政执法与刑事司法衔接机制。

提升水资源智能化监管能力。加快水资源领域信息化、现代化步伐，着力构建“数字水资源”。完善对重点河流、湖泊、地下水、规模以上取用水、河湖重要断面的水文水资源要素监测设施加强对河湖重要断面、地下水重点开采区和超采区等的监测预警，对现状无水位监测井的地下水管理单元补充新建监测井，及时准确掌握取用水和水位动态变化，强化预警和管控。融合气象大数据、水利大数据，结合区域水资源管控指标，对水资源实施动态调度和管控。

第五章 保障措施

第一节 加强组织领导

各盟市、旗县政府为落实规划的主体，要组织相关部门按照职能职责分工抓好各项对策措施研究落实，将重要指标、主要任务逐项分解，明确责任主体、实施进度要求，确保如期完成。自治区各级水行政主管部门要切实加强对规划实施的组织、协调、督导、推进，形成规划实施合力，确保规划落地，取得预期成果。

第二节 完善投入机制

坚持政府主导，充分发挥公共财政对水资源配置利用基础设施建设的保障作用，健全水利投入稳定增长机制和建立多元化投融资机制。完善金融和社会资本进入节水、供水、水生态治理和水资源监管领域的相关政策，积极发挥银行等金融机构作用。采用直接投资、投资补助、运营补贴等方式，规范支持政府和社会资本合作项目，鼓励和引导社会资本参与项目建设和运营。完善节水财政奖励机制和税收金融优惠政策。

第三节 强化监督考评

突出水资源管理在高质量发展作用发挥、水问题解决等中的检查督促，进一步发挥考核的指挥棒作用。建立完善评估机制，围绕生态流量保障、水量分配方案、地下水管控、取用水总量和用水效率控制等重点工作目标，开展常态化的管理成效评估，推动水资源管理目标的实现。自治区人民政府将水资源管控指标落实情况纳入对盟市经济社会发展综合评价体系、最严格水资源管理制度考核和河湖长制考核。自治区水利厅按年度对各管理单元用水总量管控指标完成情况进行考核评估，对于水资源超载区域实施新增取水限审限批。盟市和旗县政府要层层分解任务、逐级建立目标责任制，压实工作责任。

第四节　加强科技支撑

加快水资源刚性约束制度落实保障体系建设，在节约用水、地下水生态保护、水资源监管等领域进行关键技术科技攻关。加强智慧水利大数据平台建设，推进技术信息资源共享。加强技术交流与合作，引进和吸收国内外先进的技术和经验。完善人才培养机制，夯实科技创新基础。

第五节　强化宣传教育

深入开展自治区水资源节约保护宣传教育，推动全社会牢固树立水生态保护和水资源节约利用意识。加强对习近平生态文明思想和总书记对内蒙古重要讲话重要指示批示精神的学习宣传，组织好世界水日、中国水周等活动，创新开展水情教育，健全公众参与机制，利用媒体，对规划主要内容、实施成效进行广泛宣传，引导社会组织、企事业单位、个人积极参与水资源节约保护，提升全社会节水意识。

附件 2：

内蒙古自治区“十四五”节水型社会建设规划

（2021 年 12 月）

前　言

根据全国第三次水资源调查评价初步成果，内蒙古自治区水资源总量为 515.72 亿立方米，其中地表水资源量 370.02 亿立方米，地下水资源量 217.82 亿立方米，重复计算量 72.12 亿立方米。全区人均水资源量 2055 立方米，与全国平均水平（2100 立方米）接近，除松花江流域外，其余地区人均水资源量仅为 800 立方米左右，为全国人均水资源量的 2/5，属于水资源极度匮乏地区。气候干旱、降水稀少、水资源时空分布不均是我区基本特点，水资源严重短缺是我区基本水情。

2014 年，习近平总书记在中央财经领导小组第 5 次全体会议上，提出“节水优先、空间均衡、系统治理、两手发力”的新时期治水思路，强调要把节水放在优先位置。2019 年和 2021 年，分别在两次黄河流域生态保护和高质量发展座谈会上，提出要“坚持以水定城、以水定地、以水定人、以水定产，把水资源作为最大的刚性约束”，要“走好水安全有效保障、水资源高效利用、水生态明显改善的集约节约发展之路”。习近平总书记重要讲话指明解决水资源短缺问题首先要节水，要“四水四定”，抓好水资源集约节约工作。“十四五”时期，我区将继续在全区范围大力开展节水型社会建设，这既是破解我区水资源短缺、水生态损害、水环境污染问题的重要举措，也是生态文明建设的重要环节，是经济社会高质量发展的重要支撑。

为推进自治区全社会节水，形成节水型生产生活方式，自治区水利厅牵头，联合相关部门，组织编制本规划。

一、现状与形势

（一）“十三五”节水成效

“十三五”期间，我区深入贯彻落实习近平生态文明思想，始终把节水工作放在优先位置，制定了《内蒙古自治区节水行动实施方案》，建立了自治区节水行动厅际联席会议制度，集合全社会力量，各行业节水载体建成率有了显著增长，全社会节水意识持续提高，完成了一批县域节水型社会建设，初步形成了政府推动、市场调控、公众参与的节水型社会运行机制，“十三五”规划确定的主要节水目标任务基本完成。

内蒙古自治区“十三五”节水型社会建设主要指标完成情况

指标	2015 年	“十三五”规划指标	完成情况（2020 年）
万元国内生产总值用水量下降率（%）	—	25	25.4
万元工业增加值用水量下降率（%）	—	20	43.6
农田灌溉水有效利用系数	0.536	0.55 以上	0.564
城市公共供水管网漏损率（%）	15.2	10	11.72（2019 年）

一是用水效率明显提高。“十三五”期间，各项节水措施初见成效，用水效率明显提高，全区万元国内生产总值用水量下降了 25.4%，万元工业增加值用水量下降了 43.6%，农田灌溉水有效利用系数提高到 0.564，城市公共供水管网漏损率提高到 11.72%。

二是节水政策进一步完善。“十三五”时期，自治区相继制定或修订了《农业灌溉用水精准补贴与节水奖励办法》《计划用水管理办法》《水资源税改革试点实施办法》《水权交易管理办法》《城市供水实施办法》《取水许可和水资源费征收管理实施办法》《关于非常规水源纳入水资源统一配置的贯彻落实意见》《地下水管理办法》等规章办法，印发了《内蒙古自治区“十三五”水资源消耗总量和强度双控实施方案》《关于加强地下水生态保护和治理指导意见》《重要水源和地下水超采区水量与水位双控制方案》《地下水生态保护治理规划和实施纲要》等政策文件，完成了《内蒙古自治区行业用水定额》的修订工作。

三是节水设施能力进一步强化。“十三五”时期，对河套灌区等 11 个大型灌区和 16 个中型灌区继续加强节水改造工程建设。完成跨盟市水权转让一期工程建设，实现通过农业节水向工业转让水指标 1.2 亿立方米。在缺水地区加强非常规水源利用，不断加大中水、疏干水等非常规水资源的配置力度。

四是节水示范取得显著成效。呼和浩特市、包头市、鄂尔多斯市和二连浩特市成功创建为国家节水型社会建设试点城市。46 个旗县（市、区）达到了节水型社会达标建设标准，建成率 45%。35 家高耗水企业全部建成节水型企业，建成率达到 100%。1 家工业企业被授予“水效领跑者”称号。

（二）存在的问题

在取得成绩的同时也要清醒地意识到，我区节水工作仍存在不少问题，全区水资源短缺形势依然严峻，集约节约利用水平与绿色发展和生态文明建设的需要还有一定差距。

一是节水理念未深入人心。部分地区对节水认识还不够深刻，缺水地区重调水、轻节水的观念还未完全改变，丰水地区节水意识普遍淡薄。水资源过度开发、地下水严重超采、挤占生态用水等问题和现象仍然存在。节水优先理念，水忧患意识尚未在全社会普遍建立。

二是节水约束力不强。节水的刚性约束及执行力仍然不足，节水绩效考核与考核成果应用还不完善，责任追究制度尚不健全，浪费水或不节水的用水行为没有得到有效惩戒。缺乏鼓励和支持节水的精准补贴政策以及稳定的资金投入渠道，难以激发节水市场活力和用水主体节水内生动力。

三是重点领域节水工作仍然存在差距。农业用水方面。大中型灌区仍存在渠系建筑物老化、损毁严重、渠系防渗率较低等问题，农业用地下水计量率偏低等现象仍然普遍存在。工业用水方面。部分行业用水重复利用水平偏低，工业废水资源化利用潜力有待进一步挖掘。城镇用水方面。城镇供水管网漏损问题依然突出，高耗水服务业用水需要进一步严控，节水器具普及程度有待提高。非常规水源利用方面。非常规水源利用的配套工程不完备，再生水、矿井水、苦咸水利用能力不足。

（三）面临形势

“十四五”时期是自治区水资源节约集约利用、全面推进节水型社会建设的机遇期，也面临许多风险挑战。

从机遇看，党中央确定要把内蒙古建设成为我国北方重要生态安全屏障，自治区党委、政府明确自治区未来发展要走生态优先、绿色和高质量发展道路，加强集约节约用水管理，提高水资源利用效率，是促进全区调结构、转功能、提质量的重要手段，也是解决人口、经济等与水资源不均衡，生态系统脆弱，资源环境约束趋紧等问题的客观要求。为了切实推进节水工作，自治区印发了《内蒙古自治区节水行动方案》，建立了22个部门参与的节水行动厅际联席会议制度，为“十四五”时期我区节水型社会建设奠定了良好的基础。

从挑战看，新冠肺炎疫情影响广泛深远，自治区经济下行压力依然较大，部分工业企业实施节水工艺改造存在资金困难，同时，按照国家粮食安全政策要求，短期内大面积压减不合理农业灌溉面积不现实，推广科学农业节水灌溉仍然存在观念阻力。

“十四五”时期必须进一步解放思想，增强紧迫意识和大局意识，抓住机遇，破解难题，持之以恒推动节水型社会建设。

二、总体要求

（一）指导思想

以习近平新时代中国特色社会主义思想为指导，全面贯彻党的十九大和十九届二中、三中、四中、五中全会精神，深入落实习近平总书记对内蒙古重要讲话重要指示精神，立足新发展阶段，以实现水资源节约集约安全利用为目标，以农业、工业和城镇生活节水以及非常规水源利用为重点，以节水基础设施建设为抓手，以节水科技创新和市场机制改革为动力，深入实施节水行动，提高水资源利用效率，健全节水激励机制，加快形成节水型生产生活方式，全面建设节水型社会，推动经济社会高质量发展。

（二）基本原则

对标先进、集中攻坚。按照达到或接近国内外先进用水水平的原则，制定各领域节水标准，加强节水监管，全面提升社会用水效率。在地下水超采地区、严重缺水地区率先突破，集中力量打好阶段性节水攻坚战。

因地制宜、分类施策。根据水资源条件、产业结构和用水水平，因地制宜、注重实效，制订分区、分类节水目标任务和切实可行的节水措施。

制度创新、科技引领。健全完善节水政策法规体系，充分发挥政府和市场两手作用，不断增强节水内生动力。强化科技支撑，推广先进适用节水技术与用水工艺，加快推进节水技术装备产品研发及产业化。

落实责任、严格考核。充分发挥政府对节水的引导作用，加强部门合作，明确任务分工，压实目标责任；健全节水考核监督制度，强化节水激励，严格责任追究。

（三）规划目标

到 2025 年，全面完成《内蒙古自治区节水行动方案》的目标任务，节水政策法规、市场机制、标准体系进一步完善，用水方式向节约集约转变稳步推进，节约用水基础设施短板和监管能力弱项明显改善，水资源利用效率和效益大幅提高，节水型社会建设取得明显成效。

内蒙古自治区“十四五”节水型社会建设主要目标指标

指标	2025 年
万元国内生产总值用水量下降率（%）	12
万元工业增加值用水量下降率（%）	13
农田灌溉水有效利用系数	0.579
城市公共供水管网漏损率（%）	10

注：（1）万元国内生产总值用水量下降率和万元工业增加值用水量下降率为与 2020 年的比较值。
（2）2025 年用水总量和用水效率指标为初步测算值，最终以国家正式下达指标为准。

三、主要任务

贯彻落实习近平总书记“节水优先”重要指示，“十四五”期间，全区围绕“补短板、健机制、提意识、强科技”等方面开展节水型社会建设，重点任务包括：

（一）补齐设施短板

1. 推进农业节水设施建设。继续推进大型灌区续建配套与现代化改造，实施中型灌区续建配套与节水改造，完善渠首工程和骨干工程体系，改造或衬砌干支渠道。统筹规划、同步实施高效节水灌溉与高标准农田建设，加大田间节水设施建设力度，积极推广滴灌、喷灌、管灌等节水灌溉方式，在干旱缺水地区积极推进设施农业和农田集雨设施建设。在有条件的地区推广发展“水改旱”或旱作农业。

2. 加快公共供水管网建设与改造。老城区结合更新改造，抓紧补齐供水管网短板，新城区供水管网按照高标准建设。优先在缺水城市，实施分区计量，逐步实现供水管网的网格化、精细化管理。加快村镇生活供水设施及配套管网建设与改造。

3. 推进非常规水源利用设施建设。以缺水城市为重点，加快非常规水利用设施的建设和改造。完善再生水利用设施，加强公共再生水配套管网建设力度，逐步实行分质供水。新建小区、城市道路、公共绿地等因地制宜配套建设雨水集蓄利用设施，实现优水优用、循环循序利用，构建良性水循环系统。继续推进工业园区污水集中处理，加强对工业园区污水集中处理配套设施建设及运行管控，确保园区内企业污水全收集、全处理、稳定达标，加大再生水回用力度。呼和浩特市、包头市等地区要加快推进再生水配套管网建设；巴彦淖尔市、鄂尔多斯市、锡林郭勒盟等地区要加快微咸水、矿井水等综合利用工程建设。

4. 加强计量监测设施建设。加强取用水计量监测设施建设，提升自动化、信息化监测管理水平，提高用水节水监测计量率。完善农业用水计量设施，大中型地表水灌区取水口基本实现取用水监测，规模以上地下水农灌机电井基本实现“以电折水”。提升城镇用水计量水平，全面完成城镇居民“一户一表”改造，积极推广智能水表。对工业园区、规模以上工业企业用水情况进行全覆盖统计监测，重点取用水企业建立用水量在线采集、实时监测制度。到 2025 年，基本实现对大中型灌区取水口、工业园区和年用水量达到 5 万立方米的地下水用水户、年用水量达到 20 万立方米的地表水用水户的取用水监测；基本实现对重要城镇、地下水水源地、地下水超采区的地下水取用水量监测。

（二）健全节水机制

1. 深化水价改革。充分发挥市场机制和价格杠杆在水资源节约保护方面的作用。深入推进农业水价综合改革，稳步扩大改革范围，建立健全农业水价形成机制、精准补贴和节水奖励机制、工程建设和管护机制、用水管理机制等。合理制定农业水价，逐步实现水价不低于工程运行维护成本。全面推行城镇居民用水阶梯水价制度和非居民用水超定额（计划）累进加价制度。健全再生水利用价格政策，提高再生水价格优势，促进再生水资源化利用。完善污水处理费征收的实施办法，建立企业污水排放差别化收费机制。

2. 推动水资源税改革。与水价改革协同推进，探索建立合理的水资源税制度体系。完善节约用水财税政策，水资源税收优先用于水资源节约、保护与管理。征收水资源税，落实水资源税征收优惠政策，对超定额（计划）用水累进加倍征税，在集中供水覆盖范围内和地下水超采区取用地下水以及高耗水特种行业取用水，按照高标准征税；对在规定限额内的农业用水、利用再生水等非常规水源的工业用水等情况减免征收水资源税。

3. 推进水权水市场改革。加快明晰区域和取用水户初始水权，稳步推进水权确权登记，健全水权初始分配制度和水权交易制度，同时探索开展多种形式的水权交易。明确行政区域取用水权益，科学核定取用水户许可水量。进一步巩固并扩大水权水市场建设成果，促进水权规范流转，加大合同节水、城市公共供水管网范围内用水指标、农业高效节水项目水权交易力度。创新水权交易模式，探索将节水改造和合同节水取得的节水量纳入水权交易。

4. 推行水效标识建设。贯彻落实《水效标识管理办法》，积极指导消费者选择水效更高的产品，鼓励生产者改善产品的节水特性。强化市场监督管理，加大专项检查抽查力度，逐步淘汰水效等级较低产品。推动开展水效领跑者行动，制定水效领跑者指标，树立节水先进标杆，发布水效领跑者名单，鼓励开展水效对标达标活动。持续推动节水认证工作，促进节水产品认证逐步向绿色产品认证过渡，完善相关认证结果采信机制。

（三）提升节水意识

1. 推进节水载体建设。持续推动县域节水型社会达标建设，到 2025 年，全区 60% 以上旗县（市、区）级行政区达到节水型社会标准。以节水载体建设为抓手，开展创建节水型机关、绿色家庭、绿色学校、绿色社区等行动。深入推进节水型灌区、企业、机关、小区、高校建设，示范带动农业、工业、服务业、生活、教育领域节水。

2. 加大宣传教育。创新节水宣传形式，加大节水宣传力度，开展世界水日、中国水周等形式多样的主题宣传活动，充分发挥各类媒体宣传作用，搭建节水互动平台，向全民普及节水知识，倡导节约用水理念，促进全社会用水观念转变，引领全民形成节水良好风尚。

（四）强化科技支撑

1. 加强实用科技研发。围绕用水精准计量、水资源高效循环利用、节水灌溉控制、管网漏损监测智能化、管网运行维护数字化、污水资源化利用等领域，开展适用节水技术及装备研发。

2. 加大推广力度。建立“政产学研用”深度融合的节水技术创新体系，加快节水科技成果转化。加大先进适用节水技术、工艺、和装备推广力度。

四、各领域节水措施

深入实施节水行动，聚焦农业和农村节水增效、工业节水减排降污、城镇节水降损减耗、非常规水源利用等重点领域，全面推进节水型社会建设。

（一）农牧业和农村节水

1. 大力推进节水灌溉

加快大中型灌区续建配套和现代化改造，提档升级骨干灌排设施。加快完成尼尔基水利枢纽下游内蒙古灌区、绰勒水利枢纽下游内蒙古灌区续建配套及现代化改造建设，继续推进察尔森水库下游灌区、河套灌区、磴口扬水灌区续建配套及现代化改造。结合灌区建设，同步实施高效节水灌溉与高标准农田建设，加大田间节水设施建设力度，推广喷灌、微灌、滴灌、水肥一体化等高效节水灌溉技术，加强高效节水技术的综合集成与示范，创建一批节水型灌区和节水农业示范区。

2. 优化农业种植结构

将优化粮食品种结构作为结构调整的优先方向，鼓励农民扩大低耗水、高产值作物种植面积，适度压减高耗水作物种植面积，选育推广耐旱农作物新品种，形成一批特色现代农业产业园。

水资源供需紧张的黄河、海河、西北诸河流域，在生态保护区、地下水超采区严控新增灌溉面积，有条件的实施“水改旱”和旱作农业。地下水超采严重的西辽河流域，严格地下水取水计量管理，逐步减少高耗水作物种植面积，加大农业退灌，退减不合理用水。

3. 促进畜牧渔林业节水

加快牧区水利建设，配套发展节水高效灌溉饲草料基地，调整饲草料种植结构，改良饲草料品种，转变畜牧业生产经营发展方式。支持规模化养殖场的标准化改造和建设，推进养殖污水无害化处理和适度再生利用，提高畜禽饮水、畜禽养殖场舍冲洗、粪便污水资源化等用水效率。创建一批畜牧节水示范工程。发展节水渔业，积极推广池塘和工厂化循环水养殖、盐碱水养殖等水产养殖节水减排新技术，发展绿色高效水产养殖模式。

4. 推进农村生活节水

结合新型城镇化和乡村振兴战略，实施农村集中供水改造，配套安装计量设施，推广使用节水器具。推进农村厕所革命。因地制宜推进农业农村污水资源化利用，推广易维护、低成本、低能耗污水处理技术，鼓励农村污水就地处理和回用。

5. 加快农业节水技术和装备研发应用

重点推动用水精准计量、节水灌溉控制、渠系和管网漏损监测智能化等技术研发，加强大数据、人工智能等新一代信息技术与农业节水技术、产品及管理的深度融合。加大灌溉试验和农田土壤墒情监测技术研发，科学合理确定农作物灌溉定额。推动一批农业节水技术、产品、设备使用示范基地建设。

（二）工业节水

1. 优化调整工业产业结构

按照“绿色高效、链条延伸、品牌支撑、转型升级”的发展思路，加快推动能源冶金、农畜产品加工、蒙医药加工等主导产业转型升级。大力发展战略性新兴产业，鼓励高产出低耗水新型产业发展，培育壮大绿色发展动能。鼓励产业链延伸，积极推进从原材料初级加工向下游精深加工转变，从资源开发型向能源制造型转变。

2. 推进工业节水改造

完善供用水计量体系和在线监测体系建设，强化生产用水管理，采用差别水价以及树立节水标杆等措施，促进工业节水减排。针对我区工业产业结构特点，重点对“三高”行业进行节水改造。选择产能大、基础条件好的企业，从取水、供水、用水、耗水、排水等环节，支持企业开展节水技术改造及再生水回用改造。重点企业要定期开展水平衡测试、用水审计及水效对标。对超过取水定额标准的企业分类分步限期实施节水改造。在生态脆弱、严重缺水和地下水超采地区，严格控制高耗水新建、改建、扩建项目，推进高耗水企业向水资源条件允许的工业园区集中。对采用列入淘汰目录工艺、技术和装备的项目，不予批准取水许可。

3. 加强节水型工业园区建设

推进现有工业园区开展以水资源循环梯级利用为重点内容的节水升级改造，加快节水及水循环利用设施建设，促进企业间串联用水、分质用水，一水多用和循环利用。推广示范产城融合用水新模式，有条件的工业园区与市政再生水运营部门合作，建立企业点对点串联用水系统。积极推动工业废水资源化利用，完善工业企业、园区污水处理设施建设，缺水地区应将市政再生水作为园区工业生产用水的重要来源，严控新水取用量。在有条件的地区，实施国家高新技术产业开发区废水近零排放试点工程。

（三）城镇节水

1. 推进节水型城市建设

提高城市节水工作系统性，将节水落实到城市规划、建设、管理各环节，实现优水优用、循环循序利用。落实城市节水各项基础管理制度，推进城镇节水改造。结合海绵城市建设，提高雨水资源利用水平。以缺水严重地区城市为重点，完善再生水利用设施建设与改造，城市生态景观、城市绿化、工业生产、道路清扫和车辆冲洗等，应优先使用再生水，鼓励构建城镇良性水循环系统。

2. 降低城市公共供水管网漏损

针对我区城市管网漏损较大的问题，开展城市供水管网普查工作，建立管网技术档案，制定合理改造方案，有计划的对使用年限超过 50 年，材质落后和受损失修的供水管网进行更新改造。深入开展城市供水管网分区计量管理，完善供水管网检漏制度，建立精细化管理监测平台和管网漏损管控体系，进一步降低供水管网漏损率。供水企业须加大管网检漏力度，加强管网巡查，对供水管线进行定期巡检和维护。到2025年，全区公共管网漏损率控制在10%以内。

3. 强化城镇用水定额管理

充分发挥市场、价格因素在水资源配置、水需求调节中的重要作用。缺水城市要积极落实“阶梯水价”制度，保持居民基本生活用水价格稳定；对非居民用水和特种行业用水实行不同的用水价格，并落实超定额累进加价。鼓励用水单位采取节水措施。进一步完善污水处理成本分担机制、激励约束机制和收费标准动态调整机制，健全相关配套政策。

4. 深入开展公共领域节水

城市园林绿化宜选用适合本地区的节水耐旱型植被，采用高效节水灌溉方式。公共机构要开展供水管网、绿化浇灌系统等节水诊断。加快推广普及生活节水器具，推进学校、医院、宾馆、餐饮、洗浴等重点行业节水技术改造，全面开展节水型公共机构、居民小区建设。新建公共建筑必须安装使用节水器具。“十四五”期间，自治区级机关全部建成节水型单位，进一步扩大节水型高校创建范围。

5. 严控特种行业用水

从严控制洗浴、洗车、高尔夫球场、人工滑雪场、洗涤、宾馆等行业用水定额，严格实行超定额累进加价制度。特种行业应积极推广循环用水技术和设备，优先利用再生水、雨水等非常规水源。

（四）非常规水源利用

1. 加强非常规水源配置

鼓励优先配置利用中水、疏干水、微咸水和雨水等非常规水源，并将非常规水源纳入区域水资源统一配置，逐年提高非常规水利用比例，并纳入实行最严格水资源管理制度考核。有条件的地区要加快实施工业项目取用地下水的水源置换工作，逐步减少现有工业项目使用的地下水，具备使用非常规水条件但未充分利用的建设项目不得批准其新增取水许可。新建小区、城市道路、公共绿地等因地制宜配套建设雨水集蓄利用设施。

2. 健全非常规水源利用体制机制

完善非常规水源技术标准规范，建立健全促进非常规水源利用的法规、政策、财税体系。把非常规水源利用和节水工作摆在相同位置，优先考虑采用非常规水源代替解决缺水地区的用水需求，提高政策扶持力度，扩大投资渠道，鼓励引导社会资本参与非常规水源工程建设与运营。强化非常规水源利用监督管理，火电、石化、钢铁、有色、造纸、印染等高耗水行业项目具备使用再生水条件但未有效利用的，要严格控制新增取水许可或核减其年计划用水总量。

引进、推广、创新适用技术，降低非常规水源利用成本，发挥经济杠杆调控作用，吸引更多的需水用户使用非常规水源。同时积极开展非常规水利用的宣传示范引导工作，对非常规水的重要价值和安全性进行有效宣传，转变传统的用水观念，增强公众对非常规水源利用的认识。

五、保障措施

（一）加强组织协调

按照自治区统筹，盟市、旗县负责的原则，推动规划实施。自治区水利厅、发改委、农牧厅、工信厅、住建厅、市场监管局等相关部门要加强协作，根据本单位职能职责做好跟踪分析和督促指导，共同推进节水型社会建设。各盟市、旗县要制定区域年度节水型社会建设任务清单，狠抓工作任务落实。

（二）健全法规标准

完善节约用水法律体系，推动国家节约用水条例出台。加强节水标准体系建设，及时更新水效标准，适时修编《内蒙古自治区行业用水定额》，做好标准、定额的宣贯和实施工作。积极参与国家节水标准修订，加强节水标准省区合作交流。推行水效标识制度，扩大产品覆盖品目，打击水效虚标行为。持续推进节水认证工作，将节水认证纳入统一绿色产品认证标识体系，完善绿色结果采信机制。

（三）完善投入机制

强化财政投入保障，鼓励地方构建多元化投入保障机制。鼓励符合条件的企业采用绿色债券、资产证券化等手段，依法依规拓宽融资渠道。规范有序推广政府和社会资本合作模式，引导社会资本积极参与节水项目建设运营。在公共机构、高耗水工业、高耗水服务业、农业灌溉等领域，进一步推行合同节水管理，发展节水服务产业。积极发挥财政职能作用，对节水示范项目给予适当支持。建立完善节水财政奖励机制，依法落实节约用水、非常规水源利用等方面税收等优惠政策。

（四）强化监督考核

强化水资源管理考核和取用水管理，将节水纳入经济社会发展综合评价体系、纳入河长制考核和政绩考核，明确责任单位和责任人，压实工作责任。加强对各责任部门的督促检查，严格责任追究。完善公众参与机制，充分发挥舆论监管、社会监督和行业自律作用，推动节水多元共治。

内蒙古自治区水工程管理保护办法

（1995 年 4 月 5 日内蒙古自治区第八届人民代表大会常务委员会第十三次会议通过 根据 2010 年 9 月 17 日内蒙古自治区第十一届人民代表大会常务委员会第十七次会议《关于修改部分地方性法规的决定（二）》修正 根据 2012 年 3 月 31 日内蒙古自治区第十一届人民代表大会常务委员会第二十八次会议《关于修改部分地方性法规的决定（五）》第二次修正）

第一条 为了加强水工程的管理保护，充分发挥其国民经济基础设施的作用，促进自治区经济和社会发展，根据《中华人民共和国水法》和有关法律、法规的规定，结合自治区实际，制定本办法。

第二条 本办法适用于自治区行政区域内国有水工程的管理保护。

第三条 本办法所称水工程是指水工建筑物及其附属设施。包括：水库、水利枢纽工程；防洪排涝工程；农田草牧场灌排工程；水力发电工程；供水工程；水土保持治沟骨干工程以及水工程附属的防汛设施、观测设施、水文监测设施、水文地质监测设施和导航、助航设施等。

第四条 各级人民政府应当加强对水工程管理保护工作的领导。

旗县级以上人民政府水行政主管部门负责水工程的管理保护工作。

土地、环保、城建、公安、农业、畜牧、林业等部门按照各自的职责分工做好水工程的管理保护工作。

第五条 任何单位和个人都有保护水工程的义务，对破坏水工程的行为，有权制止和举报。

对在水工程管理保护工作中做出突出贡献的单位和个人，由旗县级以上人民政府给予表彰和奖励。

第六条 水工程应当划定必要的管理范围和保护范围。

水工程管理范围系指根据水工程管理需要划定的，由水工程管理单位使用的水土资源范围。

水工程保护范围系指为保证水工程安全，在管理范围之外所划定的区域。

第七条 新建水工程的管理范围和保护范围，由建设单位按照批准的设计，提请旗县级以上人民政府依照国家或者自治区人民政府规定的标准划定。

已建水工程的管理范围和保护范围，已划定的，维持原划定范围；尚未划定的，按照水工程管理单位的隶属关系，由其行政主管部门会同土地管理等部门提出方案，报旗县级以上人民政府依照国家或者自治区人民政府规定的标准结合实际情况划定。

水工程管理范围、保护范围与国家其他生产、建设用地发生交叉时，由水工程主管部门会同有关部门依照有关法律、法规和本条例的规定协商并提出解决方案，报旗县级以上人民政府批准。

第八条 国有水工程管理范围内的土地属全民所有，使用权属水工程管理单位。

管理范围内的土地所有权或者使用权属于集体的或者使用权属于个人的，按照国家和自治区有关法律、法规的规定办理征地和权属变更手续。

对水工程管理范围内可利用的土地，在保证水工程安全运行的前提下，经旗县级以上水行政主管部门批准，可以种植农作物。

国有水工程保护范围内土地的所有权、使用权不变。

第九条 水工程管理范围内的土地权属确定后，由旗县级以上人民政府发给水工程管理单位土地使用证书，水工程管理单位应当制图划界，树立标志。

各级水行政主管部门应当将本行政区域内的水工程的分布及其管理范围、保护范围和有关情况通报同级土地、环保、公安、农业、畜牧、林业、交通、地矿、电力、城建及其他有关部门，并在水工程所在地公告。

第十条 水工程管理单位必须加强水工程的管理保护。

大中型水库、水利枢纽工程和需要加强保护的重点水工程的管理单位，经过公安部门批准可以配备经济民警负责水工程的保卫工作。

第十一条 禁止下列损害、毁坏水工程的行为：

（一）挖掘、拆卸、爆炸、撞击水工程；

（二）在堤防、土坝的顶、坡、戗台取土、晒场、开挖道口、挖窖；

（三）超重车辆、履带拖拉机不采取保护措施在水工程交通桥上行驶；

（四）在防汛和工程管理通讯线路上搭挂广播线、输电线；

（五）盗窃、毁坏、侵占工程设备、器材物资；

（六）盗窃、毁坏、堵塞、移动水文气象、测量、科学试验、观测试验等设施。

第十二条 在水工程管理范围内禁止下列行为：

（一）爆破、钻探、采矿、采石、采砂、挖掘、垦植、葬坟；

（二）在河滩、蓄滞洪区、水库库区内围垦，修筑堤坝，堆置废土、废渣、废物；

（三）在水库、河道、渠道、治沟骨干工程内设置阻水障碍物；

（四）侵占水工程管理范围内土地的其他行为。

第十三条 在水工程保护范围内爆破、采石、采砂、挖筑鱼塘、打井、考古挖掘、采矿、排污、兴建地下工程，须经旗县级以上水行政主管部门批准，并应当采取相应的净化和安全保护措施方可以进行。

第十四条 水行政主管部门的水政监察人员执行公务时，应当持证，佩戴标志。责令停止违法行为，应当填发《责令停止水事违法行为通知书》，责令赔偿应当填发《违反水法规赔偿通知书》，罚款应当填发《违反水法规行政处罚决定通知书》。

第十五条 违反本办法第十一条、第十二条、第十三条的，由旗县级以上水行政主管部门或者有关主管部门会同旗县级以上水行政主管部门责令其停止违法行为；造成损失的，应当承担赔偿责任；情节严重的，应当依照水利部发布的《违反水法规行政处罚暂行规定》处以罚款。

违反本办法第十二条第二项、第三项规定的，由水行政主管部门责令其限期清障；逾期不清障的，由防汛指挥部组织强行清障，并由设障者负担清障费用。

违反本办法，应当给予治安管理处罚的，由公安机关依照《中华人民共和国治安管理处罚法》的规定处罚；构成犯罪的，由司法机关依法追究刑事责任。

第十六条 当事人对行政处罚决定不服的，可以在接到处罚通知之日起十五日内，向作出行政处罚决定机关的上一级机关申请复议；对复议决定不服的，可以在接到复议决定之日起十五日内，向人民法院起诉。当事人也可以在接到处罚通知之日起十五日内直接向人民法院起诉。当事人逾期不申请复议，也不向人民法院起诉，又不履行行政处罚决定的，作出行政处罚决定的机关可以申请人民法院强制执行。

第十七条 水行政主管部门或水工程管理单位的工作人员要严格执行本办法的规定，对滥用职权，玩忽职守，徇私舞弊的，由其所在单位或上级主管部门给予行政处分；构成犯罪的，由司法机关依法追究刑事责任。

第十八条 集体和个人兴建的水工程的管理保护参照本办法执行。

第十九条 本办法应用中的具体问题由自治区水行政主管部门负责解释。

第二十条 本办法自 1995 年 6 月 1 日起施行。

